▲ 普通高等院校物流管理类"十四五"精品教材 ▲

智慧物流与电子商务

主编 鲁渤 高鹏

大连理工大学出版社
Dalian University of Technology Press

图书在版编目(CIP)数据

智慧物流与电子商务 / 鲁渤，高鹏主编. -- 大连：大连理工大学出版社，2025.1(2025.1重印). -- ISBN 978-7-5685-5234-9

Ⅰ. F252.1-39；F713.36-39

中国国家版本馆 CIP 数据核字第 20241JA877 号

ZHIHUI WULIU YU DIANZI SHANGWU

大连理工大学出版社出版

地址：大连市软件园路 80 号　邮政编码：116023
营销中心：0411-84708842　84707410　邮购及零售：0411-84706041
E-mail：dutp@dutp.cn　URL：https://www.dutp.cn
大连永盛印业有限公司印刷　　大连理工大学出版社发行

幅面尺寸：185mm×260mm	印张：21	字数：565千字
2025年1月第1版		2025年1月第2次印刷

责任编辑：邵　婉　张　娜　　　　　责任校对：朱诗宇
　　　　　　　　封面设计：奇景创意

ISBN 978-7-5685-5234-9　　　　　　　定　价：59.00元

本书如有印装质量问题，请与我社营销中心联系更换。

前　言

　　互联网催生的电子商务打破了商业交易的时空壁垒,激发了市场的供给和消费潜力,促使企业创新商业模式、优化运营方式,推动了经济全球化与数字化进程,使其成为经济增长的新引擎。在高质量发展阶段,传统电商、直播电商、跨境电商、新零售等多种电子商务应用成为数据资源要素生产和存储的源泉,是新技术研发和升级的试验场,是产业融合和结构优化的催化剂,是供应链协同运作的润滑剂,是新质生产力的重要载体和表现形式。

　　物流是电子商务的重要保障,是国民经济低成本高效率运行的基石。近年来,大数据、人工智能、物联网、云计算等新一代信息技术为物流赋予了智慧能力,智慧物流得到快速发展。物联网利用相关技术,连接物流各要素,构建智能网络,大数据分析海量物流数据挖掘规律趋势,人工智能借算法实现物流自动化、智能化,云计算凭其特性为物流企业提供信息化支撑。在仓储环节,自动化立体仓库、智能分拣系统广泛应用,极大地提高了仓储空间利用率与货物处理效率。在运输环节,智能运输管理系统、车联网技术使得运输过程可视化、可控化,运输效率大幅提升,同时多式联运在智慧物流的助力下得到更好的发展与协调。在配送环节,快递自提点、智能快递柜随处可见,无人机配送、无人车配送等新兴配送模式也在部分地区开始试点应用,解决了"最后一公里"配送难题。

　　在高质量发展阶段,电子商务和智慧物流相互配合、相互促进、协同发展,共同构成了推动新质生产力发展的重要力量,它们在技术创新、产业融合、效率提升和供应链协同等多个方面发挥着关键作用。

　　然而,随着电子商务与智慧物流的快速发展,相关领域人才需求快速增长。同时,对人才的知识结构和能力素质提出了新的要求:既要懂得电子商务商业模式、物流运作流程等管理能力,还要具有大数据分析、人工智能应用、物联网系统集成等技术能力。因此,当前电子商务与智慧物流领域的人才需求与人才供给之间的矛盾日益凸显。为了满足电子商务与智慧物流行业对专业人才的迫切需求,我们编写了本书。

　　本书的主要特点有:

　　(1)在内容和知识体系上,注重系统性和先进性,将基本理论、实践案例及科技前沿有机统一。本书内容从电子商务和智慧物流的基本概念到关键技术,再到智慧物流的主要功能,再到供应链协作和系统优化技术,最后到电子商务最新业态下的智慧物流应用,系统性强,覆盖面广,紧贴学术前沿和社会时事。

(2) 在课程思政上,注重融入科学家精神、国家战略意识与使命感等新商科思政元素。书中通过学科发展历程、技术研发过程、国家政策演进、行业领域最新动态等大量真实案例和事件,将思政元素与知识体系有机融合,让读者感受爱国精神、创新精神、求实精神、奉献精神,增强在经济、科技、安全、可持续发展等国家战略各领域的意识与使命感。

(3) 在表现形式上,采用了新编数字化教材的新模式。书中每章都精心筛选了一定数量的实际案例及时事视频资源,以"互联网+"形式(二维码链接)呈现,课后练习的内容也引导读者利用互联网技术、人工智能技术探索答案,以方便读者更直观、更容易地理解相关知识、技术及应用场景。

本书共分为11章,分别是电子商务概述、智慧物流概述、智慧物流技术、电子商务下的智慧运输、电子商务下的智慧仓储、电子商务下的智慧配送、智慧供应链管理、智慧物流优化方法、基于大数据技术的智慧物流管理、跨境电子商务与智慧物流、新零售模式与智慧物流。本书可作为高等院校各专业本科生和研究生的电子商务与物流管理教材,也可供MBA、EMBA以及电子商务和物流管理等相关人员学习参考。

本书由大连理工大学鲁渤(教授)和大连大学高鹏(副教授)共同编写,具体分工如下:鲁渤编写第2章、第3章、第4章、第5章、第7章、第8章和第9章,高鹏编写第1章、第6章、第10章和第11章。全书大纲由鲁渤和高鹏共同拟订,由高鹏统稿。

本书从大纲拟订、初稿完成到最终定稿得到了大连理工大学出版社编辑的大力支持和帮助,在此表示衷心的感谢。同时,在编写过程中,编者参考了国内外专家、学者的研究成果,在此对这些专家、学者也表示真诚的感谢。

由于作者水平及时间有限,加上电子商务和智慧物流发展迅猛,相关技术和管理理念仍在持续更新,书中难免有疏漏和不足之处,敬请专家和读者批评指正。

编者
2024年12月

目 录

第 1 章　电子商务概述 ………………………………………………………………… 1
1.1　电子商务的内涵 …………………………………………………………………… 1
　　1.1.1　电子商务定义 ……………………………………………………………… 1
　　1.1.2　电子商务的特点 …………………………………………………………… 3
　　1.1.3　电子商务的分类 …………………………………………………………… 3
1.2　电子商务与传统商务 ……………………………………………………………… 6
　　1.2.1　传统商务的运作过程 ……………………………………………………… 6
　　1.2.2　电子商务的运作过程 ……………………………………………………… 7
　　1.2.3　电子商务对传统商务的影响 ……………………………………………… 8
1.3　电子商务的产生与发展 …………………………………………………………… 11
　　1.3.1　电子商务的产生 …………………………………………………………… 11
　　1.3.2　电子商务的发展历程 ……………………………………………………… 12
　　1.3.3　电子商务的发展现状 ……………………………………………………… 13
1.4　电子商务体系结构 ………………………………………………………………… 16
　　1.4.1　电子商务系统的组成 ……………………………………………………… 16
　　1.4.2　电子商务的基本框架 ……………………………………………………… 17
　　1.4.3　企业电子商务的应用框架 ………………………………………………… 19
1.5　电子商务的主要应用模式 ………………………………………………………… 20
　　1.5.1　B2B 电子商务模式 ………………………………………………………… 20
　　1.5.2　B2C 电子商务模式 ………………………………………………………… 22
　　1.5.3　C2C 电子商务模式 ………………………………………………………… 24
　　1.5.4　其他电子商务模式 ………………………………………………………… 26
本章小结 …………………………………………………………………………………… 27
思考题 ……………………………………………………………………………………… 28

第 2 章　智慧物流概述 ………………………………………………………………… 29
2.1　智慧物流的起源与发展 …………………………………………………………… 29
　　2.1.1　物流的起源 ………………………………………………………………… 29
　　2.1.2　物流的发展 ………………………………………………………………… 30
　　2.1.3　智慧物流的发展动因 ……………………………………………………… 31
　　2.1.4　智慧物流的发展趋势 ……………………………………………………… 34
2.2　智慧物流的概念、特点与作用 …………………………………………………… 34
　　2.2.1　物流的概念 ………………………………………………………………… 34

2.2.2 智慧物流的概念 36
2.2.3 物流的价值与作用 37
2.2.4 智慧物流的特点 41
2.2.5 智慧物流的作用 42
2.3 智慧物流的功能与模式 43
2.3.1 物流的职能 43
2.3.2 智慧物流的功能 45
2.3.3 智慧物流的模式 46
2.4 智慧物流系统 47
2.4.1 智慧物流系统的目标 47
2.4.2 智慧物流系统的智能机理 50
2.4.3 智慧物流系统的组成 51
2.4.4 智慧物流系统的技术架构 52
2.4.5 智慧物流系统的结构 53
本章小结 57
思考题 58

第3章 智慧物流技术 59
3.1 网络与通信技术 59
3.1.1 移动互联网技术 59
3.1.2 5G技术 61
3.1.3 空间数据管理技术 64
3.1.4 物联网技术 69
3.2 大数据与人工智能技术 73
3.2.1 云计算技术 73
3.2.2 大数据技术 76
3.2.3 人工智能技术 77
3.3 智能设备 78
3.3.1 无人机 78
3.3.2 无人车 81
本章小结 84
思考题 84

第4章 电子商务下的智慧运输 85
4.1 物流运输概述 85
4.1.1 运输的概念 85
4.1.2 运输的作用 86
4.1.3 运输的功能 87
4.1.4 运输的原理 88
4.1.5 智慧运输的概念与特点 89

目　录

4.2　物流运输方式 ··· 90
　　4.2.1　主要运输方式 ·· 90
　　4.2.2　不同运输方式之间的比较与选择 ·· 105
　　4.2.3　复合运输 ··· 107
4.3　物流运输合理化 ··· 109
　　4.3.1　运输合理化定义 ·· 109
　　4.3.2　影响运输合理化的因素 ·· 109
　　4.3.3　物流运输的合理化措施 ·· 110
4.4　智慧运输的体系构成 ··· 112
　　4.4.1　体系框架 ··· 112
　　4.4.2　层次架构 ··· 114
4.5　电子商务下智慧运输的应用模式 ··· 117
　　4.5.1　互联网＋车货匹配 ·· 117
　　4.5.2　互联网＋多式联运 ·· 119
　　4.5.3　无车承运人 ··· 120
本章小结 ··· 121
思考题 ··· 121

第 5 章　电子商务下的智慧仓储 ··· 122
5.1　仓储概述 ··· 122
　　5.1.1　仓储的定义 ··· 122
　　5.1.2　仓储的作用 ··· 123
　　5.1.3　仓储的副作用 ··· 125
　　5.1.4　智慧仓储的概念与特点 ·· 125
5.2　物流仓储管理业务流程 ··· 127
　　5.2.1　仓储入库作业 ··· 127
　　5.2.2　仓储出库作业 ··· 129
　　5.2.3　仓储在库保管作业 ·· 130
5.3　智慧仓储管理 ··· 132
　　5.3.1　仓储管理的内容 ·· 132
　　5.3.2　智慧仓储管理的内容 ·· 133
　　5.3.3　智慧仓储技术 ··· 134
5.4　智慧仓储应用 ··· 136
　　5.4.1　无人仓 ··· 136
　　5.4.2　智慧云仓 ··· 141
本章小结 ··· 145
思考题 ··· 146

第 6 章　电子商务下的智慧配送 ··· 147
6.1　配送概述 ··· 147
　　6.1.1　配送的概念 ··· 147

    6.1.2 配送的分类 ………………………………………………………… 148
    6.1.3 配送的特点及作用 …………………………………………………… 152
    6.1.4 智慧物流配送的概念与特点 …………………………………………… 154
6.2 物流配送作业流程 ………………………………………………………………… 156
    6.2.1 进货作业 ……………………………………………………………… 156
    6.2.2 保管作业 ……………………………………………………………… 156
    6.2.3 理货配货作业 ………………………………………………………… 157
    6.2.4 出货作业 ……………………………………………………………… 157
6.3 配送中心概述 ……………………………………………………………………… 158
    6.3.1 配送中心的概念 ………………………………………………………… 158
    6.3.2 配送中心的类型 ………………………………………………………… 159
    6.3.3 配送中心的作用 ………………………………………………………… 161
    6.3.4 智慧配送中心的物流技术 ……………………………………………… 162
6.4 智慧配送 …………………………………………………………………………… 163
    6.4.1 智慧物流配送设备 ……………………………………………………… 163
    6.4.2 智慧物流配送信息平台 ………………………………………………… 168
    6.4.3 智慧物流配送管理优化 ………………………………………………… 169
6.5 智慧配送应用 ……………………………………………………………………… 170
    6.5.1 城市地下物流配送系统 ………………………………………………… 170
    6.5.2 无人机配送系统 ………………………………………………………… 172
    6.5.3 互联网＋同城配送 ……………………………………………………… 175
    6.5.4 互联网＋众包物流 ……………………………………………………… 176
本章小结 ………………………………………………………………………………… 179
思考题 …………………………………………………………………………………… 180

第7章 智慧供应链管理 …………………………………………………………… 181

7.1 供应链概述 ………………………………………………………………………… 181
    7.1.1 供应链的概念 …………………………………………………………… 181
    7.1.2 供应链的特点 …………………………………………………………… 182
    7.1.3 供应链的分类 …………………………………………………………… 184
    7.1.4 供应链上的流 …………………………………………………………… 188
    7.1.5 物流与供应链的关系 …………………………………………………… 188
7.2 供应链管理概述 …………………………………………………………………… 190
    7.2.1 供应链管理的概念 ……………………………………………………… 190
    7.2.2 供应链管理的特点 ……………………………………………………… 191
    7.2.3 供应链管理的运营机制 ………………………………………………… 192
    7.2.4 物流管理与供应链管理的关系 ………………………………………… 193
7.3 智慧供应链管理概述 ……………………………………………………………… 195
    7.3.1 智慧供应链的概念 ……………………………………………………… 195
    7.3.2 智慧供应链的特点 ……………………………………………………… 196
    7.3.3 智慧供应链的核心要素 ………………………………………………… 198

	7.3.4 智慧供应链流程	200
	7.3.5 智慧供应链管理体系	201
	7.3.6 智慧供应链管理的关键支撑技术	203
7.4	智慧供应链建设	204
	7.4.1 智慧供应链管理的挑战	204
	7.4.2 构建智慧供应链的意义	204
	7.4.3 构建智慧供应链的途径	205
本章小结		206
思考题		207

第8章 智慧物流优化方法 — 208

8.1	物流系统及其优化	208
	8.1.1 系统及其特点	208
	8.1.2 物流系统	209
	8.1.3 物流系统优化	212
	8.1.4 物流系统优化的方法	215
8.2	物流系统智能优化方法	218
	8.2.1 智能优化算法概述	218
	8.2.2 禁忌搜索法	219
	8.2.3 遗传算法	222
	8.2.4 模拟退火	226
	8.2.5 群体智能方法	228
8.3	智能优化方法在智慧物流中的应用	229
	8.3.1 物流配送车辆调度问题	229
	8.3.2 物流中心选址问题	232
本章小结		236
思考题		237

第9章 基于大数据技术的智慧物流管理 — 238

9.1	大数据概述	238
	9.1.1 大数据的概念	239
	9.1.2 大数据思维	239
	9.1.3 大数据的发展历程	240
9.2	大数据核心技术	242
	9.2.1 大数据存储、表示与管理	243
	9.2.2 大数据处理	246
	9.2.3 大数据的作用	249
9.3	大数据技术在智慧物流中的应用	252
	9.3.1 大数据时代的物流变革	252
	9.3.2 "大数据+物流"的模式创新	254

9.3.3　数据挖掘方法在智慧物流中的应用 ······ 256
本章小结 ······ 259
思考题 ······ 259

第10章　跨境电子商务与智慧物流 260

10.1　跨境电子商务概述 ······ 260
　　10.1.1　跨境电子商务定义与特点 ······ 260
　　10.1.2　跨境电子商务的意义 ······ 262
　　10.1.3　跨境电商发展历程与现状 ······ 265
10.2　跨境电子商务的模式与运作流程 ······ 269
　　10.2.1　按照传统电子商务模式划分 ······ 269
　　10.2.2　按照外贸进出口方向划分 ······ 272
　　10.2.3　跨境电子商务的运作流程 ······ 275
10.3　跨境电子商务物流 ······ 279
　　10.3.1　跨境电子商务物流的定义和特点 ······ 279
　　10.3.2　跨境电子商务物流的模式 ······ 280
　　10.3.3　跨境电子商务的物流承运商 ······ 285
本章小结 ······ 291
思考题 ······ 292

第11章　新零售模式与智慧物流 293

11.1　新零售概述 ······ 293
　　11.1.1　新零售产生的背景 ······ 293
　　11.1.2　新零售的定义与特点 ······ 294
　　11.1.3　新零售的发展动因 ······ 297
　　11.1.4　新零售行业的发展历程与现状 ······ 300
　　11.1.5　新零售的商业模式 ······ 301
11.2　新零售下的智慧物流 ······ 303
　　11.2.1　新零售背景下智慧物流发展的优势和特点 ······ 303
　　11.2.2　智慧物流企业物流效率影响机理 ······ 305
　　11.2.3　新零售背景下智慧物流企业存在的问题 ······ 308
　　11.2.4　新零售背景下智慧物流的发展策略 ······ 308
11.3　新零售背景下智慧物流案例 ······ 310
　　11.3.1　盒马鲜生新零售 ······ 310
　　11.3.2　京东的无界零售 ······ 314
　　11.3.3　永辉超市新零售 ······ 316
　　11.3.4　小米新零售 ······ 319
本章小结 ······ 321
思考题 ······ 322

参考文献 ······ 323

第1章

电子商务概述

学习目标 >>>

- 掌握电子商务的定义、特点和分类
- 理解电子商务与传统商务的对比及影响
- 理解电子商务产生与发展过程
- 了解电子商务系统的组成、基本框架及企业应用框架
- 重点掌握电子商务主要应用模式(B2B、B2C、C2C)

1.1 电子商务的内涵

1.1.1 电子商务定义

电子商务是20世纪90年代兴起于美国等发达国家和地区的一个新概念。1997年，IBM公司第一次使用"电子商务"一词，而后电子商务慢慢开始普及。简单来说，电子商务就是人们利用现代信息技术进行商务活动，是商务活动的电子化。电子商务所指的商务活动不仅包含交易，而且涵盖了企业运营、管理、服务和消费等各个领域，其主题是多元化的，功能是全方位的，涉及社会经济活动的各个层面。因此，我们可以将电子商务分为狭义的电子商务和广义的电子商务。

1. 狭义的电子商务

狭义的电子商务(E-commerce)也称电子交易，主要是指利用现代信息技术在网上进行的交易活动。这里的交易活动主要是指商品买卖和提供各种服务。其中，商品可以是实体化的商品，如图书、服装、日用百货等，也可以是数字化的商品，如新闻、视频、音乐、软件等；服务包括旅游安排、远程教育、法律咨询等。

2. 广义的电子商务

电子商务的发展初期，其应用仅局限在企业对外的商务交易上，即为狭义的电子商务。随着电子商务应用的不断拓展，其与其他信息系统越来越密不可分，电子商务的内涵也在不断扩大。

广义的电子商务(E-business)主要是指企业利用现代信息技术,在各种不同形式的网络环境下,从事的包括市场分析、原材料采购、产品设计与研发、产品生产与营销、客户关系维护、物流配送等各种经济事务的总称,这些活动几乎覆盖了企业的所有经济活动。由此可见,电子商务不仅包括电子交易,更重要的是,其包括企业内部整个运作体系的全面信息化,及企业整体经营流程的优化和重组。

要实现完整的电子商务还要涉及很多方面,除了买方、卖方外,还要有金融机构、政府机构、认证中心、配送中心等机构才行。此外,整个电子商务过程并不是物理世界商务活动在网络上的翻版,数据加密、电子签名等技术在电子商务中亦发挥着重要的、不可或缺的作用。综上所述,电子商务在本质上是一个依靠政府政策和传统企业商务、通过高新技术来实现的全面工程。

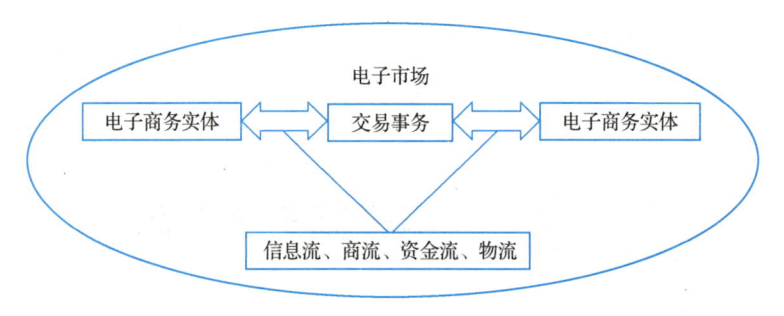

3. 电子商务的概念模型

电子商务的概念模型是对现实世界中电子商务活动的抽象描述,它由电子商务实体、电子市场、交易事务和信息流、商流、资金流、物流等基本要素构成,如图1-1所示。

图 1-1 电子商务的概念模型

(1)电子商务实体

在电子商务概念模型中,能够从事电子商务活动的客观对象被称为电子商务实体,它可以是企业、银行、政府机构、科研教育机构或个人等。

(2)电子市场

电子市场是电子商务实体在互联网上从事商品和服务交换的场所。在电子商务中,对每个交易实体来说,其所面对的都是一个电子交易市场,各种各样商务活动的参与者必须通过电子交易市场来选择交易的对象和内容,并利用通信装置,通过网络连接成一个统一的整体。

(3)交易事务

交易事务是指电子商务各实体之间所从事的具体商务活动内容,如询价、报价、转账支付、广告宣传、商品运输等。

(4)信息流、商流、资金流、物流

电子商务的每一笔交易都包含信息流、商流、资金流和物流。其中,信息流既包括商品信息的提供、营销、技术支持、售后服务等内容,也包括询价单、报价单、付款通知单、转账通知单等商业贸易凭证,还包括交易双方的支付能力、商业信誉等;商流是指以商品的所有权转移为前提,通过商品买卖活动而发生的商品价值形式变化的过程;资金流是指资金的转移过程,包括付款、转账、结算、兑换等过程;物流是指交易的商品或服务等的流动过程,具体包括商品的运输、储存、配送、装卸、物流信息管理等各种活动。

在电子商务模式下,信息流、商流、资金流和物流的处理都可以通过计算机和网络通信设备实现。其中,只有无形商品的物流可以通过网络传输方式实现传递,对于大多数商品来说,物流仍然需要经由传统的经销渠道,通过物理传输的方式实现传递。

通过电子商务的概念模型不难看出,电子商务实质上是电子商务实体围绕交易事务通过电子市场发生的经济活动,而这些经济活动是通过信息流、商流、资金流和物流来实现的。电子商务强调"四流"的整合,即以物流为物质基础,商流为表现形式,信息流为连接纽带,来引导资金流的正向流动。

1.1.2　电子商务的特点

电子商务作为一种新型的、日益成熟的贸易方式,具有信息化、虚拟性、可扩展性、协调性、全球性等特点。

(1)信息化

电子商务是以信息技术为基础的商务活动,它需要通过计算机网络系统实现信息的交换和传递,电子商务的实施和发展与信息技术的发展密切相关,也正是信息技术的发展推动了电子商务的发展。

(2)虚拟性

虚拟性是指商务活动和交易的数字化。商务活动中的各种信息都以虚拟的形式存在,信息交换也通过虚拟的途径实现,互联网作为最大的电子虚拟市场发挥着看不见、摸不着的作用,这都表明电子商务带有明显的虚拟性。

(3)可扩展性

经济社会是不断发展的,企业和用户的需求也会随之发生变化,所以企业在建设电子商务系统时,要充分考虑系统的可扩展性和柔韧性。也就是要做到,即使未来需求发生变化或引入新技术,也能够在现有的基础上实现。扩展性好的电子商务才是真正的电子商务。

(4)协调性

商务活动本身是一种协调过程,而电子商务的全过程往往是一气呵成的,它需要企业与供应商、分销商、消费者间的协调,更需要银行、配送中心、通信部门、技术服务等多个部门的通力协作。同时,规范的电子商务工作流程,可将人工操作和信息处理集成为一个不可分割的整体,从而提高系统运行的严密性。

(5)全球性

电子商务跨越了时间和空间,是跨地区、跨国家交易的最佳途径。跨国经营不再专属于大企业、大公司,只要有一台可以上网的计算机,小公司甚至个人亦可以在大洋彼岸建立一个网站,销售或购买全球任何地方的商品。

1.1.3　电子商务的分类

从不同的角度出发,可将电子商务划分成不同的种类。通常按参与交易的主体、交易过程的完整程度、企业开展电子商务使用的网络类型等不同的划分标准对电子商务进行分类。

1. 按参与交易的主体划分

按参与交易的主体分类是最常用的分类方法,在这里,交易的主体可以是企业、政府部门,也可以是最终的消费者,还可以是这些交易实体的多种组合,具体分类如图1-2所示。

(1) 企业与企业的电子商务(B2B,Business to Business)

企业与企业的电子商务是指企业与企业之间通过专用网络或互联网,进行商品信息的交换、开展贸易活动的商务模式。阿里巴巴、慧聪网及中国化工网等是我国比较典型的B2B电子商务平台。B2B电子商务是目前发展最快的电子商务模式。从全球电子商务发展的实践和潮流来看,B2B电子商务占据绝对的主导地位,在全球电子商务销售额中,B2B电子商务所占的份额高达80%~90%。

图1-2 按参与交易的主体分类

(2) 企业与消费者的电子商务(B2C,Business to Customer)

企业与消费者的电子商务是指企业和消费者利用互联网直接参与经济活动的商务模式。在这种商务模式下,企业通过互联网为消费者提供一个新型的购物环境——网络购物平台,消费者通过互联网实现购物和支付。亚马逊、京东商城、天猫商城等均是比较典型的B2C电子商务平台。B2C电子商务是人们最熟悉的一种电子商务模式,这类电子商务是随着互联网的普及而快速发展起来的。人们可以通过网上商店购买书籍、服装、食品等实体化的商品,也可以购买音乐、电影、软件等数字化的商品。由于这种模式节省了消费者和企业双方的时间和空间,提高了交易效率,节省了不必要的开支,虽然其在电子商务交易额中所占的比重远低于B2B,但它仍是一种极具发展潜力的电子商务模式。

(3) 消费者与消费者的电子商务(C2C,Customer to Customer)

消费者与消费者的电子商务是指消费者与消费者之间通过互联网或专用网进行商品买卖活动的一种电子商务模式。淘宝、闲鱼、拍拍等均是比较典型的C2C电子商务平台。C2C电子商务模式不同于传统的交易模式,出售者也可以成为购买者。C2C运营商在网上搭建一个平台,为买卖双方架起一座桥梁,并从每笔成功的交易中抽取提成。但C2C运营商一般不提供物流配送,而是由买卖双方在网上谈好条件,事后在网下直接见面交易提货或利用第三方进行物流配送。采用怎样的支付方式也由交易双方自己决定。

(4) 企业与政府的电子商务(B2G,Business to Government)、政府与公众的电子商务(G2C,Government to Customer)

企业与政府的电子商务是指企业与政府之间通过网络进行交易活动的运作模式。其涵盖了政府与企业间的各项事务,包括政府采购、税收、管理条例的发布和政策法规的颁布等。政府在电子商务活动中扮演着双重角色:其既是电子商务的使用者,进行商业购买活动,又是电子商务的宏观管理者,对电子商务起着扶持和规范的作用。同时,政府作为消费者,可以通过互联网发布自己的采购清单,从而公开、透明、高效、廉洁地完成所需物品的采购;政府也可借助网络和信息技术,实现对企业的宏观调控和监督管理等,从而迅速、直接地将政策法规及调控信息传达给企业,起到管理与服务的作用。政府与公众电子商务指政府通过电子网络系统为公民提供各种服务,例如个人所得税App、电子社会保障服务等。

2. 按交易过程的完整程度划分

(1) 完全电子商务

完全电子商务是指产品或服务的交易全过程(信息流、商流、物流和资金流)都在网络上实现的电子商务模式。在这种商务模式下,供求双方无须借助其他手段,可直接在网络上实现订货、支付与结算、交付产品等。完全电子商务是充分超越时空限制,尤其是空间限制的商务模式。在理论上,它是电子商务的最高境界,但交易对象仅限于无形产品和网上信息服务,如计算机软件、电子书籍、娱乐内容、远程教育、网上订票订房及电子证券等。

(2) 不完全电子商务

不完全电子商务是指商品交易全过程不能完全在网上实现的电子商务模式。一些非数字化的商品交易只能在网络上全部或部分地完成商流、信息流和资金流的流动,而物流的完成则需要借助一些外部辅助系统,如企业自营物流系统和第三方物流系统等。

3. 按企业开展电子商务使用的网络类型划分

(1) 基于 EDI 的电子商务

电子数据交换(Electronic Data Interchange,EDI)是一个公认的标准和协议,其将商务活动中的商务文件进行标准化和格式化,并通过专用的网络,在贸易伙伴的计算机网络系统之间进行数据交换和自由处理,主要应用于企业与企业、企业与批发商、批发商与零售商之间的业务。基于 EDI 的电子商务在 20 世纪 90 年代得到了较大的发展,不仅引发了全球范围的无纸贸易热潮,还促进了与商务活动有关的各种信息技术在商业、制造业、基础工业及服务业的广泛应用。

(2) 基于互联网的电子商务(Internet 网络)

20 世纪 90 年代以来,互联网风靡全球,基于互联网的电子商务应运而生。凭借互联网这个载体,人们可以在全球范围内开展商务活动,并将商务活动中的信息流、资金流、物流和商流等所有业务流汇集在一个整合的"场"中,通过对"场"里信息资源的共享和业务重组,可以降低运营成本,加快资金周转,提高服务管理水平。这种基于互联网的电子商务正在快速发展,被称为"第二代电子商务",也是目前电子商务的主要形式。

(3) 基于内联网的电子商务(Intranet 网络)

基于内联网的电子商务是指在一个企业内部或一个行业内开展的电子商务活动。内联网是在互联网的基础上发展起来的企业内部专用网,形成了企业内部的虚拟网络。通过内联网将大中型企业分布在各地的分支机构及企业内部有关部门连接起来,可使企业各级管理人员方便地获取信息,利用网上在线事务的处理代替纸张贸易,有效降低了交易成本,提高了工作效率。

(4) 基于外联网的电子商务(Extranet 网络)

外联网是互联网的另一种应用,它是内联网的外部扩展和延伸。将企业内部网通过访问控制和路由器予以连接,构成一个虚拟网络,便形成了企业外部网。外联网能使企业和相关的参与方,包括供应商、销售商、物流方等互相沟通,并开展商品贸易和相关业务。一方面,由于外联网置于防火墙之后,拒绝非法外来访问,从而使得这种商务活动具有与内联网同样的安全性;另一方面,因为它是通过互联网来实现与内联网之间的连接,故具有覆盖面广和成本低廉的优点。

(5) 移动商务

移动商务即移动电子商务,一般是指通过移动通信网络和移动信息终端参与商务活动的一种新型商务模式。移动通信网络是指可以满足处于运动中的通信双方或至少一方进行即时通信的网络类型。在移动商务模式下,人们可以直接利用智能手机、智能手表、平板电脑和笔记本电脑等手持终端或移动通信设备通过无线上网技术开展采购、供应、营销、支付和客户服务等活动。通过移动商务，人们可以随时随地获取所需的服务、信息和娱乐等，直接使用手持终端或移动通信设备查找、选择、购买商品和服务，不再受空间限制，于是，移动商务成为一种新的发展趋势。

1.2 电子商务与传统商务

电子商务对传统商务活动中信息流、商流、资金流和物流的传递方式利用网络进行整合，将生产企业、流通企业和消费者带入一个数字化的虚拟空间，使商务活动不再受地域、时间的限制，从而可以非常简洁、快速的方式完成较为复杂的商务活动。同时，它将人工操作和电子信息处理集成为一个不可分割的整体，优化了资源配置，提高了商务系统运行的严密性和效率。传统商务与电子商务的总体比较见表1-1。

表1-1 传统商务与电子商务的总体比较

类型	比较项目	
	传统商务	电子商务
交易对象	局部地区	全世界
交易时间	特定的营业时间	任何时间
交易地点	实体店铺	网络虚拟空间
需求获取	市场调研、销售经验	在线数据库分析
产品设计	企业	企业、消费者
营销方式	一对多的大规模营销	一对一、一对多的精准营销
流通渠道	企业—批发商—零售商—消费者	企业—消费者
客户服务	电话、传真、面对面交流	网页、电子邮件、在线通信工具

1.2.1 传统商务的运作过程

传统商务活动由交易前的准备、贸易磋商过程、合同签订与执行、支付过程等环节组成，如图1-3所示。

交易前的准备（供应商通过报纸、电视、杂志、户外媒体等广告形式宣传商品信息）→ 贸易磋商过程（口头磋商或纸质贸易单证传递）→ 合同签订与执行（书面签订，通过邮寄传递）→ 支付过程（支付现金、支票）

图1-3 传统商务的运作过程

1. 交易前的准备

对于传统的商务活动来说,交易前的准备就是供需双方宣传或者获取有效商品信息的过程。商品供应方的营销策略是通过报纸、电视、杂志、户外媒体等广告形式宣传自己的商品信息。对于商品的需求企业来说,其会尽可能地得到自己所需要的商品信息来丰富自己的进货渠道。因此,交易前的准备实际上就是商品信息的发布、查询和匹配的过程。

2. 贸易磋商过程

在商品的供需双方都完成了交易前的准备活动之后,其就可以进入具体的贸易磋商环节。贸易磋商实际上是贸易双方进行口头磋商或纸质贸易单证传递的过程。纸质贸易单证包括询价单、订购合同、发货单、运输单、发票、收货单等,各种纸质贸易单证反映了商品交易双方的价格意向、营销策略、管理要求及详细的商品供需信息。在传统商务活动的贸易磋商过程中使用的工具有电话、传真或邮寄等,因为传真件不足以作为法庭的仲裁依据,故各种正式贸易单证主要是通过邮寄的方式予以传递。

3. 合同签订与执行

在传统商务活动中,贸易磋商过程经常要通过口头协议来完成,但在磋商完成后,交易双方必须要以书面形式签订具有法律效力的合同,来确保磋商结果的有效执行,并在产生纠纷时,由相应机构依据合同等进行仲裁。

4. 支付过程

传统商务活动中的支付一般有支票和现金两种方式,支票方式多用于企业之间的交易,用支票方式支付涉及交易双方及其开户银行;现金方式常用于企业对个体消费者的商品零售。

1.2.2 电子商务的运作过程

在电子商务环境下,虽然也有交易前的准备、贸易磋商过程、合同的签订与执行、支付过程等环节,但交易具体的运作方式是完全不同的,如图1-4所示。传统商务和电子商务企业运营流程的比较见表1-2。

图1-4 电子商务的运作过程

表1-2　　　　　　　传统商务和电子商务企业运营流程的比较

类型	比较项目	
	传统商务	电子商务
产品信息发布	传统媒体	网页和传统媒体
订单生成	手写或打印形式	在线生成订单

(续表)

类型	比较项目	
	传统商务	电子商务
发送订单	递交、邮寄或传真	互联网
库存检查	打印库存清单	在线数据库
提交生产计划	打印生产计划书	电子邮件或企业内部网
产品配送	传统物流配送	现代物流配送
开具发票	手工或打印	电子票据
结算方式	支票和现金	电子支付

1. 交易前的准备

在电子商务环境下,交易的供需信息都是通过互联网发布的,双方的信息沟通具有快速和高效的特点。

2. 贸易磋商过程

电子商务中的贸易磋商过程将纸质单证在网络和系统的支持下,变成了电子化的交易记录、文件和报文,并在互联网中进行传递,且有专门的数据交换协议以保证贸易信息传递的正确性和安全性。

3. 合同签订与执行

电子商务环境下的网络协议和电子商务应用系统保证了交易双方所有贸易磋商文件的正确性和可靠性,并且在第三方授权的情况下,这些文件具有法律效力,可以作为在执行过程中产生纠纷的处理依据。

4. 支付过程

电子商务中的资金支付采用的是电子支票、电子现金和电子钱包等形式,并以网上支付的方式进行。

1.2.3 电子商务对传统商务的影响

我们可以分别从商务市场、企业和消费者三个方面来分析电子商务对传统商务的影响。

1. 电子商务对商务市场的影响

(1)市场呈现虚拟化、全球化特点

电子商务改变着传统意义上的市场形态,使市场呈现出虚拟化、全球化的特点,同时其也优化了国民经济结构,使第三产业得到迅速发展。在电子商务环境下,市场的形成不需要借助贸易实体,商品和一切涉及商品交易的手续,包括合同、资金和运输单证等,都以虚拟信息的形式呈现。同时,由于市场沟通成本的降低,时空界限的"消失",企业所面临的市场和竞争对手将不再局限于国内,而是扩大到世界各地。

(2)提高了商务活动的交易效率

电子商务由于其费用低廉、不易出错、处理速度快等特点极大地缩短了交易时间,提高了交易效率。在传统的商务活动中,商品要经过多个环节才能到达消费者手中,而且通过信件、电话或传真传递信息必须有人的参与,花费时间往往较长,人员协作的问题或时间的延误都可能导致失去商机。在电子商务环境下,互联网将贸易中的商业报文标准化,使得原料采购、银行汇兑、保险、货物托运及申报等过程无须人员干预,通过互联网即可在世界各地瞬间完成信息的传递和自动化处理,从而极大地提高了商务活动的运作效率和交易速度。

(3) 降低了商务活动的交易成本

电子商务使得信息更加公开与透明,交易双方沟通联系更加便捷,在一定程度上降低了交易成本。由于在传统的商务模式下,各项成本较大,因此阻碍了企业之间的协作。一般来说,企业倾向于采用纵向一体化战略扩张其规模,以此来降低协作的交易成本。在电子商务环境下,互联网遍及全球每个角落,电子商务贸易活动亦随之遍布全球。电子商务把商业和其他业务活动所受的时空限制大大弱化了,使得交易双方可以实时联系,同时还减少了交易环节,提高了人力和物力的利用效率,从而降低了商务活动的交易成本。

2. 电子商务对企业的影响

(1) 改变了企业的生产经营方式

电子商务的发展使得企业的供应链模式、生产组织方式、营销方式、竞争机制及企业与利益相关者之间的关系等都发生了变化。

① 供应链模式的变化。与传统商务环境下,供应链中信息逐级传递的方式不同,电子商务环境下的供应链以核心企业为中心,将企业的供应链系统、客户的供应链系统和供应商的供应链系统集成在一起。其通过供应链伙伴的紧密合作、资源共享,增强了整个供应链的集成度和协同性,从而更好地满足了客户需要,提高了企业效益。

② 生产组织方式的变化。电子商务环境下,企业的生产组织方式从传统的大规模流水线生产方式逐渐转变成以"定制化+虚拟化"和"敏捷制造+精益生产"为代表的现代生产组织方式,使得企业能够及时响应市场的需求,在激烈的竞争中处于领先地位。

③ 营销方式的变化。电子商务环境下,企业的营销方式从传统的大规模营销向精准营销方式转变,企业通过信息技术分析消费者的偏好、知识水平、行为习惯,从而可以一对一地为客户提供商品定制服务。在精准营销的基础上,企业可依托现代信息技术建立个性化客户服务体系,从而实现低成本、高准确率的营销。

④ 竞争机制的变化。在电子商务环境下,企业不再单纯地通过改进生产技术和经营管理方式来提高竞争力,企业间的关系也从相互竞争向合作共赢的方向发展,企业可以通过兼并、收购、上下游整合、合资、技术转让及战略联盟等方式来实现与客户、供应商乃至竞争对手的合作。

⑤ 与利益相关者之间关系的变化。在电子商务时代,企业与客户和供应商之间的经济关系也变得更为错综复杂。在传统商务活动中,对于企业而言,客户、供应商的职能有明确的划分,每一个群体都有它们各自的特征、目标——供应商提供必要的原材料,客户购买产品和服务。在电子商务时代,企业通过建立网络连接,与供应商进行无缝合作,从而缩短了供应商的响应时间,并能确保在合适的时间、地点拥有所需的原材料,从而提高了企业的生产效率。客户对所购买的产品或服务是否满意,可以通过网络即时向企业反馈或给它们提供建议,其甚至会参与产品的设计研发,扮演更加积极的角色。

(2)使企业组织结构向网络化方向发展

一般来说,电子商务企业的组织结构具有扁平化、网络化等基本特点。传统职能部门通过分工与协作完成整个业务流程。以互联网为基础的电子商务对企业传统的组织形式带来了很大的冲击,使企业的生产组织结构重新组合,并产生了一种新型的组织结构,即网络化企业组织结构。它是由传统的等级组织结构向扁平的组织结构,单对单的单向组织结构向多对多的双向组织结构,命令和控制的组织结构向以信息为基础的组织结构改造而逐渐形成的。网络化结构使得企业的边界模糊、虚实结合、生产柔性化,是适应现代科学技术进步和市场环境的一种有生命力的组织结构形式。

3. 电子商务对消费者的影响

(1)消费者的购物方式发生变化

电子商务的出现,为消费者提供了全新、高效的购物环境,使消费者的购物趋于理性化,同时也使其可以更方便快捷地获取更多的服务。

①消费者购物趋于理性化。在电子商务时代,消费者不需要到实体商店挑选自己所需要的商品,只需要坐在电脑前就可以完成整个购物的过程。这样不仅提高了消费者的购买效率,而且在这种虚拟的环境中,购物意愿完全掌握在消费者手中,不必考虑销售人员的感受和情绪,能以一种轻松自由的自我服务的方式来完成交易。因此,消费者主动权在网络购物中被充分体现出来,其购物亦更趋理性。

②获取更多的服务。通过互联网,消费者不仅可以足不出户地看遍世界,身临其境般浏览各类商品,还能获得各种在线服务;不仅可以购买到各种实物商品,还能买到各类知识产品,并获得如安排旅游、网上诊所和远程教育等各类服务。这些都说明电子商务环境下,消费者的购买内容产生了较大变化,其由只购买实物转变为进一步购买服务等无形商品。

(2)消费者的购买决策过程发生变化

营销管理专家菲利普·科特勒把消费者的购买决策过程分为5个阶段:确认需要、收集信息、评估选择、决定购买和购后行为。电子商务对消费者购买决策过程的改变主要体现在以下阶段:

①确认需要阶段。在电子商务环境下,不同形式的外部刺激会激发消费者不同的购买欲望,消费者在浏览网站时有意或无意间接收的商品信息可能会引起他们的兴趣并使其产生购买欲望。

②收集信息、评估选择、决定购买阶段。消费者只需要在搜索引擎上输入拟购买商品的名称,就能获得相应的商品信息,其还可以通过虚拟社区向素不相识的人了解信息,从而对商品有更多的了解,更好地对商品进行评估选择,决定是否购买。另外,互联网也使得消费者对商品价格的比较几乎在"弹指之间"就能完成,从而大大提高了商品价格的透明度,降低了消费者的购买成本。

③购后行为阶段。消费者在购买商品之后,可通过提问或回答的形式,将自己的购物心得与其他成员分享。他们可以在互联网上充分表达自身的购物感受,同时还可以通过企业网站向企业提出自己的想法和建议,从而不经意间参与到企业的产品开发和改进工作之中,成为对企业发展有所帮助的人。

1.3 电子商务的产生与发展

尽管电子商务概念出现于20世纪90年代,但利用信息技术开展商务活动可以追溯到20世纪60年代。那时,有的公司开展贸易活动时,开始采用电子数据交换和电子资金传送,说明电子商务应用系统的雏形已经出现。20世纪90年代,互联网的出现把信息技术和网络技术的应用推向了新的高潮。到20世纪末,随着社会网络化、经济全球化和贸易自由化的深度融合,电子商务应运而生,并催生了一场有关技术和社会进步的革命。

1.3.1 电子商务的产生

1. 市场竞争加剧和全球区域贸易发展是电子商务产生的内在动力

(1) 市场竞争加剧

当今是一个充满竞争的时代,曾经秉持"我能生产什么,就能卖什么"的经营理念,和向客户尽力推销自己产品的时代已经过去。进入20世纪八九十年代,社会的进步、市场的发展及技术的突破,特别是信息技术的兴起和信息传输速度的大幅提高,使客户获知企业产品信息的能力大大提高,同时也拓宽了客户挑选的产品范围。某种程度上,客户不再是被动的产品接受者,而是成为企业产品生产的决定者。他们开始追求个性化的消费,企业的大规模同质化生产难以满足他们对不同产品的需求,因此一种依据市场需求来设计和生产的企业运营模式正在兴起。

(2) 全球区域贸易发展

2024年4月24日,WTO发布博客文章,回顾了WTO成立30年来的贸易发展历程。报告指出,自1994年4月15日《马拉喀什协定》签署以来,全球贸易额激增,到2023年将超过30.4万亿美元,是1995年以来的五倍,服务贸易的增长速度高于货物贸易,年均增长6.8%,而货物贸易年均增长5.5%,全球贸易增长速度超过了同期全球国内生产总值(GDP)增长速度。过去30年,全球贸易中服务业的份额持续增长,从1995年的19%增至2023年的25%。WTO的估算还显示,自2005年以来,数字交付的服务价值增长了4倍,2005—2023年的年均增长率为8.2%。这一增长速度超过了货物出口(4.8%)和其他服务出口(4.6%)。到2023年,全球数字交付服务出口额将飙升至4.25万亿美元,同比增长9.0%。数字交付包括通过计算机网络(如互联网、移动应用程序、电子邮件、语音和视频通话)及通过数字中介平台(如在线游戏、音乐和视频流媒体及远程学习平台)进行的跨境交易的服务。数字交付的服务占服务出口总额的54%以上,2023年占货物和服务出口总额的13.8%。全球贸易的发展迫使传统贸易中的信息传递方式及商业模式向基于互联网等信息技术的高效率、低成本的贸易形式转变势在必行。

2. 通信技术的发展是电子商务产生的外部支撑

(1) 计算机网络的信息技术变革

在20世纪70年代,计算机还只是一种昂贵的计算工具。而如今随着计算机性能的不断提高和价格的不断下降,它已在世界范围内得到推广和应用。起初,不少企业与组织仅仅拥有若干台在地理上分散的计算机,为了统一管理这些分散的计算机以达到人们所追求的资源共享,遂推动了计算机与通信系统的融合。随着通信技术的迅速发展,出现了ISDN(综合业务数字网)、ATM(异步传输模式)等高效高速的通信方式。现代通信技术既可以采用有线方式,也可以采用无线方式,其不仅能传输模拟语音信号,还能传输数字信号、图像信号等,从而实现了各种数据的传输。计算机网络已成为发展的方向,特别是20世纪90年代以来,互联网的兴起代表了这一发展趋势的最新方向,互联网快捷、低成本的运行特点为电子商务的发展提供了技术手段。

(2)信息技术在组织中的应用演进

计算机网络等信息技术的飞速发展促进了企业组织的发展与变革。在使用信息技术的初期,企业常常通过计算机来执行一些具体的、常见的、事务性的业务活动,如商店的自动售卖机。它有着简单的交易处理系统,它的运用降低了成本,提高了效率。之后,随着计算机技术的逐步发展,为了共享各交易处理系统所拥有的信息资源,从而达到改善部门与组织整体业绩的目标,出现了管理信息系统等各种系统,这是信息技术在管理上的进一步应用。网络不仅能够连接组织各部门,还能连接其他组织和个人,并分享信息,进行项目合作等,从而成为组织中重要的技术工具。

1.3.2　电子商务的发展历程

根据电子商务所依托的网络环境的不同,可将其发展历程分成两个阶段:

1. 20世纪60年代至90年代:基于EDI的电子商务雏形阶段

EDI是将业务文件按一个公认的标准从一台计算机传输到另一台计算机上去的电子传输方法。它在20世纪60年代末期产生于美国,当时的贸易商们在使用计算机处理各类商务文件的时候发现,由人工输入一台计算机中的数据的70%来源于另一台计算机输出的文件。由于过多的人为因素影响了数据的准确性和工作效率的提高,人们开始尝试在贸易伙伴的计算机之间进行数据的自动交换,EDI应运而生。

从技术上讲,20世纪90年代之前的大多数EDI都不是通过互联网,而是通过租用的线路在专用网络上实现的。这类专用的网络被称为增值网(Valued-Added Network,VAN),这样做是出于安全的考虑。但随着互联网安全性的日益提高,作为一个费用更低、覆盖面更广、服务更好的系统,其已表现出替代VAN而成为EDI的硬件载体的趋势。

2. 20世纪90年代至今:基于互联网的电子商务阶段

由于使用VAN的费用很高,仅大型企业才会使用,因此限制了基于EDI的电子商务应用范围的扩大。20世纪90年代中期之后,互联网迅速走向普及化,其逐步地从大学科研机构走向企业和百姓家庭,其功能也从信息共享逐渐演变为大众化信息传播。从1991年起,一直被排斥在互联网之外的商业贸易活动正式进入这个"王国",其使电子商务成为互联网应用最大的热点。目前,EDI仍然是全世界电子商务的一项关键技术,它实现了全球范围内的电子商务文件的传送。

随着无线网络的迅速发展和移动用户规模的不断扩大,建立在移动通信网络平台之上、不受线路束缚的移动商务掀起了一股新的电子商务浪潮。移动商务是指商务活动的参与主体可以在任何时间、任何地点实时获取商业信息的一种电子商务模式,它具有应用移动通信技术和使用移动终端进行信息交互的特征。移动商务包括在线移动支付、移动交易、移动办公、移动客户关系管理等。

1.3.3 电子商务的发展现状

1. 全球电子商务发展现状

高盛全球研究所全球股票策略团队2024年发布的研究报告称,全球电商销售额在2023年达到3.6万亿美元,预计2024年将同比增长8%至3.9万亿美元。受整体零售销售增长、电商渗透率随着电商份额持续扩大而上升的支撑,高盛研究部预计,全球电商销售额在2023年至2028年的年均复合增长率为7%,到2028年将达5.0万亿美元。德国权威数据分析公司Statista在2024年4月发文指出,全球电子商务市场继续由中国"领跑",占据主导地位,全球格局未发生变动。按B2C电子商务销售额计算,2023年中国的在线零售总额接近2.2万亿美元(约合人民币15.94万亿元),美国以0.981万亿美元(7.11万亿元人民币)的销售额位居第二,第三名英国为0.157万亿美元(1.14万亿元人民币)。纵观全球电子商务市场,各国家或地区的发展并不平衡,呈现出北美、欧洲、亚洲"三足鼎立"的局面。

北美市场以美国为代表,由于美国最早开展电子商务应用,加之拥有信息资源的绝对优势,其在电子商务方面的应用和规模具有领先地位。代表企业除了有亚马逊等电商平台的支撑,实体零售商也是其重要支撑。美国前十大电商中,有6家是实体零售商,包括沃尔玛、家得宝、Costco等。美国的线下零售企业本身就是各自品类的巨头,它们在拓展线上业务时,并没有盲目地往平台化的方向发展,而是发挥自身品类的商品、供应链、客户等方面的优势逐步进军电子商务领域,并逐渐成为美国电子商务市场的重要力量。但随着全球经济格局的变化,由于新兴市场快速发展,北美地区的跨境购买行为越来越普遍。

欧洲也是较早开展电子商务的地区,在世界范围内处于领先地位,得益于它的网络基础设施建设、在线支付手段的安全性和大众的信任度、设施完备网络发达的物流体系,及欧盟统一协调下有所保障的法律环境。相对于北美地区,欧洲电子商务的产业化程度更高。而带动欧洲电子商务发展的领军者以纯粹的网络公司为主,欧洲这些纯粹的网络公司在充分利用电子商务专业技术公司资源的基础上,创立了形式多样的产业化程度很高的商业模式。

作为最具回报潜力及商业机会的区域,亚洲的电子商务的发展一直受到信息技术和商界人士的关注。2022年,全球电商市场以亚洲为中心,电商销售额全球领先的经济体中,亚洲经济体占据半数。其中,中国、日本、韩国、印度和印尼分列第一、三、六、七、九位。印度电商发展增速较快,将是东南亚国家中最大的电商市场之一,这可能是由于中产阶级的增长和互联网普及率的提高。新加坡虽然市场整体规模较小,但其跨境电商占电商整体规模的比例较高,高昂的物流成本是开展跨境电商最紧迫的挑战。其他新兴市场还包括马来西亚、菲律宾、泰国和越南。

2. 中国电子商务发展现状

进入21世纪,我国电子商务进入了务实发展阶段,并取得了较好的成效。2024年3月中国互联网络信息中心(CNNIC)发布第53次《中国互联网络发展状况统计报告》显示,截至2023年12月,我国网民规模达10.92亿人,互联网普及率达77.5%。根据2024年1月的商务部发布数据显示,我国电子商务交易总额由2018年的31.63万亿元增长至2022年的

智慧物流与电子商务

43.83万亿元,实物商品网上零售额占社零总额的比重超过四分之一,我国连续11年成为全球最大网络零售市场。《中华人民共和国电子商务法》2019年1月1日起实施以来,商务部会同各相关部门各地方不断优化政策供给,创新公共服务,加强示范引领,推动电子商务融合创新发展。期间,电子商务发展带动了就业和产业的数字化转型。统计显示,五年来我国电子商务从业人数从4 700万增加至超过7 000万。电子商务成为数字化转型新引擎,化工、建材等一批交易额过千亿的B2B平台涌现,国家电子商务示范基地带动形成服装、家具等30余个特色化数字产业带。网经社发布的2012—2022年中国电子商务市场交易规模如图1-5所示。

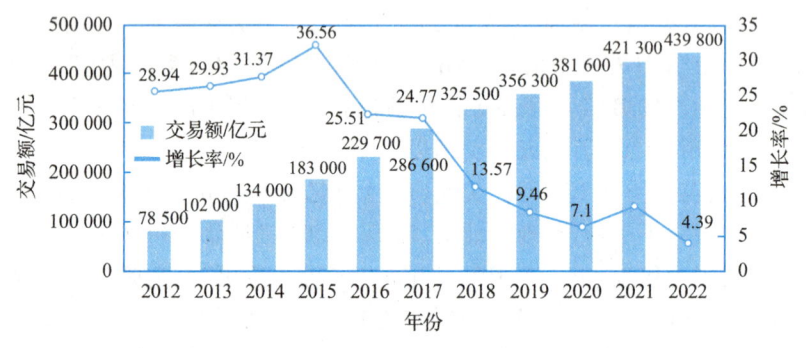

图1-5　2012—2022年中国电子商务市场交易规模

从1999年电子商务的种子落地中国至今,中国电子商务发展经历了三个阶段,分别是培育期、创新期、引领期,中国电子商务发展时间线如图1-6所示。

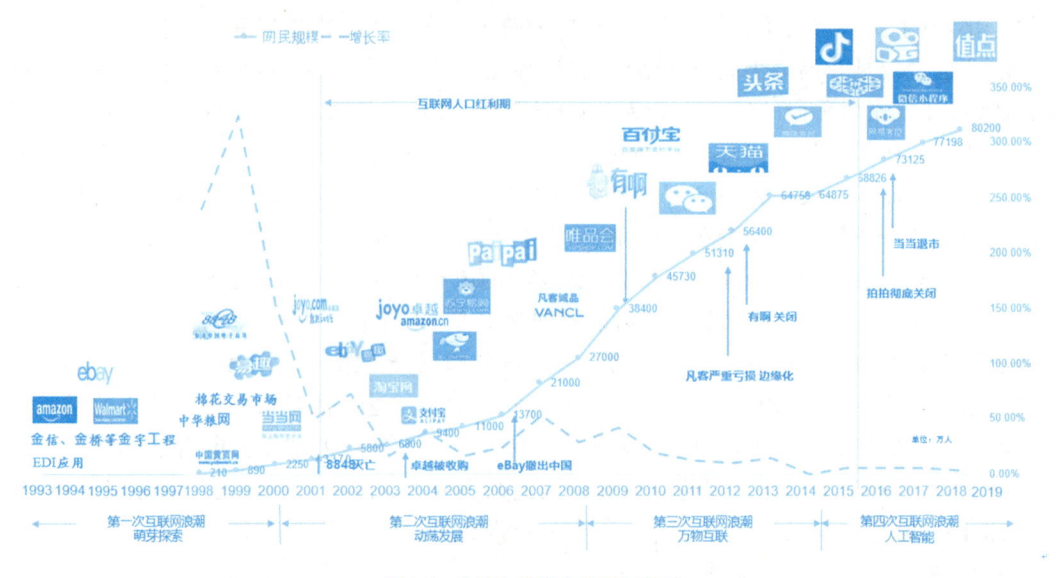

图1-6　中国电子商务发展时间线

(1)培育期(1999—2005年)

培育期的典型特征是适者生存,没有固定的发展模式,各种创新层出不穷。这一时期企业和政府都开展了积极的探索和尝试。早期的电子商务以网站为基础,主要有零售商自营网站、门户网站电商、电商综合平台、黄页与信息展示四种模式。在政府层面,商务部、国际电子商务中心等也积极开展了中国商品交易市场、在线广交会、中国国际电子商务应用博览会等探索。典型的案例包括中国最早的电商网站8848及目前中国电子商务领域头部企业的阿里巴巴、网易、腾讯等。这个阶段由于市场规模不足及支付与物流关键技术支撑的缺乏,使得电子商务盈利模式与中国市场现状尚未匹配,电子商务企业的生存能力有限,其中最有代表性的电商模式之争要数淘宝与eBay易趣的对决,也证明了中国电子商务发展必须走中国化道路。

视频资料:
前三季度我国电子商务持续健康发展

(2) 创新期(2005—2015年)

创新期的典型特征是适者生存、互联网人口红利得到充分释放。我国电子商务的竞争在深度、广度和强度上持续升级,电商领域的资本、技术迎来全面创新。同时,随着在线支付技术与物流信息技术的普及,出现了电商服务业,平台电商成为一种生态;由电商交易服务、在线支付、物流等支撑的服务业和衍生服务业共同构成的电子商务生态系统日益完善。该时期中国电子商务发展迅速,各种创新的商业模式层出不穷,创新不断丰富,广度不断扩展,产业链日益深化,典型的案例包括以土豆、优酷、B站为代表的视频网站企业,以美团、滴滴为代表的各种生活服务类企业,及注重内容生产的今日头条、小红书,改变社交方式的微信,智能手机等电子产品制造商小米公司等,供应链管理、企业管理及人们的生活方式都产生了巨大变化。

(3) 引领期(2015年至今)

引领期的电子商务发展以内容和社交为主导,在国家互联网＋行动计划推动下,电子商务向农业、工业不断渗透,服务体系逐渐完善,国际影响日益扩大。2015年,在十二届全国人大第三次会议上,李克强总理在政府工作报告中首次提出互联网＋,2015年国务院关于积极推进互联网＋的行动指导意见提出了互联网＋行动计划,并将数字化转型作为七个重点任务之一。也是从那时开始,数字化转型正式进入我们的生活和视野之中。这期间,电子商务发展呈现更加多元化特征,内容电商和社交电商成为该时期电子商务模式的主力军。微信、拼多多、小红书等持续创新,模式不断推陈出新。头条、抖音、快手等内容和视频网站的兴起重塑电子商务发展的产业格局。电子商务在农业、工业、交通出行等领域的渗透日益加强,很多模式都成为引领全球的典型案例。与此同时,以eWTP、跨境电商为代表,我国电子商务的国际化步伐也日益加快。

视频资料:
青州:电商点燃"新引擎" "流量"变销量

从二十年繁荣兴替看电子商务发展的三大特征。首先,电子商务是创新驱动、创新引领的行业,具体而言,电子商务创新体现在技术创新和业务模式创新两个方面,具有高度的不稳定性和动态竞争特征。第二,电子商务发展需要准确判断时机并把握时机,只有将关键信息技术、典型商业模式与相吻合的互联网发展水平结合,才能创造出成功的案例。第三,电子商务的跨界属性日益增强。随着线上线下的高度融合,新兴业态的边界愈发模糊,很难将现在代表性的电商企业/平台对应到某一个传统的业务模块中。

未来电子商务发展的趋势体现为:①电子商务发展将引领一系列新技术的发展。关键

15

技术和商业模式将持续创新,大数据、区块链、人工智能、生物识别等关键技术将在电子商务领域应用推广,并进一步完善。②电子商务将成为数字经济发展的重要核心,对国民经济的发展贡献率将日益提高。③电子商务的溢出效应将进一步放大,通过与各产业的深入融合,覆盖到更多领域,线上线下融合的趋势将进一步增强。④电子商务的治理环境将日益完善,在电商立法、监管制度、市场秩序维护、平台治理等方面与时俱进,为电子商务的健康发展提供良好的政策环境支持。

1.4 电子商务体系结构

1.4.1 电子商务系统的组成

电子商务系统是指商务活动的各方,包括卖方、买方、金融机构、政府管理认证机构、物流企业等,利用网络通信平台来实现商务活动的信息系统。由于电子商务交易中的参与方是通过网络进行信息沟通和业务合作的,因此其需要一些传统商务活动中没有参与或者参与程度不深的角色,如用于网上身份认证的认证中心、提供电子商务相关服务的服务商等。即使是传统商务活动中已有的角色,其在功能和定位上也发生了变化,如完成网上支付的银行等。电子商务系统的基本结构如图1-7所示。

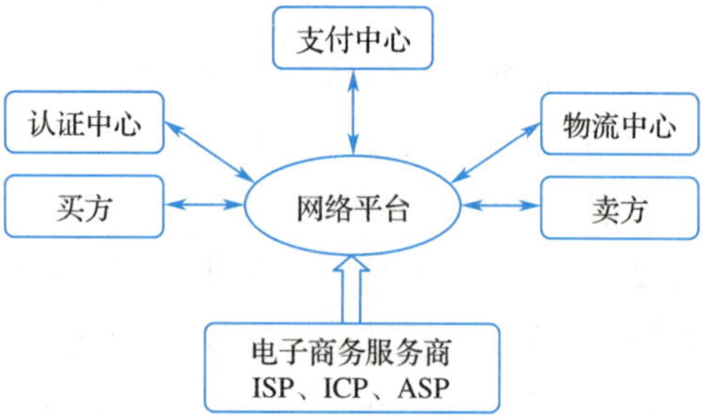

图1-7 电子商务系统的基本结构

(1)网络平台

这里的网络平台是指以互联网为基础,负责连接电子商务系统各组成部分的一个商务、信息传送工具,包括企业内部网、企业外部网、VPN及无线网络等,是各种商务实体间进行商务活动的纽带。

(2)买方和卖方

买方一般是指消费者,消费者通过网络平台发布需求信息或搜索所需商品的信息,并进行商品的比较、评估与购买;卖方一般是指企业,企业借助网络平台把商品或服务转化为数字化的信息以进行商品宣传、在线销售等活动。

(3)认证中心

认证中心主要是指CA认证中心,是网上中立的、权威的、公正的第三方机构,它采用公开密钥基础架构技术,负责发放和管理电子证书以确保各方在网上的真实身份,并提供数字签名等安全工具服务,以保证电子商务活动安全有序进行。

(4)支付中心

支付中心通常是以银行为主体建立的,一方面其支持交易双方通过互联网进行安全的网上交易,另一方面又通过安全通道保证与维护金融网络的安全。

(5)物流中心

物流中心接受交易双方的送货要求,负责及时地将有形商品送达需求方的指定地点,并跟踪商品的动态流向。

(6)电子商务服务商

此处的电子商务服务商专指互联网服务提供商、互联网内容服务商和应用服务提供商等。其中,互联网服务提供商(Internet Service Provider,ISP)是指为用户提供互联网接入和互联网信息服务的企业,如中国电信公司、中国移动通信公司和中国联通公司等;互联网内容服务商(Internet Content Provider,ICP)是指提供互联网信息服务的企业,其将网络上的各种资源、信息妥善组织,并集中进行管理,以方便网络资源的搜索,如新浪网、搜狐网、今日头条等;应用服务提供商(Application Service Provider,ASP)是指主要为企事业单位进行信息化建设,提供行业解决方案的公司,如阿里云、腾讯云等。此外,相关政府部门包括法律、税收、市场监管等管理机构,对整个电子商务起着监督管理的作用。

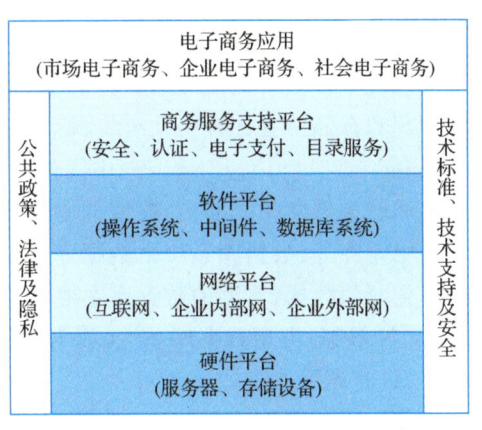

1.4.2 电子商务的基本框架

电子商务的基本框架包括"四个层次""两大支柱"和"一个应用",且电子商务应用建立在"四个层次"和"两大支柱"的基础之上。自下向上"四个层次"依次为:硬件平台、网络平台、软件平台、商务服务支持平台;"两大支柱"分别是公共政策、法律及隐私和技术标准、技术支持及安全。"四个层次"之上是特定的电子商务应用,下面三个层次和"两大支柱"是特定电子商务应用的条件,而第四层次商务服务支持平台则提供了标准的网上商务活动服务。电子商务的基本框架如图1-8所示。

图1-8 电子商务的基本框架

1. 电子商务基本框架的支柱

(1)公共政策、法律及隐私

公共政策是指需要政府制定的政策,包括电子商务的税收制度、信息定价(信息定价是指谁花钱进行信息高速公路建设,谁负责对其进行定价)、信息访问的收费、信息传输成本、隐私问题等。法律维系着商务活动的正常运作,违规活动必会得到法律的制裁。鉴于网上商务活动的独特性,需要一个成熟的、统一的法律体系对商务活动的参与者的行为进行约束。隐私问题在电子商务框架中极其重要,人们在网上的各种活动和个人信息不知不觉地被商家记录下来,这必然使用户对电子商务有所顾忌,从而一定程度上阻碍电子商务的发展。因此,如何保障个人隐私信息的安全,是必须重视和做好的工作。

(2)技术标准、技术支持及安全

技术标准是信息发布与传递的基础,是网络上信息一致性的保证,主要包括用户接口、传输协议、信息发布标准、安全协议等;技术支持是电子商务应用与发展的基础,是电子商务顺利进行的保障,主要包括数据库技术、信息安全技术、Web技术等;安全问题是电子商务的核心问题,一个安全的电子商务系统,首先必须有一个安全、可靠的通信网络,以保证交易信息安全、迅速地传递,其次必须保证数据库服务器的绝对安全,以防止网络黑客闯入并盗取信息。

2. 电子商务基本框架的层次

(1)硬件平台

硬件平台主要是指硬件基础设施,包括服务器和存储设备。服务器是在网络环境下,为所有的互联网用户提供信息共享、网站访问等服务的高性能计算机,按照服务器的功能,其可分为Web服务器、应用服务器和数据库服务器;存储设备主要是指数据存储设备,主要包括内置存储设备、外置存储子系统及网络存储子系统。

(2)网络平台

网络平台就是利用网络传输介质和网络连接设备把服务器存储设备等硬件设施连接起来。电子商务的网络环境主要包括互联网(Internet)、企业内部网(Intranet)、企业外部网(Extranet)。网络的传输介质主要有:有线介质,如光纤、双绞线、同轴电缆等;无线介质,如卫星、微波、无线电等。网络的连接设备主要有交换机、路由器、网关、防火墙等。

(3)软件平台

软件平台主要是指应用软件的操作环境,包括操作系统、中间件、数据库系统。操作系统管理和存储所有计算机系统资源,为使用者提供访问与操作界面。典型的操作系统主要有Windows、UNIX、Linux等;中间件在客户机和服务器或者服务器之间传送数据,实现客户机和服务器之间的通信,典型的中间件主要有数据库中间件、远程过程调用中间件、面向消息中间件等;数据库系统由数据库、数据库管理系统、数据库管理员、用户构成,以存储和管理企业的数据,典型的数据库主要有传统的关系型数据库如Oracle、SQL Server、MySQL等,及NoSQL类型数据库系统,如Redis、HBase、MongoDB等。

(4)商务服务支持平台

商务服务支持平台主要是指为网上所有的交易活动提供服务支持的平台,包括支付中心、认证中心和目录服务。

3. 电子商务应用

电子商务应用的行业领域极为广泛,几乎社会生活的各个领域都有所涉及。比如国际旅游和各国旅行服务行业、传统的出版社和电子书刊、计算机、网络、数据通信软件和硬件生产商、各种传统商品生产企业、金融机构、信息公司、咨询顾问公司、教育部门和医疗卫生行业等。与此同时,传统经济没有的新行业也应运而生,如内容服务商(ICP)、网络服务商(ISP)、认证中心(CA)等。我们可以从市场、企业、社会电子商务的角度分别了解电子商务的应用情况。

(1)市场电子商务

第一个层次是指面向市场的以市场交易为中心的商务活动,即市场电子商务。它包括促成交易实现的各种商务活动,如网上展示、网上公关、网上洽谈等活动。网络营销是其中最重要的网上商务活动;另外还包括实现交易的电子贸易活动,其主要包括利用EDI、互联网实现交易前的信息沟通、交易中的网上支付和交易后的售后服务等。两者的交融部分就是网上商贸,它将网上商务活动和电子贸易活动融合在一起,因此有时将网上商务活动和电子贸易活动统称为电子商贸活动。

(2) 企业电子商务

第二个层次是指利用互联网来重组企业内部的经营管理活动,并与企业开展的电子商贸活动保持协调一致,即企业电子商务。最典型的是供应链管理,它从市场需求出发,利用网络将企业的销、产、供、研等活动串在一起,实现企业的网络化、数字化管理,以最大限度地适应网络时代市场需求的变化,也就是企业内部的电子商务活动。

(3) 社会电子商务

第三个层次是指整个社会经济活动都以互联网为基础,如电子政务是指政府活动的电子化,它包括政府通过互联网处理政府事务,利用互联网进行招投标以实现政府采购,利用互联网收缴税费等。第三个层次是第一个层次和第二个层次电子商务的支撑环境。只有三个层次的电子商务协调发展,才可能推动电子商务朝着良性循环的方向发展。

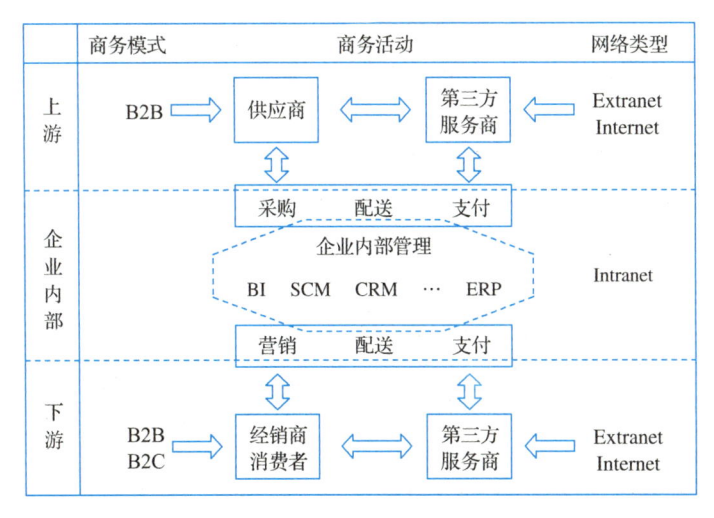

1.4.3 企业电子商务的应用框架

电子商务的价值主要体现在企业应用上,特别是与传统企业进行整合,提升企业的竞争力。电子商务的实质是企业利用现代信息技术在消费者、供应商和合作伙伴之间,实现在线交易、相互协作和价值交换,企业利用电子商务开发新的市场及客户群、维护客户关系、提升供应链效率,从而为企业开拓市场、降低运营成本、赢得更高的投资回报创造良好的条件。通过企业电子商务的应用框架(如图1-9所示)可以更好地了解电子商务的内涵。

从图1-9中我们可以看出,首先,电子商务所涉及的对象不仅包括核心企业、供应商、经销商、消费者,还包括相关的第三方服务商,如物流公司、银行、监管机构等,它们相互协作共同形成一个完整的供应链;其次,电子商务覆盖范围非常广,从原材料采购到产品销售和最终售后服务等均包括在内;最后,企业在应用电子商务时,应该和企业内部的管理系统集成,同时企业也要进行相应业务流程的改革和重组以适应电子商务的发展,只有这样才能真正提升企业的管理效率,进而提高企业的核心竞争力。

图1-9 企业电子商务的应用框架

1.5 电子商务的主要应用模式

电子商务不同应用模式的差异主要体现在参与交易主体的不同上。目前,电子商务的主要应用模式包括 B2B 电子商务模式、B2C 电子商务模式和 C2C 电子商务模式。随着电子商务的不断发展,许多创新型的电子商务运作模式将会产生,从而进一步扩大电子商务的应用领域。

1.5.1 B2B 电子商务模式

B2B 电子商务模式是指企业与企业之间通过专用网络或互联网,以电子方式开展的贸易活动。B2B 电子商务模式的本质就是企业通过现代信息技术来降低交易成本、提高企业经营效率等。互联网使得信息可以通行无阻,企业之间可以通过互联网在生产、经营等方面建立互利互惠的合作,形成水平或垂直形式的业务整合,以更大的规模、更大的实力、更经济的运作模式提高企业的竞争力。

1. B2B 电子商务模式的基本类型

市场中买方和卖方的数量及参与模式决定了 B2B 电子商务模式的基本类型。

(1) 卖方或买方模式

一个卖家对多个买家的卖方模式和一个买家对多个卖家的买方模式注重单个企业在这些交易中的销售和购买需求,因此这种电子商务模式也可以称为以企业为中心的电子商务模式。在以企业为中心的交易市场里,一个企业既可以完成所有的销售活动(卖方模式),也可以完成所有的购买活动(买方模式),卖方或买方的企业完全控制着那些参与买卖交易和支持信息系统的各方,一般而言,政府部门或大型企业自建的采购或销售平台属于这种模式。

(2) 交易市场模式

交易市场模式通常是指由第三方企业为买卖双方创建一个信息和交易的平台,买方和卖方可以在此分享信息、发布广告、竞拍投标,并进行交易。交易市场向所有相关方(买方和卖方)开放,所以也可以将其看成公共的电子市场,阿里巴巴、慧聪网等 B2B 电子商务平台均采用了交易市场模式。

(3) 供应链改善和协同商务模式

B2B 交易是供应链活动的一部分,许多世界知名公司的成功主要归因于有信息技术和电子商务技术支持的高效供应链管理。因此,B2B 交易模式需要根据其他供应链活动,如制造、原材料采购、运输及物流等进行调整。

企业与企业之间的贸易活动不仅局限于买卖活动,一个典型的例子就是协同商务。这是一种商业伙伴之间相互沟通、共同设计、规划并共享信息的商务模式。协同商务的一个标志性特征就是交易双方所开展的不仅仅是金钱交易,还可能包括与产品设计、制造或管理等相关的其他活动。

2. 第三方 B2B 电子商务平台的盈利模式

除了少数大型企业有自己的 B2B 电子商务平台(如制造商的在线采购和在线供货等)

外,一般的中小型企业都是通过第三方 B2B 电子商务平台来开展 B2B 电子商务业务的。买卖双方主要通过直接销售的产品或服务来获取利润,第三方平台的利润主要来自会员费用收入、交易佣金、增值服务收入、线下服务收入、店铺出租租金和广告收入等,其具体盈利模式如图 1-10 所示。

目前,第三方 B2B 电子商务平台最主要的盈利模式还是会员费用收入和交易佣金,并在发展中有一些新的变化。此外,基于广告收入盈利模式和会员费用收入盈利模式发展起来的"电子商务+搜索引擎"盈利模式正蓬勃发展,且关键字搜索引擎排名带来的广告收入正在逐渐增加,阿里巴巴推出的"竞价排名"服务,慧聪网提供的"金榜题名"服务,使关键字搜索排名这一盈利模式得到很大发展。

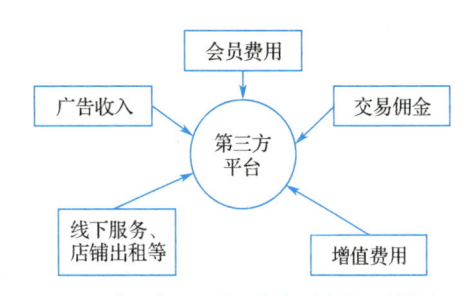

图 1-10　第三方 B2B 电子商务平台的盈利模式

案例　第三方 B2B 电子商务平台的盈利模式

(1)以阿里巴巴为代表的外贸店铺式 B2B 交易平台模式

由"中国黄页"起家的阿里巴巴网站是全球 B2B 电子商务平台中的著名品牌,其所倡导的商业理念与线上开展的国际贸易服务获得了业界的肯定,是提供第三方电子商务平台服务的领头军。阿里巴巴基本上采用的是在入网收费基础上发展起来的会员费用收入盈利模式。这种盈利模式是建立在大量免费用户基础上的,并通过通信认证、采购信息资源的稀缺性、展示推广整合的梯次服务,吸引部分会员按年度交纳服务费。目前,其主要提供诚信通会员服务、中国供应商会员服务及竞价排名服务。此外,阿里巴巴还推出"超级工厂"增值服务产品,致力于帮助商家更好地运营与发展平台,帮助商家提高产品质量,提升服务质量,赢得更多商机。

(2)以慧聪网为代表的商务资讯式 B2B 交易平台模式

慧聪网最早是一家商务资讯服务机构,是国内分类广告服务行业的开创者,其依托核心互联网产品"买卖通"及雄厚的传统营销渠道、中国资讯大全、研究员行业分析报告等,为客户提供线上、线下的全方位服务,具有较强的线下沟通能力。慧聪网采用的是会员费用收入+广告收入+增值服务收入的混合盈利模式,这种盈利模式基于企业在转型中存在的复杂运营机构,其既有对行业纵深市场研究后形成的自主知识产权内容的收费,又有在垂直行业门户地位巩固的行业频道针对用户推广广告的收费,还有建立在大量免费用户基础上,通过通信认证、采购信息资源的稀缺性、展示推广整合的梯次服务,吸引部分会员按年度交纳服务费。目前,其主要提供买卖通会员服务、"金榜题名"排名服务、广告服务、内容服务等四种服务。

(3)以中国化工网为代表的垂直 B2B 交易模式

中国化工网通过对企业的传统业务流程再造,整合产业链,并通过电子商务和企业的核心业务整合,开创信息流、资金流、物流、商流"四流一体"的电子商务交易模式。中国化工网采取的是会员费用收入+广告收入的盈利模式,这也是目前很多 B2B 平台采取的一种盈利模式。中国化工网以会员资源为基础,利用对会员的梯次服务,充分利用稀缺资源,提供化 e 通基础会员和高级会员服务、竞价排名服务、中国供应商服务。化 e 通服务主要包括帮助企业建设网站、发布和管理产品信息和行情信息、查询资源库等；化工搜索引擎的竞价排名服务也是其一项新推出的服务，并采用"竞价排名、按天消费、限量发展、左右兼顾"的模式；中国供应商服务主要面向海外做重点推广，以在线展会、合作网站推广等形式向海外浏览者宣传中国优秀化工企业，属于高端服务项目。

1.5.2　B2C 电子商务模式

B2C 电子商务模式是指由商家或企业通过电子化手段向消费者提供商品和服务的一种商务模式。企业与消费者之间进行的电子商务活动最大的特点是供需双方直接交易、速度快、信息量大、费用低，其是随着互联网的普及而快速发展起来的电子商务模式，在未来电子商务的发展中将占据举足轻重的地位。

1. B2C 电子商务的经营模式

就目前国内的 B2C 行业而言，其主要的经营模式可以分为以下几类：

（1）网络购物模式

消费者通过网络购物平台购买商品是 B2C 电子商务的典型应用之一。消费者购物的选择范围通过互联网被最大限度地扩展，产品的介绍也更加全面详细，消费者可以足不出户，通过自己的电脑在网上寻找、购买所需的商品，并获得企业提供的一系列服务，从而高效、便捷、低成本地完成网上购物。

对于企业，建立网上商店，完全更新了其原有的市场概念。传统意义上的商圈被打破，并形成了真正意义上的国际化市场，为其赢得了前所未有的商机。另外，在线销售可以避免有形商场及流通设施的投资，减少雇用大量销售人员的支出，同时还可能实现零库存销售，这都带来了经营成本的降低，提高了商家的竞争力。目前，B2C 网络购物平台主要有两大类：一类是将传统实体店与在线商店相结合形成的 B2C 网络购物平台，如苏宁电器的苏宁易购等；另一类是由电子商务公司经营的纯粹的 B2C 网络购物平台，这类平台为传统企业提供在线销售平台，其自身并没有线下的实体商店，如天猫商城、京东商城等。

（2）网上订阅模式

在网上订阅模式下，消费者通过网络订阅企业提供的无形商品和服务，并在网上直接浏览或消费。这种模式主要被一些互联网企业用于销售报纸杂志、电视节目等。网上订阅模式主要包括：

①在线出版。出版商通过互联网向消费者提供除传统印刷出版物之外的电子出版物，消费者通过订阅可下载有关的出版物，如中国知网、万方数据库等。有些在线出版商采用免费赠送和收费订阅相结合的办法，吸引了一定数量的消费者，并取得了一定的营业收入，如百度文库、豆丁网等。

②在线服务。在线服务商通过每月收取固定的费用向消费者提供各种形式的在线服务，比如金融服务、旅游服务及招聘服务等。金融服务方面，招商银行、中国工商银行等推出的网上银行服务已成为金融个人服务的新亮点；旅游服务方面，以携程网、去哪儿旅行、马蜂窝旅游等为代表的旅游电子商务网站为旅游者提供便利的票务、酒店及游记分享等旅游相关服务；招聘服务方面，前程无忧网、BOSS直聘等可以提供专业的招聘服务。

③在线娱乐。在线娱乐商通过网站向消费者提供在线娱乐，并收取一定的订阅费，这是

无形商品和服务在线销售中令人关注的一个新领域,并取得了一定的成绩。当前,网络游戏已成为企业竞争的焦点之一,腾讯、网易等纷纷在网络游戏方面强势出击。此外,网络小游戏当前已经成为抖音、微信等互联网巨头生态的重要组成部分,不仅给企业带来巨量流量,同时也带来可观收入。

（3）广告支持模式

在线服务商免费向消费者提供在线信息服务,其营业收入完全靠在网站上投放广告来获得,不直接向消费者收费。对于网民来说,信息搜索是其在互联网的信息海洋中寻找所需信息最基础的网络应用。因此,企业愿意在信息搜索网站上设置广告,网民通过点击广告可直接登录该企业的网站。采用广告支持模式的在线服务商能否成功的关键是其网页能否吸引大量的广告,能否吸引广大消费者的注意。比如新浪网、搜狐网、网易等国内知名度较高、浏览量较大的门户网站,它们目前主要通过网络广告或者借助网络平台与其他企业进行合作促销并提供产品销售链接等来获取收入。

（4）网上赠予模式

网上赠予模式经常被软件公司用于赠送软件产品,以扩大其知名度和市场份额。一些软件公司将测试版软件通过互联网向用户免费发送,用户可自行下载试用,也可以将意见或建议反馈给软件公司。采用这种模式,软件公司不仅可以降低成本,还可以扩大测试群体,改善测试效果,提高市场占有率。美国的网景公司(Netscape)在其浏览器最初推广阶段采用的就是这种模式,从而使其浏览器迅速占领市场,效果十分明显。

2. B2C 电子商务的盈利模式

B2C 电子商务的经营模式决定了 B2C 电子商务的盈利模式,不同类型的 B2C 电子商务企业其盈利模式是不同的。一般来说,B2C 电子商务企业主要通过以下几种方式获得盈利。

（1）产品或服务的差价

网络购物平台相对实体店来说,减少了中间交易环节,节省了店面的租金成本,大大降低了管理成本等多方面成本,从而整体提升了纯收入,如海尔网上商城、苏宁易购等;对于一些提供网络游戏和网上娱乐的网站,其主要是向消费者提供相关的服务,并按照服务本身的价值进行收费,例如网络游戏中售卖的道具、皮肤等虚拟产品。

（2）网络广告营收模式

任何一家知名的 B2C 网站,都可以在首页及其他页面投放其他企业的广告,并通过向企业销售广告位来获取收入。比如,网站或者博客的管理者可以注册成为阿里巴巴的会员,并靠出售自己的广告位来获取佣金。

（3）商户销售抽成

这种第三方 B2C 网络平台本身不卖产品,其为买卖双方提供重要的交易平台,其利润主要是向卖方企业收取的入驻第三方交易平台的保证金或对达成交易收取的佣金。比如,当当网对于不同品类的店铺,制定不同的抽成比例,通过交易抽成产生收益。因此,每个商户产品的销售都与其利润挂钩。

（4）收取会员费

面向中间交易市场的 B2C 企业参与电子商务交易时,必须注册为 B2C 网站的会员,并通过每年交纳一定会员费的形式来享受网站提供的各种服务。例如,天猫商城、京东商城等对入驻的商家收取软件服务年费或技术服务费等。

(5)代理商代理的销售利润

对于一些代理型的 B2C 企业,诸如机票代理、电信增值业务代理等企业,其正趋于成熟,能够通过代理商团队的营销运作给自身带来丰厚的利润,例如一些旅游网站向消费者提供机票代理服务。

(6)间接利润来源

间接利润来源可以通过价值链的其他环节为企业实现盈利,如 B2C 网站网上支付营收模式、B2C 网站物流营收模式、B2C 网站信用认证营收模式等。

1.5.3　C2C 电子商务模式

C2C 电子商务模式是个人与个人之间利用电子化手段,借助第三方网络平台实现商品和服务交易的一种商务模式。C2C 电子商务平台运营商在网上搭建一个平台,为买卖双方架起一座桥梁,使卖方可以主动提供所要销售的商品,而买方可以自行选择商品进行购买。C2C 电子商务模式是最能够体现互联网优势的电子商务模式,其能够使数量巨大、地域不同、时间不一样的买方和卖方通过一个平台找到合适的对方进行交易,在传统领域要实现这样大的工程是几乎不可想象的。

1. C2C 电子商务的运作模式

目前,C2C 电子商务的运作模式主要有网上拍卖、第三方交易平台、分类广告和知识付费等。

(1)网上拍卖

网上拍卖是典型的 C2C 交易模式,是 20 世纪 90 年代在美国兴起的一种电子商务模式,其最大特点在于将现场拍卖的交易方式利用互联网的特点,变成了非现场式的交易,从而突破了现场拍卖所特有的时间、空间限制。网上拍卖是传统拍卖业在互联网上的延伸,是现代信息技术在传统拍卖业中的应用。网上拍卖的拍卖方式大多数是在传统拍卖方式的基础上演变来的,常见的有以下几种:一口价、网上英式拍卖、网上荷兰式拍卖和密封拍卖。密封拍卖又可分为一级密封拍卖(出价最高的竞买人中标)、二级密封拍卖(出价第二高的竞买人中标)。网络 C2C 交易模式多采用一口价、网上英式拍卖和网上荷兰式拍卖。

目前国内外的拍卖网站,其竞价模式实际上只有两种,即正向竞价和逆向竞价;其交易方式则有三种:竞价拍卖、竞价拍买和集体议价。

(2)第三方交易平台

第三方交易平台模式是由独立的第三方搭建电子商务平台,方便个人在交易平台开设店铺,以会员制的方式收费,其也可通过广告或其他增值服务收取费用。卖家只需登录交易平台,按照要求注册成为用户,然后登录填写开店信息,即可完成开店,并可以使用平台工具,实施店铺"装修"设计。这种运作模式不需要前期投入大量资金,个人只需要一台计算机就可以完成在线商品管理,自行决定价格和促销手段,实现在线销售商品,这种模式的典型代表是淘宝网。

(3)分类广告

分类广告是很多种类的小广告的集合,区别于其他各种独立的大幅广告,分类广告的读者目的性更加明确。分类广告网站就是专门经营目标明确、投放精准的小广告的网站。

分类广告网站一般针对企业发布的广告信息收费,对个人发布的信息免费,对广告浏览者不收费,如58同城等。收费的分类广告网站商业气氛浓郁,信息可信度高,但是网民浏览量不大。不收费的分类广告网站信息未经验证,可信度不高。因为其没有收费门槛,垃圾信息很多,但是网民互动性强,浏览量大。

(4)知识付费

C2C知识付费模式是指个人在知识分享平台以自媒体的形式,传播某个细分领域的知识,购买者可以根据自己的需求进行订阅的电子商务模式。它植根于蓬勃发展的分享经济,知识分享平台通过个人用户分享自己的经验和知识汇聚人气,形成一个个虚拟社区。其中的一些用户便在平台上开设自媒体,为其他用户有偿地提供有价值的知识。典型的C2C知识付费平台是喜马拉雅、知乎。

2. C2C电子商务的盈利模式

目前,C2C电子商务企业采用的运营模式是为买卖双方搭建拍卖平台,按比例收取交易费用,或者提供平台方便个人在上面开店铺,以会员制的方式收费。在C2C电子商务的运营过程中,个体经营者在电子商务平台开设店铺销售自己的物品并获得销售收益,平台企业则可以收取店铺租金、广告费用或其他增值性服务费用。C2C电商企业的盈利来源于以下几个方面:

(1)会员费

会员费也是会员制服务收费,是指C2C平台企业为会员提供网上店铺出租、公司认证和产品信息推荐等多种服务组合而收取的费用。由于提供的是多种服务的有效组合,能更好地满足会员的需求,因此这种模式的收费比较稳定。易趣网最初进军中国市场的时候采取的就是对入驻商家收取会员费的制度,这也是导致易趣网最终一败涂地的主要原因。其虽在2008年5月也开始对用户在线开店实行"终身免费",但其所占市场份额已不能和淘宝同日而语。

(2)交易提成

交易提成是C2C平台企业的主要利润来源,因为C2C平台企业为交易双方提供机会,其就相当于现实生活中的交易场所或大卖场。从交易中收取提成是市场本性的体现,这也是目前国内众多C2C平台企业主要的盈利方式。

(3)广告费

平台企业在网站上有价值的位置放置各种类型的广告,根据网站流量和网站人群精确度标定广告价位,然后再通过各种形式向客户出售。互联网广告计费方式一般包括按展现收费(也称千人成本,Cost Per Mille,CPM)、按点击收费(Cost Per Click,CPC)、按行动收费(Cost Per Action,CPA)等。

(4)增值服务费

C2C平台企业不只为交易双方提供平台,其更多的是为双方提供交易服务,尽量满足客户的各种需求使其达成交易,并通过提供"搜索竞价排名""首页黄金铺位推荐"等增值服务收取一定的服务费用。比如,淘宝网推出的竞价排名、"淘宝旺铺"等服务,均是为愿意通过付费推广获得更多成交机会的卖家提供的增值服务。

(5)支付环节收费

阿里巴巴推出的支付宝,腾讯推出的财付通等第三方支付平台在一定程度上促进了网上在线支付业务的开展。买家先把预付款通过网上银行打到第三方支付平台的个人专用账户,待收到卖家发出的货物后,再通知支付公司把货款打入卖家账户。这样买家不用担心收不到货还要付款,卖家也不用担心发了货而收不到款,而第三方支付平台就按成交额的一定比例收取手续费。

1.5.4　其他电子商务模式

21 世纪是互联网的时代,也是电子商务的时代。随着信息技术的不断进步和社会经济的发展,电子商务模式也在不断创新。

1. C2B 电子商务模式的内涵

C2B 电子商务模式即消费者对企业(Customer to Business)的电子商务模式,该模式的核心是通过聚合相对弱势的群体并提升其与强势个体进行交易的话语权以最终获得更大的利润空间。C2B 电子商务模式,强调用汇聚需求取代传统的汇聚供应商的购物中心形态,被视为一种接近完美的交易模式。在该模式下,消费者取代企业成为未来的价值链第一推动力,这是一个根本的商业模式的变化。

作为消费者与商家的联系纽带,C2B 电子商务模式有着不可或缺的存在价值。对企业来说,C2B 电子商务模式把消费者直接送到企业的面前,使其直接了解消费者的需求,为企业节省巨额的营销费用,这些企业也就有了巨大的降价空间,把利润返还给消费者。同时,通过有效的整合与策划,改变企业的营销内容及形式,从而促进与消费者的深度沟通与交流,使得企业与消费者之间的关系变得更加密切。对消费者来说,由原来的被动消费变为主动消费,其获得了消费的主导权,满足了个性化需求。此外,对社交网络来说,这将是一个新的盈利模式,其将消费者聚集起来并形成很大的黏性,即作为一个第三方的平台将消费者和企业连接起来,自身收取中介服务费。

以 C2B 模式为核心的电子商务模式填补了 B 与 C 的最后一角,建立了完整的 B 和 C 的四角关系,典型的代表是美团。2023 年《财富》世界 500 强排行榜公布,美团以人民币 2 200 亿元营收首次入榜,排名 467 位,在中国互联网企业中仅排在京东、阿里、腾讯之后。

C2B 电子商务模式目前主要有两种表现形式:一是团购;二是个性化定制。团购就是团体购物,是指将相互认识或不认识的消费者联合起来,加大与商家的谈判能力,以求得最优价格的一种购物方式,属于 C2B 电子商务模式的初始阶段。根据薄利多销的原理,商家可以给出低于零售价格的团购折扣和单独购买得不到的优质服务。团购作为一种新兴的电子商务模式,通过消费者自行组团、专业团购网站、商家组织团购等形式,提升消费者与商家的议价能力,并使其极大程度地获得商品让利,引起消费者及业内厂商,甚至是资本市场的关注。

个性化定制是 C2B 电子商务模式发展的第二阶段。随着消费观念的转变和收入水平的提升,部分高收入者和崇尚自我个性的人群并不十分在乎过去所说的消费最重要的影响因素——价格,而是更看重产品的品质和特性。他们消费时往往更看重产品的质量、样式、品位等方面,由此催生电子商务的另一潜在市场:通过自发或者第三方平台帮助众多该类消费者促使企业按照他们的需求进行设计和生产,甚至可能改变企业所提供的产品内容,比如材质、外观设计、组合方式等。例如,运动服装品牌耐克公司就在官网推出纯白色的球鞋,消费者可根据自己的喜好,设计出专属于自己的图案,并最终把图案印到球鞋上。该活动一经推出,便受到消费者的追捧。

2. O2O 电子商务模式

在一个陌生商圈里想找家咖啡馆,打开手机客户端进行搜索就行,还能下载这家咖啡馆的优惠券获得消费折扣,既方便又省钱。这就是典型的 O2O(Online to Offline)应用场景。

O2O 电子商务模式是指一种能够将线上虚拟经济与线下实体经济全面融合的商业模式。O2O 模式其实很简单,就是把线上的消费者带到线下的实体商店——消费者在线支付,并到线下去体验商品或服务。O2O 模式使得任何生活中的商务活动都可以在网上完成,从而扩展了电子商务的业务范围,给线下企业带来了更广阔的发展空间。我们可以从以下两点来分析 O2O 模式给线下企业带来的益处:

(1)增加销售机会

对于线下的实体商店来说,O2O 其实是一个营销手段。通过 O2O 平台,线下商店也有了线上的"曝光"机会,不过由于线下商户受制于地理位置,因此,O2O 平台的一个基本功能是将某线下商户推送给该线下商户当地的潜在用户。这就要求 O2O 平台至少覆盖一个较为广泛的用户群,再从这些用户中按照位置进行推送,这样的推送有可能比发传单效果更好,速度更快。随着智能手机的普及、二维码的应用及 LBS(基于位置的服务)的推广,一些利用传统渠道进行宣传的商品会逐渐地向这些 O2O 平台转移。

(2)方便营销效果的监测

对于企业来讲,销售数据的量化也是非常重要的一个环节。传统电子商务网站可以通过监测访问情况计算出投资回收率数值,用以评判广告或者其他营销手段的效果,但这些对于线下实体商店来说比较困难。O2O 正好弥补了线下商务的这点不足,因为和 B2C 一样,交易都是在网上完成的。企业可以随时了解各种营销手段的营销效果,从而更好地帮助线下企业品牌化,包括营销、数据分析、客户梳理研究等,这些对于线下企业来说确实是前所未有的。

本章小结

电子商务是指人们利用电子手段进行商业、贸易等商务活动,是商务活动的电子化。电子商务有广义和狭义之分,广义的电子商务是指各行各业(包括政府机构和企业、事业单位)中各种业务的电子化;狭义的电子商务是指人们利用电子手段进行以商品交换为中心的各种商务活动。

按参与交易主体的不同,电子商务可分为企业与企业的电子商务(B2B)、企业与消费者的电子商务(B2C)、消费者与消费者的电子商务(C2C)、企业与政府的电子商务(B2G);按交易过程的完整程度划分,电子商务可分为完全电子商务和不完全电子商务;按企业开展电子商务使用的网络类型划分,电子商务可分为基于 EDI 的电子商务、基于互联网的电子商务、基于内联网的电子商务和基于外联网的电子商务。

电子商务与传统商务在商务运作流程的每个环节都有所区别,并且电子商务对市场形态、企业和消费者均产生了深远的影响,并推动着社会经济的信息化发展。

市场竞争加剧和全球区域贸易发展是电子商务产生的内在动力,通信技术的发展是电子商务产生的外部支撑。根据所依托网络环境不同,可将电子商务发展历程分为两个阶段:基于 EDI 的电子商务、基于互联网的电子商务。中国电子商务发展经历了三个阶段:培育期、创新期、引领期。

电子商务系统由网络平台、买方和卖方、认证中心、支付中心、物流中心和电子商务服务商这几部分构成,其共同协助电子商务交易活动的完成。

电子商务的基本框架包括"四个层次"和"两大支柱"。自下向上的"四个层次"依次为:硬件平台、网络平台、软件平台、商务服务支持平台;"两个支柱"分别是公共政策、法律及隐私和技术标准、技术支持及安全。"四个层次"之上是电子商务应用,下面的三层和两边的支柱是特定应用的条件,而第四层商务服务支持平台则实现了标准的网上商务活动服务。

电子商务不同应用模式的差异主要体现在参与交易主体的不同上。目前,电子商务的主要应用模式包括 B2B 电子商务模式、B2C 电子商务模式和 C2C 电子商务模式。B2B 电子商务模式的基本类型主要包括买方或卖方模式、交易市场模式、供应链改善和协同商务模式等;B2C 电子商务模式的基本类型主要包括网络购物模式、网上订阅模式、广告支持模式、网上赠予模式等;C2C 电子商务的运作模式主要有网上拍卖、第三方交易平台、分类广告和知识付费等。

思考题

1. 什么是电子商务?电子商务产生和发展的过程是怎样的?结合我国经济社会及技术发展现状,思考电子商务未来发展趋势是什么。

2. 电子商务与传统商务的区别有哪些?电子商务对传统商务产生了哪些影响?

3. 通过互联网收集并整理 B2B、B2C、C2C 不同电子商务模式的典型企业案例,分析其运营模式和盈利模式。

4. O2O 电子商务模式能给企业带来哪些收益?

第 2 章

智慧物流概述

学习目标 >>>

- 了解智慧物流的起源与发展过程
- 重点掌握智慧物流的概念、特点及其作用
- 掌握智慧物流的功能与模式
- 了解智慧物流系统的目标、组成和结构
- 重点掌握智慧物流系统的技术架构
- 理解智慧物流的发展动因和发展趋势

2.1 智慧物流的起源与发展

2.1.1 物流的起源

1915年,美国的阿奇·萧在《市场分销中的若干问题》中提出"物流"一词,是最早提出物流概念并进行实践探讨的学者,将物流解释为"实物分配"或"货物配送"。1935年,美国销售协会阐述了"实物分配"的概念:"实物分配是包含于销售之中的物质资料和服务在从生产场所到消费者的流动过程中所伴随的种种经济活动。"1963年,物流的概念被引入日本,当时的物流被理解为"在连接生产和消费间对物资履行保管、运输、装卸、包装、加工等功能及作为控制这类功能后援的信息功能,它在物资销售中起了桥梁作用"。

20世纪初,物流为"Physical Distribution"(PD),是指销售过程中的物流,直至第二次世界大战期间,由于美国军队建立了"运筹学"理论与"后勤理论",并应用于战争活动中。"后勤"是指将战时物资生产、采购、运输、配给等活动作为一个整体进行统一布置,以求战略物资补给的费用更低、速度更快、服务更好。后来"后勤"一词在企业中得到了广泛的应用,并出现了"商业后勤""流通后勤"的提法。这时的"后勤"包含了生产过程和流通过程中的物流,因而是一个范畴更广的物流概念。物流就不单纯要考虑从生产者到消费者的货物配送问题,而且要考虑从供应商到生产者的原材料采购问题,生产者本身在产品制造过程中的运输、保管和信息等各个方面,及全面地、综合性地提高经济效益和效率的问题。

我国是在 20 世纪 80 年代才接触"物流"这个概念的。此时的物流被称为 Logistics，已经不是过去 PD 的概念了。PD 只能描述分销物流，实际上物流除了分销物流外，还包括采购物流、生产（制造）物流、回收物流、废弃物流、再生物流等，是一个闭环的全过程。

2.1.2 物流的发展

物流不创造价值，却可以实现价值增值，因此物流在整个作业流程中是至关重要的。随着电商经济不断发展，现代物流也实现了快速发展，在国民经济和社会发展中扮演着越来越重要的角色。根据中国物流与采购联合会《2021 年物流运行情况分析及 2022 年展望》，2021 年，全年社会物流总额 335.2 万亿元，是"十三五"初期的 1.5 倍。按可比价格计算，同比增长 9.2%，两年年均增长 6.2%。

现代物流是相对于传统物流而言的，是在传统物流的基础上，运用计算机等高科技手段进行信息联网，并对物流信息进行科学管理，从而使物流速度加快，准确率提高，库存减少，成本降低，以此延伸和放大传统物流的功能。

在中国有很多专家学者认为，现代物流是根据客户的需要，以最经济的费用，将物资从供给地向需求地转移的过程。它主要包括运输、储存、加工、包装、装卸、配送和信息等活动。2001 年 3 月，中国六部委对现代物流的定义为原材料、产成品从起点至终点及相关信息有效流动的全过程，它将运输、仓储、装卸、加工、整理、配送、信息等方面有机结合，形成完整的供应链，为用户提供多功能、一体化的综合性服务。

就现代物流产业而言，著名物流专家徐寿波院士提出了"大物流论"：整个国民经济是由物的生产、物的流动和物的消费三大领域组成，即整个国民经济是由生产、物流和消费三大支柱产业群组成。物流是一个支柱产业群，涉及运输、仓储、配送、包装、流通加工、物流信息、物流设备制造、物流设施建设、物流科技开发、物流教育、物流服务、物流管理等产业。

现代物流业发展至今，大致经历了从 1.0 到 4.0 的四个发展阶段，如图 2-1 所示。

图 2-1 现代物流业发展阶段

(1) 物流 1.0——粗放型物流

20 世纪 50 年代至 70 年代是粗放型物流的快速发展阶段。第二次世界大战后，各国开始重视经济建设，人们收入水平逐步提升，消费需求快速增长。而当时企业的产能较低，商品供不应求，企业将更多的精力放在扩大产能方面，对物流环节对企业利润的影响缺乏足够认识，导致物流效率低下，成本高昂。

(2) 物流 2.0——系统化物流

20 世纪 70 年代末，经济全球化的影响开始显现，跨国贸易的兴起对物流运输提出了挑战，促使物流业从粗放式管理转变为系统化管理，迎来系统化物流阶段。该阶段，出现了集装箱运输、实时生产系统等新型物流设备和技术，企业开始认识到物流对降低经营成本、控制库存风险的重要意义。

（3）物流3.0——电子化物流

20世纪90年代中后期，互联网技术的快速发展，有力地推动了物流业革新，物流业开始迎来电子化物流阶段。该阶段，条形码和EDI（Electronic Data Interchange，电子数据交换）技术在物流领域得到了广泛应用，以EDI技术为例，物流企业基于EDI建立的标准开展数据交互及处理工作，实现报关、支付、库存管理、订货等环节的电子化，为物流数据搜集和分析奠定了基础，并提高了物流效率。

（4）物流4.0——智慧物流

5G、云计算、物联网、大数据、人工智能等技术的发展，有力推动了物流业的转型升级，催生了以智慧物流为代表的一系列全新业态。

中国物流技术协会信息中心于2009年12月提出了智慧物流的概念，强调智慧物流通过运用集成智能化技术，赋予了物流系统类似人一般的学习、感知、思考、自主行动等能力，可以协助甚至取代人工完成运输、仓储、包装、装卸、配送、信息处理等多种物流作业。智慧物流具有自动化、可视化、网络化、智能化等特征，这和现代物流业发展趋势保持高度一致，未来将具有十分广阔的发展空间。

扩展阅读：
2023年中国智能物流行业发展现状及竞争格局分析

2.1.3 智慧物流的发展动因

中国经济正在转变为依靠优化经济结构和产业创新为核心驱动力来保持经济可持续发展，突出表现在以提质增效为特征的"新常态"。在经济新常态中，政府从政策层面大力推动智慧物流，消费升级、市场变革倒逼智慧物流创新发展，工业4.0、中国智造、"互联网＋"等为传统生产与物流产业注入"智慧"基因，新技术的发展为智慧物流创造了条件。

1. 国家政策

在工业4.0时代，客户需求高度个性化，产品生命周期缩短，智能工厂需要对生产要素进行灵活配置和调整，并能够实现多批次的定制化生产。智慧物流在智能制造工艺中有承上启下的作用，是连接供应、制造和客户的重要环节。同时，随着企业用工成本不断攀升，经济发展放缓，中国经济"高成本时代"逐渐来临，将给企业带来前所未有的巨大压力。

国家高度重视智慧物流发展，政府不断推动我国物流的发展，提出要发展智能物流建设，国家对智能物流业发展高度重视，从政策上加强引导，加大扶持力度，从"十五"规划的改造传统流通业，到"十三五"规划重点建设物流枢纽、综合物流网络，再到"十四五"规划重点推进物流信息化发展，政策规划愈发具备前瞻性，如图2-2所示。

中国"十四五"规划纲要提出，建设现代物流体系，加快发展冷链物流，统筹物流枢纽设施、骨干线路、区域分拨中心和末端配送节点建设，完善国家物流枢纽、骨干冷链物流基地设施条件，健全县乡村三级物流配送体系，发展高铁快运等铁路快捷货运产品，加强国际航空货运能力建设，提升国际海运竞争力。优化国际物流通道，加快形成内外联通、安全高效的物流网络。完善现代商贸流通体系，培育一批具有全球竞争力的现代流通企业，支持便利店、农贸市场等商贸流通设施改造升级，发展无接触交易服务，加强商贸流通标准化建设和绿色发展。加快建立储备充足、反应迅速、抗冲击能力强的应急物流体系。

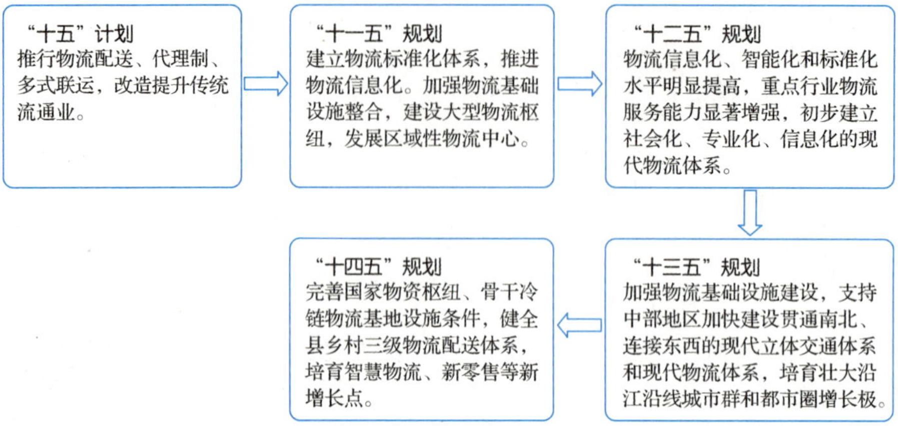

智慧物流与电子商务

```
"十五"计划                    "十一五"规划                  "十二五"规划
推行物流配送、代理制、         建立物流标准化体系,推进      物流信息化、智能化和标准化
多式联运,改造提升传统         物流信息化。加强物流基础      水平明显提高,重点行业物流
流通业。                      设施整合,建设大型物流枢      服务能力显著增强,初步建立
                              纽,发展区域性物流中心。      社会化、专业化、信息化的现
                                                            代物流体系。

"十四五"规划                  "十三五"规划
完善国家物资枢纽、骨干冷       加强物流基础设施建设,支持
链物流基地设施条件,健全       中部地区加快建设贯通南北、
县乡村三级物流配送体系,       连接东西的现代立体交通体系
培育智慧物流、新零售等新       和现代物流体系,培育壮大沿
增长点。                      江沿线城市群和都市圈增长极。
```

图 2-2　中国国民经济规划物流政策的演变

近年来,国家层面支持智慧物流的相关政策密集出台,见表 2-1。

表 2-1　　　　　　　　　　国家智慧物流相关政策及重点内容

发布时间	发布部门	政策名称	重点内容	政策性质
2021年12月	国家邮政局	《"十四五"快递业发展规划》	持续推进安全快递、智慧快递、绿色快递建设。持续推进高效能治理。提出到2025年,基本建成网络联通内外、服务深入城乡、设施智能集约、运行安全环保、产业深度融合、治理协同高效的现代快递服务体系。	指导类
2021年11月	交通运输部	《现代综合交通枢纽体系"十四五"发展规划》	推进枢纽多层级一体化发展,加强枢纽服务网络化发展,强化枢纽智慧安全绿色发展,加快枢纽创新驱动发展,大力发展枢纽经济。	指导类
2021年11月	交通运输部	《综合运输服务"十四五"发展规划》	到2025年,"全国123出行交通圈"和"全球123快货物流圈"加快构建,多层次、高品质的旅客出行服务系统和全链条、一体化的货运物流服务系统初步建立,现代国际物流供应链体系不断完善,运输结构进一步优化,运输装备水平大幅提高,绿色化、数字化发展水平明显提高,安全应急保障体系更加健全,治理能力显著提升,服务支撑经济社会发展能力进一步增强。	指导类
2021年7月	国家发展改革委	《国家物流枢纽网络建设实施方案(2021—2025年)》	提出"十四五"期间将聚焦打造"通道+枢纽+网络"现代物流运行体系。一方面,围绕推动存量国家物流枢纽高质量发展,整合优化存量物流设施,强化多式联运组织能力,促进国家物流枢纽互联成网推动完善以国家物流枢纽为支撑的"轴辐式"物流服务体系。另一方面,围绕加快健全国家物流枢纽网络,按照"成熟一个、落地一个"原则,稳步推进120个左右国家物流枢纽布局建设。提出到2025年建设20个左右特色鲜明的国家物流枢纽经济示范区,为枢纽支撑和带动经济发展累积成功经验。	指导类
2020年8月	国家发展改革委	《推动物流业制造业深度融合创新发展实施方案》	到2025年,物流业在促进实体经济降本增效、供应链协同、制造业高质量发展等方面作用显著增强。	指导类

(续表)

发布时间	发布部门	政策名称	重点内容	政策性质
2020年8月	交通运输部	《关于推动交通运输领域新型基础设施建设的指导意见》	(1)智慧港口:提出要建设港口智慧物流服务平台,开展智能航运应用。 (2)智慧民航:提出要加快机场信息基础设施建设推进各项设施全面物联,打造数据共享、协同高效智能运行的智能机场。鼓励应用智能化作业装备在智能运行监控、少人机坪、机坪自主驾驶、自助智能服务设备、智能化行李系统、智能仓储、自动化物流、智慧能源管理、智能视频分析等领域取得突破。 (3)智慧枢纽:提出要引导建设绿色智慧货运枢纽(物流园区)多式联运等设施,提供跨方式、跨区域的全程物流信息服务,推进枢纽间资源共享共用。推进货运枢纽(物流园区)智化升级,鼓励开展仓储库存数字化管理、安全生产智能预置、车辆货物自动匹配、园区装备智能调度等应用。鼓励发展综合性智能物流服务平台,引导农村智慧物流网络建设。	指导类

2. 技术进步

当前大数据、物联网、云计算、机器人、AR/VR、区块链等新技术驱动物流技术在模块化、自动化、信息化等方向持续、快速变化。当前云计算和存储、预测性大数据分析等绝大多数新技术将逐渐进入生产成熟期,预计会广泛应用于仓储、运输、配送等各个物流环节,为推动中国智慧物流的全面实现和迭代提升奠定基础。这些新技术驱动物流变化的结果,主要体现在3个方面:一是感应,使整个物流场景数字化;二是互联,使整个供应链内的所有元素相互连接;三是智能,供应链相关的决策将更加自主、智能。各类技术对物流变化的影响见表2-2。

表2-2　新技术对物流变化的影响

技术的影响结果	云计算和存储	物联网	库存和网络优化工具	自动化和机器人	可穿戴和移动设备	预测性大数据分析	3D打印	无人驾驶车和无人机	AR/VR	区块链
感应			√	√	√			√	√	
互联	√	√	√	√	√			√		√
智能	√			√		√	√			

3. 商业变化

传统的分工体系已经被打破,原来专业化的分工协作方式逐步被实时化、社会化、个性化分工协作方式取代。众包、众筹、分享成为新的社会分工协作方式,使得物流信息资源、物流技术与设备资源、仓储设施资源、终端配送资源、物流人力资源等的共享成为现实,从而能在整个社会的层面进行物流资源的优化配置,提高效率,降低成本。同时,技术进步也在改变着物流模式,例如,3D打印技术的推广应用将会催生出更多的B2C物流需求。

2.1.4 智慧物流的发展趋势

1. 连接升级

预计未来5至10年,物联网、云计算和大数据等新一代信息技术将进入成熟期,物流人员、装备设施及货物将全面接入互联网,呈现指数级增长趋势,形成全覆盖、广连接的物流互联网,"万物互联"助推智慧物流发展。

2. 数据升级

随着信息系统建设、数据对接协同和手持终端普及,物流数据将全面做到可采集、可录入、可传输及可分析,预计未来5至10年,物流数字化程度将显著提升,清除行业信息不对称和信息孤岛现象,"全程透明"强化智慧物流基础。

3. 模式升级

预计未来5至10年,众包、众筹及共享等新的分工协作方式将得到广泛应用,打破传统的分工体系,重构企业业务流程和经营模式,"创新驱动"成为智慧物流动力。

4. 体验升级

预计未来分布式的物流互联网将更加接近消费者,全面替代集中化运作方式,依托开放共享的物流服务网络,满足每个客户个性化的服务需求,"体验经济"创造智慧物流价值。

5. 智能升级

随着人工智能技术的快速迭代,机器在很多方面将代替人工,预计未来5至10年,物流机器人使用密度将达到每万人5台左右,物流赋能将改造传统物流基因,"智能革命"改变智慧物流格局。

6. 绿色升级

智慧物流充分利用社会闲置资源,积极减少能源耗费,以符合全球绿色和可持续发展的要求,预计未来5年,绿色包装、绿色运输及绿色仓储将加快推广应用,"绿色低碳"将提升智慧物流影响力。

7. 供应链升级

智慧物流将引领智慧供应链变革。凭借靠近用户的优势,智慧物流将带动用户深入产业链上下游,以用户需求倒逼产业链各环节强化联动和深化融合,助推"协同共享"生态体系加快形成。

2.2 智慧物流的概念、特点与作用

2.2.1 物流的概念

1. 物流的定义

人类进入文明社会后,就产生了物流的活动,传统的物流概念是指物质实体在空间和时

间上的流动,我们长期以来称这种"流动"为"位移"。通俗地说,传统物流就是指商品在运输、装卸和储存等方面的活动过程。

美国物流管理协会认为物流是为满足消费者需求而进行的对原材料、中间库存、最终产品及相关信息从起始点到消费地的有效流动,及为实现这一流动而进行的计划、管理和控制过程。美国物流管理委员会对物流的定义是:物流作为客户生产过程中供应环节的一部分,它的实施及控制提供了有效的、经济的货物流动及存储服务,提供了从货物原始地到消费地的相关信息,以期满足客户的需求。美国物流协会对物流的定义是:物流是有计划地将原材料、半成品及产成品由生产地送到消费地的所有流通活动。其内容包括为用户服务、需求预测、情报信息联系、材料搬运、订单处理、选址、采购、包装、运输、装卸、废料处理及仓库管理等。

日本日通综合研究所1981年编写的《物流手册》对物流的定义是:物流是物质资料从供给者向需要者的物理性移动,是创造时间性、场所性价值的经济活动。从物流范围来看,包括包装、装卸、保管、库存管理、流通加工、运输、配送等诸种活动。

中国物流学者王之泰教授对物流的定义是:物流是按用户(商品的购买者、需求方、下一道工序、货主等)要求,将物的实体(商品、货物、原材料、零配件、半成品等)从供给地向需求地转移的过程。这个过程涉及运输、储存、保管、搬运、装卸、货物处置、货物拣选、包装、流通加工、信息处理等许多相关活动。

在2001年颁布的中华人民共和国国家标准《物流术语》中,物流定义为:"物品从供应地向接收地的实体流动过程:根据实际需要,将运输、储存、装卸、搬运、包装、流通加工、配送、信息处理等基本功能实施有机结合,形成完整的供应链,为用户提供多功能、一体化的综合性服务。"

尽管国内外对物流的解释多种多样,但是就现代物流而言,主要包括四个方面:关于原材料、半成品及产成品运输的实质流动;关于原材料、半成品及产成品储存的实质储存;关于相关信息联网的信息流通;关于对物流活动进行计划、实施和有效控制的过程的管理协调。

2. 物流管理的定义

基于物流的定义,我国《物流术语》对物流管理的定义为:物流管理是根据物质实体流动的规律,应用管理的基本原理和科学方法,对物流活动进行计划、组织、指挥、协调、控制和监督,使各项物流活动实现最佳协调与配合,通过降低物流成本和满足市场需求来提高社会效益和经济效益的过程。物流管理的目的是通过合适的物流成本达到满足用户的服务水平,对正向及反方的物流活动过程进行相关信息的计划、组织、协调与控制。

物流管理的主要内容包含基本过程、组成要素和管理职能等要素。首先,管理物流活动的各环节,包括采购、运输、储存、搬运、包装、流通加工、配送、回收等实体环节的管理;其次,管理物流各活动过程中的要素,包括对其中人、财、物、设备、方法和信息六大要素的管理;最后,管理物流活动中具体职能的实施,包括对物流计划、质量、技术、经济等职能的管理等。

物流管理的研究对象主要包含:分销物流、绿色物流、生产物流、废弃物物流、环保物流、回收物流和社会物流等七部分。

(1)分销物流

分销物流是指伴随销售活动,将产品所有权转给用户的物流活动,也是生产企业、流通企业出售商品时,物品在供方与需方之间的实体流动。分销物流的特点是,通过包装、送货、配送等一系列物流实现销售,研究送货方式、包装水平、运输路线等,采取各种诸如少批量、多批次、定时、定量配送等特殊的物流方式达到目的。

(2) 绿色物流

绿色物流是物流管理与环境科学交叉的一门分支,是在研究社会物流和企业物流时必须考虑到的环境问题。在物流过程中抑制物流对环境造成危害的同时,实现对物流环境的净化,使物流资源得到最充分利用。在原材料的取得和产品的分销过程中,运输作为主要的物流活动,对环境可能会产生一系列的影响,而且,废旧物品如何合理回收,减少对环境的污染且最大可能地再利用也是物流管理所需要考虑的内容。

(3) 生产物流

生产物流是生产过程中,原材料、在制品、半成品、产成品等从企业仓库或企业"门口"进入到生产线的开端,随生产加工过程流过各个环节,直到生产加工终结,再流至生产成品仓库的活动。

(4) 废弃物物流

从环保的角度来看,对废弃物物流进行管理是对包装、流通加工等过程产生的废弃物进行回收再利用。废弃物物流是指将经济活动中失去原有使用价值的物品,根据实际需要进行收集、分类、加工、包装、搬运、储存等,并分送到专门处理场所时所形成的物品实体流动,即对企业排放的无用物进行运输、装卸、处理等的物流活动。

(5) 环保物流

环保物流有多种类型,如社区垃圾回收,社区中的家庭均会产生各式各样的垃圾,需由当地环保单位规划、运行回收系统。

(6) 回收物流

企业在生产、供应、销售的活动中总会产生各种边角余料和废料,这些东西的回收是需要伴随物流活动的。回收物流是指不合格物品的返修、退货及周转使用的包装容器从需方返回到供方所形成的物品实体流动,如果对回收的物品处理不当,会影响到整个生产环境和产品质量,可能会占用很大的空间,造成浪费。

(7) 社会物流

社会物流是超越一家一户的以整个社会为范畴,以面向社会为目的的物流,是企业外部物流活动的总称。这种物流的社会性很强,经常是由专业的物流承担者来完成的,是社会再生产各过程之间、国民经济各部门之间及国与国之间的实物流通,直接影响到国民经济的效益。

2.2.2 智慧物流的概念

2008年,国际商业机器公司(IBM)提出了"智慧地球"的设想。2009年,为应对金融危机,美国总统奥巴马提出要将"智慧地球"作为美国国家战略。同年,温家宝总理在无锡提出了"感知中国"的概念。不论"智慧地球"还是"感知中国"都是以物联网为基础的。在这一大背景下,2009年12月,中国物流技术协会信息中心联合华夏物联网、《物流技术与应用》编辑率先提出"智慧物流"的概念。这一概念一经提出便引起业内专家、学者及从业人员的普遍关注。

国家发展和改革委员会综合运输研究所所长汪鸣认为,智慧物流是一种信息化、物联网和智能化技术，在相互匹配的物流管理和服务技术支撑下，使得物流行业与服务对象之间形成一种既紧密又智能关联的发展态势。

著名物流策划专家李芏巍认为，现代智慧物流主要目的是将移动互联网、物联网等新信息时代的技术充分融合运用起来，实现了物流业务全程管理自动化、可视化、智能化、信息化、网络化，从而基本建立起了一套以不断提高我国物流资源有效综合利用率水平为基础的物流服务管理模型和不断提升我国物流企业生产力管理水平的一种行业创新性服务形态。

北京交通大学王喜富教授认为，智慧物流的发展趋势是以"互联网＋"体系建设为中心，通过物联网、云计算、大数据及"三网（包括传感网、物联网与移动互联网）融合"等技术手段来支撑的物流体系。

视频资料：物流智能化稳步推进 促进产业升级发展

综上所述，智慧物流是我国现代物流和信息技术发展到一定程度的必然结果，也是多项现代物流和信息技术的集成和聚合体。智慧物流不仅包括智慧运输、智慧仓储，更融合现代物流管理理念，发展成为智慧供应链物流。发展智慧物流不仅顺应时代发展的需要，也拓展了物流自动化、信息化、可视化、实时化、溯源与智控五大发展新方向，对于国民经济持续健康稳定发展有着至关重要的作用。

智慧物流是一种先进的物流运作模式，它集成应用先进的物联网技术、大数据技术、传感技术、控制技术、人工智能技术于物流活动的各个环节和主体，在有效感知和高效学习的基础上实现整个物流系统的智能化、自动化运作和高效率优化管理，从而降低成本，减少自然资源和社会资源消耗。具体来讲就是，智慧物流综合利用 RFID（Radio Frequency Identification，射频识别）、传感器、全球定位系统等先进的物联网技术，通过信息处理和网络通信技术平台广泛应用于物流业运输、仓储、配送、包装、装卸等基本活动环节，结合大数据、云计算、智能硬件等智慧化技术与手段，提高物流系统的思维、感知、学习、分析决策和智能执行能力，实现整个物流系统的智能化、自动化运作和高效率优化管理，降低成本，减少自然资源和社会资源消耗。物流过程数据智慧化、网络协同化和决策智慧化是智慧物流区别于传统物流的基本特征。

2.2.3　物流的价值与作用

1. 物流的价值

物流不创造价值，却可以实现价值增值，所创造的主要价值增值包括时间价值、场所价值和增值服务价值。

（1）时间价值

"物"从供给者到需要者之间有一段时间差，"时间价值"是指改变这一时间差所创造的价值增值，通过物流获得的形式有以下几种：

①缩短时间创造价值增值。物流管理重点研究的一个课题是如何采取技术的、管理的、系统的方法来尽量缩短宏观物流时间和有针对性地缩短微观物流时间，从而取得高的时间价值。其中缩短物流时间有很多方面的好处，如减少物流损失，降低物流消耗，增加物的周转，节约资金等。物流中的高速自动分拣技术缩短了物流中心入库出库时间，快递实现了物

品配送的快速响应,智能化物流系统缩短了生产物流时间,从而提高了劳动生产率。

②弥补时间差创造价值增值。在经济社会中,需要和供给是存在时间性差异的,如粮食生产有严格的季节性和周期性,这就决定了粮食的集中产出,然而人们的粮食消费是每天都有所需求的,因而供给和需求之间就出现了时间差。又如,农作物的化肥消耗是有季节性的,而化肥生产企业的生产必须连续进行,每时、每天都在生产产品,但是其消费却带有一定的集中性。再如,前日采摘的果蔬在次日出售等,都说明供给与需求之间存在时间差。正是有了这个时间差,商品才能取得自身的最高价值,才能获得十分理想的效益。

但是,商品本身是不会自动弥合这个时间差的,如果没有有效的方法,集中生产出的粮食除了当时的少量消耗外,就会腐烂掉,而在非产出时间人们则会找不到粮食吃。同样,农作物施肥季节就可能会出现化肥供给不足的现象,最终影响收成。物流便是以科学的系统方法来弥补或者有时是改变这种时间差,实现"时间价值"。

③延长时间差创造价值增值。物流中存在人为地、能动地延长物流时间来创造价值增值的情况。例如,白酒、普洱茶及未来市场价格预期上涨的生产资料的存储便是一种有意识地延长物流时间、有意识地增加时间差来创造价值增值的活动。仓库的重要价值之一就是通过物料储备的时间延迟来产生价值增值,如当国际大宗商品由于某种突发因素出现价格暴跌时,某些企业进行低位收储,就获得了非常高的价值增值。

(2)场所价值

"物"从供给者到需求者之间有一段空间差异。"场所价值"是指供给者和需求者之间往往处于不同的场所,改变这一场所的差别创造的价值。增值物流创造场所价值是由现代社会产业结构、社会分工所决定的,主要原因是供给和需求之间的空间差,商品在不同的地理位置有不同的价值,通过物流将商品由低价值区转到高价值区,便可获得价值差,即"场所价值"。场所价值有以下几种具体形式:

①从集中生产场所流入分散需求场所创造价值增值。通过集中的、大规模的生产来提高生产效率、降低成本,使在一个小范围集中生产的产品可以覆盖大面积的需求地区,有时甚至可以覆盖一个国家乃至若干个国家,是现代化大生产的特点之一。通过物流将产品从集中生产的低价位区转移到分散于各处的高价位区有时可以获得很高的利益,如,现代生产中钢铁、水泥、煤炭等原材料生产往往以几百万吨甚至几千万吨的大量生产规模聚集在一个地区,汽车生产有时也可达百万辆以上,这些产品、车辆都需通过物流方式流入分散的需求地区,物流的"场所价值"也依此决定。

②从分散生产场所流入集中需求场所创造价值增值。与第一种情况相反,物流园区、物流中心、配送中心是这一价值形态的体现。例如,粮食是分散生产出来的,而一个大城市的需求却相对大规模集中;一个大汽车厂的零配件生产虽然分布得非常广,但是却集中在一个大厂中装配,这也形成了分散生产和集中需求,物流便因此取得了场所价值。

③从生产的甲地流入需求的乙地创造场所价值增值。在现代化社会中,供应与需求往往存在差异,既受到大生产的决定,也有很多是由自然地理和社会发展因素决定的。例如,农村生产粮食、蔬菜而与城市消费不在同一地点,南方生产荔枝而与各地消费不在同一地点,北方生产高粱而与各地消费不在同一地点等。现代人每日消费的物品几乎都是在相距一定距离甚至十分遥远的地方生产的,这么复杂交错的供给与需求空间差都是靠物流来调节的,物流也从中获得了利益。

(3)增值服务价值

物流可以为客户提供其他服务性物流增值项目,进行各项业务活动的延伸。如流通加工、第三方物流、第四方物流、物流金融、供应链管理等。

以流通加工为例,物流可以创造加工附加价值。加工是生产领域常用的手段,并不是物流的本来职能,但是现代物流的一个重要特点,是根据自己的优势从事一定补充性的加工活动,这种加工活动不是创造商品的主要实体、形成商品主要功能和使用价值,而是带有完善、补充、增加产品需求便利性的特点,这种活动必然会形成劳动对象的附加价值。根据不同的目的,流通加工具有不同的类型:

①为适应多样化需要。生产部门为了实现高效率、大批量的生产,其产品往往不能完全满足用户的要求。这样,为了满足用户对产品多样化的需要,同时又要保证高效率的大生产,可将生产出来的单一化、标准化的产品进行多样化的改制加工。例如,对钢材卷板的舒展、剪切加工;平板玻璃按需要规格的开片加工;木材改制成枕木、板材、方材等加工。

②为方便消费、省力。根据下游生产的需要将商品加工成生产直接可用的状态。例如,根据需要将钢材定尺、定型、按要求下料;将木材制成可直接投入使用的各种型材;将水泥制成混凝土拌合料,只需稍加搅拌即可使用等。

③为保护产品。在物流过程中,为了保护商品的使用价值,延长商品在生产和使用期间的寿命,防止商品在运输、储存、装卸搬运、包装等过程中遭受损失,可以采取稳固、改装、保鲜、冷冻、涂油等方式。例如,水产品、肉类、蛋类的保鲜、保质的冷冻加工、防腐加工等;丝、麻、棉织品的防虫、防霉加工等。还有,如为防止金属材料的锈蚀而进行的喷漆、涂防锈油等措施,运用手工、机械或化学方法除锈;木材的防腐朽、防干裂加工;煤炭的防高温自燃加工;水泥的防潮、防湿加工等。

④为弥补生产加工不足。由于受到各种因素的限制,许多产品在生产领域的加工只能到一定程度,而不能完全实现终极的加工。例如,木材如果在产地完成成材加工或制成木制品的话,就会给运输带来极大的困难,所以,在生产领域只能加工到圆木、板、方材这个程度,进一步的下料、切裁、处理等加工则由流通加工完成;钢铁厂大规模的生产只能按规格生产,以使产品有较强的通用性,从而使生产能有较高的效率,取得较好的效益。

⑤为促进销售。流通加工也可以起到促进销售的作用。比如,将过大包装或散装物分装成适合依次销售的小包装的分装加工;将以保护商品为主的运输包装改换成以促进销售为主的销售包装,以起到吸引消费者、促进销售的作用;将蔬菜、肉类洗净切块以满足消费者要求;等等。

⑥为提高加工效率。许多生产企业的初级加工由于数量有限,加工效率不高。而流通加工以集中加工的形式,解决了单个企业加工效率不高的弊病。它以一家流通加工企业的集中加工代替了若干家生产企业的初级加工,促使生产水平有一定的提高。

⑦为提高物流效率。有些商品本身的形态使之难以进行物流操作,而且商品在运输、装卸搬运过程中极易受损,因此需要进行适当的流通加工加以弥补,从而使物流各环节易于操作,提高物流效率,降低物流损失。例如,造纸用的木材磨成木屑的流通加工,可以极大提高运输工具的装载效率;自行车在消费地区的装配加工可以提高运输效率,降低损失;石油气的液化加工,使很难输送的气态物转变为容易输送的液态物,也可以提高物流效率。

⑧为衔接不同运输方式。在干线运输和支线运输的结点设置流通加工环节,可以有效

解决大批量、低成本、长距离的干线运输与多品种、少批量、多批次的末端运输和集货运输之间的衔接问题。在流通加工点与大生产企业间形成大批量、定点运输的渠道，以流通加工中心为核心，组织对多个用户的配送，也可以在流通加工点将运输包装转换为销售包装，从而有效衔接不同目的的运输方式。比如，散装水泥中转仓库把散装水泥装袋、将大规模散装水泥转化为小规模散装水泥的流通加工，就衔接了水泥厂大批量运输和工地小批量装运的需要。

⑨为生产—流通一体化。依靠生产企业和流通企业的联合，或者生产企业涉足流通，或者流通企业涉足生产，形成的对生产与流通加工进行合理分工、合理规划、合理组织，统筹进行生产与流通加工的安排，这就是生产—流通一体化的流通加工形式。这种形式可以促成产品结构及产业结构的调整，充分发挥企业集团的经济技术优势，是流通加工领域的新形式。

⑩为实施配送。这种流通加工形式是配送中心为了实现配送活动，满足客户的需要而对物资进行的加工。例如，混凝土搅拌车可以根据客户的要求，把沙子、水泥、石子、水等各种不同材料按比例要求装入可旋转的罐中。在配送路途中，汽车边行驶边搅拌，到达施工现场后，混凝土已经均匀搅拌好，可以直接投入使用。

2. 物流的作用

物流活动在整个生产过程中是一个很重要的过程，虽然并不能创造或增加产品价值，但是可以创造附加的价值。随着经济和社会的发展，物流在国民经济中的地位越来越重要，具体体现为节约、保值、缩短现实距离、保护环境、提高服务水平、增强企业竞争力、加快商品流通、促进经济发展、创造社会效益和附加价值等作用。

(1) 节约

集装箱化运输，可以简化商品包装，节省大量包装用纸和木材；机械化装卸作业和仓库保管自动化，可以节省作业人员数量与工作量，降低人员开支。在整个过程中，重视物流，加强物流建设，能够节约掉很多费用，如节约自然资源、人力资源与能源等，也能够为企业节约生产费用。

(2) 保值

任何的产品在经过运输、保管、包装、装卸、搬运等多环节、多次数的物流活动过程中，可能会淋雨受潮，遭受生锈、丢失、破损等使产品减值的情况发生。而物流的作用之一就是避免上述现象的发生，保证产品从生产者到消费者移动过程中的质量和数量。物流具有保值的作用，保护产品的存在价值，使该产品在到达消费者时使用价值不变。

(3) 缩短现实距离

随着社会的发展，我们可以看到在某一城市可以买到全国各地的商品，信件来回的时间缩短，快递甚至可以在一天内到达等，现代化的物流缩短了时间间隔、距离间隔和人的间隔。这种快捷的物流速度，给人们的日常生活增加了很多便利。从国际视角来看，物流现代化的不断推进加强了国际的运输，促进了国际贸易，也使人们感觉整个地球在变小，关系越来越密切。

(4) 保护环境

保护环境、治理污染是世界各国的共同目标，也是当今时代的主题。在现代化的生活中，关于环境的改善仍有很大的空间。走在公路上，我们偶尔可以看到运输车辆在路面留下很多黄土、石渣等，车辆行驶时会带起路面的灰尘，下雨过后产生大量的泥泞，车辆的增多有时会导致交通崩溃，噪声、雾霾等严重影响到我们的身心健康，甚至会影响到心情的变换，幸福指数降低。上述问题的产生都与物流有一定的关系，如路面黄土的堆积是由于装卸不当，车厢有缝；公路堵车是由于分流管理不到位；雾霾、噪声等是由于能源使用不当，这些如果从物流的角度去考虑，都可以找到解决的办法。比如，我们在城市外围多设几个物流中心、流通中心，大型货车不管白天还是晚上就都不用进城了，只利用小吨位货车配送，夜晚的噪声就会减轻；政府重视物流，大力建设城市道路、车站、码头，城市的交通阻塞状况就会缓解，空气质量自然也会改善。

(5) 提高服务水平，增强企业竞争力

在物资短缺年代，企业可以靠扩大产量、降低制造成本去获取第一利润；在物资丰富的年代，企业又可以通过扩大销售获取第二利润，第一利润源和第二利润源已基本到了极限，目前剩下的一块就是物流。

在当今新经济社会中，企业之间的竞争越来越激烈，制造企业相互之间的竞争主要表现在价格、质量、功能、款式、售后服务的竞争上，但是在工业科技如此进步的今天，质量、功能、款式及售后服务，目前同类各企业的水平已经没有太大的差别，唯一可比的地方往往是价格。降价是近几年很多企业之间主要的竞争手段，降价竞争的后盾是企业总成本的降低，即功能、质量、款式和售后服务以外的成本降低，也就是我们所说的降低物流成本。

在经济全球化、信息全球化和资本全球化的 21 世纪，企业只有建立现代物流结构，才能在激烈的竞争中求得生存和发展。

(6) 加快商品流通，促进经济发展

配送中心利用计算机网络，将商场、配送中心和供货商、生产企业进行连接，并以配送中心为枢纽形成一个商业、物流业和生产企业的有效组合，为连锁商业提供了广阔的发展空间。在计算机迅速及时的信息传递和分析下，通过配送中心的高效率作业、及时配送，并将信息反馈给供货商和生产企业，可以形成一个高效率、高能量的商品流通网络，为企业管理决策提供重要依据；同时，还能够大大加快商品流通的速度，降低商品的零售价格，刺激消费者的购买欲望，从而促进国民经济的发展。

(7) 创造社会效益和附加价值

物流创造社会效益。装卸搬运作业机械化、自动化能够提高劳动生产率，解放生产力，从多年前就有的"宅急便""宅配便"到近年来的"宅急送"，服务形式不断升级和多样化，为消费者提供了更舒适、更方便的生活；超市购物发展过程中手推车的出现，在商品便宜、安全、环境好的条件下，给予了消费者诸多的方便，这些都创造了社会效益。

物流创造附加价值。附加价值主要表现在流通加工方面，如把钢卷剪切成钢板、把原木加工成板材、把粮食加工成食品、把水果加工成罐头；名烟、名酒、名著、名画都会通过流通中的加工，使装帧更加精美，从而大大提高了商品的欣赏性和附加值。

2.2.4 智慧物流的特点

相较于传统物流来说，智慧物流不单单是智能设备的简单应用，不等于物流自动化，其特点可以从运作形态、服务模式两个视角进行归纳。

从运作形态上看，它必须具备四大特点：

（1）多元驱动。现代物流在不同的发展阶段有不同的关注点与发力点,例如在初级发展阶段比较关注物流成本,进入中级发展阶段之后开始关注物流服务质量。智慧物流则可以在现代物流的基础上,借助先进技术与应用及现代化的管理方式让物流的各个环节相互协同,降低物流成本,提高物流服务质量与效率,实现多元化发展目标。

（2）实时感知。在自动识别与数据获取技术的支持下,智慧物流可以获得实时感知能力。在现代物流系统中,物流运输工具越来越丰富,面对的物流运输环境也越来越复杂。物流运输企业想要应对复杂的环境,将货物安全运往目的地,必须借助自动识别与数据获取技术对物流运输过程进行全链路感知。

（3）智能交互。智能交互指的是客户、快递企业与送货人员、运输工具、产品通过简单便捷的途径交流互动,对物流资源进行优化配置,对物流运输的各个环节进行协调,让整个物流过程实现有效运转,从而提高物流效率,降低物流成本。

（4）智慧融合。在智慧物流系统中,各种关键技术、系统应用与管理方法可以实现高度集成,客户与提供物流服务的企业无须对物流技术、管理方法、处理手段等进行深入了解,就可以轻松享受物流服务,实现物流目标。最重要的是,随着客户的物流需求不断调整,物流技术不断发展,物流的处理过程会自动做出调整,最终实现物流全自动、可视化、智能化、系统化、网络化。

从服务模式上看,智慧物流表现出与传统物流完全不同的服务特点,包括:

（1）柔性化。这本来是为实现"以顾客为中心"的理念而在生产领域提出的,即真正地根据消费者需求的变化来灵活调节生产工艺。物流的发展也是如此,必须按照客户的需要提供高度可靠的、特殊的、额外的服务。"以顾客为中心"服务的内容将不断增多,服务的重要性也将越来越大,如果没有智慧物流系统,那么柔性化的目的是不可能达到的。

（2）社会化。随着物流设施的国际化、物流技术的全球化和物流服务的全面化,物流活动并不仅仅局限于一个企业、一个地区或一个国家。如今,为实现货物在国际的流动和交换,一个促进区域经济发展和世界资源优化配置的智慧物流体系正在逐渐形成。构建智慧物流体系对于降低商品流通成本将起到决定性的作用,并成为智能型社会发展的基础。

（3）一体化。智慧物流活动既包括企业内部生产过程中的全部物流活动,也包括企业与企业、企业与个人之间的全部物流活动。智慧物流的一体化是指智慧物流活动的整体化和系统化,它以智慧物流管理为核心,将物流过程中运输、存储、包装、装卸等诸环节集合成一体化系统,以最低的成本向客户提供最满意的物流服务。

（4）智能化。这是物流发展的必然趋势,是智慧物流的典型特征,它贯穿于物流活动的全过程,随着人工智能技术、自动化技术、信息技术的发展其程度将不断提高。它不仅仅限于库存水平的确定、运输道路的选择、自动跟踪的控制、自动分拣的运行、物流配送中心的管理等问题,随着时代的发展也将不断地被赋予新的内容。

2.2.5 智慧物流的作用

智慧物流能得到快速发展归因于两方面:一方面主要是现代信息技术的完备和互联网时代的生活背景为智慧物流的发展奠定了坚实的基础;另一方面,物流过程的信息化、网络化、智能化、可视化使得物流系统的完善不断升级改进,为智慧物流创立了高水平的平台。因此,物流信息化成长的下一个阶段就是智慧物流。智慧物流对于社会经济发展具有重要作用。

(1) 智慧物流将促使企业物流成本降低。当前,我国物流企业中已经全面或部分实施信息化的仅占21%,全面实施信息化的仅占10%,这就导致企业与上下游企业之间的信息不能得到有效沟通,流通环节过多致使流通成本过高,一件物品有30%的成本花在物流上,而国际上物流成本只占10%。智慧物流的开发和使用将有助于解决这个瓶颈问题,实现流通、管理与决策的最优化,降低企业物流成本。

(2) 智慧物流有利于提高物流企业竞争力。智慧物流的实施有利于加快企业物流运作与管理方式的转变,提高物流运作效率与产业链协同效率。以往低效的物流供应链消耗了更多燃料动力,造成了大量的碳排放,污染环境,损害产品竞争力,而智慧物流的实施有利于促进供应链一体化进程,有利于解决物流领域信息沟通不畅、市场响应慢、专业化水平低、规模效益差、成本高等问题,同时降低环境污染,实现可持续发展,有助于提高物流企业和物流产业的国际竞争力,构筑企业新的经济增长点。

(3) 智慧物流有助于降低消费成本,提升消费体验。智慧物流通过提供货物源头自助查询和跟踪等多种服务,增加消费者的购买信心,促进消费,最终对整体市场产生良性影响。

(4) 智慧物流可以带动整个经济的转型升级,提升综合竞争力。物流不仅是生产、分配、交换、消费的纽带,而且紧密衔接着进口与出口、原料采购与加工等经济运行环节。智慧物流可以提供高效、优质、低廉的物流服务,有利于与制造业、商贸业进行业务运作上的紧密对接,促进多产业的协同发展,实现物流和信息流快速、高效、通畅地运转,降低社会成本,提高生产效率,整合社会资源,从而带动传统制造业和传统消费的转型升级,最终带动整个经济的转型升级。

(5) 智慧物流能够提高政府部门的工作效率,有助于政治体制改革。以食品加工业为例,智慧物流可全方位、全程监管食品的生产、运输、销售,大大节省相关政府部门的工作压力,同时使监管更彻底、更透明。通过计算机和网络的应用,政府部门的工作效率将大大提高,有助于我国政治体制改革,精简政府机构,裁汰冗员,削减政府开支。

(6) 智慧物流是未来智慧城市、智慧地球发展的基石。从IBM的"智慧地球"的设想,到温家宝总理的"感知中国",在各行业中充分应用新一代IT技术,把感应器嵌入和装备到电网、铁路、桥梁、隧道、公路、建筑、供水系统、大坝、油气管道等各种物体中,并被普遍链接,形成所谓的物联网,然后将物联网与现有的互联网整合起来,实现人类社会与物理系统的整合。随后,又有学者提出了智慧城市的概念,而物联网技术和智慧物流的发展,为智慧城市与智慧地球的实现奠定了基础。

2.3 智慧物流的功能与模式

2.3.1 物流的职能

1. 主要职能

物流的主要职能包括运输、配送和储存。

(1) 运输

在物流过程中,运输是指物流企业或受货主委托的运输企业,为了完成物流业务所进行的运输组织和运输管理工作。

在生产过程中,主要运输为原材料运输,半成品、产成品的运输,包装物的运输;在流通过程中,主要运输为物资运输、商品运输、粮食运输及其他货物的运输;在回收物流过程中,主要包括各种回收物品的分类、捆装和运输;在废弃物流过程中,包括各种废弃物如垃圾的分类和运输等。运输工作是物流的中心业务活动,是物流的重要组成部分,而无论哪一种运输,都追求一个最大限度地实现运输合理化的目标。

有三个因素对运输来讲很重要,即成本、速度和一致性。

运输总成本是指为两个地理位置间的运输所支付的款项及与管理支出和维持运输中的存货有关的费用。物流系统设计的目标应该是把运输总成本降到最低。

运输速度是指完成特定运输所需的时间。但是提供更快的运输公司要收取更高运费,而运输服务越快,运输存货越少,无法利用的运输间隔时间就越短。因此需要选择最佳的运输方式,平衡运输服务的速度与成本、效益之间的关系。

运输的一致性是指在多次装运过程中,某一特定的运次所需的时间与原定时间或与前几次运输所需时间的一致性。一致性反映了运输的可靠性,是高质量运输最重要的特征,如果运输缺乏一致性,就需要安全储备存货,以防无法预料的服务故障。运输一致性问题会影响买卖双方的存货水平和有关的风险。

(2) 配送

配送的业务活动面很广,既有物资部门给工厂的配送,也有商业部门给消费者的配送,工矿企业内部的供应部门给各个车间配送原材料、零部件等。配送是物流业的一种崭新的服务形式,强调及时性和服务性。

(3) 储存

储存,主要是指生产储存和流通储存。工厂为了维持连续生产进行原材料储存、零部件储存;商业、物资企业为了保证供应、避免脱销所进行的商品储存和物资储存;在回收物流过程中,为了分类、加工和运送而进行的储存;在废弃物流过程中,为了进行分类和等待处理的临时储存都是储存的业务活动。

为了保证社会生产和供应,储存要实现合理化。这就需要采取一些措施,比如,有些工厂采用按计划供应,随用随送,保质保量且准时的"零库存"机制,避免了积压原材料和资金等状况的发生。

2. 辅助职能

物流的职能,除储存、配送和运输构建的物流体系框架,还存在着诸多辅助性的职能。这些辅助性职能就整个物流体系而言,是不可或缺的,存在于每一次细微的物流活动中。辅助性职能主要有三个:包装、装卸搬运和流通加工。

(1) 包装

在物流的运输、储存、装卸、搬运、销售等各个环节中,都需要包装。尤其是在运输和装卸作业中,包装加固能够避免商品破损。包装是物流的重要职能之一,包装的好坏能够极大地影响整个物流的成本和运行。

(2) 装卸搬运

装卸搬运是物流业务中经常性的活动。无论是生产物流、销售物流还是其他物流，也无论是运输、储存或其他物流作业活动，都离不开物品的装卸搬运。所以说，装卸搬运在整个物流业务活动中，也是一项很重要的职能。在装卸搬运作业中，采用自动化、机械化、半机械化和手工操作等方式。

(3) 流通加工

流通加工是生产过程在流通领域内的继续，是指产品已经离开生产领域进入流通领域，但还未进入消费的过程中，为了销售和方便顾客而进行的加工。作为物流职能的一个重要发展过程，无论生产资料还是生活资料，都有一些物资和商品必须在商业或物资部门进行加工才便于销售和运输。

3. 信息管理职能

在物流工作中，每天都会有大量的物流信息，从订货、发货到配送、结算等，信息是联结物流各个环节业务活动的链条，是完成物流整个生产过程的重要手段。只有及时处理物流信息，才能够减少信息的积压和处理失当，减少给物流业务活动带来的不利影响，进而顺利完成物流任务。

物流信息管理主要包括六个过程：市场信息收集与需求分析、订单处理、物流动态信息传递、物流作业信息处理与控制、客户关系管理与物流经营管理决策支持。将其中产生传递的信息进行整合并分析是物流的重要职能之一。

2.3.2 智慧物流的功能

基于智慧物流的技术架构，其具备的主要功能包括感知功能、规整功能、智能分析功能、优化决策功能、系统支持功能、自动修正功能和及时反馈功能，如图 2-3 所示。

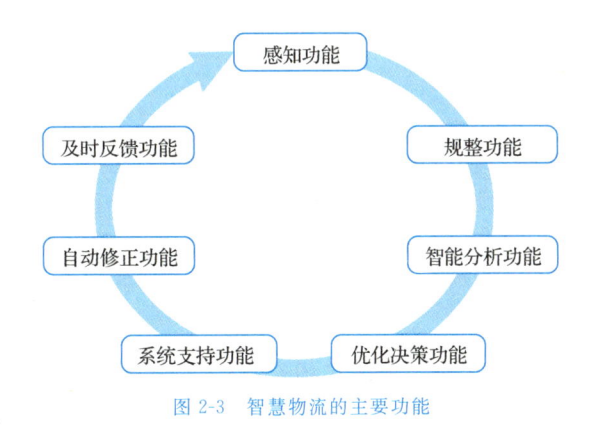

图 2-3 智慧物流的主要功能

(1) 感知功能

物流包括包装、仓储、运输、配送及装卸搬运等多个环节，每个环节都会产生大量的数据信息，借助于感知技术对这些信息进行实时获取，是智慧物流得以高效运转的前提。

(2) 规整功能

在智慧物流中，经过感知层收集的数据传输至数据中心后，需要进行归档处理。而对数据信息进行处理的第一步，即按照数据的类型进行分类和规整。如此，才有利于数据库中数据的开放和联动。此外，结合物流系统对于数据和流程的标准化，能够将不同平台的数据和系统进行整合。

(3) 智能分析功能

相比于传统物流，智慧物流的主要功能之一即智能分析功能。借助于智能模拟器模型等手段，智慧物流可以对物流运转过程中出现的问题进行分析，并根据问题提出假设。通过理论与实践的结合及连续地发现问题、验证问题的循环，系统可以及时发现物流作业中的薄弱环节或者漏洞，并指挥进行修改和调整。

(4) 优化决策功能

智慧物流在实践的过程中，根据不同的需求需要做出不同的决策。而为了提升决策的准确性和科学性，就需要对相关的质量、服务、时间、成本及碳排放量等标准进行分析，并预测可能存在的风险的概率，在此基础上制定出最优的决策。

(5) 系统支持功能

智慧物流之所以具有极高的智慧化水平，原因之一就在于智慧物流的各个环节并不是各自独立的，而是能够相互连接、共享数据，从而实现物流资源优化配置的同时，也使得各个环节能够协同合作，整个物流系统可以良好运转。

(6) 自动修正功能

借助于物联网、大数据、云计算及人工智能等先进技术而打造的智慧物流，不仅从各个环节提升了物流的自动化、智能化水平，而且可以实时发现物流作业中存在的问题并进行修正，使得系统能够自动遵循最科学准确的方案运行。

(7) 及时反馈功能

由于物流系统在运行的过程中需要进行实时更新，因此为了保证系统的完善，就需要进行及时的反馈。实际上，在智慧物流的各个环节中，反馈都是必不可少的，其不仅便于物流工作者实时掌握相关的信息，而且为系统问题的解决提供了可靠的保障。

2.3.3 智慧物流的模式

1. 消费品智慧物流

消费品智慧物流的主要目的是提升服务体验和满足客户期望。通过整合商流、信息流、资金流、数据流，打通最后一千米的物流服务环节，并有效集成网点、转运、干线、末端、人员等多维度的大量数据，针对消费品运输各个环节的数据进行全链路的物流整合，形成有效的数据驱动与协同，从而为人们日常生活提供高效便捷的现代化物流和服务。其基本路径主要有：

一是根据供应链上下游各个环节的需求场景、政府监管场景等不同场景需求，通过资源集成化、业务平台化、技术智能化和供应链一体化，结合云计算、人工智能、区块链等技术手段搭建消费品交易平台。

二是通过物流数据平台实现物流信息全流程、全场景的管理，利用技术手段建设消费品智慧物流产业服务集合，进而促进社会物流资源的优化配置。统一汇总各类信息，搭建消费品物流服务平台，实现物流领域规模化的技术创新应用。

2. 生产智慧物流

生产智慧供应链物流主要目标是建设一个基于智能化、协同一体化的生产资料智慧供应链平台,切实从其应用场景角度出发,为生产资料领域的货主企业、物流公司、物流园区、监督机构、金融组织等各方,提供一个线上线下全覆盖的智慧化解决方案,助力生产资料供应链各个环节信息智能化水平的提升,从而降本增效,提升各环节间的协同化,降低供应链整体风险。其基本路径主要有:

一是智慧型物流公司。利用物流的纵向与横向发展,形成智慧型物流。首先,进行仓储、运输、流通加工、装卸搬运等环节的物流信息化建设,实现业务线上一体化。其次,通过企业资源整合与集成化、业务平台化、科技智能化和供应链的协同化,搭建信息服务平台。最后,建立平台生态圈,以满足不同市场需求。

二是企业智慧物流。随着工业互联网的推行和新一代物联网的成熟,发展现代智慧物流业已经是许多制造企业的共识,企业对于智慧物流主要采用"自建+整合"和"独立自建"两种模式。

2.4 智慧物流系统

2.4.1 智慧物流系统的目标

智慧物流系统的目标是实现物流系统的横向和纵向两个方向的集成,达到物流系统的全局最优化和效益最大化。

1. 横向集成

横向集成又称为水平集成,即企业内部各部门或智慧物流系统中同级企业之间对于各日常运作系统的集成,是对同一类资源、同类型业务体系进行识别、选择、运作、协调,强调优势资源在内部沿横向汇总提升,主要体现于两个层次。

一是智慧物流系统的企业内部。表现为生产制造商、经营贸易商、物流服务商内部的并行工程、准时生产、准时采购和物流作业协同等,各企业通过对自身内部各部门间的业务关系进行协调,对同类资源进行协调、整合,在部门之间建立密切的工作联系。

二是智慧物流系统的企业之间。表现为加盟企业在合作的基础上共享物流优势资源,形成"强强联合,优势互补"的战略联盟,构建利益共同体去参与市场竞争。

按照横向集成过程中的核心要素可将横向集成划分为企业集成和组织集成两种类型,如图 2-4 所示。

(1) 企业集成

企业集成主要实现系统中同级的企业与售出产品之间、企业与企业之间的协同。对生产制造商来说,同级或同类的上游供应商或下游分销商之间的集成则属于横向企业集成;对于物流服务企业来说,具有相同业务类型、相同运输服务能力的企业之间的集成也属于横向企业集成;对于企业自身来说,其内部的业务信息在部门之间的贯通也是一种横向的企业集成。企业集成可分为三类模型:

① 以金融为中心的宏观企业群集成。智慧物流系统中的生产制造企业或物流服务企

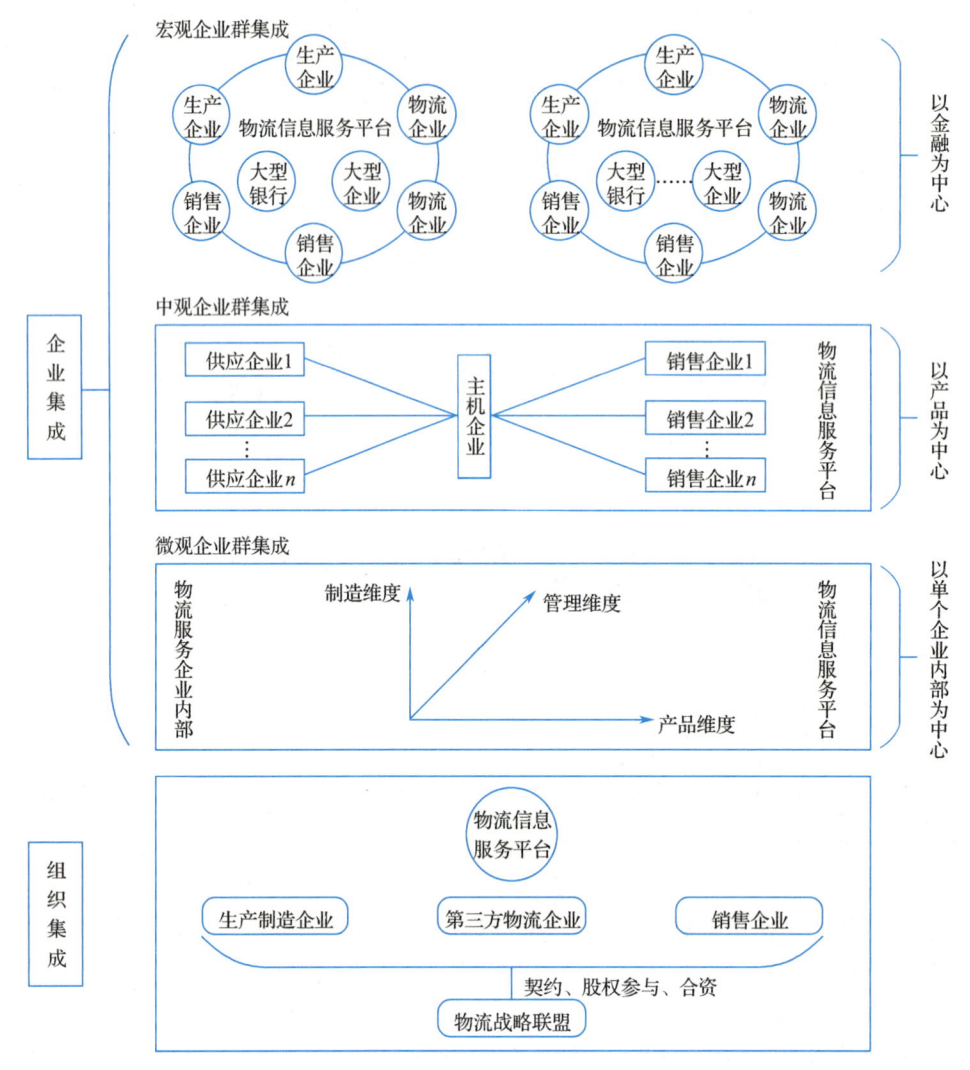

图 2-4　智慧物流系统的横向集成

业,松耦合或紧耦合地集成在智慧物流系统中,在金融上相互支援或相互统筹;在大型企业或供应链协同背景下,可在银行的支持下与银行集成在一起,形成宏观集成。宏观企业集成的主要形式有两种:一种是围绕"大型银行+大型企业"的企业集成形式;另一种是由"多个大型企业"形成的企业集成形式。这两种方式形成的大集团或大型物流企业之间是相互竞争而非垄断的关系,且这种竞争主要是在同行业中,竞争基本适度,属良性竞争,此种竞争有利于促进产品或服务质量的不断进步、价格降低,使消费者受益。

②以产品为中心的中观企业群集成。中观企业群集成是以智慧物流信息平台为中心的一群企业的集成,由一大群生产制造企业、批发贸易企业和专业化物流服务企业集成于智慧物流信息平台之上。在该集成形式下,企业围绕单一产品设计物流服务链,并向上下游延伸。以产品为集成中心,各企业在采购、库存、生产、销售、财务等多方面相互配合和支持,通过信息平台与物流服务商紧密联合,用快速、灵敏、智慧化的物流活动将各个作业环节无缝衔接。

③以单个企业内部行为为中心的微观企业群集成。微观企业群集成是在智慧物流信息平台上的以物流服务企业的内部行为为中心的单个企业的内部集成,是一个企业内部的产品维度、制造维度和管理维度之间的集成。

(2)组织集成

智慧物流系统的组织集成是指其与各个生产制造企业、第三方物流企业通过契约、股权参与或合资等方式共同建立的信息透明、渠道畅通、配置优化、角色特定、规则明确、风险共担、收益共享的以线上业务为核心业务的战略伙伴关系或物流战略联盟。

组织集成更有利于在系统集成管理中形成以智慧物流信息平台为核心的多个企业相互依存、相互促进、相互协作的物流服务联盟,能极大地提高联盟的资产重组效率,优化资源配置,有效地获取资源、利用资源、发展新资源,避免联盟内部竞争,开展协同运营,从而降低物流产业的运营成本,提高绩效。

2. 纵向集成

智慧物流系统的纵向集成主要是指通过以平台为核心,对加盟企业的市场供应能力、生产制造计划、物流服务能力等进行平衡。

这种集成方式能够将平台的服务能力及上游企业供应能力和意愿,反映到下游企业的需求意愿中。其目的在于保持企业间的协调同步,从而达到整体产业的高效率、高效益。从智慧物流系统集成的深度和广度来看,纵向集成可分为三个级别:信息流集成、业务集成、全面的物流服务链集成,如图2-5所示。

(1)信息流集成

物流服务链主要由商流、物流、信息流和资金流共同驱动,对于物流服务链的集成这四部分资源作为集成源头,是必要且可行的,其中最为重要的是信息流集成。

智慧物流系统信息流集成是指运用现代信息技术、数据库技术、多媒体技术、系统集成技术等,开发智慧物流信息管理软件,实现整个系统各方面信息的收集、整合、分析和处理,对产品服务中各项业务进行预测和辅助决策,对中间服务环节进行实时监督和控制,降低整体管理成本,提高管理效率。

(2)业务集成

智慧物流系统中的业务集成主要体现为以智慧物流信息服务平台为途径完成企业间的协同计划。协同计划是物流服务链上的成员企业针对生产计划、市场需求和作业联动所采取的联合设计和执行计划,根据共享的信息所进行的生产运营措施。

协同计划主要包括生产计划、库存计划、分销计划、运输计划、销售计划、需求计划、产业链网络设计和战略计划等。

协同计划的实现方式包括同步的产品设计和试制,及大规模定制化生产。智慧物流信息平台将个性化、定制化的订单和新产品需求信息快速导入信息集成系统中,通过信息集成体现在管理系统之中,实现柔性、灵活与高效率的统一,即大规模定制的模式。

(3)全面的物流服务链集成

物流服务链纵向集成按照延伸方向主要分为前向集成和后向集成。前向集成是指企业拥有和控制自身生产所需投入的资源,大多数出现于生产制造企业中,即从基本原材料的采购到生产加工,再从零部件的生产到组装均由自身企业完成,或由自身合资或持股或外包的企业完成;后向集成是企业可控制自己的客户,多出现于包装、回收等延伸服务中。

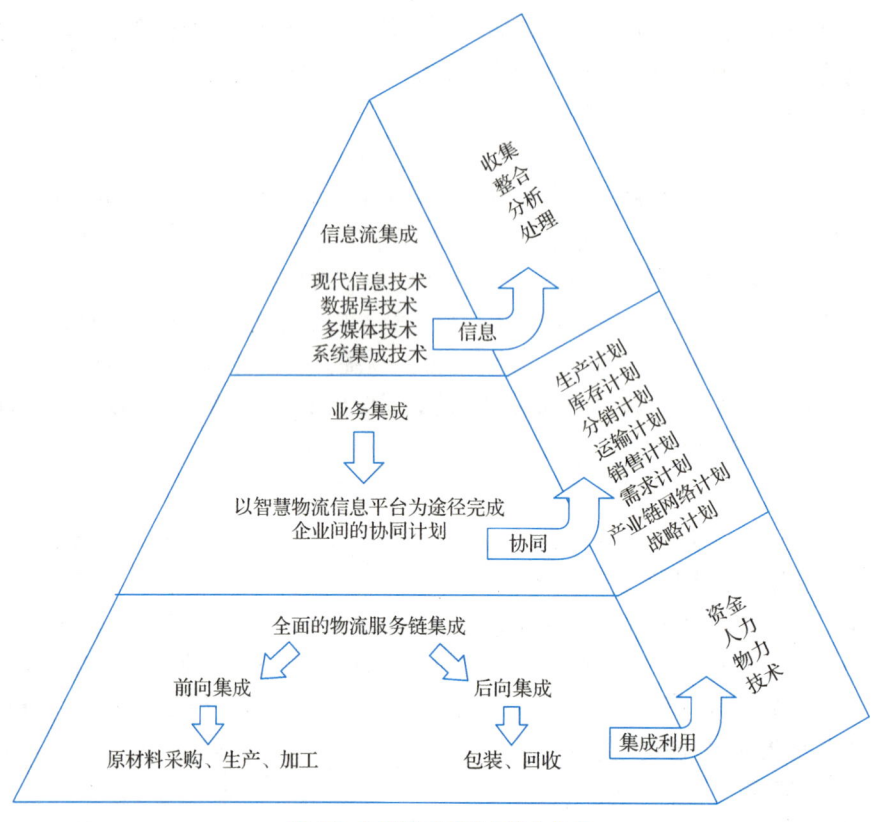

图 2-5 智慧物流系统的纵向集成

综合来看,全面的物流服务链集成是尽可能地在部分集成的基础上结合前向集成和后向集成,真正将整个物流服务中涉及的企业优势资源进行整合,充分发挥智慧物流系统的信息互通、资源共享、计划同步、技术互补的优势,最大限度有效集成和利用物流服务中所涉及的资金、人力、物力、技术等各类资源,建造一个良好集成的物流服务环境,为平台上的加盟企业提供一个全新的商业运作模式,以全新的、更有效的方式追求企业的目标。

2.4.2 智慧物流系统的智能机理

智慧物流系统将物联网、传感网与现有的互联网整合起来,通过智能获取、智能传递、智能处理、智能利用实现对物流全过程的精细、动态、科学的管理,最终实现智慧化决策与运行的目标。

1. 智能获取

智能获取技术主要有条形码技术、传感器技术、射频识别技术、卫星定位技术、视频技术、图像识别技术、文字识别技术、语音识别技术、机器人视觉技术等,这些技术目前已在智慧物流系统中得到广泛应用。智能获取技术能够使物流从被动走向主动,实现物流过程中的主动获取信息,主动监控车辆与货物,主动分析信息,使商品从源头开始被实时跟踪与管理,实现信息流快于实物流。

2. 智能传递

智能传递技术用于实现企业内部、外部的数据传递功能。智慧物流的发展趋势是实现整个供应链管理的一体化、柔性化,这离不开数据的交换与传递。智慧物流系统的智能传递技术主要包括通信基础网络、智慧物流信息网络两个方面。通信基础网络的智能传递技术主要是智能网技术、智能化网络管理与控制技术及智能网络信息搜索技术等智能通信技术,采取智能 Agent 技术及计算智能技术(如神经网络、遗传算法、蚁群算法等)进行网络的优化管理与实时控制,如 QoS 路由优化等。在面向服务的架构(Service-Oriented Architecture,SOA)技术环境下,智慧物流信息网络的智能传递技术主要是基于 Web Service 的物流信息服务搜索与发现技术、物流信息服务组合技术、消息中间件技术等。

3. 智能处理

智慧物流系统的智能化水平在很大程度上取决于它代替或部分代替人进行决策的能力。而智能处理技术是智能物流系统进行"决策"的核心技术通过对大数据进行分析与处理,建立优化、预测、评价、诊断、数据挖掘模型,为企业和政府的物流决策提供支持。这方面的技术主要有系统优化、系统预测、系统诊断、大数据技术、专家系统、数据挖掘、智能决策支持系统、计算智能技术、智能 Agent 技术等。

4. 智能利用

智能利用主要体现在两个方面。①智慧物流系统是一个人机系统,人是智慧物流系统的重要组成部分,在智能处理的基础上,物流管理人员基于决策支持信息,作用于物流系统,体现的是人的智能。②物流自动控制。智能控制技术是将智能理论应用于控制技术而不断发展起来的一种新型控制技术。它主要用来解决那些用传统的方法难以解决的复杂系统的控制问题,通常这些控制问题具有复杂性、随机性、模糊性等特点,利用数学方法难以精确描述智能控制技术。目前主要有模糊控制技术、神经网络控制技术、学习控制技术、专家控制技术等。目前,智能控制技术在智慧物流系统中的应用还比较少,但随着社会经济的发展,物流系统中的控制问题,如物流作业领域中的物流设备的监控、自动搬运机器人、自动分拣机器人、自动化仓库的计算机控制等将变得越来越复杂,并且这些问题解决得好坏将极大地影响系统的效率和反应速度。

2.4.3 智慧物流系统的组成

智慧物流系统是以智慧交通系统(Smart Transportation System,STS)和相关信息技术为基础,在集成环境下进行物流作业信息采集、传输、分析和处理,提供高效物流运作和详尽信息服务的现代物流系统。智慧物流系统一般由智慧思维系统、信息传输系统和智慧执行系统组成。

智慧思维系统是物流系统的大脑,其中大数据是智慧思维系统的资源,云计算是智慧思维系统的引擎,人工智能是智慧思维系统的核心。智慧思维系统目前已经全面进入数字阶段,物流企业都开始重视物流数据收集、分析与应用。基于大数据预测的前置分仓技术缓解了"双十一"等物流高峰阶段的物流配送压力;基于数据分析的物流全程优化运筹为企业物流发展插上了翅膀。但真正能够做到"自主决策",实现软件定义物流的系统还很少见。目前我国智慧物流的智慧思维系统正在从数字化向程控化演进,未来演进方向是智能化。

信息传输系统是物流系统的神经网络,其中物联网是信息感知的起点,也是信息从物理世界向信息世界传输的末端神经网络;"互联网+"是信息传输基础网络,是物流信息传输与处理的虚拟网络空间;信息物理系统(Cyber-Physical Systems,CPS)是虚实一体的智慧物流信息传输、计算与控制的综合网络系统,是互联网＋物联网的技术集成与发展。在智慧物流信息传输系统方面,随着物联网技术的广泛应用,以条形码为基础的自动识别技术、卫星导航追踪定位技术、RFID 识别技术、传感器技术等物流信息技术得到普遍应用,互联网开始延伸到实体网络阶段,推动了物流业务流程的透明化。目前,物流信息传输系统正处于物联网技术逐步普及、物流末端神经网络初步形成的阶段,需要进一步向全面深化网络链接与信息融合的 CPS 方向演进,实现信息联网、物品联网、设备联网、计算联网、控制联网,全面进入互联互通与虚实一体的阶段。

智慧执行系统是物理世界中智慧物流具体运作的体现,呈现的是自动化、无人化的自主作业,核心是智能硬件设备在仓储、运输、配送、包装、装卸搬运等领域的全面应用。在智慧物流执行系统方面,物流自动化技术获得了快速发展,配送终端的智能货柜、无人机、机器人技术开始进入应用阶段,自动驾驶卡车、地下智能物流配送系统等技术成为关注热点。目前,智慧执行系统正在从机械化、自动化向智能硬件全面发展演进,演进方向是系统级和平台级的智能硬件组网应用,实现执行系统全面无人化与智能化。

2.4.4　智慧物流系统的技术架构

智慧物流的运作流程大致上可以划分为三个环节:首要环节,即智能终端通过综合运用红外感应技术、激光扫描技术和射频识别技术而获得物品的相关信息;中间环节,即通信设备将物品信息以数据的形式上传至智能数据中心;最终环节,即智能数据中心对数据进行收集、分类、分析及管理等。

通过智慧物流的运作流程不难看出,智慧物流的建立需要以物流网为基础,通过整合物流领域所涉及的互联网、物联网和传感网等,对物流进行科学、动态、精细的管理,从而提升物流行业的网络化、可视化、可控化、自动化和智能化水平,创造更加丰富的经济和社会价值。

智慧物流所涉及的技术架构包括感知层、网络层和应用层,如图 2-6 所示。

1. 感知层

感知层是智慧物流系统的"神经末梢",是智慧物流系统实现对货物感知的基础,是智慧物流的起点。其主要作用在于识别物体、采集信息。感知层通过多种感知技术实现对物品的感知,常用的感知技术有:条形码自动识别技术、RFID 感知技术、GPS 移动感知技术、传感器感知技术、红外感知技术、语音感知技术、机器视觉感知技术、无线传感网技术等。所有能够用于物品感知的各类技术都可以在物流系统中得到应用,具体应用中需要平衡系统需求与技术成本等因素。

2. 网络层

网络层是智慧物流的神经网络与虚拟空间,主要由各种私有网络、互联网有线和无线通信网、传感网等组成,用于连接智慧物流系统的"神经末梢"与"神经中枢",并实现多个"神经中枢"之间的信息交互。具体功能包括寻址和路由选择、信息的建立、保持和终止等,并利用大数据、云计算、人工智能等技术分析处理感知信息,产生决策指令,再通过感知通信技术向执行系统下达指令。

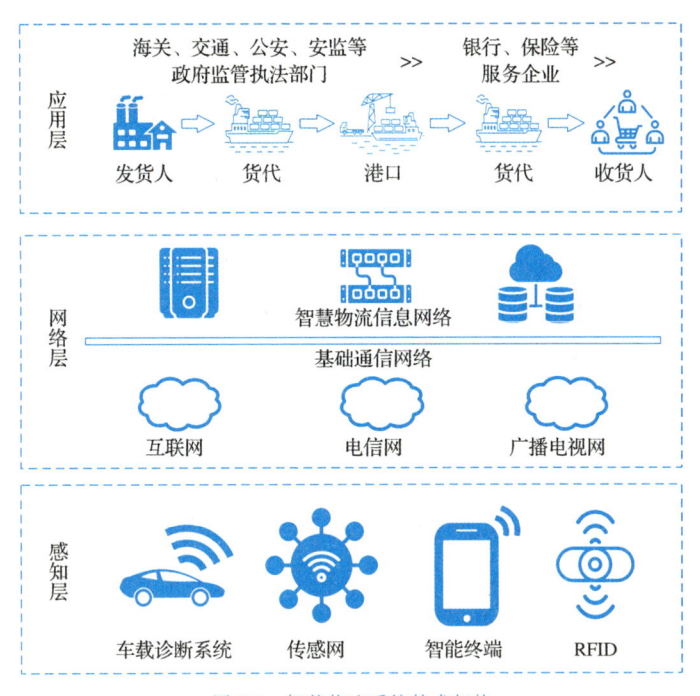

图 2-6 智慧物流系统技术架构

3. 应用层

应用层是智慧物流系统的"神经中枢",是用户(包括人、组织和其他系统)的接口,它充分利用平台层数据,与行业需求相结合,实现物流的智能应用,具有物流作业、物流管理与控制、物流决策支持三个功能。

(1)物流作业:通过物流感知,实现物流自动化作业,如自动化立体仓库货物自动分拣、仓库自动通风等。

(2)物流管理与控制:通过物流感知及与其他信息应用系统之间的互联,实现物流的可视化跟踪与预警,实现物流全过程的有效管控。

(3)物流决策支持:通过数据的集聚,建立数据中心,运用大数据处理技术,对物流进行优化、预测、诊断、评价、分类、聚类、影响分析、关联规则分析、回归分析等,为物流运营提供决策支持。

2.4.5 智慧物流系统的结构

根据传统物流系统的动态要素构成,将智慧物流系统分解成智慧物流信息系统、智慧运输系统、智慧配送系统、智慧仓储系统、智慧流通加工系统、智慧包装系统和智慧装卸搬运系统等七大系统。七大系统并不是各自独立存在并运行的,而是相互交融、相互协调、相互配合,实现采购、入库、出库、调拨、装配、运输等环节的精确管理,完成各作业环节间的完美衔接。

1. 智慧物流信息系统

智慧物流信息系统是智慧物流系统的主要组成部分,它的功能贯穿于物流各子系统业务活动之中,或者说是物流信息系统支持着物流各项业务活动。它不仅将运输、储存、包装、配送等物流活动联系起来,还能对所获取的信息和知识加以处理和利用,进而优化和决策。因此智慧物流信息系统不等同于一般的信息系统,它是整个大系统的具有智能意义的神经系统,决定着智慧物流系统的成败。

智慧物流信息系统依靠 RFID 技术、条码技术等获得产业信息及物流各作业环节的信息(信息采集),通过计算网络完成信息传输及发布(信息传递),运用专家系统、人工智能等处理信息并给出最佳实施方案。同时,利用产品追踪子系统还可以对产品从生产到消费的全过程进行监控,从源头开始对供应链各个节点的信息进行控制,为供应链各环节信息的溯源提供服务。

2. 智慧运输系统

运输是物流核心业务之一,也是物流系统的一个重要功能。运输服务是改变物品空间状态的主要手段,主要任务是将物品在物流节点间进行长距离的空间移动,从而为物流创造场所效用,通常有铁路运输、公路运输、航空运输、水路运输和管道运输 5 种运输服务方式。智慧物流系统的运输服务功能是在现代综合运输体系的基础上实现的,智慧交通技术是完成运输服务的主要手段。智慧运输子系统的目标是降低货物运输成本,缩短货物送达时间。其核心是集成各种运输方式,应用移动信息技术、车辆定位技术、车辆识别技术及通信与网络技术等高新技术,建立一个高效运输系统。

智慧运输系统按功能要求可划分为以下几个模块:先进的交通信息服务子系统、先进的交通管理子系统、先进的公共交通子系统、先进的车辆控制子系统、货运管理子系统、电子收费子系统和紧急救援管理子系统等。区别于传统运输,智慧运输系统通过在运输工具和货物上安装追踪识别装置,依靠先进的交通信息系统,可以实时采集车辆位置及货物状态信息,向客户提供车辆预计到达时间,为物流中心的配送计划、仓库存货战略的确定提供依据。

3. 智慧配送系统

配送服务是按照用户的订货要求及时间计划,在物流节点进行理货、配货工作,并将配备好的货物送交收货人的物流服务活动,可以看作运输服务的延伸,但它和运输服务不同,它是短距离、小批量、多品种、高频率的货物运输服务,是物流活动的最末端。

智慧配送系统包括智慧配送信息处理子系统、智能配载和送货路径规划子系统、配送车辆智能追踪子系统、智慧客户管理子系统。首先配送信息处理子系统将"取货信息、送货信息、配送信息"等信息进行收集、整理后,分发到配载及路径规划子系统中;配载及规划子系统根据运送货物的地理位置分布,应用地理编码和路径规划技术,分析出每辆车的最佳行驶路线,然后根据行驶路线来规划货物配载;通过 GPRS 系统将移动的车辆信息纳入信息网,并将该系统与地面信息系统构成一个整体,及时集路面信息、行驶信息,帮助配送规划系统根据路况随时优化车辆行驶路线;本着"以客户为中心"的原则,还应在配送后建立一个客户管理子系统,将客户信息及配送信息纳入数据库,并进行智能分析,为以后作业流程改进、提高顾客满意度和系统优化提供帮助。

4. 智慧仓储系统

仓储包括对进入物流系统的货物进行堆存、管理、保管、保养、维护等一系列活动。随着经济的发展,物流由少品种、大批量物流进入到多品种、小批量或多批次、小批次物流时代,如今的仓储作业已十分复杂化、多样化,如果像传统作业那样靠人工记忆和手工录入,不但费时费力,而且容易出错;在智慧仓储系统中应用RFID等自动识别技术,实现商品登记、扫描与监控的自动化,可以增强作业的准确性和快捷性,节省劳动力和库存空间,并且显著减少由于商品误置、送错、偷窃、损害和库存记录错误所造成的损耗。

智慧仓储系统由智慧仓储信息子系统、仓储管理子系统等组成,其中仓储管理子系统包括进货管理、出货管理、库存管理和存储费用管理等功能模块。该系统可以实现自动精确地获得产品信息和仓储信息;自动形成并打印入库清单和出库清单;动态分配货位,实现随机存储;进行产品库存数量、库存位置、库存时间和货位信息查询;随机抽查盘点和综合盘点;汇总和统计各类库存信息,输出各类统计报表。

5. 智慧流通加工系统

规模经济效益决定了企业趋向于"商品少、大批量、专业化"的大生产模式,而与消费者的个性化需求产生隔阂,流通加工正是弥补这种隔阂的有效手段。流通加工是在物品离开生产领域向消费领域流动的过程中,为了促进产品销售、维护产品质量和实现物流高效,而对物品进行的加工处理,使物品发生物理或化学性变化。流通加工的内容有装袋、定量化小包装、拴牌子、贴标签、配货、挑选和刷标记等。

这种在流通过程中对商品进一步的辅助性加工,可以给批量化生产的同一产品装饰不同的包装,还可以根据市场特征对产品进行组装(如为打印机组装符合不同电压标准的变压器),满足不同用户的需求,更好地衔接生产的需求环节,使流通过程更加合理化,是物流活动中的一项增值服务。

智慧流通加工系统利用物联网技术和设备监控技术加强对加工过程的信息管理和服务创新,及时正确地采集生产线数据,实时掌握加工流程,提高加工过程的可控制性,减少生产线上的人工干预,并合理制定加工计划和进度。

6. 智慧包装系统

包装服务是物品在搬运、运输、配送及仓储等服务活动过程中,为保持一定的价值及状态而采用合适的材料或容器来保护物品所进行的工作总称。通常包括商业包装服务(销售包装、小包装)和工业包装服务(运输包装、大包装)两种。

智慧包装系统主要应用信息型智慧包装技术,通过在包装上加贴标签,如条形码、RFID标签等,一方面利用化学、微生物和动力学的方法,记录商品在仓储、运输、销售期间,因周围环境影响引起的质量改变,监控产品质量;另一方面可管理被包装物的生产信息和销售分布信息,提高产品的可追溯性。这样顾客能够掌握商品的使用性能及其流动过程,而生产商可以根据销售信息掌握市场动态,及时调整生产、库存策略,缩短整个供应链周期,节约成本。

7. 智慧装卸搬运系统

装卸搬运是随运输和仓储而产生的必要物流活动,是对运输、仓储、包装、流通加工等物流活动进行衔接的中间环节,也包括在仓储作业中为进行检验、维护、保养所进行的装卸活动,如货物的装上卸下、移送、拣选、分拣等。在物流活动的全过程中,装卸搬运是出现频率最高的一项活动,也是造成货物破损、散失、损耗的主要环节。

智慧装卸搬运系统会将装卸货物、存储上架、拆垛补货、单件分拣、集成化物品等任务信息收集并传递到智能决策子系统,决策系统将任务分解成人员、物品需求计划,合理选择与

智慧物流与电子商务

配置装卸搬运方式和装卸搬运机械设备,尽可能减少装卸搬运次数,以节约物流费用,获得较好的经济效益。根据系统功能要求,智慧装卸搬运系统主要由输送机、智能穿梭车、智能装卸搬运信息系统、通信系统、控制系统和计算机管理监控系统等部分组成。

案例 联想与顺丰达成战略合作协议 携手共建智慧物流产业生态

2020年,联想企业科技集团宣布与顺丰多联科技有限公司正式达成战略合作。双方将充分发挥各自优势,联合打造具有技术先进性和行业创新性的综合物流解决方案,以生态化的商业模式满足多样化的市场需求,赋能中国乃至全球智慧物流行业的蓬勃发展。

联想集团副总裁、企业科技集团业务销售总经理李国庆表示:"在集团 3S 战略(Smart IoT 智能物联网、Smart Infrastructure 智能基础架构、Smart Vertical 行业智能)的指引下,联想企业科技集团始终坚持以'全球化+中国特色'战略,以端到端、全栈式的智能化转型解决方案赋能客户,推动中国智能化变革。联想和顺丰在过去已建立了良好的合作基础,本次战略协议的签署将推动双方进一步深化合作。我们希望与顺丰能共同助力智慧物流生态体系的发展,以高质量的解决方案让更多中国企业受益。"

顺丰集团副总裁、行业解决方案总裁潘蔼表示:"联想是顺丰重要的战略合作伙伴,我们希望秉承互惠互助、强强联合、共同发展的原则,在不同领域进行资源共享,并借助我们双方的全球化布局和供应链物流能力,深耕海外业务的合作。"

一、以合作创造新价值,多元领域强强联手"1+1>2"

根据协议,未来双方将在推进顺丰自身企业信息化的基础上,在智慧物流园区、区块链等领域共同开拓,在此基础上加强国际化业务的合作,共同提升双方的行业竞争力与影响力。此次合作不是双方能力的简单叠加,而是将联想在智能化转型方面的积累与顺丰在物流领域的经验有机结合,开创全新的智慧物流解决方案,为客户创造更大的价值。

在企业信息化领域,联想将凭借其在智能基础架构方面的领先优势,为顺丰提供服务器、存储、网络等传统IT架构,及超融合、高性能计算、SAP一体机和数据库一体机等智能化综合架构,依托其软硬一体的一站式服务能力,实现技术赋能,助力顺丰加速信息化建设进程。

在智慧物流园区领域,联想将提供信息化基础设施、基础管理系统和数字孪生园区,结合顺丰在物流人员、车辆、物流运营及智慧供应链方面的解决方案,打造新一代的全景式智慧物流园区解决方案产品及服务。

在区块链领域,联想和顺丰将整合各自在区块链应用上的发力方向和优势,在农副产品溯源、可信供应商管理、采销协同、链上物流、资产追踪和渠道销售管理等供应链与区块链的协同应用方面进行深入合作,共同推动区块链在供应链和物流领域的领先应用。

在国际合作方面,双方将结合联想的全球业务部署和顺丰的全球供应链服务能力,为以联想为代表的中国企业提供安全、高效的全球供应链物流解决方案。

二、顺应新基建下智能化转型大潮,打造智慧物流"生态圈"

当前,新基建的东风正吹遍中国大地,强势推动各行业加速智能化转型。智慧物流作为能够真正帮助企业实现降本增效的重要手段之一,其市场前景不容小觑。《中国智慧物流2025蓝皮书》指出,预计到2025年,中国智慧物流服务的市场规模将超过万亿元。

作为国内领先的快递物流综合服务商,顺丰凭借自身在物流网络和一体化综合物流解决方案方面的优势,正不断地在智慧物流领域进行探索。但实现智慧物流并非一蹴而就,其前提是供应链的数字化和物流网络建设的日益完善,而这将需要5G、物联网、人工智能、云计算和区块链等新技术的发展和应用进行支撑。因此,积极拥抱前沿技术,打造一个协同共享的产业新生态是智慧物流下一步发展的关键。

此次联想和顺丰强强联手,正是这种"协同共享、能力互补"理念的最佳体现。联想作为智能化变革的引领者和赋能者,凭借在IT基础架构、5G和区块链等领域的技术实力,围绕集团3S战略所形成的全线式解决方案,及在智慧园区这一细分行业的积累,能为顺丰提供多元化的优质产品和服务,加速顺丰物流方案+转型战略的实施。同时,双方将通过共同推出生态化的智慧物流解决方案,推动行业和社会的高质量发展。

资料来源:36氪品牌.联想与顺丰达成战略合作协议 携手共建智慧物流产业生态.2020-11-16.

本章小结

物流起源于20世纪初,最早被称为"Physical Distribution"(PD),在管理实践中其内容和概念不断演化为"Logistics",当前技术进步和行业需求推动着传统物流向智慧物流发展。就现代物流而言,主要包括四个方面:关于原材料、半成品及产成品运输的实质流动;关于原材料、半成品及产成品储存的实质储存;关于相关信息联网的信息流通;关于对物流活动进行计划、实施和有效控制的过程的管理协调。智慧物流是一种先进的物流运作模式,它集成应用先进的物联网技术、大数据技术、传感技术、控制技术、人工智能技术于物流活动的各个环节和主体,在有效感知和高效学习的基础上实现整个物流系统的智能化、自动化运作和高效率优化管理,从而降低成本,减少自然资源和社会资源消耗。

物流所创造的主要价值增值包括时间价值、场所价值和加工附加价值。相比传统物流,新技术赋予了智慧物流更多能力,在运作形态上体现为多元驱动、实时感知、智能交互、智慧融合,在服务模式上体现为柔性化、社会化、一体化、智能化。

物流主要职能包括运输、配送和储存,辅助性职能包括包装、装卸搬运和流通加工,此外还需要信息管理职能保证物流活动顺利完成。新的信息技术使智慧物流在实现传统物流职能的基础上,还提供了感知功能、规整功能、智能分析功能、优化决策功能、系统支持功能、自动修正功能和及时反馈功能。智慧物流模式可以划分为消费品智慧物流和生产智慧物流。

智慧物流系统的目标是实现物流系统的横向和纵向两个方向的集成,达到物流系统的全局最优化和效益最大化。智慧物流系统将物联网、传感网与现有的互联网整合起来,通过智能获取、智能传递、智能处理、智能利用实现对物流全过程的精细、动态、科学的管理,最终实现智慧化决策与运行的目标。智慧物流系统一般由智慧思

智慧物流与电子商务

维系统、信息传输系统和智慧执行系统组成。智慧物流所涉及的技术架构包括感知层、网络层和应用层。根据传统物流系统的动态要素构成,将智慧物流系统分解成智慧物流信息系统、智慧运输系统、智慧仓储系统、智慧配送系统、智慧流通加工系统、智慧包装系统和智慧装卸搬运系统等七大系统。

思考题

1. 什么是智慧物流?相比传统物流,智慧物流有哪些特点和作用?如何理解"智慧"?
2. 智慧物流系统的组成和结构有哪些?技术架构是怎样的?
3. 通过互联网收集和整理资料,结合实际案例,思考智慧物流的发展与现状。

第 3 章

智慧物流技术

> **学习目标** >>>

- 掌握移动互联网技术特点和作用,了解移动互联网技术组成
- 掌握 5G 技术优势及作用
- 了解地理信息系统(GIS)和全球导航卫星系统(GNSS)
- 理解物联网体系结构和应用
- 了解云计算技术、大数据技术和人工智能技术及其在物流领域的应用
- 掌握无人机、无人车的关键技术及其在物流领域的应用

3.1 网络与通信技术

3.1.1 移动互联网技术

移动互联网是互联网与移动通信各自独立发展后,互相融合形成的新兴技术。随着物流业快速发展,上游客户需求和发展模式不断变化,物流信息化也要应需而动,进一步提升发展水平。而移动互联网在物流行业的快速普及应用,给物流信息化的升级发展提供了重要技术支撑,促使其加速向智慧物流迈进。

1. 移动互联网的特点

移动互联网是在传统互联网基础上发展起来的,因此二者具有很多共性,但由于移动通信技术和移动终端发展不同,它又具备许多传统互联网没有的新特性。

(1) 交互性

用户可以随身携带和随时使用移动终端,在移动状态下接入和使用移动互联网应用服务。一般而言,人们使用移动互联网应用的时间往往是在上下班途中,在空闲间隙任何一个有网络覆盖的场所,移动用户接入无线网络实现移动业务应用的过程。现在,从智能手机到平板电脑,再到智能穿戴设备,我们随处可见这些终端发挥强大功能的身影。当人们需要沟通交流的时候,随时随地可以用语音、图文乃至视频解决,大大提高了用户与移动互联网的交互性。

(2)便携性

相对于PC,由于移动终端小巧轻便、可随身携带两个特点,人们可以装入随身携带的书包和手袋中,并使得用户可以在任意场合接入网络。除了睡眠时间,移动设备一般都以远高于PC的使用时间伴随在人们身边。这个特点决定了使用移动终端设备上网,可以带来PC上网无可比拟的优越性,即沟通与资讯的获取远比PC设备方便。用户能够随时随地获取娱乐、生活、商务相关的信息,进行支付、查找周边位置等操作,使得移动应用可以进入人们的日常生活,满足衣食住行、吃喝玩乐等需求。

(3)隐私性

移动终端设备的隐私性远高于PC的要求。由于移动性和便携性的特点,移动互联网的信息保护程度较高。通常不需要考虑通讯运营商与设备商在技术上如何实现它,高隐私性决定了移动互联网终端应用的特点,数据共享时既要保障认证客户的有效性,也要保证信息的安全性。这不同于传统互联网公开透明开放的特点。传统互联网,PC端系统的用户信息是容易被搜集的。而移动互联网用户因为无须共享自己设备上的信息,从而确保了移动互联网的隐私性。

(4)定位性

移动互联网有别于传统互联网的典型应用是位置服务应用。它具有以下几个服务:位置签到、位置分享及基于位置的社交应用;基于位置围栏的用户监控及消息通知服务;生活导航及优惠券集成服务;基于位置的娱乐和电子商务应用;基于位置的用户换机上下文感知及信息服务。

(5)娱乐性

移动互联网上的丰富应用,如图片分享、视频播放、音乐欣赏、电子邮件、游戏等,为用户的工作、生活带来更多的便利和乐趣。

(6)局限性

移动互联网应用服务在便捷的同时,也受到了来自网络能力和终端硬件能力的限制。在网络能力方面,受到无线网络传输环境、技术能力等因素限制;在终端硬件能力方面,受到终端大小、处理能力、电池容量等的限制。移动互联网各个部分相互联系,相互作用并制约发展,任何一部分的滞后都会延缓移动互联网发展的步伐。

(7)强关联性

由于移动互联网业务受到了网络及终端能力的限制,因此,其业务内容和形式也需要匹配特定的网络技术规格和终端类型,具有强关联性。移动互联网通信技术与移动应用平台的发展有着紧密联系,没有足够的带宽就会影响在线视频、视频电话、移动网游等应用的扩展。同时,根据移动终端设备的特点,也有其与之对应的移动互联网应用服务,这是区别于传统互联网而存在的。

(8)身份统一性

这种身份统一是指移动互联网用户自然身份、社会身份、交易身份、支付身份通过移动互联网平台得以统一。信息本来是分散到各处的,互联网逐渐发展,基础平台逐渐完善之后,各处的身份信息将得到统一。

2. 移动互联网相关技术

移动互联网相关技术总体上分成三大部分,分别是移动互联网终端技术、移动互联网通信技术和移动互联网应用技术。

移动互联网终端技术包括硬件设备的设计和智能操作系统的开发技术。无论对于智能手机还是平板电脑来说，都需要移动操作系统的支持。在移动互联网时代，用户体验已经逐渐成为终端操作系统发展的至高追求。

移动互联网通信技术包括通信标准与各种协议、移动通信网络技术和中短距离无线通信技术。在过去的十几年中，全球移动通信发生了巨大的变化，移动通信特别是蜂窝网络技术的迅速发展，使用户彻底摆脱终端设备的束缚，实现完整的个人移动性，可靠的传输手段和接续方式。

移动互联网应用技术包括服务器端技术、浏览器技术和移动互联网安全技术。目前，支持不同平台、操作系统的移动互联网应用很多。从用户的角度看主要是体现为不同终端上运行各种应用程序。

3. 移动互联网在智慧物流中的作用

通过移动信息实时采集，能够实现货物动态跟踪。企业通过对外勤人员或车辆进行移动定位，就能够掌握货物所处位置；同时，客户通过电话、移动互联网 App 等方式，也可以查到自己货物的实时位置。

移动互联智慧云平台助力打通供应链。由于进入供应链竞争时代，各环节需要打通企业间的边界以实现相互协作，占据主动，获得竞争优势。移动互联平台可以为物流企业提供高性价比、按需分配且动态调整的云资源池，免去了企业对信息化硬件资源的大量投入、维护及升级的资金成本，还可以为企业提供个性化物流行业解决方案，帮助打通供应链。

智慧物流移动互联平台可以在不同参与企业之间搭建信息沟通的渠道，协助参与企业之间高质量、高效率地交流，还可以实现与企业现有的应用系统和程序的数据接口，让现有系统发挥更好的应用效果，提供数据优化工具与模型，通过数据来支持业务环境的优化，并以直观的形式进行展现。通过大量的移动应用提供智慧物流平台，提升了物流企业服务水平及行业竞争力。

3.1.2　5G 技术

第五代移动通信技术(5th Generation Mobile Communication Technology，简称 5G)是一种具有高速率、低时延和大连接特点的新一代宽带移动通信技术，通信设施是实现人机物互联的网络基础设施。

国际电信联盟(ITU)定义了三大类应用场景，即增强移动宽带(eMBB)、超高可靠低时延通信(uRLLC)和海量机器类通信(mMTC)。增强移动宽带主要面向移动互联网流量爆炸式增长，为移动互联网用户提供更加极致的应用体验；超高可靠低时延通信主要面向工业控制、远程医疗、自动驾驶等对时延和可靠性具有极高要求的垂直行业应用需求；海量机器类通信主要面向智慧城市、智能家居、环境监测等以传感和数据采集为目标的应用需求。

为满足 5G 多样化的应用场景需求，5G 的关键性能指标更加多元化。ITU 定义了八大关键性能指标，其中高速率、低时延、大连接成为最突出的特点，用户体验速率达 1 Gbps，时延低至 1 ms，用户连接能力达 100 万连接/平方千米。

1. 5G 的技术优势

(1) 传输安全性高

智能互联网是指融合了 5G 的互联网,具有安全、高效、快捷等优势,能够在网络传输过程中保障数据信息的安全。具体来说,5G 具有网络通信开放性低的特点,且 5G 的网络架构设置了严格的加密机制,能够为特殊用户提供安全通道。因此,通过 5G 来传输数据,能够提高物流信息的安全性。

(2) 移动边缘计算

边缘计算是指在靠近物或数据源头的一侧,采用网络、计算、存储、应用核心能力为一体的开放平台,就近提供最近端服务。5G 能够增强移动边缘计算的性能,大幅提高数据计算的高效性、准确性,及资源分配的科学性、合理性。例如,通过在物流设备上部署边缘计算节点,可以实现实时追踪、智能调度和自动化控制等功能,提高物流效率和准确性。因此,基于 5G 的移动边缘计算技术在物流领域具有广阔的应用场景,能够推动物流行业快速发展。

(3) 网络切片化服务

网络切片是将一个物理网络切割成多个虚拟的端到端网络,每个虚拟网络之间(包括网络内的设备、接入、传输和核心网)是逻辑独立的,任何一个虚拟网络发生故障都不会影响其他虚拟网络。5G 的网络切片化服务能够满足不同终端设备对通信的要求,并通过业务切片的方式调整物流行业中的各种物流应用场景的属性,例如,可以为每一辆货车、每一个包裹定制专属的数据通道,以便各种场景中的各个功能模块灵活处理各项业务,进而满足物流行业中,不同业务对通信的要求,实现精细化管理和高效运作。

(4) 海量接入特性

随着科技的发展,人们生活中的智能设备越来越多,例如,门窗、门锁和家电等智能家居设备,智能交通领域的汽车,及智能化的公共基础设施等。5G 能够支持海量终端接入,充分满足人们日常生产生活中的智能设备在网络方面的需求。

与此同时,5G 与物联网(Internet of Things,IoT)的融合也有助于物流中心实时监控并跟踪各个物流节点,加强物流体系与应用网络体系的融合,进而提高物流服务质量,驱动物流行业快速发展。

(5) 传输时延低

就目前来看,5G 已经实现了毫秒级通信,且随着网络技术的不断发展,未来 5G 的时延还将进一步降低。无人驾驶和无人配送已经成为物流行业未来发展的重要趋势,5G 的应用有助于物流行业打破网络时延方面的限制,大幅提高各项物流业务的智能程度,进而为物流行业实现无人化作业提供助力。

(6) 高速率数据传输

5G 的应用能够大幅提高网络传输速率,优化用户体验。根据目前的性能指标,5G 网络的峰值速率理论上能够达到 10Gbit/s。

2019 年,我国进入 5G 商用元年。5G 网络能够为物流节点之间和底层硬件设备之间的通信提供强有力的支撑,大幅提高数据的传输速率,促进各项物流信息在整个物流体系中高效共享,进而为物流行业的发展提供数据层面的支持。

(7) 网络泛在能力强

5G 具有广泛覆盖和纵深覆盖的能力,能够应用于各种场景,为各个领域的各项业务提供高质量的网络服务。从理论上来说,5G 的广泛覆盖能力能够将网络延伸到更多的地区,包括人迹罕至的偏远地区;5G 的纵深覆盖能力能够进一步提高网络覆盖质量,消除信号死角。在物流领域,5G 的应用既能有效解决物流节点信息缺失的问题,也能在一定程度上为物流运输的安全提供保障。

(8) 功耗较低

5G 的应用有助于加快推动物联网设备大规模落地应用,提高物联网设备的用户使用质量:一方面,5G 中的增强机器类通信(eMTC)能够通过缩短时延来降低物联网设备之间的通信能耗;另一方面,5G 网络可以借助窄带物联网(NB-IoT)技术部署于全球移动通信系统(GSM)和通用移动通信系统(UMTS)等已有的网络架构中,从而进一步降低能耗。

5G 可以凭借其低功耗的优势促进 IoT、传感器、射频通信等技术在物流行业大规模应用,进而为无线传感器网络在物流行业的各项业务、各个环节中的应用提供支持,助力物流行业高质量发展。

5G 的技术优势使得其在物流领域中的应用必然能够为物流行业的发展提供助力,有效驱动物流行业向数字化、网络化、智能化方向发展。

2. 5G 对于智慧物流的作用

5G 的商用促进了新工业的快速发展,同时也为新一代物流行业的发展带来了全新的驱动力。新一代物流行业以 5G 为支撑,驱动产业升级和技术创新,以小批量定制化的模式进行生产,充分满足消费者日益多样化、个性化的需求,进一步提高物流企业、电商企业和消费者三者之间的信息通信方式的高效性和多元性。

从物流行业的发展历程来看,消费和产业的升级,及技术的创新是驱动物流行业革新的主要因素:在工业革命时期,技术改革的持续推进改变了传统的生产模式,商业生产逐渐形成规模,制造业企业逐渐占据了整个物流产业的核心位置;随着经济的进步,商贸物流快速发展,商贸企业逐渐代替制造企业成为物流产业链的核心;到了信息时代,物流业务的覆盖范围越来越广,消费者成为整个物流产业链的核心。

从物流行业企业数量和物流服务质量方面来看,5G 在物流领域的大规模应用能够有效促进新一代物流体系与 AI、区块链、大数据、云计算等先进技术的融合,进而增强物流体系的物流服务能力,提高物流服务的精准性,确保物流行业的发展质量。

从商业运营方面来看,近年来,物流业务越来越丰富,跨界现象越来越普遍,5G 在物流领域的大规模应用能够加快构建安全规范的物流服务体系,帮助新一代物流企业快速提高商业运营的透明化程度,进而充分保障物流信息安全。

从交流合作方面来看,5G 在物流领域的大规模应用能够促进物流企业与消费者之间的信息交流和互动,以便物流企业了解消费者需求,并根据消费者的实际需求有针对性地优化物流服务。

总而言之,物流行业应充分发挥带头作用,大力推动 5G 在行业中广泛应用的同时,物流产业链上的快递企业、物流企业、零售企业等主体也应预先制定应用计划,筑牢应用基础。新一代物流行业要以 5G 为技术基础优化物流服务,进一步提高物流服务的智能化程度,确保服务质量。

3. 5G 赋能的智慧物流体系

5G 在物流行业中的应用为新一代物流行业赋予了接入和智慧的新特性,推动传统的物流体系向智慧海量接入的物流体系转化。具体来说,智慧海量接入的物流体系主要分为可视化智慧物流管理体系、智慧供应链体系和智慧物流追溯体系。

可视化智慧物流管理体系是以建设具有全方位、全流程的感知、覆盖和控制功能的智能可视化上层应用为目的的新一代智慧物流服务体系。从功能上看,能够实现按需组网、控制转发分离、灵活网络异构、移动边缘计算等多种功能,在可视化智慧物流管理体系中的应用能够高效传输底层传感器和数据采集智能硬件等设备采集的数据,从而为该领域的通信提供强有力的网络支撑和技术支撑。图 3-1 为智慧物流信息可视化大屏展示,可以帮助企业掌握实时的物流运行动态。

视频资料:
5G 应用迎来规模化发展

图 3-1 智慧物流信息可视化大屏展示

智慧供应链体系是各种信息通信技术在物流领域不断深入应用中,物流行业所呈现出来的智能化发展趋势。具体来说,物流行业中的智慧供应链融合了 IoT、大数据、云计算等技术,供应链管理层和核心技术层可以利用各项技术优化供应链管理模式,提高供应链管理模式对各项技术的适应能力,从而使供应链在物流企业内部及物流行业内的各个企业之间发挥作用,实现物流行业的自动化运转和智能化决策。

智慧物流追溯体系以 5G 为数据源流动媒介,以 IoT、区块链等技术为手段,自下而上构建分布式、多节点的信息共享链,能够在相关网络平台或软件中对产品的物流信息进行全面整合和记录。这不仅为产品生产厂家进行可控查询和报表分析提供方便,也为消费者进行产品信息溯源提供方便。

3.1.3 空间数据管理技术

物流活动范围广,常处于运动和非常分散的状态,因此空间数据的管理技术就变得非常重要。地理信息系统(GIS)和全球卫星导航系统(GNSS)能够对物品移动的空间数据进行有效管理。

1. 地理信息系统

地理信息系统(Geographic Information System,简称 GIS)是集计算机科学、地理学、信息科学等学科为一体的新兴边缘科学,可作为应用于多个领域的基础平台。这种集成是对信息的各种加工、处理过程的应用、融合和交叉渗透,并且实现各种信息的数字化的过程。

在 GIS 中,空间信息和属性信息是不可分割的整体,它们分别描述地理实体的两面,以地理实体为主线组织起来。空间信息还包括空间要素之间的几何关系,使 GIS 能够支持一般管理信息系统所不能支持的空间查询和空间分析,以便制定规划和决策。现在,网络地理信息系统(Web GIS)的兴起更使其在越来越多的商业领域被用来作为一种信息查询和信息分析工具。凡是涉及地理分布的领域都可以应用 GIS 技术。

一个典型的 GIS 应包括三个部分:计算机系统(硬件、软件)、地理数据库系统、应用人员与组织机构。计算机系统可分为硬件系统、软件系统、GIS 的开发工具、硬件和网络平台的选择标准体系。地理数据库系统由数据库和数据库管理系统组成。地理数据库系统(Data Base Management System,DBMS)主要用于操作、数据维护和查询检索。GIS 的人员配置包括系统项目经理、技术组、数据库经理、数字化操作员、系统操作员、应用分析软件经理和程序编写人员等。

按照不同的分类标准 GIS 可以分成不同的类别。例如,按照功能划分,GIS 可分为专题 GIS(Thematic GIS)、区域 GIS(Regional GIS)和 GIS 工具(GIS Tool);按功能划分,可分为城市信息系统、自然资源查询信息系统、规划与评估信息系统、土地管理信息系统等;依据其应用领域可分为土地信息系统、资源管理信息系统、地学信息系统等;按照其使用的数据模型,可分为矢量、栅格和混合型信息系统。GIS 的主要功能如下:

(1)数据采集、检验与编辑;
(2)数据格式化、转换,通常称为数据操作;
(3)数据的组织与存储;
(4)查询、检索、统计、计算;
(5)空间分析,这是 GIS 的核心功能。

在物流与供应链管理中,供应商必须全面、准确、动态地掌握散布于各地的各个中转仓库、经销商、零售商及各种运输环节之中的产品流动状况,并以此制定生产和销售计划,及时调整市场策略。把 GIS 技术融入物流控制配送的过程中,就能更容易地处理物流中货物的运输、仓储、装卸、配送等各个环节,并对其中涉及的问题如运输路线的选择、仓库位置的选择、仓库容量的设置、合理装卸策略、运输车辆的调度和投递路线的选择等进行有效的管理和决策分析。

将 GIS 应用于物流分析,利用 GIS 强大的地理数据功能来完善物流分析技术。GIS 可以应用于以下物流分析模型中:车辆路线模型、最短路径模型、网络物流模型、分配集合模型和设施定位模型等。将 GIS 集成到上述分析模型中,就能够将表格型数据(无论它来自数据库、电子表格文件或直接在程序中输入)转换为地理图形显示,然后对显示结果进行浏览、操作和分析。其显示范围可以从洲际地图到非常详细的街区地图,显示对象包括人口、销售情况、运输线路等。

GIS 应用于物流信息系统,可以通过客户的邮编和详细地址字符串,自动确定客户的地理位置(经纬度)和客户所在的中心站和分站。通过基于 GIS 的查询、地图表现辅助决策,实现对物流配送、投递路线的合理调度,及客户投递排序的安排。其工作顺序是按照客户地址定位、机构区域划分、站点选址、投递排序、投递路线依次进行的。

2. 全球导航卫星系统

全球导航卫星系统(Global Navigation Satellite System,GNSS,又称全球卫星导航系统),是能在地球表面或近地空间的任何地点为用户提供全天候的三维坐标和速度及时间信息的空基无线电导航定位系统。

全球目前有四大全球卫星导航系统,分别是美国的全球定位系统(GPS)、俄罗斯的格洛纳斯卫星导航系统(GLONASS)、欧洲的伽利略卫星导航系统(Galileo)和中国的北斗卫星导航系统(BDS)。这些系统提供高精度的定位、导航和授时服务,广泛应用于军事、民用、商业领域。BDS 和 GPS 已服务全球,性能相当,在功能方面,BDS 较 GPS 多了区域短报文和全球短报文功能。当前由于 GPS 最早开始运行并且应用广泛,人们通常用 GPS 代指全球导航卫星系统,其本意是强调采用全球导航卫星系统这种技术而不是美国的 GPS,今后随着 BDS 应用越来越广泛、影响力越来越大,这种局面应该会有所改变。

(1)全球定位系统

全球定位系统(Global Positioning System,GPS)由三部分组成:太空部分(通信卫星)、地面控制部分和用户部分(信号接收机和相关软件系统)。GPS 能对静态、动态对象进行动态空间信息的获取,采集空间信息快速,精度均匀,不受天气和时间的限制。

在物流领域,GPS 可以实时监控车辆等移动目标的位置,根据道路交通状况向移动目标发出实时调度指令。GIS、GPS 和无线通信技术有效结合,再辅以车辆路线模型、最短路径模型、网络物流模型、分配集合模型和设施定位模型等,可以建立功能强大的物流信息系统,使物流变得实时并且成本最优。GPS 在物流配送中的应用主要有精确导航、城市交通疏导、车辆跟踪、货物配送路线规划、固定点的定位测量、信息查询、紧急援助,及 GPS/GIS 在物流领域的集成应用等。具体而言,GPS 在货物运输配送中主要发挥如下作用:

① 导航功能

三维导航是 GPS 的首要功能,也是它最基本的功能,其他功能都要在导航功能的基础上才能完全发挥。飞机、船舶、地面车辆及步行者都可利用 GPS 导航接收器进行导航。GPS 导航是由 GPS 接收机接收 GPS 卫星信号(3 颗以上),得到该点的经纬度坐标、速度、时间等信息。为提高汽车导航定位的精度,通常采用差分 GPS 技术。由 GPS 卫星导航和自律导航所测到的汽车位置坐标、前进的方向都与实际行驶的路线轨迹存在一定误差,为修正这一误差,需要采用地图匹配技术。

② 车辆跟踪功能

GPS 导航系统与 GIS 技术、无线移动通信系统(GSM)及计算机车辆管理系统相结合,可以实现车辆跟踪功能。利用 GPS 和 GIS 技术可以实时显示出车辆的实际位置,并将图像任意放大、缩小、还原和切换;可以随目标移动,使目标始终保持在屏幕上;还可以实现多窗口、多车辆、多屏幕同时跟踪,利用该功能可对重要车辆和货物进行运输跟踪管理。

目前,已开发出把 GPS、GIS、GSM 技术结合起来对车辆进行实时定位、跟踪、报警、通信等的技术,能够满足掌握车辆基本信息、对车辆进行远程管理的需要,可有效避免车辆的空载现象。同时,客户也能通过互联网技术了解自己的货物在运输过程中的细节情况。

③ 紧急援助功能

通过 GPS 定位和监控系统可以对遇有险情或发生事故的车辆进行紧急援助。监控台的电子地图可以显示求助信息和报警目标,并规划出最优援助方案。

(2)北斗卫星导航系统

北斗卫星导航系统(Beidou Navigation Satellite System,BDS,简称北斗系统)是中国着眼于国家安全和经济社会发展需要,自主建设运行的全球卫星导航系统,是为全球用户提供全天候、全天时、高精度的定位、导航和授时服务的国家重要时空基础设施。随着全球组网的成功,北斗卫星导航系统未来的国际应用空间将会不断扩展。

20世纪后期,中国开始探索适合国情的卫星导航系统发展道路,逐步形成了三步走发展战略:2000年底,建成北斗卫星导航试验系统即北斗一号(BeiDou Navigation Demonstration System,BDS-1),向中国提供服务;2012年底,建成北斗二号区域系统,向亚太地区提供服务;2020年,建成北斗三号全球系统,向全球提供服务。2035年前还将建设完善更加泛在、更加融合、更加智能的综合时空体系。北斗卫星导航系统目前是全球领先的卫星导航技术,反映了我国在全球通信技术领域的领先地位和话语权,同时也体现了习近平总书记提出的构建人类命运共同体的合作共赢的开放态度。

BDS具有以下特点:

①BDS空间段采用3种轨道卫星组成的混合星座,与其他卫星导航系统相比,高轨卫星更多,抗遮挡能力强,尤其低纬度地区性能特点更为明显;

②BDS提供多个频点的导航信号,能够通过多频信号组合使用等方式提高服务精度;

③BDS创新融合了导航与通信能力,具有实时导航、快速定位、精确授时、位置报告和短报文通信服务5大功能。

具体表现在以下几个方面:

技术水平:北斗系统采用了先进的卫星导航技术,包括高精度定位、双向时分多址、星间链路等技术,确保了系统的高精度、高可靠性和高安全性能。同时,北斗系统还具有短报文通信功能,为用户提供双向通信服务,这在某些应用场景下具有很大的优势。

覆盖范围:北斗系统覆盖范围广泛,不仅覆盖中国本土,还包括亚太地区和部分全球范围。这为用户提供了广泛的导航、定位和授时服务,有助于提升中国在全球卫星导航系统领域的影响力。

服务能力:北斗系统可以提供高精度、高可靠的定位、导航和授时服务,适用于不同领域的应用,如交通运输、公共安全、农业等。此外,北斗系统还提供了短报文通信服务,为用户提供了更多的信息交流渠道。

开放性:北斗系统致力于向全球用户开放服务,已经与国际卫星导航系统实现了兼容与互操作。同时,北斗系统也积极开展国际交流与合作,促进了全球卫星导航系统领域的发展。

创新性:北斗系统在技术、应用和服务等方面具有一定的创新性。例如,北斗系统采用了有源和无源两种定位方式,为用户提供了更多的选择。同时,北斗系统还在智能交通、物联网等领域进行了探索和应用,推动了相关领域的技术创新和发展。

北斗系统提供服务以来,已在交通运输、农林渔业、水文监测、气象测报、通信系统、电力调度、救灾减灾、公共安全等领域得到广泛应用,融入国家核心基础设施,产生了显著的经济效益和社会效益。

在智慧物流领域,北斗系统的引入不仅为物流企业提供了高效的管理和优质的服务,还为整个物流行业带来了革命性的变革。通过北斗系统,物流企业能够实现货物的精准定位、实时监控和快速响应,提高运输效率、降低成本、增强竞争力。同时,北斗系统还为物流行业打开了新的发展空间,促进了物流行业的升级和创新。"5G＋北斗"在智慧物流领域的运用,主要包括几个方面:一是仓储作业环节,通过赋能自动导航车辆(AGV)、自动移动机器人(AMR)、叉车、机械臂和无人仓视觉系统等,结合5G MEC＋超宽带(UWB)室内高精定位技术,可以实现物流终端控制、商品入库存储、搬运、分拣等作业全流程自动化、智能化;二是运输环节,可以全程精准掌控运输车辆行动轨迹、实时位置和司机状态、车辆状态等,保障货物运输安全及运输路线的优化设计,实现降本增效;三是在配送环节,可以实时掌握终端配送人员状态,优化配送路线,准确及时地显示路况;四是物流技术设备,促进自动化、无人化、智慧化物流技术装备研发及自动感知、自动控制、智慧决策等智慧管理技术应用;五是在物流基础设施环节,加快推进智慧物流枢纽、智慧物流园区、智慧仓储物流基地、物流公共信息服务平台等新型基础设施建设。

案例　"北斗＋"创新应用　山东临沂智慧物流应用

(1)"北斗＋AI"助力巡检成本大幅降低

临沂被称为中国"物流之都",是全国公路枢纽城市。临沂交通发达,但重载交通占比高,公路病害易发、多发,管养难度较大。

据了解,国内公路养护大部分采用人工巡检模式。以公路站划分管养里程,每次2～3人开车巡检。如发现道路病害、裂缝,巡检人员要停车拍照,通过微信小程序上传进行派单处置。国、省道车流量大,具有安全隐患,且人工识别漏报率高,巡查效率低。

为解决这一痛点,自2021年3月起,临沂开始筹划建设公路智能养护体系,最终选定千寻位置"北斗＋AI"公路智能巡检方案,展开深度合作。

从2023年10月起,山东省临沂市省道229线、国道205线等19条普通国、省道陆续启用"北斗＋AI"公路千寻驰观智能巡检系统,覆盖管养里程1 600千米。经半年试运行,系统已支持30多个类别道路病害和路侧交安附属设施检测,召回率和准确率均优于90%。

通过部署千寻驰观,目前只需1～2名巡检人员在车上作业,系统自动采集数据并实时上传处理,节省了大量人力成本,提高了工作效率。

(2)"北斗＋"智慧仓储应用

北斗在山东临沂有一个示范库,涉及省内线路的运作。顺和集团提供了五千平方米的示范仓,在这附近也建了一个北斗基站。目前开展的工作实现了室内外北斗时空坐标的统一。北斗主要提供位置和时间服务,户外是北斗信号,室内也涉及时空基准问题,北斗把这个室内外全部打通了。

"仓":主要涉及位置管理,北斗把所有的仓位全部坐标化。商贸物流的货物特点和快递的货物特点是不一样的,这项工作首先是从时空的角度,对整个仓进行管理。

"配":主要工作是无人装卸,适于做无人装卸作业,开发的工作已经基本上完成,投入应用了。

"运":主要涉及无人化方面,还有特种场合,涉及高精度。主要是提供一些新的定位技术和手段,把"仓—配—运"尽可能连通起来,对每一个货物进行持续连续的跟踪和管理。

资料来源:北斗＋交通创新应用　千寻位置助力山东临沂打造智慧公路.中国新闻网,2023-10-26.

吴海涛.北斗卫星系统新进展及在物流中的应用.中国物流学会网,2023-12-07.

3.1.4 物联网技术

1. 物联网概述

1999年，美国自动识别中心（AutoID）首先提出"物联网"的概念。同年，在美国召开的移动计算和网络会议提出，"物联网"是21世纪人类面临的又一个发展机遇。2003年，美国《技术评论》提出传感网络技术将是未来改变人们生活的十大技术之首。2005年11月17日，在突尼斯举行的信息社会世界峰会（World Summit on the Information Society, WSIS）上，国际电信联盟（International Telecommunication Union, ITU）发布《国际电信联盟互联网报告2005：物联网》，正式提出"物联网"的定义：是把所有物品通过射频识别、红外感应器、全球定位系统、激光扫描器等信息传感设备与互联网连接起来，进行信息交换的网络。随着技术和应用不断发展，目前比较公认的定义为：通过射频识别装置、红外感应器、全球定位系统、激光扫描器等信息传感设备，按约定的协议，把任何物品与互联网相连接，进行信息交换和通信，以实现智能化识别、定位、跟踪、监控和管理的一种网络。

从字面解释，物联网就是"物物相连的互联网"。这有两层意思：

第一，物联网的核心和基础仍然是互联网，是在互联网基础上延伸和扩展的网络。

第二，用户端相比互联网进行了延伸和扩展。互联网的用户端是计算机、手机等电子设备，物联网则扩展到了任何物体。

物联网是新一代信息技术的高度集成和综合运用，对新一轮产业变革和经济社会绿色、智能、可持续发展具有重要意义。目前，物联网主要应用于个人、办公、汽车、物流、消费、资源环境、家庭、工厂和城市九大方面。全球物联网产值4万亿～12万亿美元，涉及生活与工作的方方面面。其中，智能城市、智能交通、智能穿戴、智能医疗市场最为可期。随着5G时代的到来，万物互联渐近，物联网无疑成了最热的关键词，物联网正在取代移动互联网成为信息产业的主要驱动力。全球著名的咨询公司IDC在2021年发布了《2021年V2全球物联网支出指南》报告，从技术、场景、行业等维度对全球物联网市场进行了全面梳理，并对未来5年市场的发展趋势进行了预测，预计2025年全球物联网支出将达到1.2万亿美元，其中，中国市场规模将在2025年超过3 000亿美元，全球占比约26.1%。

2. 物流网的基本原理

物联网的基本原理是在互联网的基础上，利用射频识别、无线数据通信等技术，构造一个覆盖世界上万事万物的网络。在这个网络中，物品能够彼此进行"交流"，而无须人的干预。其实质是利用射频识别技术，通过计算机互联网实现物品（商品）的自动识别和信息的互联与共享。其作业步骤为：①标识物体属性；②完成对物体属性的读取，并将信息转换为适合网络传输的数据格式；③将物体的信息通过网络传输到信息处理中心，由处理中心完成物体通信的相关计算。

"物品"接入物联网的条件：要有相应信息的接收器；要有数据传输通路；要有一定的存储功能；要有CPU；要有操作系统；要有专门的应用程序；要有数据发送器；要遵循物联网的通信协议；要在世界网络中有可被识别的唯一编号。物联网把感知技术、网络技术运用于万物，以精细动态方式管理生产生活，提高资源利用率和生产力水平，改善人与自然的关系。

智慧物流与电子商务

现实的世间万物与虚拟的"互联网"充分结合,通过各种信息传感器、射频识别技术、全球定位系统、红外感应器、激光扫描器等装置与技术,实时采集任何需要监控、连接互动的物体或过程,采集其声、光、热、电、力学、化学、生物、位置等各种需要的信息,通过各类可能的网络接入,实现物与物、物与人的泛在连接,实现对物品和过程的智能化感知、识别和管理。物联网是一个基于互联网传统电信网等信息承载体,让所有能够被独立寻址的普通物理对象实现互联。

物联网产业链可分为四个环节:标识、感知、处理、信息传送。每个环节对应的关键技术分别为:射频识别、传感器、智能芯片、无线传输网络。物联网的三大类产品主要为:电子标签(存储芯片、天线、各种传感器等)、读写器(智能芯片、识读天线、信息传输模块等)、系统集成产品(系统中间件、数据库软件、PC终端、数据服务器、路由器、交换机、传输网络等)。

3. 物联网的系统结构

物联网系统共包括四个部分,其中主体为信息采集子系统、信息处理子系统、用户界面系统。此外,还需要通过信息传输子系统贯通整个过程,将其他三个子系统连接起来,其组成及联系如图3-2所示。

从抽象角度来看,物联网系统可以分为四层,如图3-3所示。各层的主要功能如下。

感知层:通过传感器、RFID标签和读写器、摄像头、GPS、M2M终端、传感器网络和传感器网关等,进行信息的获取与辨识,包括物质属性、环境状态、行为态势等静、动态信息。对应信息采集子系统。

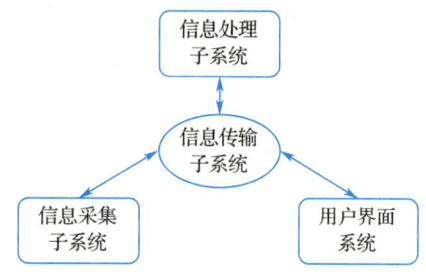

图 3-2 物联网系统构成及联系

图 3-3 物联网体系结构

传输层:也称为网络层,主要功能是直接通过现有互联网(IPv4/IPv6网络)、移动通信网(如GSM、TD-SCDMA、WCDMA、CDMA、无线接入网、无线局域网等)、卫星通信网等基础网络设施,对来自感知层的信息进行接入和传输。对应信息传输子系统。

支撑层:作为物联网的大脑,主要是在高性能网络计算环境下,将网络内大量或海量信息资源通过计算整合成一个可互联互通的大型智能网络,为上层的服务管理和大规模行业应用建立一个高效、可靠和可信的网络计算超级平台。支撑层利用了各种智能处理技术、高性能分布式并行计算技术、海量存储与数据挖掘技术、数据管理与控制等多种现代计算机技术。对应信息处理子系统。

应用层:应用层类似于人类社会的"分工",包括应用基础设施/中间件和各种物联网应用,应用基础设施/中间件为物联网应用提供信息处理、计算等通用基础服务设施、能力及资源调用接口,以此为基础实现物联网在众多领域的各种应用。强调智能化、便携化的人机交互。支持面向行业的应用(灾害预测、智能交通等)。对应用户界面系统。

4. 物联网在物流领域的应用

在物流领域中,企业应用物联网完善业务,需要以提高效率、减少人为错误为目标,利用物联网技术分析研究业务流程、物流感知与信息采集、进行数据的自动化处理等,以做出更好的决策,进一步优化业务流程。图 3-4 所示为物联网在物流企业中的业务应用,通过这些应用,物流企业可以较好地解决车辆调度、行驶安全、货物追溯、全程冷链及供应链协同等目标,提高物流系统运作绩效。

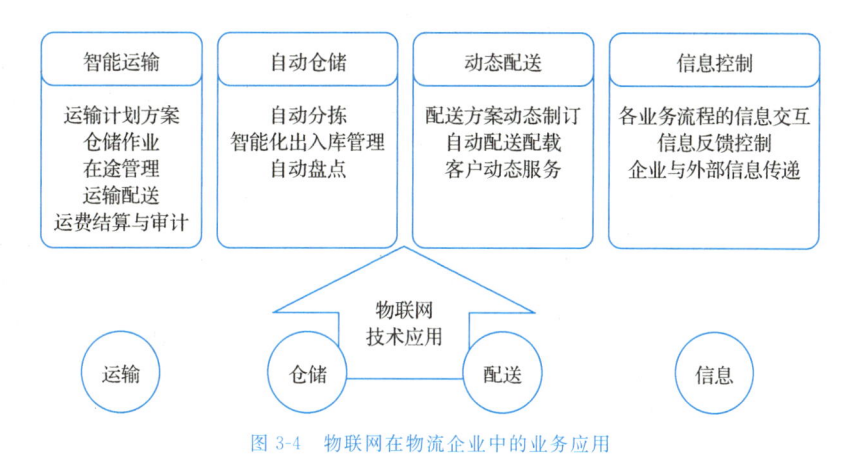

图 3-4 物联网在物流企业中的业务应用

(1)智能运输

利用物联网技术实施运输业务升级的物流企业,需以深度覆盖所服务区域的运输网络平台为基础,提供快捷、准时、安全、优质的标准化服务。通过整合内、外物流资源,提供"一站式"综合物流服务,以满足客户对运输业务的个性化需求。应用物联网技术优化运输业务的各个作业环节,实现运输管理过程的信息化、智能化,并与上、下游业务进行物流资源整合和无缝连接。

(2)自动仓储

物流企业仓储管理业务以供应商库存管理为基础,将服务作为其标准化产品。将物联网技术应用于仓储管理业务中,可实现仓储管理中的货物自动分拣、智能化出入库管理、货物自动盘点及"虚拟仓库"管理,从而形成自动仓储业务。通过智能及自动化的仓储管理,可有效降低物流成本,实现仓储作业的可视化和透明化管理,提高仓储服务水平,最终实现智能化、网络化、一体化的管理模式。

(3)动态配送

在传统的配送过程中,交通条件、价格因素、用户数量及分布和用户需求等因素的变化会对配送方案、配送过程产生影响。物联网的引入很好地解决了这一问题,通过对以上影响因素涉及的物体进行物联网感知布点,进行信息采集并有效反馈,就可形成动态的配送方案,从而提高配送效率,提升服务质量。此外,还可为客户提供实时的配送状态信息服务。

(4)信息控制

信息流在物流企业开展物流业务中的作用尤为重要,物流企业之间的竞争可以归结为对信息流控制能力的竞争。物联网作为信息技术领域的第三次革命,可在物流企业提高信息传输速度、信息获取能力和信息处理能力,把控信息传输方向等方面发挥较大作用,实现物流企业的信息流活动升级,从而提高整个物流的反应速度和准确度,实现物流信息管理与控制的飞跃。各业务流程的信息交互、信息反馈控制、企业与外部信息传递都可以通过物联网技术进行优化,极大地提高物流系统的运转效率,提升物流企业的信息化水平和基于信息反馈的服务水平。

5. 物联网在物流行业应用的未来趋势

物联网在物流领域中的应用会向四个方向发展。

智慧供应链与智能生产的结合。射频识别系统、条码识别技术、传感器技术的应用逐渐增加,再加上物联网的应用,会促进企业在生产、物流、采购和销售方面的智能化整合,进一步带动智慧供应链与智能生产的结合,使物流系统成为企业经营过程的一部分,从而改变传统经营模式,建设智慧企业。

智慧物流网络与社会物联网的结合。物联网技术属于聚合型应用,企业运用物联网是跨行业应用的体现。将产品的可追溯智能网络与社会物联网结合,能够为用户提供便捷的信息查询功能,社会物联网也可能与其他物流体系结合,或者由相关网络与物流体系实现信息对接,从而改变人们的生活方式。

智慧物流与多种互联网技术的结合。射频识别、全球定位系统、条码识别等技术在物流领域中的应用已经比较普遍,物联网技术水平还在不断提高,之后的物流行业为了进一步提高自己的运作效率,会增加对M2M技术、蓝牙技术及音视频识别等技术的应用。例如,冷链物流中应用了温度感知技术,物流操作过程中运用了音视频感知技术,物流防盗系统中运用了侵入感知技术……这些应用进一步改善了冷链物流系统的服务质量与服务水平。

多种物联网应用模式。前述几种物流业对物联网的应用方式仅仅是智慧物流的一小部分,物联网仍在进步,物流行业中还会出现许多物联网应用模式。比如,物流企业尝试在邮筒上应用传感技术,加强集中控制,并将这种模式运用到快递行业中;位于无锡的某粮食物流企业尝试在粮食仓储物流技术中运用感知技术,掌握仓库中的空气温度和湿度等数据,致力于建设能够进行智能粮食配送和质量监管的智慧物流体系。

3.2 大数据与人工智能技术

3.2.1 云计算技术

1. 云计算概述

"云计算"概念最早由 Google 前 CEO 埃里克·施密特(Erie Schmidt)在 2006 年的搜索引擎战略大会上提出,随后微软、亚马逊、IBM、思科、惠普、甲骨文、EMC 等众多巨头企业全部跟进,IT 巨头们也把它看作未来的"决战之地"。

云计算(Cloud Computing)是分布式计算的一种,指的是通过网络"云"将巨大的数据计算处理程序分解成无数个小程序,然后,通过多部服务器组成的系统进行处理和分析这些小程序,得到结果并返回给用户。云计算是一种提供资源的网络,使用者可以随时获取"云"上的资源,按需求量使用,并且可以看成是无限扩展的,只要按使用量付费就可以。"云"就像自来水厂一样,我们可以随时接水,并且不限量,按照自己家的用水量,付费给自来水厂就可以。云计算是一种基于互联网的超级计算模式,在远程的数据中心中,成千上万台电脑和服务器连接成一片电脑云,用户可以通过计算机、笔记本电脑、手机等方式接入数据中心,体验每秒超过 10 万亿次的运算能力。云计算系统的结构如图 3-5 所示。

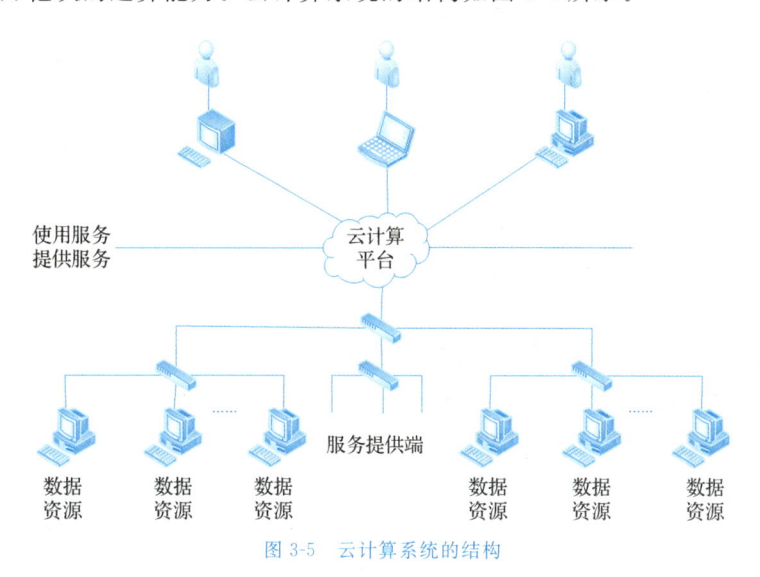

图 3-5 云计算系统的结构

云计算的服务类型分为三类,即基础设施即服务(IaaS)、平台即服务(PaaS)和软件即服务(SaaS)。这三种云计算服务有时称为云计算堆栈,因为云计算是以这三个服务为基础,逐层构建的堆栈,以下是这三种服务的概述:

(1)基础设施即服务

基础设施即服务向云计算提供商的个人或组织提供虚拟化计算资源,如虚拟机、存储、网络和操作系统。

(2) 平台即服务

平台即服务为开发人员提供通过全球互联网构建应用程序和服务的平台，为开发、测试和管理软件应用程序提供按需开发环境。

(3) 软件即服务

软件即服务通过互联网提供按需软件付费应用程序，云计算提供商托管和管理软件应用程序，并允许其用户连接到应用程序并通过全球互联网访问应用程序。

2. 云计算的优势

(1) 成本

企业不需要大量投资于内网连接、计算机服务器和支持等，节省了成本，且安全计算能力以租赁的方式提供，无须资金成本。它通常以服务形式为企业提供复杂的技术支持，会很大程度吸引创新企业和中小企业。

(2) 接入速度和可用性

能提供一种弹性，允许企业快速地开发新市场或者新产品，使得企业能够在最短的时间以最少的投资实现扩张。通过云计算方式，企业可以快速实施和运行安全且经济的应用程序，并且享受低 IT 维护和升级成本。

(3) 可靠性和容错性

将企业内部信息系统中存储的数据上传到云端，便于使用者进行安全的远程访问、审查和存储。

(4) 服务器与网络的运营支持和升级

供应商提供运营和网络的支持和升级服务。例如，位于英格兰赫尔的云和 IT 提供商 KeyFort 公司开发了一个云应用环境下的物流管理信息系统，称作 KeyFort 数据交换服务（KDIS）。利用它可以获取和存储数据，并利用数据生成报告，进行数据分析，按需查询信息等，任何公司都可以应用 KDIS 系统。同时该公司也开发了一种特定的可选应用 KeyPOD，通过监测执行配送任务的司机手中的智能手机实现对产品状态、位置等信息的追踪，提高产品的可追踪性。使用 KeyPOD，配送中心和承运人能够有效地一起工作，共享实时交付信息。

总而言之，移动技术和云计算的应用为公司提供了线上且实时的收益，在物流供应链环境下，系统的及时性和可靠性对企业的发展至关重要，因此这种收益就更加显著。

3. 云计算技术在智慧物流中的应用

(1) 基于云计算的物流信息平台

由于云计算具有上述多项优点，应用云计算提升物流服务能力就成为物流企业的首选，而用云计算构建物流信息平台服务物流企业自然也成为云服务提供商的重要选择。在物流企业云计算的物流信息平台中，云服务提供商提供的服务，按照其服务层次，分别包括应用层、平台层、基础设施层和虚拟化层，如图 3-6 所示。

应用层。在云计算信息平台的构建中，应用层主要提供物流企业的应用。物流企业从自己的实际需要出发，考虑在运营过程中需要哪些软件服务，然后按软件服务的时间和方式支付给云计算服务提供商相应的费用，而不必另外购买、维护这些应用程序软件，软件的管理、维护交由服务提供商来解决。

第3章 智慧物流技术

图 3-6 基于云计算的物流信息平台

平台层。在云计算信息平台的构建中,平台层是用来提供服务的开发环境。服务器平台的软件和服务中所需要的硬件资源通过平台层提供给物流企业,而物流服务企业在此平台层的基础上,通过建立次级互联网服务系统来提供客户服务。

基础设施层。在云计算信息平台的基础设施层,将基础设施以服务形式提供给客户,包括服务器、存储和网络设备等资源。

虚拟化层。这个层次是云计算信息平台构建的关键,可进行服务器集群及硬件检测等服务,及负责硬件的维护管理。该层包括服务器的物理资源、虚拟化资源、服务平台的中间件管理部分和提供给物流企业连接的服务接口。

云计算物流信息平台正是通过应用层、平台层、基础设施层、虚拟化层的层层构建和设置,搭建起一个信息化的物流服务平台,提供安全的服务环境为物流企业提供快速、安全、可靠的信息服务。

(2)应用模式

基于云计算模式的业务平台。物流企业利用经过分析处理的感知数据,通过 Web 浏览器为其客户提供丰富的特定应用与服务,包括监控型服务(物流监控、污染监控)、查询型服务(智能检索、信息查询)、扫描型服务(信息码扫描、物品的运输传递扫描)等。

基于云计算模式的数据存储中心。提供物流企业所需要的具体数据服务,包括数据的海量存储、查询、分析,实现资源完全共享、资源自动部署分配和动态调整。

基于云计算模式的基础服务平台。在传统数据中心的基础上引入云计算模式,能够为物流企业提供各种互联网应用所需的服务器,这样物流企业便在数据存储及网络资源利用方面具备了优越性。云计算服务平台的服务价格更具优势,能够减少物流企业的经营成本;还可在应用时实现动态资源调配,自动安装部署,提供给用户按需响应、按使用收费和高质量的基础设施服务。

3.2.2　大数据技术

根据 Gartner 的定义,"大数据"是使用高效处理模式才能具有更强的决策力、洞察发现力和流程优化能力的海量、高增长率和多样化的信息资产。大数据技术的意义并不是掌握和拥有大量数据,而是通过专业化的处理获得所需要的信息,从而实现数据的价值。目前大数据领域已经涌现出大量新技术,这些新技术正在成为大数据采集、存储、处理和呈现的有力武器。

物流大数据指的是在运输、仓储、装卸搬运、包装、配送及流通加工等物流环节中涉及的海量数据和信息。虽然大数据技术在各种领域都存在广泛的使用价值,但是物流领域是大数据的主要应用领域之一。这是因为条形码、射频识别等技术的发展,使得物流部门可以利用前端 PC 系统收集、存储大量的数据,如货物进出历史记录、货物进出状况和服务记录等。物流业同其他数据密集型企业一样积累了大量的数据,这些数据正是大数据的基础。大数据技术有助于识别运输行为,发现配送新模式和趋势,改进运输效率,从而取得更高的核心竞争力,减少物流成本。

从目前的研究看,大数据对于智慧物流发展的助力作用主要表现在以下几个方面:

(1)促进物流企业竞争观念的转变

大数据时代改变了企业的竞争环境,实现了信息数据等多种资源的共享,同时大数据技术对信息价值的最大程度的挖掘提高了企业的决策等方面的能力,从环境、资源和能力等方面影响企业的竞争力。

(2)优化物流企业的资源和能力

大数据不仅实现了对物流运输中的人力、物力资源的充分开发利用,如借助大数据信息技术进行人才甄选等活动,并且可以提升物流企业对环境的适应能力,同时使得企业能够获取有价值的资源。

(3)提升企业的竞争能力

在物流活动中应用大数据技术,能够使物流活动变得更加"智慧"和"智能",随之也会提升企业的竞争能力。

具体来讲,大数据技术在物流业领域中的典型应用主要有以下几个方面:

(1)需求预测

通过收集用户消费特征、商家历史销售等大数据,利用算法提前预测需求,前置仓储与运输环节。这方面目前已经有了一些应用,但在预测精度上仍有很大提升空间,需要扩充数据量,优化算法。

(2)设备维护预测

通过物联网的应用,在设备上安装芯片,可实时监控设备运行数据,并通过大数据分析做到预先维护,增加设备使用寿命。随着机器人在物流环节的使用,这将是未来应用非常广泛的一个方向。

(3)供应链风险预测

通过对异常数据的收集,可以对诸如贸易风险、不可抗力引起的货物损坏等供应链风险进行预测。

(4) 供应链系统管理

供应商和生产商在建立 VMI(Vender Managed Inventory,供应商管理库存)运作机制及实现库存与需求信息共享的情况下,可以实现更好的供给配合,减少因缺货而造成的损失。此外,在供应商数据、质量数据、交易数据、资源数据等数据的支持下构建供应链管理系统,可以对供应链系统的成本及效率进行跟踪和掌控,在此基础上实现对质量与可靠性的控制。

(5) 网络及路线规划

利用历史数据、时效、覆盖范围等构建分析模型,对仓储、运输、配送网络进行优化布局,如通过对消费者数据的分析,提前在离消费者最近的仓库进行备货。甚至可实现实时路由优化,指导车辆采用最佳路由线路进行跨城运输与同城配送。

此外,大数据技术在了解运输全局、优化库存管理、客户细分方面也具有广阔的应用前景。

当前中国的网络购物规模空前庞大,这对物流提出了很高的要求,信息需求量也越来越大。而借助物流大数据分析,可以提高运输与配送效率,降低物流成本并且提高客户满意度,更有效地满足客户服务要求。以借助大数据和云计算所进行的京东平台"双十一"精准营销为例:根据大量的历史销售商品数据信息,结合气候、促销条件等因素,选取火爆商品,同时对火爆商品在各个城市的销量进行预测,从而提前将商品转移到距离消费者最近的前置仓;根据对用户相关大数据进行分析,可以实现对核心城市的各个区域的主流商品需求量的较准确的预测,提前在物流分站发货;根据历史销售数据及对未来市场的预测,在制订精准生产计划方面为商家提供帮助,帮助他们进行合理的区域分仓等。大数据在此智慧化物流活动中起到的作用是至关重要的。合理地运用大数据可以为企业带来更多创新机遇,这将对物流企业的管理与决策、维护客户关系、配置资源等起到相当大的推动作用。

3.2.3 人工智能技术

人工智能(Artificial Intelligence,AI)是研究、开发用于模拟、延伸和扩展人的智能的理论、方法、技术及应用系统的一门技术科学。而其他关于动物或人造系统的智能也普遍被认为是其相关的研究课题。

我们经常说互联网构建了地球村,那么人工智能的发展可以说点亮了智慧地球村。人工智能是新一轮科技与产业变革的核心驱动力,它可以看成是正在积累历次科技与企业变革的能量,并将其叠加释放,从而快速催生一系列的物流领域新型产品、服务与业态结构。在其创新驱动作用下,出现了很多引发新一轮物流智慧化行业变革的新型技术,如自动货物分拣系统、智能配送机器人、智能客服等。人工智能技术将成为未来物流行业极具竞争力的技术领域。之所以"人工智能+物流"可以被业界快速接受和吸收,是因为人工智能能够实现物流行业的降本增效,这可以有效解决我国社会物流成本过高的问题,智慧物流 2.0 时代正全面开启。

人工智能技术主要有以下五个物流应用场景:

(1) 智能运营规则管理

未来将会通过机器学习,使运营规则引擎具备自学习、自适应的能力,能够在感知业务条件后进行自主决策。如未来人工智能将可对电商高峰期与常态不同场景订单,依据商品品类等条件自主设置订单生产方式、交付时效、运费、异常订单处理等运营规则,实现人工智能处理。

(2)仓库选址

人工智能技术能够根据现实环境的种种约束条件,如客户、供应商和生产商的地理位置、运输经济性、劳动力可获得性、建筑成本税收制度等,进行充分地优化与学习,从而给出接近最优解决方案的选址建议。

(3)决策辅助

利用机器学习等技术来自动识别场院内外的人、物、设备车的状态,学习优秀的管理和操作人员的指挥调度经验、决策等,逐步实现辅助决策和自动决策。

(4)图像识别

利用计算机图像识别、地址库和卷积神经网络提升手写运单的机器有效识别率和准确率,大幅减少人工输入单据的工作量和差错率。

(5)智能调度

通过对商品数量、体积等基础数据分析,对各环节如包装、运输车辆等进行智能调度,如通过测算百万SKU商品的体积数据和包装箱尺寸,利用深度学习算法技术,由系统智能地计算并推荐耗材和打包排序,从而合理安排箱型和商品摆放方案。

3.3 智能设备

3.3.1 无人机

1. 无人机的概念和类型

无人机是无人驾驶航空器的简称,是由遥控站管理(包括远程操控或自主飞行)、不搭载操作人员的一种动力空中飞行器。其特点是,采用空气动力为飞行器提供所需的升力,能够自动飞行或远程引导;既能一次性使用也能进行回收;能够携带致命性或非致命性有效负载。

目前民用市场普遍应用的无人机有多旋翼无人机和固定翼无人机两种类型。

多旋翼无人机性能灵活,可以实现相当复杂且精确的飞行运动,并可实现垂直起降和空中悬停,这一点使得其起飞和降落的空间要求和限制相当小。但由于旋翼的能量转换率低,其续航时间和飞行距离十分受限,并且飞行速度较其他形式的无人机慢。

固定翼无人机具有续航能力较强、能量利用率高的特点,且由于其产生升力的原理,可以达到很高的飞行速度。另外,固定翼无人机承载能力强,在飞行中可通过对襟翼和尾翼的微调来适应变化的载重,维持平衡和稳定。但固定翼无人机灵活性较差,转向较慢且转向弧度较大,对起降场所要求比较苛刻,另外由于结构复杂,生产成本较昂贵。

视频资料:
服贸会寻"新"记
寻"技"!看智慧
物流改变生活

两种主流类型无人机的优劣势基本上是互补的,但多旋翼无人机由于其出色的灵活性,在民用领域应用范围更广,因此占有了民用无人机市场的绝大部分份额。正在研发和使用中的物流无人机多集中在多旋翼无人机和垂直起降固定翼无人机两种类型上。垂直起降固定翼无人机结合了多旋翼无人机和固定翼无人机的优点,可以在旋翼模式和固定翼之间切换,相比传统多旋翼无人机,其续航能力和飞行速度都得到了较大提升。

2. 国内无人机研发与应用现状

(1)中国顺丰速运

2013年,顺丰开始与极飞无人机合作研发物流无人机。2015年公开无人机相关细节。2017年,顺丰旗下大型无人机技术和服务提供商丰鸟科技成立,6月29日,在赣州市南昌区实现了物流无人机的试飞,测试并实现了四轴多旋翼机型、倾转旋翼机型的飞行。2018年3月,顺丰获得国内首张无人机航空运营许可证。顺丰对外公布其研发了多款机型,适应不同的业务应用场景,起飞后的最大有效载重量可达5千克~25千克,续航距离可至15千米~100千米。2020年8月21日,基于业务场景下的顺丰大型无人机首次载货从宁夏到内蒙古的飞行取得圆满成功,这也是国内首次将大型无人机用于物流场景。2021年2月,顺丰宣布已经在江西、四川、武汉、舟山等地区实现无人机物流运输常规化运营。

(2)中国京东

2016年4月,京东成立X事业部进行无人机研发,6月,在宿迁正式开展无人机试运营。2017年3月,京东在海南省试运营的第一个无人机配送站正式启用,并成功完成首单配送;8月,获得覆盖陕西省全省范围的无人机空域批文。2018年6月,京东第一架具有100%自主知识产权的重型无人机正式下线,该无人机目标有效载重量达到1吨~5吨,飞行距离超过1 000千米。

3. 无人机的关键技术

无人机涉及的关键技术主要包括以下几个方面:

(1)机体结构设计技术

涉及飞机结构抗疲劳断裂及可靠性设计技术,飞机结构强度、复合材料结构强度、航空噪声、飞机结构综合环境强度、飞机结构试验技术及计算结构技术等。

(2)机体材料技术

机体材料包括结构材料和非结构材料:结构材料应具有高的比强度和比刚度,以减轻飞机的结构重量,改善飞行性能或增加经济效益,还应具有良好的可加工性,便于制成所需要的零件;非结构材料量少但品种多,包括玻璃、塑料、纺织品、橡胶、铝合金、镁合金、铜合金和不锈钢等。

(3)飞行控制技术

涉及提供无人机三维位置及时间数据的差分GPS定位系统、实时提供无人机状态数据的状态传感器、从无人机地面监控系统接收遥控指令并发送遥测数据的机载微波通信数据链、控制无人机完成自动导航和任务计划的飞行控制计算机,飞行控制计算机分别与航姿传感器、差分GPS定位系统、状态传感器和机载微波通信数据链连接。

(4)无线通信遥控技术

无人机通信一般采用微波通信,微波是一种无线电波,它传送的距离一般可达几十千米,频段一般是 902~928 MHz。常用的模块是 MISE1205,一般都选用可靠的跳频数字电台来实现无线遥控。

(5)无线图像回传技术

采用 COFDM 调制方式,频段一般为 300 MHz,实现视频高清图像实时回传到地面。

(6)传感器技术

传感器技术是无人机感知外部环境的重要手段,包括惯性测量单元、GPS/GLONASS/Galileo 组合导航系统、图像传感器、高度气压传感器等。

(7)能源技术

能源技术是无人机能够长时间飞行的关键技术,主要包括电池技术、太阳能技术和燃料电池技术等。电池技术是无人机能源供应的关键技术,直接影响无人机的续航能力和性能。目前,无人机常用的电池包括锂离子电池和锂聚合物电池等,具有能量密度高、寿命长等优点。未来,随着电池技术的不断发展,无人机的续航能力将得到进一步提升。

案例 无人机在电商物流配送中的应用

在实践中,无人机在电商物流配送中已经逐渐发挥作用。图 3-7 为京东的无人机自动运载货物展示。

京东布局农村三级无人机物流网,从末端级研发运营着手,逐渐向支线级和干线级研发与运营扩展。2017 年 8 月,京东获得国内第一张覆盖全省范围的无人机空域批文,其"干线级、支线级、末端级三级无人机+通航"物流体系,在业界遥遥领先。通过无人机技术,搭建空中物流网络。其主要的物流网络运营模式包括干线、支线、终端三级。

图 3-7 京东的无人机

(1)干线无人机配送(第一级):通过干线无人机,实现覆盖跨省间 300 千米的区域仓到仓的干线物流快速调拨。这一环节采用大型无人机,载重量将是几十吨级别的。

(2)支线无人机配送(第二级):支线配送是省内分中心之间的小批量快速转运。

(3)终端无人机配送(第三级):终端主要解决的是偏远地区和道路交通不便情况下的最后一公里难题,特别是偏远山区,京东无人机配送到京东在多数行政村设有的乡村合作伙伴,通过将无人机降落在乡村合作伙伴指定的场地,然后乡村合作伙伴再派送到最终客户。

这套三级物流体系运营成熟后将带来三个独立的物流运营闭环。第一个闭环成功实现干线与支线协同的作用,实现大宗商品在中心仓与地方仓之间的流转。第二个闭环为用户下单,由终端小型无人机从县级配送站将商品运到推广员手中,再由推广员完成最后配送。第三个闭环是农产品逆向运输,将由干、支线无人机直接从通航机场运往中心仓,省去中间环节,实现生鲜等时效性商品的快速运输,24 小时内从产地送达消费者家中。

资料来源:京东建成全球首个无人机运营调度中心,全力加速智慧物流落地.搜狐网,2017-06-06.

3.3.2 无人车

1. 无人车及其发展

无人驾驶汽车,简称无人车,是智能汽车的一种,也称轮式移动机器人,主要依靠车内的以计算机系统为主的智能驾驶仪来实现无人驾驶的目的。无人驾驶汽车利用车载传感器来感知车辆周围环境,自动规划行车路线,并根据感知所获得的道路、车辆位置和障碍物信息,控制车辆的转向和速度,从而使车辆能够安全可靠地在道路上行驶,到达预定地点。

无人车是汽车行业及互联网巨头都看好的方向。中通的报告指出,无人驾驶干线货运场景道路环境较简单,不可控因素较少出现;"最后一公里"配送的现实刚需程度高,而且可预期安全风险较低。因此,无人驾驶在物流运输领域会更快落地,时机也更成熟。

物流无人车受到汽车企业及电商、快递、外卖巨头等企业的关注,成为主要研发并逐渐投入使用的运输设备。京东、菜鸟、百度、美团等大型互联网公司正积极推动智能无人物流车技术。自 2016 年开始,京东便着手无人车配送的研发工作。2019 年底,其无人配送车 4.0 版本已经正式面世,据称在物流领域首次实现了真正的 L4 级自动驾驶。2020 年 9 月 8 日,京东物流与厦门金龙联合汽车工业有限公司达成全面战略合作,双方将共同打造具备商业化落地条件的低速无人驾驶车辆,共同推动其市场化。2018 年 9 月,阿里巴巴在 ET 物流实验室向外界展示了一款名为 GPlus 具有自动驾驶系统的物流机器人。在 2020 年 9 月 17 日举行的云栖大会上,阿里巴巴旗下的首款物流机器人"小蛮驴"正式亮相。

2. 无人车的关键技术

按照职能模块划分,无人驾驶汽车的关键技术包括以下几方面:

(1) 环境感知技术

环境感知模块相当于无人驾驶汽车的眼和耳,无人驾驶汽车通过环境感知模块来辨别自身周围的环境信息,为其行为决策提供信息支持。环境感知包括无人驾驶汽车自身位姿感知和周围环境感知两部分。单一传感器只能对被测对象的某个方面或者某个特征进行测量,无法满足测量的需要。因而,必须采用多个传感器同时对某个被测对象的一个或者几个特征量进行测量,将所测得的数据经过数据融合处理后提取出可信度较高的有用信号。

按照环境感知系统测量对象的不同,通常采用两种方法进行检测。无人驾驶汽车自身位姿信息主要包括车辆自身的速度、加速度、倾角、位置等信息,这类信息测量方便,主要用驱动电机、电子罗盘、倾角传感器、陀螺仪等传感器进行测量。无人驾驶汽车周围环境感知以雷达等主动型测距传感器为主,被动型测距传感器为辅,采用信息融合的方法实现。因为激光、雷达、超声波等主动型测距传感器相结合更能满足复杂、恶劣条件下执行任务的需要,最重要的是处理数据量小,实时性好。在对路径规划时可以直接利用激光返回的数据进行计算,无须知道障碍物的具体信息。

视觉作为环境感知的一个重要手段,虽然目前在恶劣环境感知中存在一定问题,但是在目标识别、道路跟踪、地图创建等方面具有其他传感器所无法取代的重要性;在野外环境中的植物分类、水域和泥泞检测等方面,视觉也是必不可少的手段。

(2) 导航定位技术

无人驾驶汽车的导航模块用于确定无人驾驶汽车的地理位置,是无人驾驶汽车路径规划和任务规划的支撑。导航可分为自主导航和网络导航两种。

自主导航技术是指除了定位辅助,不需要外界其他的协助,即可独立完成导航任务。自主导航技术在本地存储地理空间数据,所有的计算在终端完成,在任何情况下均可实现定位。但是,自主导航设备的计算资源有限,计算能力差,有时不能提供准确实时的导航服务。现有自主导航技术可分为三类:第一类,相对定位。主要依靠里程计、陀螺仪等内部感受传感器,通过测量无人车相对于初始位置的位移来确定无人车的当前位置。第二类,绝对定位。主要采用导航信标、主动或被动标识地图匹配或全球卫星导航系统进行定位。第三类,组合定位。综合采用相对定位和绝对定位的方法,扬长避短,弥补单一定位方法的不足。组合定位方案一般有 GPS+地图匹配、GPS+航迹推算、GPS+航迹推算+地图匹配、GPS+GLONASS+惯性导航+地图匹配等。

网络导航能随时随地通过无线通信网络、交通信息中心进行信息交互。移动设备通过移动通信网与直接连接于互联网的 Web GIS 服务器相连,在服务器上执行地图存储和复杂计算等功能,用户可以从服务器端下载地图数据。网络导航的优点在于不存在存储容量的限制,计算能力强,能够存储任意精细地图,而且地图数据始终是最新的。

(3)路径规划技术

路径规划是无人驾驶汽车信息感知和智能控制的桥梁,是实现自主驾驶的基础。路径规划的任务就是在具有障碍物的环境内按照一定的评价标准,寻找一条从起始状态包括位置和姿态,到达目标状态的无碰撞路径。

路径规划技术可分为全局路径规划和局部路径规划两种。全局路径规划是在已知地图的情况下,利用已知局部信息如障碍物位置和道路边界,确定可行和最优的路径,它把优化和反馈机制很好地结合起来。局部路径规划是在全局路径规划生成的可行驶区域指导下,依据传感器感知到的局部环境信息来决策无人平台当前前方路段所要行驶的轨迹。全局路径规划针对周围环境已知的情况,局部路径规划适用于环境未知的情况。

路径规划算法包括可视图法、栅格法、人工势场法、概率路标法、随机搜索树算法、粒子群算法等。

(4)决策控制技术

决策控制模块相当于无人驾驶汽车的大脑,其主要功能是依据感知系统获取的信息来进行决策判断,进而对下一步的行为进行决策,然后对车辆进行控制。决策技术主要包括模糊推理、强化学习、神经网络和贝叶斯网络等技术。

决策控制系统的行为分为反应式、反射式和综合式三种方案。反应式控制是一个反馈控制的过程,根据车辆当前位置与期望路径的偏差,不断地调节方向盘转角和车速,直至到达目的地。反射式控制是一种低级行为,用于对行进过程中的突发事件做出判断并迅速做出反应,反射式控制规则可以用硬连接或单条控制规则实现。综合式控制在反应层中加入机器学习模块,将部分决策层的行为转化成基于传感器的反应层行为,从而提高系统的反应速度。

案例 从路面到天空,无人配送打通物流"最后一公里"

中国无人末端配送市场具有广阔的发展前景。依托智能化的自动驾驶技术,越来越多的无人车和无人机开始穿梭于城市的道路和天空,从而为消费者带来更高效的配送新体验。

第3章 智慧物流技术

在北京市顺义和亦庄等地区，不少居民发现，自己手机下单的日常生活物品，是由一辆辆无人配送小车完成配送的。这些小车拥有L4级自动驾驶能力，能根据指定路线自主运行，实现全路径无人配送，不怕累不怕重，可适应全天候24小时配送需求——它们正是毫末智行推出的名为"小魔驼"的末端物流自动配送车。

在毫末智行看来，中国末端物流自动配送行业在2023、2024年迎来关键突破期。站在市场规模的角度，物流订单与运力供给不平衡的现状在逐年加剧，末端物流自动配送车作为新的运力补充形式是市场的选择和刚需，拥有充足的市场空间；站在客户需求的角度，传统物流或零售企业生存与转型压力大，降本增效是大势所趋，自动配送车作为智能化、数字化的转型手段，能够降低成本、提升体验；站在技术成熟度的角度，相较于高速载人场景，低速载物将更快具备无人化运营条件，从而快速实现商业闭环，走向规模应用。

踏着市场需求的节拍，毫末智行于2022年4月正式发布了基于高通技术公司推出的Snapdragon Ride平台的第二代末端物流自动配送车毫末小魔驼2.0，目前已经在商超履约、智慧社区、校园配送、餐饮零售、机场巡逻、高校教育、快递接驳、智慧园区、大气环评等九大场景开启运营，客户群体包括传统零售商超、物流公司及垂直行业的企业客户。

小魔驼2.0是全球首款10万元级的末端物流自动配送车，如图3-8所示，目前，中国物流行业一线员工平均综合成本为12万元/年，这意味着末端物流自动配送车的售价已经与人力成本接近。长期以来，毫末智行一直有这样的判断：当末端物流自动配送车的机器成本低于人工成本时，末端物流自动配送市场将迎来大规模部署期，甚至是规模化商用的黄金期。

图3-8 小魔驼产品宣传

小魔驼2.0具备七项领先行业的核心能力，分别为自动驾驶、远程驾驶、低成本部署、车辆管理平台、远程监控平台、订单管理平台和微信小程序。

目前，小魔驼2.0已在北京顺义和亦庄等地区进入常态化运营，截至2023年6月，已完成订单配送近20万单。在2023年618期间，其整体配送单量超过10 000单，极大缓解了618高峰期的配送压力。

2023年5月，毫末智行进一步重磅发布了其基于Snapdragon Ride平台的第三代末端物流自动配送车——小魔驼3.0，这是全球首款9万元内中型末端物流自动配送车，具备更高性价比、L4级自动驾驶、领先模块化设计、更强扩展性等优势。小魔驼3.0适配灵活，容量大，可以满足在物流、商超、零售等众多场景的需求。

智慧物流与电子商务

随着小魔驼3.0的发布,中国无人配送赛道的第一梯队玩家愈发清晰,无人物流时代正在加速到来。

(案例来源:从路面到天空,无人配送打通物流"最后一公里".新浪新闻,2023-08-31)

本章小结

智慧物流技术是智慧物流建设与发展的重要基础,主要包括网络通信技术、大数据与人工智能技术、智能设备。

网络通信技术主要包括移动互联网、5G技术、空间数据管理技术和物联网技术。移动互联网具有交互性、便携性、隐私性、定位性、娱乐性、局限性、强关联性、身份统一性的特点,支持智慧物流良好发展。5G是新一代宽带移动通信技术,其具有传输安全性高、移动边缘计算、网络切片化服务、海量接入特性、传输时延低、高速率数据传输、网络泛在能力强、功耗较低的特点。基于5G的智慧物流体系主要分为可视化智慧物流管理体系、智慧供应链体系和智慧物流追溯体系。空间数据管理技术主要包括地理信息系统和全球定位系统,能够对物品移动的空间数据进行有效管理。物联网系统可以分为感知层、传输层、支撑层和应用层四个层。基于物联网的智慧物流可以较好地实现车辆调度、行驶安全、货物追溯、全程冷链及供应链协同等目标,提高物流系统运作绩效。

大数据与人工智能技术主要包括云计算技术、大数据技术、人工智能技术。云计算是分布式计算的一种,指的是通过网络"云"将巨大的数据计算处理程序分解成无数个小程序,然后,通过多部服务器组成的系统进行处理和分析这些小程序得到的结果并返回给用户。云计算的服务类型分为三类,即基础设施即服务(IaaS)、平台即服务(PaaS)和软件即服务(SaaS)。云计算在智慧物流中的应用主要体现为基于云计算的物流信息平台,应用模式包括基于云计算模式的业务平台、基于云计算模式的数据存储中心、基于云计算模式的基础服务平台。物流大数据指的是在运输、仓储、装卸搬运、包装、配送及流通加工等物流环节中涉及的海量数据和信息,大数据技术在物流需求预测、设备维护预测、供应链风险预测、供应链系统管理、网络及路线规划等领域具有重要作用。人工智能技术将成为未来物流行业极具竞争力的技术领域,其应用场景主要包括智能运营规则管理、仓库选址、决策辅助、图像识别、智能调度。智能设备主要包括无人机和无人车。

思考题

1. 智慧物流中网络与通信技术有哪些?各有什么特点?在智慧物流中有何应用?
2. 云计算技术、大数据技术及人工智能技术有什么联系?在智慧物流中有何应用?
3. 无人机和无人车的关键技术有哪些?在智慧物流中有何应用?

第 4 章

电子商务下的智慧运输

学习目标 >>>

- 理解运输的概念、作用、功能及原理,掌握智慧运输的概念和特点
- 掌握主要运输方式及其优缺点
- 理解运输合理化及其影响因素和措施
- 重点掌握智慧物流运输系统的体系构成
- 了解智慧物流运输的几种应用模式及其现状

4.1 物流运输概述

4.1.1 运输的概念

物流运输是借助于运输工具在一定的交通线路上实现运输对象空间位移的有目的的活动。即在不同的地域范围,如两个国家、两个城市、两个工厂或一个大企业内距离较远的两个车间之内,以改变"物"的空间位置为目的的活动,是对"物"进行的空间转移。运输活动把社会生产、分配、交换和消费等各个环节有机地联系起来,是保证社会经济活动得以正常进行和发展的前提条件。运输管理的目标是在满足客户服务水平的前提下,用最低的运输成本连接供货地点和客户。

运输网络一般由运输连接点、运输路径和运输手段构成,如图 4-1 所示。运输活动发生在运输连接点之间,运输连接点可能是物流中心、车站、港口、机场、货站的堆场等,通过一定的运输路径,如公路、水路、空路、铁路等,汽车、船舶、飞机、火车等运输手段实现货物空间上的移动。运输系统把这些要素有组织地结合起来,更好地发挥运输的总体效率。

运输与搬运最大的区别是:搬运是在同一地域之内进行的活动,而运输是较大范围的活动。根据国内外物流成本统计数字,运输成本一般占据总成本的 40%~50%。由此可知,运输是物流系统中最直观的功能要素之一,它克服了产品和消费者之间的空间障碍,使产品产生价值,进而创造现代物流空间价值。

运输与人们的生活息息相关,且历史悠久。在 18 世纪中叶手工业发达阶段,亚当·斯

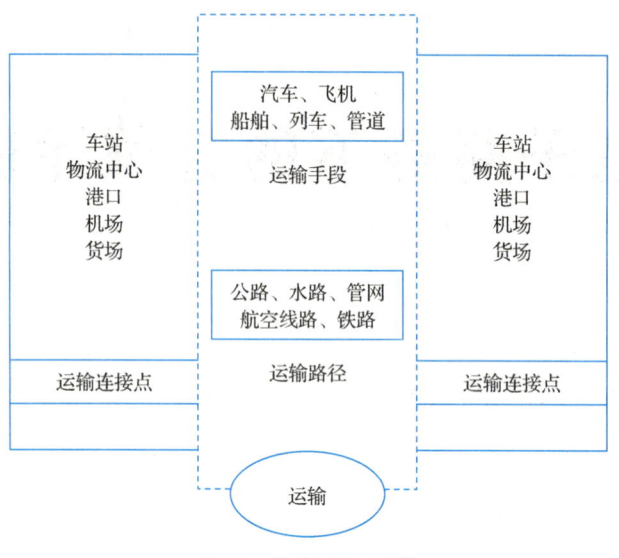

图 4-1 运输网络示意图

密论述了帆船和马车等的运输对社会分工、对外贸易、促进城市和地区经济繁荣等方面起着重大的作用,在之后的近两个世纪中,运输经历了从旧式运输工具到机械运输工具的根本性变革,继而发展到现代各种运输方式全面发展的新阶段。20 世纪 80 年代之前,企业物流管理的目的主要是降低产品配送方面的出货运输成本和仓储成本,强调通过产品运输和仓储环节的整合降低物流总成本。随着现代物流管理向供应链管理阶段的发展,管理的焦点延伸到整个供应链中的产品、信息、资金的流动,但高效的运输对实现供应链成员企业的产品、信息和资金的流动仍具有重要的作用,对实现供应链一体化也至关重要。

4.1.2 运输的作用

运输是物流的重要功能要素之一,物流能够改变时间和空间状态,运输是改变空间状态的主要手段。当产品因从一个地方转移到另一个地方而价值增加时,运输就创造了空间效应。运输不仅对物流活动有重要意义,而且对整个社会经济发展产生深远的影响。运输也是社会物质生产的必要条件之一,是生产过程的继续,不断推进社会再生产。运输成本占总成本的很大比例,通过运输合理化能够有效地降低运输成本,提高生产效率。运输作用主要表现为以下几个方面:

1. 运输是物流的主要功能要素之一

物流中很大一部分责任是由运输担任的,运输是物流的主要部分。物流是"物"的物理性运动,这种运动不仅改变了"物"的时间状态,也改变了"物"的空间状态,其中运输承担了改变空间状态的主要任务,它是主要手段,再加上搬运、配送等活动,能够圆满地完成改变空间状态的全部任务。

2. 运输可以创造"场所效用"

同种"物"在不同的空间场所,使用价值的实现程度是不同的,实现的效益也不相同。"场所效用"是指通过改变场所,最大限度地发挥其使用价值,最大限度提高产出投入比。运输将"物"运到场所效用最高的地方,将"物"的潜力最大限度地发挥出来,实现资源优化配置。从某种意义上来讲,运输实现了"物"的使用价值。

3. 运输是社会物质生产的必要条件之一

马克思将运输称为"第四个物质生产部门"。作为国民经济的基础和先行条件,运输是生产过程的继续,这种活动与一般的生产活动不同,运输不会创造新的物质产品,增加社会产品数量与使用价值,只是变动"物"所在的空间位置。但这一变动却使生产能够继续下去,使社会再生产不断推进。因此,我们将其看成是一个物质生产部门。

在生产过程中,运输是生产的直接组成部分,没有运输,生产内部的各环节就无法联结;在社会上,运输是生产过程的继续,这一活动联结生产与再生产、生产与消费,联结国民经济各部门、各企业,联结着城乡,联结着不同国家和地区。所以说,在整个物流生产过程中,运输是社会物质生产的必要条件之一。

4. 运输是"第三利润源"的主要源泉

"第三利润源"学说是由日本早稻田大学教授西泽修在1970年提出的,其认为物流在为企业提供大量直接或间接的利润方面具有巨大的潜力。运输是运动中的活动,它和静止的保管不同,要靠大量的动力消耗才能实现,而且运输又承担着大跨度空间转移的任务,所以活动的时间长、距离长、消耗大。其消耗的绝对数量大,其节约的潜力也就大。从运费来看,运费在全部物流费用中占最高的比例,若综合分析计算社会物流费用,运输费在其中约占50%的比例,有些产品的运费甚至还高于产品的生产费。所以,其节约的潜力是很大的。由于运输总里程长,运输总量巨大,运输的合理化可大大缩短运输吨·千米数,从而获得比较大的节约。合理高效的运输还能够最大限度地节省物流时间,创造更多的市场机会,实现更高的服务水平,从而产生更多价值。

4.1.3 运输的功能

1. 产品储存功能

产品处在不同时刻,使用价值实现的程度不同,效用价值不同,这是时间效用的定义。产品储存功能是指运输除了创造空间效用,同时也能够创造时间效用。因此,运输具有一定的储存功能。运输通过储存保管,将产品从效用价值低的时刻延迟到效用价值高的时刻,再进入消费过程,使产品的使用价值得到更好的实现。

在运输中,由于货物实际是储存在运输工具内的,为避免产品损坏或丢失,还必须为运输工具内的货物创造一定的储存条件,这在客观上创造了产品的时间效用。在中转供货系统中,产品经过运输结点(车站、码头)时,有时需要作短时间的停留,此时,以运载工具作为临时仓库进行短时间的储存是合理的。

2. 产品转移功能

物品在不同的位置,其使用价值实现的程度(效用价值)是不同的。运输活动将物品从效用价值低的地方转移到效用价值高的地方,使物品的使用价值更好地得到实现,实现物品的最佳效用价值,这是空间效用的定义。产品转移功能是指通过运输实现产品远距离的位置移动,创造产品的"空间效用"。

商品生产的目的是消费。一般来说,商品生产与消费的位置是不一致的,即存在位置背离,只有消除这种背离,商品的使用价值才能实现,这就需要运输。人们在生活过程中,由于搬家、旅游等活动,也会出现物品所处位置与消费位置之间的矛盾,也要通过运输来消除这种矛盾。

运输的主要功能是使产品在价值链中来回移动。事实上,只有当运输确实提高了产品价值时,该产品的移动才是有效的。

4.1.4 运输的原理

运输的原理是指运输活动中降低成本、提高经济效益的途径和方法,是指导运输管理和营运的最基本的原理。其具体包括规模经济原理、距离经济原理、速度原理、直达原理和适度集结原理等。

1. 规模经济原理

规模经济原理是指随着装运规模的扩大,每单位重量的运输成本下降。例如,整车装运(利用车辆的整个运输能力进行装运)的每吨成本低于零担装运的每吨成本(利用车辆的部分运输能力进行装运)。现实中往往表现为,诸如火车或轮船之类运输能力较大的运输工具,其每单位重量的费用要低于汽车或飞机之类运输能力较小的运输工具的每单位重量的费用。

运输规模经济之所以存在,是因为转移一票货物有关的固定费用按整票货物的重量分摊时,一票货物越重,分摊到单位重量上的成本就越低。

与货物转移有关的固定费用中包括接受运输订单的行政管理费、定位运输工具装卸的费用、开票及设备费用等。这些费用之所以被认为是固定的,是因为它们不随装运的数量而变化。换句话说,管理1吨货物装运的固定费用与管理1 000吨货物装运的固定费用一样多。例如,管理一票货物装运的固定费用为100元,那么装运1吨货物的每单位重量的成本为100元,而装运1 000吨货物的每单位重量的成本则为0.1元。可以这样说,1 000吨货物的装运中就存在着规模经济。

整车运输由于利用了车辆的整个运输能力,因而单位重量货物的运输成本也低于零担运输。既然单位重量货物的运输成本与运输工具的一次装载量有关,那么在运载工具容积一定的情况下,货物密度也会影响运输成本:密度低的货物可能无法达到运载工具的额定载重量,单位重量的货物运输成本就高。用包装来增加货物密度可以解决低密度货物运输成本高的问题。

2. 距离经济原理

距离经济原理是指每单位距离的运输成本随运输距离的增加而减少。在货物重量相同的情况下,800千米的一次装运成本要低于400千米的两次装运成本之和,即运输成本与一次运输的距离有关。在运输距离为零时,运输成本并不为零,这是因为存在一个与货物提取及交付有关的固定费用。运输成本的增长随运输距离的增长而降低,称为递减原理,即费率或费用随距离的增加而逐渐减少。这是因为随着运输距离的增加,分摊到单位运输距离上的与货物提取及交付有关的固定费用就会降低。根据距离经济原理,长途运输的单位运输成本低,短途运输的单位运输成本高。

3. 速度原理

速度原理是指在运输生产经营活动中,就某一次运输而言,随着运输速度的增大,物品的单位运输成本将上升。一般地,运输速度越大,运输过程中消耗的能源越多,对运载工具及运输组织工作的要求也就越高,这都会使运输成本增加。从另一个角度看,运输速度提高,完成特定的运输所需的时间越短,其效用价值越高。这是因为:运输时间缩短,实际是单位时间里的运输量增加,分摊到单位运量上的与时间有关的固定费用减少,如管理人员的工资、固定资产的使用费、运输工具的租赁费等;运输时间短,物品在运输工具中停滞的时间缩短,从而使到货提前期变短,有利于减少库存、降低储存费用。

因此,快速运输是提高运输效用价值的有效途径。快速运输不仅指提高运输工具的行驶速度,还包括提高其他辅助作业的速度及相互之间的衔接速度,如分拣、包装、装卸、搬运及中途换乘转装等。快速运输是影响运输成本的重要因素,但是运输速度快的运输方式一般运输成本较高,如铁路运输成本高于水路,而航空运输成本最高。因此,通过选择高速度的运输方式来实现快速运输时,应权衡一下运输的速度与成本之间的关系;而在运输方式已定的情况下,应尽可能加快各环节的速度,并使它们之间更好地衔接。

4. 直达原理

直达原理是指在运输生产经营活动中,就某一次运输而言,随着装卸次数的减少,物品的单位运输成本将下降。直达运输可以减少中转换装,减少货损货差,从而提高送达速度、节省装卸费用。因此,在运输条件(运输规模、运输距离等)许可的情况下,应优先考虑直达运输。

5. 适度集结原理

适度集结原理是指在运输生产经营活动中,就某一次运输而言,对货物进行适度集结,可以获得较好的效率与效益。

由于运输有规模经济的特点,在实际生产经营中,运输经营者通常倾向于大量集结货物以降低成本,进而在一定程度上实现规模效益。然而,这种大量集结货物的现象会增加运输与配送管理集结成本,增加客户费用,尤其是降低服务水平,并可能导致客户总成本的增加,从而影响客户对运输方式的选择。

4.1.5 智慧运输的概念与特点

智慧物流技术手段、智能化运输工具应用于物流运输过程中,大大提升物流运输的自动化、智能化水平,产生了智慧物流运输。智慧运输系统(Intelligent Transportation System,ITS,又名智能交通系统),是指将先进的数据通信传输技术、电子传感技术、自动控制技术及计算机技术有效地集成运用于整个地面交通管理系统而建立的一种在大范围内、全方位发挥作用的,实时、准确、高效的综合交通运输管理系统。

在物流运输领域充分利用物联网、空间感知、云计算、移动互联网等新一代信息技术,综合运用交通科学、系统方法、人工智能、知识挖掘等理论与工具,以全面感知、深度融合、主动服务、科学决策为目标,通过建设实时的动态信息服务体系,深度挖掘物流运输相关数据,形成问题分析模型,实现行业资源配置优化能力、公共决策能力、行业管理能力、公众服务能力的提升,推动物流运输更安全、更高效、更便捷、更经济、更环保、更舒适地运行和发展,带动物流运输相关产业转型、升级。

智慧运输系统的特点主要包括以下三点:

1. 有效连接运输供应链的各要素

运输供应链上的发货人、收货人、承运商、货站、卡车司机经常发生变动,而把这些经常变动的要素快捷方便地接入系统,对于生产制造、分销和物流企业提高对货主的物流信息服务能力,加强对社会化运输网络的管理具有至关重要的作用。智慧物流运输系统提高了订单的响应处理能力,提高了调度的配载效率,并通过网络和云平台实现各方信息的准确传递,实现了全链路信息透明。

2. 集成先进技术的智能系统

智慧物流运输系统实质上就是将先进的信息技术、计算机技术、数据通信技术、传感器技术、电子控制技术、自动控制技术、运筹学、人工智能等学科成果综合运用于交通运输、服务控制和车辆调度,加强了车辆、道路和使用者之间的联系,从而形成一种定时、准确、高效的新型综合运输系统。

3. 以数据为支撑进行全面控制

智慧物流运输系统中的数据采集层,采集各种终端设备产生的 RFID 射频数据、GPS 定位数据、各种非结构化的视频和图片数据,经过智能算法处理后输出结构化信息数据,再整合园区、车辆、货主等数据,通过大数据挖掘系统进行数据分析,在此基础之上全面调控物流运输过程。

4.2 物流运输方式

4.2.1 主要运输方式

现代化运输主要包括公路运输、铁路运输、航空运输、水路运输和管道运输五种基本方式,每一种方式都可以直接向客户提供服务。了解各种运输方式及其特点,掌握运输方式的选择与原则,有利于优化物流系统,合理组织物流活动。运输方式类型见表 4-1。

表 4-1 运输方式类型

水路运输	内河运输
	海洋运输:沿海、远洋
陆路运输	公路运输
	铁路运输
航空运输	
管道运输	

每种运输方式都有不同的特点。选择何种运输方式对于物流效率的提高是十分重要的。决策者在决定运输方式时,必须权衡运输系统要求的运输服务和运输成本,可以以运输工具的服务特性作为判断的基准:运费、运输时间、频度、运输能力、货物的安全性、时间的准确性、适用性、伸缩性、网络性和信息化等。

1. 公路运输

公路运输是现代运输的主要方式之一,由公路和汽车两部分组成。公路运输虽然从 20 世纪初才兴起,但发展迅速,已成为最广泛的运输方式。这是主要使用汽车,也可以使用其他车辆(如人力车、畜力车)在公路上进行货、客运输的一种方式。

(1)公路运输的优缺点

固定成本低。公路运输的固定成本主要包括车辆折旧费及厂房设备费用等。公路运输的固定成本是所有运输成本中最低的,主要原因是承运人不拥有用于运营的公路,拖挂车也只是很小的经济单位,车站的运营也不需要昂贵的设备,进入汽车运输行业不会受到太高额的资金限制。

灵活机动性强。主要表现为:汽车能灵活制定运营时间,通常可实现即时运输,根据货运的需求随时起运,时间灵活;汽车的载重量可大可小,小者只有 0.25 吨,大者有几十吨、上百吨。

运输批量灵活。由于公路建设期短,投资较低,对收货、到站设施要求不高,可实现门到门运输。汽车不仅是其他运输方式的接运工具,还可进行直达运输,减少中转环节和装卸次数,机动性强。2000 年 8 月,中国提出实施农村公路"通达工程",截至 2023 年底,农村公路总里程 459.86 万公里,占公路总里程的 84.6%,其中沥青、水泥路比例达到 91.8%。

速度快。尽管航空运送速度很快,但是,航空运输需要使用汽车将货物从发货站运输到飞机场和从飞机场运送到收货站,这增加了航空运输的总时间。另外,航空运输还受到航班安排的限制。另据国外资料统计,一般在短途运输中,汽车运输的运送速度平均比铁路运输快 4~6 倍,比水路运输快 10 倍。

原始投资少,资金周转快,技术改造容易。汽车车辆购置费较低,原始投资回收期短,公路运输在同区域内有大量的承运人经营。由于众多的运营商,竞争变得异常激烈,这导致价格更具有弹性。《中国交通年鉴》2023 版数据显示,公路承担全国主要港口 70% 以上的货物集疏运量及港口集装箱 80% 的集疏运量。2022 年全年完成公路固定资产投资 28 527 亿元,比上一年增长 9.7%。新建公路 56 894 公里,改(扩)建公路 125 936 公里。2022 年,我国完成铁路固定资产投资 7 109 亿元,全年新建铁路投产 4 100 公里。

货损货差小,安全性高。汽车运输能保证运输质量,及时送达,随着公路网的发展和建设,公路的等级不断提高,汽车的技术性能不断改善,相对其他运输方式,汽车运输的货损货差率不断降低,而安全水平不断提高。汽车运输具有灵活方便、送达速度快的特点,有利于保持货物的质量,提高货物运输的时间价值。

短途运输效果突出。短途运输通常指 50 千米以内,中途运输则指 50~200 千米。

可达性高。汽车运输在区域可达性方面比其他运输方式有着明显的优势。汽车除了可以在公路网运行外,还可以深入工厂、矿山、车站、码头、农村、山区、城镇街道及居民区,空间活动范围大,这一特点是其他任何运输工具所不具备的。汽车运输的可达性优势在市内集散货方面表现得尤其明显,可以提供门到门的直达运输服务。

但是,公路运输是存在缺点的,如公路运输的可变成本很高,因为公路建设和公路维护成本都以燃油税、公路收费等方式征收,公路运输成本主要可分为端点费用和线路费用。端点费用包括取货和送货成本、站台装卸成本、制单费和收费成本,占卡车运输总成本的15%～25%;汽车装载量少、运输成本高、燃料消耗大,环境污染比其他运输方式严重得多。

(2)公路运输的技术经济指标

《公路工程技术标准》(JTG B01—2014)中将公路分为以下几种具体类型:

①高速公路为专供汽车分方向、分车道行驶,全部控制出入的多车道公路。高速公路是一种具有分隔带、多车道(双向4～8车道)、出入口受限制,立体交叉的汽车专用道。汽车行驶速度每小时都在80千米以上,中途不允许停车。根据功能,高速公路可以区分为联系其他城市之间的高速公路和城市内部的快速路。高速公路的年平均日设计交通量宜在15 000辆小客车以上。

②一级公路为供汽车分方向、分车道行驶,可根据需要控制出入的多车道公路,一般连接重要的政治、经济中心。汽车分道行驶并且部分控制出入,部分立体交叉。一级公路年平均日设计交通量宜在15 000辆小客车以上。

③二级公路为供汽车行驶的双车道公路,通常为连接政治、经济中心或较大工矿区等地的干线公路及运输任务繁忙的城郊公路。二级公路年平均日设计交通量宜为5 000～15 000辆小客车。

④三级公路为供汽车、非汽车交通混合行驶的双车道公路。三级公路的年平均日设计交通量宜为2 000～6 000辆小客车。

⑤四级公路为供汽车、非汽车交通混合行驶的双车道或单车道公路。双车道四级公路年平均日设计交通量宜在2 000辆小客车以下;单车道四级公路年平均日设计交通量宜在400辆小客车以下。

(3)汽车及其技术经济特征

①评价载重汽车使用性能的主要指标。汽车使用性能表明汽车在具体使用条件下所能适应的程度,评价使用性能的主要指标有:容载量、运行速度、安全性能、经济性、重量利用系数(汽车有效载重量与汽车自重的比值)等。

②具有特殊功能的载重汽车。一般的汽车都是以车厢或车台平板承载物资,这对大多数物资而言是完全适用的。但是,为了适应特殊要求的物资运输,具有特殊功能的汽车应运而生,其与其他汽车的区别表现为装载容器不同,具体有以下几种。

油罐汽车。这是运输各种油类的专用汽车。车台上的油罐代替了一般汽车的车厢。油罐分别设有注入油孔和出油孔。运输前将油罐注满,运达目的地后将油放出。油罐汽车运输,实际上是散装运输的一种形式。

混凝土搅拌汽车。这是专用于建筑材料场地与建筑现场之间的特殊运输汽车。材料场将水泥、石子及其他所需的建筑材料和水,根据建筑现场的技术要求按比例配合好,装进混凝土搅拌汽车的搅拌罐内。汽车在开往作业现场的运输途中,搅拌罐同时在不停地转动搅拌。到达现场后,经搅拌好的材料可直接投入使用。混凝土搅拌汽车节省了生产所需要的时间,代替了施工现场的搅拌机械,体现了运输与流通加工的紧密配合。

粉粒运输汽车。粉粒运输常被人们称为散装运输。这种汽车的车厢是一个封闭的厢体,诸如粮食、水泥等被装进车厢后,关闭厢盖即可运输。采用粉粒运输汽车可以大大减少物资的散失量,而且单车运量比采用包装形式的运输要大得多。

冷藏冷冻汽车。这种汽车装有专门的制冷设备,可用于一些需要低温保鲜的食品。这是一种运输与保管相结合的特殊运输汽车。

集装箱运输汽车。这是一种专门从事集装箱运输的汽车。汽车的车台规格尺寸与集装箱平放的规格相吻合,并在车台上设有与集装箱相对应的固定位置,以保证集装箱运输时的安全牢固。

自动卸货汽车。严格说起来,自动卸货汽车还称不上具有特殊功能的汽车,它与普通汽车几乎没有什么区别,只是车厢本身有可以向后或向侧倾斜的起升装置,在物资运达目的地后,使车厢倾斜,完成卸车任务。这种运输汽车体现了运输和装卸作业的密切配合,可节约物资卸货时间和人力。但是由于自动卸车,车厢内的物资自由滑落,故适用范围有一定的限制,多适用于一些散体、坚固、不怕撞击的物资。

(4) 载重汽车的效益

汽车吨位构成比例是影响汽车运输效率的重要因素。大吨位汽车在国外得到迅速发展的原因是其有较好的经济效益。例如,一辆总重 40 吨的汽车比一辆总重 32.5 吨的汽车多运 33% 的货物,单位油耗却低 7%～10%。在批量大、距离长的时候,采用车辆载重量越大,运输生产率越高,运输成本越低。研究表明,在运距大于 2 千米的情况下,载重 16 吨以上的汽车比载重 4 吨的汽车运输生产率提高 3～4 倍,运输成本下降 80%～86%。随着运距的增加,其经济效益更明显。

载货汽车的重量利用系数是降低油耗、提高运输效率的重要因素。目前,国外载货汽车重量利用系数已达 2 以上,铝制挂车车厢的载重量则可达自重的 6 倍以上。

载货汽车越来越多地采用柴油机作动力,尤其在大中型载货汽车中更为明显。日本 2 吨以上的货车已全部使用柴油机作动力。柴油机经济性能好,与汽油机相比可节约 30% 左右的油量。此外,柴油车工作可靠。如德国柴油车无故障里程已达 4.8 万千米,使用寿命比汽油车长 60%～70%。

轮胎结构对汽车运行油耗也有很大影响。国外载货汽车普遍采用的子午帘线结构的轮胎,可以明显降低汽车滚动阻力,因而可以节油 5%～10%。

(5) 组织公路货物运输的方法

多班运输。多班运输是指在一昼夜内车辆工作超过一个工作班的货运形式。采用多班运输是增加车辆工作时间、提高车辆生产率的有效措施。例如,实行双班运输,车辆的生产率比单班可提高 60%～70%,同时可提高劳动生产率、降低运输成本。

定时运输。定时运输多指车辆按运行计划中所拟定的行车时刻表进行工作。在行车时刻表中规定汽车从车场开出的时间、每个运次到达和开出装卸站的时间及装卸工作时间等。

定点运输。定点运输指按发货点相对固定车队,专门完成固定货运任务的运输组织形式。定点运输既适用于装卸地点都比较固定集中的货运任务,也适用于装卸地点集中而卸货地点分散的固定性货运任务。

直达联运。直达联运指以车站、港口和物资供需单位为中心,按照运输的全过程,把产、供、销部门各种运输工具组成一条龙运输,一直把货物从生产地运到消费地。

零担货物集中运输。零担货物运输,一般指不满一整车的少量货物的运输。而零担货物直接运输,是指以定线、定站的城市间货运班车将沿线零担货物集中起来进行运输的一种形式。它的特点是，收、发货单位多；地点分散且不固定；货物种类繁杂，批数众多，但批量较小；货流也不稳定。

拖挂运输。拖挂运输是利用由牵引车和挂车组成的汽车列车进行运营的一种运输形式。比较常见的搭配是由载货汽车和全挂车两部分组成的汽车列车。通常讲的拖挂运输是指牵引车与挂车不分离，共同完成运行和装卸作业，这种形式又称定挂运输。如果根据不同装卸和运行条件，载货汽车或牵引车不固定挂车，而是按照一定的运输计划更换拖带挂车运行，则叫作甩挂运输。

2. 铁路运输

铁路运输是一种重要的现代陆地运输方式。它是使用机动车牵引车辆，用以载运旅客和货物，从而实现人和物的位移的一种运输方式。铁路运输主要是承担长距离、大批量的货运，在没有水运条件的地区，几乎所有大批量货物都是依靠铁路，是在干线运输中起主力运输作用的运输形式。

(1) 铁路运输的优缺点

铁路运输主要包括以下优点：

运输速度快。铁路运输不太受自然条件限制，运输经济里程一般在200千米以上。常规铁路的列车运行速度一般为每小时60~80千米，少数常规铁路时速可高达140~160千米，高速铁路运行时速可达210~260千米。2022年5月，在济郑高铁濮阳至郑州段，我国自主研发的新型复兴号高速综合检测列车上演"极速会车"，成功实现明线上单列时速435千米、相对交会时速达870千米，创造了高铁动车组列车明线交会速度的世界纪录。

运输能力大。铁路运输承运能力大，适合大批量的低值物品及长距离运输，铁路运输能力取决于列车重量(列车载运吨数)和昼夜线路通过的列车对数。一旦基础设施在适当的位置建好，它的通货能力就比较高，单位运价相对较低。因此，大量笨重、体积庞大的、价值较低的货物，如煤炭、木材的长距离运送通常使用铁路，铁路在供应链的上游部分应用得更为广泛。此外，铁路运输可以方便地实现驮背运输、集装箱运输及多式联运。

运输成本较低。铁路运输成本中固定资产折旧费所占比重较大，而且与运输距离长短、运量的大小密切相关。运距越长，运量越大，单位成本越低。一般来说，铁路的单位运输成本比公路运输和航空运输要低得多，有的甚至低于内河航运。

安全程度高。随着先进技术的发展和在铁路运输中的应用，铁路运输的安全程度越来越高。特别是20多年来，许多国家铁路广泛采用了自动控制及人工智能等高新技术，安装了列车自动停车、列车自动控制、列车自动操纵、设备故障和道口故障报警、灾害防护报警等装置，有效地防止了列车运行事故的发生。在各种现代化运输方式中，按所完成的货物吨/千米计算的事故率，铁路运输是最低的。

适应性强。依靠现代科学技术，铁路几乎可以在任何需要的地方修建，可以实现全年全天候不停地运营，受地理和气候条件的限制很少。铁路运输具有较高的连续性和可靠性，而且适合长短途各类不同重量和体积货物的双向运输。

能耗小。铁路运输轮轨之间的摩擦阻力小于汽车车辆和地面之间的摩擦力，铁路机车车辆单位功率所能牵引的重量约比汽车高10倍。因此，铁路单位运量的能耗也就比汽车运输少得多。

环境污染程度小。工业发达的国家在发展历程进程中，其经济与自然环境之间的平衡受到了严重的破坏,其中运输业在某些方面起到了主要作用。对空气和地表的污染最为明显的是汽车运输、喷气式飞机、超音速飞机等。相比之下,铁路运输对环境和生态平衡的影响程度较小,特别是电气化铁路,这种影响更为减少。

铁路运输也有以下缺点:

铁路运输的固定成本高,可变成本低,项目投资大,建设周期长。装卸成本,制单和收费成本,多种产品、多批货物货车的调度换车成本使得铁路运输的端点成本很高。因此,在铁路运输中,规模经济效益很重要,即每批货的运量越大,单位成本就越低。铁路维护设备的折旧、端点设施的折旧和管理费用也会提高固定成本的水平。铁路运输的可变成本通常包括工资、燃油、润滑油和维护成本。传统上,铁路运输部门常常将总成本的一半或三分之一当作可变成本。

灵活性差,只能在固定线路上实现运输,而且需要其他运输手段的配合和衔接。

运输时间较长,在运输过程中需要有列车编组、解体和中转改编等作业环节,占用时间较长,因而增加了货物的运输时间。

不能实现"门到门"运输。如果托运人和收货人都有专用线,可以提供"门到门"服务。如果没有专用线,则货物运送必须用其他方式来协助完成。

铁路运输中的货损率比较高。由于装卸次数较多,货物毁损或灭失事故通常比其他运输方式多。

由于对铁路、机车和终端设施的巨大投资,大多数国家的铁路由政府投资兴建和运营。因此,铁路运输承运人数量很少,几乎都是公共承运人(向所有其他组织提供服务),即使铁路服务不是全国性的,政府也允许(接近)垄断。通常在两地间修建的一条铁路有足够的能力满足所有的需求。因此,竞争者再运营同样的设施便不可行。这也是阻碍竞争进入的一个因素。

(2)铁路运输的主要技术设施

铁路运输的各种技术设施是组织运输生产的物质基础,可分为固定设备和活动设备。固定设备主要包括:线路、车站、通信信号设备、检修设备、给水设备及电气化铁路的供电设备等。活动设备主要包括:机车、客车、货车等。

线路。线路是列车运行的基础设施,由轨道、路基和桥隧等建筑物组成一个整体的工程结构。

机车。机车是牵引和推送车辆运行于铁路线上、本身不能载荷的车辆,主要有蒸汽机车、内燃机车、电力机车。

货车。货车是铁路运输的基本载运工具。传统的货车分为敞车、篷车、平车、罐车和保温车等五大类。

车站。车站是办理货物运输业务,编组和解体列车,组织列车始发、到达、交会、通过等作业的基层单位。车站按业务性质可分为客运站、货运站、客货运站、编组站、区段站、中间站等。

(3)组织铁路运输的方法

整车运输。整车运输是指根据被运输物资的数量、形状等,选择合适的车辆,以车厢为单位的运输方法。货车的形式有篷车、敞车、平车、矿石车、散装水泥车等。其规格尺寸和装载量也各不相同。在选用时,必须根据运输物资的具体情况确定货车的类型和吨位。

零担运输。零担运输亦可称为小件货物运输。这种运输办法多是在因待运量少而不够一个整车装载量时采用。与整车运输相比,这种运输方法费用较高。

混装运输。混装运输是小件运输的一种装载情况。一般对同一到达地点的若干小件物资可分装在一个货车上。不同的物资分装在同一个集装箱中也是一种混装运输。

集装箱运输。集装箱运输指采用集装箱专用列车运输物资。这种运输方法是发挥铁路运输大量、迅速的特点,并与其他运输方式相结合的理想运输方法。

3. 航空运输

航空运输是使用飞机或其他航空器进行运输的一种形式,运载货物主要包括两类:价值高、运费承担能力很强的货物,如贵重设备的零部件、高档产品等;紧急需要的物资,如救灾抢险物资等。

(1)航空运输的类型

航空运输主要包含三种类型:定期服务,主要航线利用客机上的剩余空间运送包裹;货物服务,即运营商定期运营货机,运营商都是公共承运人,为所有用户运送物品;包机服务,整架飞机受雇于特定的运输。

(2)航空运输的优缺点

航空运输的优点主要表现为以下几个方面:

高速度运输。与其他运输方式相比,高速度无疑是航空运输最明显的特征,航空运输的高速度特征在物流中具有无可比拟的价值。现代喷气运输机时速一般在 900 千米左右,是火车的 5~10 倍,海轮的 20~25 倍。航空运输比轮船快 20~30 倍,距离越长,所能节约的时间越多。航空运输不受地形的限制,在火车、汽车都无法到达的地区也可依靠航空运输,因而有重要意义。

安全性高。航空运输平稳、安全,货物在物流中受到的震动、撞击等均小于其他运输方式。尤其当飞机在 1 万米以上高空飞行时,飞机将不受低空气流的影响,更能体现出航空运输的安全性。随着科学技术的进步,在不断对飞机进行技术革新的同时,维修技术也得到了提高,这些都加强了航空运输的安全性。而航行支持设施如地面通信设施、航空导航系统、着陆系统及保安监测设施的迅速改进与发展更提高了其安全性。尽管飞行事故中会出现机毁人亡(事故严重性最大),但按单位货运周转量或单位飞行时间损失率来衡量,航空运输的安全性是很高的。

高科技特性。航空运输的主要工具是飞机。全球范围内客货机市场的规模不断增长,各大机型如空客 A320、A330,及波音 737、767 和 747 等也成为用户争相选择的对象。2024 年 10 月 14 日,中国商用飞机有限责任公司在南昌举行了一场重要新闻发布会,宣布 C919 客机将改装为货机,型号定名为 C919F。此举标志着中国航空货运市场即将迎来新的竞争者,直接对标空客 A320F,后者在全球货运领域占据了显著份额。此外,如通信导航、气象、航行管制、机场建设等无不涉及高科技领域。

灵活性强。航空运输不受地形、地貌等的影响,只要有机场,有航空设施保证,即可开辟航线;如果用直升机运输,机动性更强。对于自然灾害的紧急救援、对于各种运输方式物流不可达到的地方,均可采用飞机空投方式,以满足特殊条件下特殊物流的要求。

国际性特征。严格说起来,任何运输方式都有国际性,都有可能在国家间完成运输任务。这里所要体现的国际性是指国际的交往航空运输的特殊地位。国际航空运输的飞行标准、航空器适航标准、运输组织管理、航空管制、机场标准等都有国际上统一的规范和章程，否则从一个国家飞到另一个国家，运输就无法组织。国际民航组织制定了各种法规、条例、公约，以统一和协调各国的飞行活动和运营活动。

航空运输建设周期短，回收快。航空运输建设主要包括飞机、机场和其他辅助保证设施。一般来说，修建机场比修建铁路周期短，投资回收快。

包装要求低。货物空运的包装要求通常比其他运输方式要低。飞机在空中飞行平稳，着陆时有减震系统，货物不会受到太大的外力，因此也降低了对包装的要求。在空运中，用一张塑料薄膜裹住托盘并不少见。

航空运输也具有以下缺点：

可达性差。可达性是航空运输的软肋，人和货物上飞机之前，必须先到达机场。可达性的限制提高了航运服务的时间和成本。

受气候条件限制。因飞行条件要求很高，航空运输受到气候条件的限制，从而在一定程度上影响运输的准点性。

航空运输与汽车运输的成本特征相类似，包含高可变成本和低固定成本。航空运输的端点和空中通道一般不归航空公司所有。航空公司根据需要以燃油费、仓储费、场地租金和起降费的形式购买机场服务。如果我们将地面装卸、取货和送货服务包含在航空货运服务中，这些成本就成为空运端点成本的一部分。此外，航空公司需要支付运输设备成本，在设备经济寿命内对其进行折旧就是每年的固定使用费。虽然航空运输在整个运输量中所占份额微乎其微，但它所运送的对象（高价值的、珍贵的、紧急的人或物）使得它成为运输系统的重要组成部分。由于航空公司自身独特的优势，来自其他行业的竞争是有限的，而航空运输行业内部在运量和服务方面的竞争却非常激烈。

(3) 航空运输的技术指标

航空运输把实际载运量与最大载运能力之比称为载运比率。载运比率又分为两种情况：

航站始发载运比率，是指某航站出港飞机实际运载与最大运载之比，即

$$航站始发载运比率 = 实际运载/最大运载 \times 100\%$$

航线载运比率：

$$航线载运比率 = 实际总周转量/最大周转量 \times 100\%$$

其中，实际最大周转量是飞机在满载的情况下可完成的吨公里数，它等于最大运载与航距的乘积。

(4) 航空港与航空线

航空港又称机场，是航空线的枢纽，它供执行客货运业务和保养维修飞机、起飞、降落使用。航空港按照设备情况可分为基本航空港和中途航空港。前者配备有为货运及其所属机群服务的各种设备，后者是专供飞机作短时间逗留、上下旅客及装卸货物之用。航空港按其下垫面的性质又可分为陆上航空港和水上航空港。前者比较普遍，而后者仅供水上飞机使用。

航空线是指在一定方向上沿着规定的地球表面飞行，连接两个或几个城市进行运输业务的航空交通线。航班飞行一般分为班期飞行、加班飞行及包机或专机飞行。

航空线按其性质和作用可分为国际航线、国内航空干线和国内地方航线三种。

国际航线。主要根据国家和地区政治、经济和友好往来,通过建立双方的民航协定建立。它是由两个或两个以上的国家共同开辟的,主要担负国际旅客、邮件、货物的运送。

国内航空干线。航空干线的布局首先要为国家的政治、经济服务,其次是根据各种运输方式的合理分工承担长途和边远地区的客、货运转任务。

国内地方航线。一般是为省内政治、经济联系服务,主要在一些省区面积大而区内交通不发达的地区和边疆地区。

4. 水路运输

水路是大自然提供的交通干线,水路运输是使用船舶运送客、货的一种运输方式,由船舶、航道和港口所组成。水运主要承担大批量、长距离的运输,是在干线运输中起主力作用的运输形式。在内河及沿海,也常有小型水运运输工具使用。水路运输担负补充及衔接大批量干线运输的任务。

(1) 水路运输的类型

水路运输主要有内河运输(通常称为内河水路)、沿海运输(将物料从一个港口沿近海运往另一个港口)、近海运输和远洋运输(横跨主要海洋)四种类型。

内河运输是使用船舶在内陆的江河湖川等水道进行运输的一种方式,主要使用中、小型船舶。沿海运输是使用船舶通过大陆附近沿海航道运送客、货的一种方式,一般使用中小型船舶。近海运输是使用船舶通过大陆邻近国家海上航道运送客货的一种运输形式,视航程可使用中型船舶或小型船舶。远洋运输是使用船舶跨大洋的长途运输形式,主要依靠运量大的大型船舶。

许多国家都有发展完善的河流及运河运输,如加拿大和美国利用圣劳伦斯河、欧洲的莱茵河、我国的长江和京杭大运河。目前,世界许多国家的内河运输在货物,尤其是在散货运输中仍起着重要作用。人们常常将内河运输与小批量、狭窄的小船和驳船联系在一起。

(2) 水路运输的方式

①国际航运。国际航运的经营方式主要有班轮运输和租船运输两大类。前者又称定期船运输,后者又称不定期船运输。

班轮运输。这是指船舶在固定的航线和港口间按事先公布的船期表航行,以从事客货运输业务,按事先公布的费率收取运费。班轮运输具有"四定"的特点,即固定航线、固定港口、固定船期和相对固定的费率。

租船运输。租船运输又称为不定期运输,没有特定的船期表、航线和港口。船主将船舶出租给租船人使用,以完成特定的货运任务。租船运输以承运价值较低的大宗货物为主,如粮食、矿砂、煤炭、石油等,而且整船装运。据统计,国际海上货物运输总量中,租船运输量约占五分之四。国际上使用的租船运输方式主要有三种:一是定程租船,又称航次租船,是以航程为基础的租船方式。船方按租船合同规定的船程完成货运任务,并负责船舶经营管理及支付航行费用,租船人按约定支付租金。二是定期租船,这是由租船人使用一定的期限,并由租船人自行调度与管理,租金按月计算的租船方式。三是光租船,是定期租船的一种,但船主不提供船员,由于船主不放心把光船给租船人,故此种方式较少使用。

②航线营运方式。航线营运方式也称航线形式,即在固定的港口之间,为完成一定的运输任务,配备一定数量的船舶并按一定的程序组织船舶运行活动。在国内的沿海和内河运输中,航线形式是主要的运营形式。它定期发送货物,有利于吸收和组织货源,缩短船舶在

港时间,提高运输效率,并为联运创造条件。

③航次运营方式。航次运营方式是指船舶的运行没有固定的出发港和目的港,船舶仅为完成某一特定的运输任务按照预先安排的航次计划运行。其特点是机动灵活,在沿海和内河运输中是一种辅助的也是不可缺少的形式。

④客货船运营形式。这是一种客运和货运同船运输形式,其运营特点是需要定期、定时发船。

(3)水路运输的优缺点

水路运输的优点主要表现在以下几个方面:

大批量运输,运输能力大。在海洋运输中,超巨型油船的载重量达60万吨,矿石船载重量达40万吨,集装箱船已达22.8万吨。海上运输利用天然航道,不像内河运输受航道限制较大,如果条件许可,可随时改造为最有利的航线,因此,海上运输的通过能力比较大。内河运输中,美国最大的顶推船队运载能力超过5万～6万吨,我国大型顶推船队的运载能力也已达3万吨,相当于铁路列车的10倍。在运输条件良好的航道,海上运输的通过能力几乎不受限制。

长距离运输,运费低。水运的站场费用极高,这是因为港口建设项目多、费用大,向港口送、取货物都较不方便,水运成本之所以能低于其他运输方式,主要是因为其船舶的运载量大、运输里程远、路途运行费用低。据美国测定,美国沿海运输成本只及铁路的八分之一,密西西比河干流的运输成本只有铁路的五分之二。

节约能源。与其他运输方式相比,水运对货物的载运和装卸要求不高,因而占地较少。新建1千米铁路需要占地2～2.7公顷(30～40亩),1千米公路需要占地1公顷(15亩)左右,而水运航道几乎不占用土地,港口、码头均建在海岸或江河岸边,这就节约了国家的土地资源。因船舶体积较大,水流阻力高,所以航速较低。低速航行所需克服阻力小,能够节约燃料。

劳动生产率高。水路因运载量大,其劳动生产率较高。一艘20万吨的油船只需配备40名船员,平均人均运送货物达5 000吨。在内河运输中,采用顶推分节船队运输,也能够提高劳动生产率。

投资小。水上运输利用天然航道,投资小。海上运输航道的开发几乎不需要支付费用。内河虽然有时需要一定的开支疏浚河道,但比修筑铁路的费用少得多。据初步测算,开发内河航道每千米投资仅为铁路旧线改造的五分之一,或新线建设的八分之一。

水路运输的缺点有:水路运输速度慢,船舶平均航速较低,不能快速地将货物运达目的地,如果航速提高,所需克服的阻力则直线上升;水路运输受自然条件影响大,特别是受气候条件影响较大,例如,断流、台风就会对水运产生严重影响,因而呈现较大的波动性;水路运输被限制在固定港口,从供应商到用户的运输不可避免地要转换运输方式,即使靠近港口也是如此,搬运费用偏高;港口建设费用相对较高。

(4)船舶的经济技术特征

①技术指标

船舶的航行性能。船舶为了完成运输任务,经常在风浪、急流等极为危险的环境下航行,因此,要求船舶具有良好的航行性能。航船的航行性能主要包括:浮性、稳性、抗沉性、快速性、适航性和操纵性等。

船舶的排水量和载重量。排水量是指船舶浮于水面时所排开水的重量。载重量是指船舶所允许的装载重量。排水量和载重量的计量单位都以吨表示。

船舶的货舱容积和登记吨位。货舱容积是指船舶货舱实际能容纳货物的空间,以立方米或立方英尺表示。登记吨位是指为船舶注册登记而规定的一种根据船舶容积大小而折算出的专门吨位。

船舶的装卸性能。船舶的装卸性能是由船舶的结构、容积和装卸设备所反映的装卸效率指标。船舶装卸效率的高低在很大程度上决定了船舶在港的停泊时间。

②船舶的种类及特性

在物流领域,船舶通常按功能用途进行分类,包括客货船、杂货船、散装货船、冷藏船、油船、液化气船、滚装船(渡船)、载驳船、集装箱船及内河货船。

客货船。客货船是以载运旅客为主,兼运一定数量货物的船舶,其结构和营运技术特征是多种多样的。

杂货船。杂货船又称普通货船、通用干货船或统货船,主要用于装载一般包装、袋装、箱装和桶装的件杂货物。由于件杂货物的批量较小,杂货船的吨位亦较散货船和油船小,典型的载货量在1万~2万吨,一般为双层甲板。这种船航行速度较快,船上配备完善的起卸货设备,船舶构造中有多层甲板把船舱分隔成多层货柜,以适应装载不同货物的需要。新型的杂货船一般为多用途型,既能运普通件杂货,也能运载散货、大件货、冷藏货和集装箱。尽管一些船有侧门,车辆可以出入,但是货物装卸常常要用起重机,世界上的许多港口都设有起重设施。因此,应用标准设计的杂货船是世界广泛使用的船只。

散装货船。散装货船是用以装载无包装的大宗货物的船舶,专用于运送煤炭、矿砂、谷物、化肥、水泥、木材、钢铁等散装物资。目前其数量仅次于油船。其特点为:驾驶室和机舱布置在尾部,货舱口宽大;内底板与舷侧与向上倾斜的边板连接,便于货物向货舱中央集中;这种船大都为单甲板,舱内不设支柱,但有的船设有隔板,用以防止在风浪中运载的舱内货物错位移动;有较多的压载水舱用于压载航行。按载运的货物不同,散装货船又可分为矿砂船、运煤船、散粮船、散装水泥船、运木船等。

冷藏船。冷藏船是指专门运送易腐的新鲜货物的运输船。运送的货物包括水果、蔬菜、肉类、鱼类和低温保存的药品等。在运输过程中要保持低温,货物均装在周围敷设有完备隔热层的冷藏货舱内。冷藏舱往往设多层甲板,甲板间高度较低,以防止冷藏品过多被压坏。船上具有大功率的制冷装置,在货舱内设置制冷管或冷风管,以维持冷藏货舱内保持货物所需的适当的温度。按冷藏货物保冷要求,有低温、冷温和常温三种冷藏舱。低温冷藏舱保冷温度在-6℃以下,用以保藏鱼、肉、酪品等,舱内货物完全冻结;冷温冷藏舱保冷温度为-1~-5℃,用以保藏冻肉、蛋品、药品等,舱内货物表面冻结;常温冷藏舱保冷温度为5~16℃,用以保藏水果、蔬菜、鲜花等。在鱼鲜运输方面,也有在舱内注入0℃左右的冷海水,将鱼鲜直接浸于其中冷藏。冷藏船一般吨位不大,但航速较高,以尽量减少途中运输时间。此外,还有一种冷藏/集装箱船,用于运输要求冷藏的货物并兼顾运输集装箱。

油船。油船指用来专门装运散装石油(原油及石油产品)类液体货物的船只。目前,油船的载重量在5万吨以上的已很普遍,大型油船在20万~30万吨,超大型油船超过50万吨,航速为15~17节。如2019年5月,中船重工成功交付了1艘30.8万吨的超大型油轮(VLCC)"凯征"号,"凯征"号创下多项智能航行纪录,拥有两大智能平台,5个智能系统,是中方首个获得"1人驾驶"船级符号的巨型油轮。

液化气船。它是专门用来装运液化了的天然气体和液化了的石油气体的船舶。专门装运液化天然气的船称为液化天然气船(LNG);专门装运石油气的船称为液化石油气船(LPG)。2024年4月29日,中国船舶集团有限公司与卡塔尔能源在北京举行18艘全球最大27.1万立方米超大型液化天然气运输船项目签约仪式,创造了单笔新船订单金额最高纪录,是一次历史性的突破。

滚装船(渡船)。滚装船是利用车辆上下装卸货物的多用途船舶,最初亦称滚上滚下船。它将装有集装箱等大件货物的挂车和装有货物的带轮的托盘作为货运单位,由牵引车或叉车直接进出货舱进行装卸。这种船本身无须装卸设备,一般在船侧或船的首、尾有开口斜坡连接码头,装卸货物时,或者是汽车,或者是集装箱(装在拖车上的)直接开进或开出船舱。这种船的优点是不依赖码头上的装卸设备,装卸速度快,可加速船舶周转。

载驳船。载驳船指专门载运货驳的船舶,又称母子船。其运输方式与集装箱运输方式相仿,因为货驳亦可视为能够浮于水面的集装箱。其运输过程是:将货物先装载于统一规格的方形货驳(子船)上,再将货驳装到载驳船(母船)上,载驳船将货驳运抵目的港后,将货驳卸至水面,再由拖船分送到各自目的地。载驳船的特点是不受港口水深限制,不需要占用码头泊位,装卸货物均在锚地进行,装卸效率高,便于海-河联运。但由于造价高,货驳的集散组织复杂,其发展也受到了限制。

集装箱船。集装箱船又称箱装船、货柜船或货箱船,是一种专门载运集装箱的船舶。其全部或大部分船舱用来装载集装箱,往往在甲板或舱盖上也可堆放集装箱。集装箱船的货舱口宽而长,货舱的尺寸按载箱的要求规格化。装卸效率高,大大缩短了停港时间。一般的集装箱船大约可以运送5 000箱,大一些的可以运送10 000箱。2024年1月9日,被命名为"东方瓦伦西亚"的全球最大级集装箱船,顺利离开长江南通段水域前往相关海域试航。该船是江苏南通中远海运川崎船舶工程有限公司自主研发设计建造,也是我国2024年完工的首艘全球最大级集装箱船。该船总长399.99米,型宽61.3米,型深33.2米,最大载货量24 188只标准集装箱,满载后可达22层普通住宅楼高度,融合当今船舶建造前沿技术,多项指标达到世界领先水平。

内河货船。内河货船本身带有动力,并有货舱可供装货,具有使用方便、调动灵活之优点。但载重量小、成本高,一般多作内河定期经营船舶使用。

③水路运输的主要程序

第一步:揽货。制定船期表、分送客户,并在有关的航运期刊上刊载。

第二步:订仓。托运人或其代理人向承运人申请货物运输,承运人对这种申请予以承诺。

第三步:装船。托运人应将托运的货物送至码头承运船舶的船边,并进行交接,然后将货物装到船上。

第四步:卸货。将船舶所承运的货物在卸货港从船上卸下,并在船边交给收货人或代理收货人,然后办理货物的交接手续。

第五步:交付货物。实际业务中,交付货物是指船舶公司凭提货单将货物交付给收货人的行为。

第六步:保函。保函即保证书,其作用包括凭保函交付货物、凭保函签发货物提单、凭保函签发预借提单等。

(5)港口的经济技术特点

港口是海上运输和内陆运输之间的重要联系枢纽。船舶的装卸、修理、货物的集散都要在港口进行。按照不同的划分依据,港口主要分为以下几种类型:

按港口位置划分:

海湾港,地处海湾,常有岬角或岛屿等天然屏障作保护,具有同一港湾容纳数港的特点,如大连、秦皇岛港、河口港;位于河流入海口处,如上海、广州湾。内河港,位于内河沿岸的港口,一般与海港有航道相通,如南京、汉口等港。

按使用目的划分:

存储港。一般地处水陆连接的枢纽,同时又是工商业中心。港口设施完备,便于进出口货物和转口货物的存储、转运,如伦敦、纽约、上海等港。

转运港。位于水陆交通衔接处。一面将陆路货物转由海路运出,一面将海运货物疏散,转由陆路运入。港口本身对货物的需求不多,如鹿特丹港、香港等港。

经过港。地处航道要塞,为往来船舶必经之地,船舶如有必要,可作短暂停留,以便补充给养的港口。

按国家政策划分:

国内港。国内港是指经营国内贸易,专供本国船舶出入的港口,外国船舶除特殊情况外,不得任意出入。

国际港。国际港又称开放港,是指进行国际贸易,依照条约或法则开放的港口,任何航行于国际航线的外籍船舶,经办理手续,均准许进出港口,但必须接受当地航政机关和海关的监督。我国有 14 个对外开放港口,均属国际港。

自由港。所有进出该港的货物,允许其在港内储存、装配、加工、整理、制造,再转运到他国,均免征关税。只有在转入内地时才收取一定的关税。

(6)现代化港口的条件

港口的生产效率是由港口的通过能力来衡量的。港口的通过能力指在一定的时期内港口能够装船、卸船的货物数量,也就是港口的吞吐量。

第一,拥有大量的泊位。港口的泊位数取决于港口码头的建设,码头岸线的长度决定了能够停泊船舶的数量。为了适应运量不断发展,防止堵塞现象,要求港口具有大量的泊位数和较长的码头岸线。

第二,具有深水航道和深水港区。为了高效率地接纳大型船舶,新建或扩建的现代化港口或港区都建有深水港区。目前,油船泊位已超过 50 万吨级,矿石船泊位达 35 万吨级,集装箱泊位已达 7 万吨级。

第三,具有高效率的专业化装卸设备。港口的装卸设备包括岸上起重机、水上起重机、堆码机械和拖车、抓斗等。集装箱装卸桥作业效率可达 60~70 箱/台时;新型连续式卸粮机可达 100 吨/小时以上;煤炭专业化泊位使用抓斗卸船机最高效率为 4 200 吨/小时;输送机输送效率则高达 10 000 吨/小时。

第四,具有畅通的集疏运设施。港口的集疏运设施包含仓储设施、交通设施等。仓库设施包括仓库、货场、货棚、储煤厂、储油库等。交通设施则包括陆上交通的铁路与公路,水上交通的驳船、海船等。

第五，其他设施。包括供船舶安全通行的航道，防止港外风浪海流袭击的防波堤，安全与助航设备，如灯塔与浮标、海岸电台等。

(7) 智慧港口

智慧港口是港口运输现代化发展的前进方向和必然过程，是智慧交通的重要组成部分。如图 4-2 所示，智慧港口是以现代化基础设施设备为基础，以云计算、大数据、物联网、移动互联网、智能控制等新一代信息技术与港口运输业务深度融合为核心，以港口运输组织服务创新为动力，以完善的体制机制、法律法规、标准规范、发展政策为保障，能够在更高层面上实现港口资源优化配置，在更高境界上满足多层次、敏捷化、高品质港口运输服务要求的，具有生产智能、管理智慧、服务柔性、保障有力等鲜明特征的现代港口运输新业态。

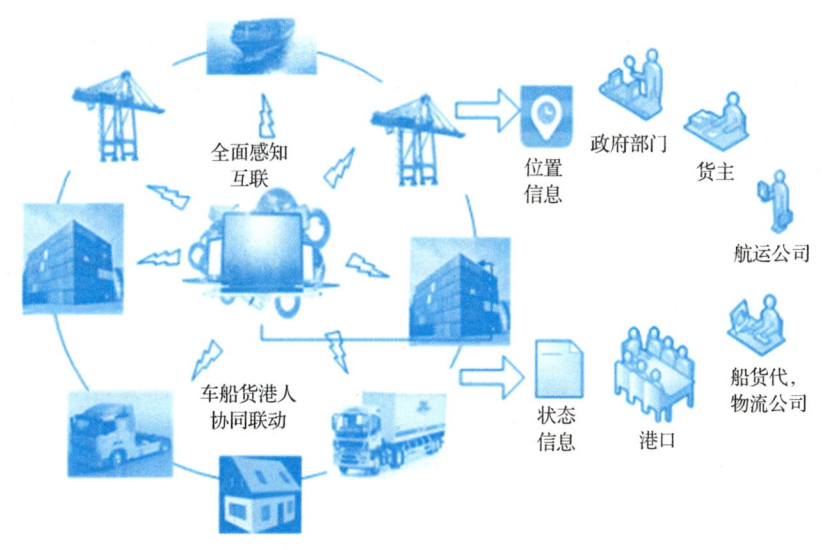

图 4-2 "车、船、港、货、人"五位一体协同联动的智慧型港口管理与生产运营模型

[图片来源：陶德馨.智慧港口发展现状与展望[J].港口装卸，2017(1).]

从港口行业发展需求的视角来看，智慧港口具备更经济、更可靠、更高效、更安全、更敏捷、更绿色的特点：

①更经济：智慧港口能够依托信息技术在更高层面上实现港口资源的优化配置；实现港口资源的统筹高效利用，提高运输效率；系统性地降低港口货物运输成本。

②更可靠：智慧港口具有更加发达和完善的综合交通基础设施网络系统；更加智能化的港口运输组织和运营监管系统；覆盖全面的港口货物运行状态感知系统。

③更高效：智慧港口能够建设更高效的港口货运体系，推进各种运输方式一体化；使用更智能的运输工具和生产设施，提高生产作业智能化水平；加强运输服务和管理创新，提高港口运输服务和运输管理效率。

④更安全：智慧港口进一步强化安全第一的港口发展理念；应用现代科技和信息化技术不断提高港口运输装备的安全性能；提高港口安全运营监管和应急救援水平。

⑤更敏捷：智慧港口充分发挥市场配置资源的决定性作用及科技的引领作用；推进港口货物运输运营机制、经营模式、运输组织创新；做强主业、整合辅助业、拓展衍生服务业，提升产业链附加值。

⑥更绿色：智慧港口加强综合运输体系建设，发展港口多式联运；提高港口运输装备的现代化、智能化水平；依托科技进步和新一代新技术实现港口资源。

另外，智慧港口还具有如下三个功能：

①通过智能管理、自主装卸、智能政务、智能商务四大功能模块，围绕"车、船、港、货、人"五大基本要素实现有序联动，港航物流链的各个节点被打通，对港口集疏运、码头生产操作、仓储管理、物流跟踪、海关监管、设备监控、环境监测及客户服务等多种港口需求做出智慧型响应和实时优化管理与服务。

②港口服务功能提升到供应链整合平台，使港口成为供应链网络众多资源的集聚者、整合者和控制者，通过商业模式的转变，更加注重伙伴关系，形成广域覆盖、跨境联通的网状供应链服务体系。

③实现物联网、移动互联网、大数据、云计算、电子商务、人工智能等现代信息技术对港口商业模式的全方位支持，对系统运营的任何物流对象，在任何地点、任何时间都可以被寻址、被感知、被追踪、被控制，从而极大地方便了港口生产业务所涉及的管理方、操作方、合作方、参与方与服务方（客户群）。

5. 管道运输

管道运输是一种独特的运输方式，只能运送有限的货物种类，主要运输的货物是石油及成品油、天然气、煤、化学制品等。

（1）管道运输的优缺点

距离长，运送量大。管道能够进行不间断的输送，输送连续性强，不产生空驶，运输量大。

高度机械化。管道输送流体货物，主要依靠每60～70千米设置的增压站提供压力，设备运行比较简单，且易于就地自动化和进行集中遥控。先进的管道增压站已完全做到无人值守。由于节能和高度自动化，用人较少，运输费用大大降低。

可靠性高。管道运输基本上不受天气影响，很少有机械故障。虽然运输时间长，但能准确估计交货时间，减少了安全库存的需要。

建设工程广泛。管道埋于地下，除泵站、首末站占用一些土地外，其他主要部分占用土地少，建设周期短，收效快。同时，管道还可以通过河流、湖泊、铁路、公路，甚至翻越高山、横跨沙漠、穿过海底等，易取捷径，缩短运输里程。

保护环境。管道运输不产生噪声，货物漏失污染少；不受气候影响，可以长期安全、稳定运行。

管道运输也存在很多局限性：管道运输本身工程结构上的特点，决定了其适用范围的局限性；管道运输适于长期定向、定点输送，合理运输量范围较窄，如果运输量变换幅度过大，管道的优越性就难以发挥；速度慢（一般每小时的流动速度少于10千米）、刚性（仅在固定点间运输），并且仅仅运送大量某种类型的流体；管道线路是相对固定的，因此有地域灵活性或可达性的限制等。

管道运输与铁路运输的成本特征一样。管道公司（或拥有管道的石油公司）拥有运输管道、泵站和气泵设备，他们可能拥有或租赁管道的使用权。这些固定成本加上其他成本使管道的固定成本与总成本的比例是所有运输方式中最高的。为提高竞争力，管道运输的运量必须非常大，以摊销高额固定成本。

(2) 管道运输的形式

管道以所输送的介质命名。如输送原油,称之为原油管道;输送加工后的成品油称为成品油管道,此外还有天然气管道、煤浆管道等。

原油管道。被开采出来的原油经油气分离、脱水、脱沉淀物和稳定后进入管道。用管道输送时,针对所输原油的物性(如比重、黏稠度、易凝状况等),采用不同的输送工艺。

原油管道输送工艺可分为加热输送和不加热输送两种。稀质的原油(如中东原油)采用不加热输送,而我国的原油属于易凝高黏原油,则需采用加热输送。

成品油管道。成品油管道是输送经炼油厂加工提炼出来,可直接供使用的燃料油,如汽油、煤油、航空煤油、柴油及液化石油气等。由炼制加工生产最轻质到重质的燃料油等,都是成品油管道输送的介质。

成品油管道是等温输送,没有沿途加热的问题。成品油管道的特点在于有众多不同的油品,如煤油、汽油、柴油、航空煤油及各种不同标号的同类油品,要按顺序输送,并要求严格区分,以保证油品质量。由于成品油管道是多来源、多品种顺序输送,其管理的复杂程度远超过原油管道。成品油管道连通多个炼油厂,所生产的油品可进入同一管道,同时直接向沿线的各大城市及乡镇供应成品油。

天然气管道。天然气管道是将天然气(包括油田生产的伴生气)从开采地或处理厂送到城市配气中心或企业用户的管道。天然气管道与煤气管道的区别在于煤气管道是用煤作为原料转化为气体,运输压力比较小,而天然气则由气田中的气井生产,并有较高的压力,可以利用气井的压力长距离输送。早期天然气管道的输送完全是依靠天然气井的压力,现代天然气管道输送由于输送距离和输送量增加,普遍设增压站,设有利用天然气作燃料的燃气机或燃气轮机驱动各种与动力相配套的压缩机。

煤浆管道。煤浆管道是固体料浆管道的一种。将固体破碎成粉粒状,与适量的液体混合配制成浆液,经管道增压进行长距离输送。固体浆液管道除用于输送煤浆外,还用于输送赤铁矿、铝矾土和石灰石等。

4.2.2 不同运输方式之间的比较与选择

各种运输方式成本结构的比较见表 4-2。各种运输方式的营运特征见表 4-3,表中数据采用打分的方式对各营运特征的优劣进行评价,分值越低表明效果越好。表 4-4 给出了各种运输方式的适用范围。

表 4-2　　各种运输方式的成本结构比较

运输方式	固定成本	变动成本
铁路	高(车辆及道路)	低
公路	高(车辆及道路)	适中(燃料、维修)
水路	适中(船舶、设备等)	低
航空	低(飞机、机场)	高(燃料、维修)
管道	最高(铺设管道)	最低

表 4-3　　　　　　　　　　各种运输方式的营运特征比较

营运特征	铁路	公路	海洋	内河	航空	管道
运输能力	2	4	1	3	5	6
运价	2	4	1	3	6	5
速度	3	2	4	5	1	6
连续性	2	3	5	6	4	1
灵活性	3	1	5	4	2	6
可行性	2	1	4	5	3	6
可靠性	3	2	5	4	6	1
频率	4	2	6	5	3	1

表 4-4　　　　　　　　　　各种运输方式的适用范围比较

运输分类	适用范围
铁路运输	主要适用于长距离、大数量的货运和没有水运条件地区的货运
公路运输	具有很强的灵活性,主要承担近距离、小批量的货运,可实现"门到门"运输
水路运输	承担大数量、长距离的运输,并在内河及沿海起到补充及衔接大批量干线运输的作用
航空运输	主要适用于对时效性要求高的高价值货物运输
管道运输	主要适用于大宗流体货物的运输,如石油、天然气、煤浆、矿石浆体等

上述五种基本运输方式可以组成不同的综合运输方式。各种运输方式都有其特定的运输路线、运输工具、运输技术、经济特性及合理的使用范围,只有熟知各种运输方式的效能和特点,结合商品的特性、运输条件和市场需求,才能合理地选择和使用各种运输方式,并获取较好的运输绩效。

以下几项会影响货物运输方式的选择:
(1)从货物本身的特性来看
①尺寸。货物的尺寸和体积。
②重量。货物的净重。
③密度。同时衡量货物的体积和重量。
④危险货物。危险货物的运输有着一套严格的规则体系。
⑤物料价值。贵重物品会增加库存成本,应使用快速的方式。
(2)从运输过程来看
①可装载性。尺寸、重量、密度等因素都会影响货物的可装载性,体积大、笨重的货物较难装载,体积小、轻巧的货物相对容易装载。
②搬运。一些货物会装上把手或采用其他方式以便于搬运,另一些货物搬运起来就相对困难些。鲜活货物的搬运相当麻烦,而适合集装箱装运的货物处理起来就比较简单。
③可靠性。可靠性指货物在运输过程中发生损坏或丢失的可能。一些货物容易被盗,如电子产品;一些货物容易损坏,如新鲜水果,而像废纸这类货物就不存在这个问题。

④特殊服务要求。一些货物需要特殊服务,如鲜花需要放置在保鲜箱内,放置冰块或用冷藏车运输。

⑤重要性。即使是低价值的产品,如果妨碍组织运营,也需要选择快速可靠的运输方式。

⑥运输时间。由于运作必须对变化做出快速响应,不允许重要的供应商使用缓慢的运输方式。

⑦可靠性。稳定的运输通常要比运输时间重要。

其他因素还有谈判的费用及成本、承运人的信誉和稳定性、安全、丢失和损坏、运输的时间和频率、特殊设备的使用等。

综合考虑托运人的业务需要、货物特性和运输方式的特点这三方面因素,托运人就可以选择合适的承运商。如今,企业越来越重视伙伴关系和长期合作关系,这种关系可以降低风险,增进双方合作的默契,提高运输作业效率。

4.2.3　复合运输

复合运输是指在行程中包含两种或以上的不同的运输方式。各种运输方式都有其特点,但是在现实的运输情况中,组织没有必要全程应用一种方式。最优的选择是将行程分为几个阶段,每个阶段利用最优模式。当然,这要依赖路况、相对成本和方式间的转换费用等因素。

复合运输的目标是组合几种方式的优点,同时避免各自的缺点,如将水路的成本与陆路的弹性或航空的速度与陆路的成本相组合。

1. 多式联运:复合运输的形式

多式联运是指综合不同运输方式的系统模式,是一个协调不同运输装载方式的系统。多式联运是在集装箱运输的基础上产生发展起来的现代运输方式。按照多式联运合同,以至少两种不同的运输方式,由多式联运经营人把货物从一地接运货物运至另一指定交付货物的地点。多式联运不仅仅是将海运、公路、铁路等运输方式整合在一起,更重要的是它能使每种运输方式最大限度地发挥效能。若货物在运输过程中使用多式联运方式,但是没有将这些运输方式进行整合,例如,托运商和货运公司及海运公司分别达成协议,但货运公司与海运公司的运输并未整合,这种方式一般称为多元运输。而多式联运的重点在于协调不同的运输方式。

从某种意义上讲,多式联运就是集装箱多式联运。它通常以集装箱为运输单元,将不同的运输方式有机地组合在一起,构成连续的、综合性的一体化货物运输,通过一次托运、一次计费、一份单证、一次保险,由各运输区段的承运人共同完成货物的全程运输,即将货物的全程运输作为一个完整的单一运输过程来安排。

多式联运降低了传统分段运输的时间损失及破损、盗失风险;减少了分段运输的有关单证和手续的复杂性;降低了全程运输的各种相关费用。货主只需与多式联运经营人(Multi-modal Transport Operator,MTO)单方联系,多式联运经营人对托运人的货物负全程责任,MTO提供的全程运费更便于货主就运价与买方达成协议。运输成本的降低有助于产品总物流成本的降低,从而提高产品的市场竞争力。国际运输中常采用多式联运。

(1)货物安全。首先,货物放置在集装箱中,难以接近。其次,集装箱通过标于外部的序列号来辨别,要想得知集装箱内装载的货物的唯一方法就是开箱或了解序列号的编码方式,货物因此而得到保护。再次,在堆场中放置有上千个集装箱,想通过打开集装箱偷走高价值货物的概率很低。最后,集装箱门栓上有封条,如果其损毁就表示货柜被侵入,工作人员会对其进行检查,并可拒绝签收封条损毁的集装箱。如果封条损坏,承运商会在货单上注明,并对货物的丢失不负责任。

(2)劳动力安全。集装化货物通常比其他包装安全,金属箱更结实,几乎压不坏,对天气的抵抗力也更强。对于搬运集装化货物的工人而言也更安全,因为操作的机器与人有一定的安全距离,在现代化的集装箱码头,很少看见工人在卡车驾驶台和起重机控制室外工作。

效率高。据估计,一名码头工人1小时可以装载杂货0.5吨,而集装化处理可以达到每小时2.45吨。多式联运效率的提高主要在于以下几个环节:①由于每个集装箱都是标准尺寸,可以利用专用的机械操作工具。②由于集装箱相同,不需要浪费时间做调整。③现在可以利用更简单、有效的集装箱,箱型比以前的大得多,这意味着可以较少挪动。

2. 成组运输:复合运输的技术

复合运输的主要问题是每次方式间的转换都会导致延迟和增加额外的处理费用,只有在这种转换能有效运作时才能实现。因此,复合运输的核心就是运输方式间的物料转换系统如何实现无缝运输,最佳方法就是采用统一标准化的装卸措施。成组运输是实现无缝运输的具体体现。成组运输是采用一定的办法,把分散的单件货物组合在一起,成为一个规格化、标准化的大运输单位进行运输。成组运输的主要形式包括托盘运输与集装箱运输。

托盘运输。托盘是为了便于货物装卸、运输、保管和配送等而使用的,由可以承载若干数量物品的负荷面和叉车插口构成的装卸用垫板。托盘作为集装单元化器具,能将零碎散放的货物组合成规格统一、具有一定体积重量的货物单元。托盘货物单元可以用叉车进行装卸搬运,可以利用单元格式货架进行保管存储,也可以直接装进集装箱或其他运输设备。在公路、铁路、水路、航空、多式联运等多种运输方式中应用托盘货物单元作业,可将货物连同托盘一起送到最终用户手中(称为托盘作业一贯化),而不用在中途反复倒盘,减少无效作业,提高物流效率、降低物流成本。

集装箱运输。集装箱是运输包装货物或无包装货物的成组运输工具(容器)的总称。国际标准化组织(International Standards Organization,ISO)对其下的定义为:一种运输设备,应满足以下要求:①具有足够的强度,能长期地反复使用;②途中转运无须移动箱内货物,可直接换装;③可进行快速装卸,并可以从一种运输工具方便地换装到另一种运输工具;④便于货物的装满或卸空;⑤内容积达到1立方米或1立方米以上。

集装箱运输的货物具有简单快捷的操作,提高货运速度,加快运输工具及货物资金的周转,车船周转加快;装卸费减少,劳动条件改善,运输成本降低;简化货物包装,节约货物包装费用;减少运杂费用;降低由于损坏、误放和盗窃的成本,较低的保险费率;减少货损、货差,提高货运质量,不受气候影响,实现了定点、定期运输及装卸作业等优点。集装箱运输的采用使船只海运港口停靠时间已大大减少,船只能在几小时内返航。从经验上看,原来需要三周回转的传统船只,现在使用回转集装箱船只需用一天,超过70%的货物运输都使用了集装箱运输。

4.3 物流运输合理化

4.3.1 运输合理化定义

在总的物流成本中,运输成本相比其他物流活动成本所占比例更高。现代物流概念的提出,对物流运输技术水平提出了更高的要求,它要求在原有运输概念的基础上更加合理地组织货物运输,力求做到运力省、速度快、费用低,以实现物流运输合理化。

运输合理化,就是在一定的产销条件下,货物的运量、运距、流向和中转环节合理,能以最适宜的运输工具、最低的运输费用、最少的运输环节、最佳的运输线路、最快的运输速度,将物资产品从原产地转移到规定地点。运输合理化的实现主要依赖于三个方面:一是运输方式的选择,这是实现运输合理化的基础;二是承运人运输路线的选择;三是车辆路线安排。

4.3.2 影响运输合理化的因素

在整个现代化物流运输的过程中,影响其合理化的因素主要包括:运输时间、运输费用、运输环节、运输距离及运输工具。

1. 运输时间

在全部物流时间中,运输时间占绝大部分,尤其是远程运输。因此,运输时间的缩短对缩短整个流通时间有决定性的作用。此外,运输时间缩短还有利于加速运输工具的周转,充分发挥运力效能,提高运输线路的通过能力,不同程度地改善不合理运输。

2. 运输费用

运费在全部物流费用中占很大比重,运费高低在很大程度上决定了整个物流系统的竞争能力强弱。实际上,运费的相对高低,无论对货主还是对物流企业都是运输合理化的一个重要标志。运费的高低也是各种合理化措施是否行之有效的最终判断依据之一。

3. 运输环节

每增加一个运输环节,势必要增加运输的附属活动,如装卸、包装等,各项技术经济指标也会因此发生变化。因此,减少运输环节,将对合理运输有一定的促进作用。

4. 运输距离

在运输过程中,运输时间、运输费用等若干技术经济指标都与运距有一定比例关系,运距长短是运输是否合理的一个最基本的因素。

5. 运输工具

各种运输工具都有其优势领域,对运输工具进行优化选择,最大限度地发挥运输工具的特点和作用,是运输合理化的重要一环。

从上述五个方面考虑运输合理化,就能取得预想的结果。

4.3.3 物流运输的合理化措施

1. 运输方式的选择

运输方式的选择是战术性决策又是操作性决策,其中,与某个承运商签订合同的决策属于战术性决策,而具体运输方式的选择则是操作性决策。对于两种决策来说,托运人都必须权衡总成本。由于物流各环节之间的"效益悖反"的存在,运输成本的降低会导致其他环节(如库存)成本的上升。一种运费最低的运输方式,并不一定使运输总成本最低。运输的时间和可靠性会影响托运人和收货方的库存水平(订货库存和安全库存)及他们之间的在途库存水平。因此,应该以总成本分析为基础来选择运输方式。

运输会影响库存,具体表现形式为:较大运量的运输方式会出现订单量超过需求量的情况,增加库存;较慢的运输模式会引起较多的中转或运输库存;不可靠的运输模式会引起安全库存的提高。因此,在选择运输方式时,需要考虑库存持有成本可能升高抵消运输服务成本降低的情况。

在选择运输方式时,就需要考虑库存持有成本可能升高而抵消运输服务成本降低的情况。因此,选择运输方式时的最合理方案应该是既能满足顾客需求,又使总成本最低的服务,即最佳服务。所谓最佳服务,就是使某种运输服务的成本与该运输服务水平及相关的库存成本之间达到平衡的运输服务。

物流运输的决策与优化是大多数物流企业追求的目标,而通过对其绩效进行合理的评价可以发现企业物流客户服务中存在的缺陷和不足,为企业的客户服务指明发展的方向,促使企业建立科学的客户服务策略,树立良好的客户服务理念。运输的决策包括三个方面:一是运输方式的选择,二是运输路线的确定,三是运输服务商的选择。

(1)运输方式的选择

运输方式的选择是物流运输系统决策中的一个重要环节,是物流合理化的重要内容。选择运输方式的决定因素包括五个方面:①运输货物的性质;②运输方式的经济性;③运输速度的适用性;④运输的安全准确性;⑤运输的机动便利性。

运输方式的选择包括:①各种运输方式的比较,现代运输主要有铁路、公路、水路、航空和管道五种运输方式;②单一运输方式的选择就是指选择一种运输方式提供运输服务;③复合运输方式的选择,有水路联运、水上联运、陆陆联运、空陆联运、大陆桥运输。

(2)运输线路的确定

制定车辆运行路线。尽管路线选择问题种类繁多,但可以将其归纳为以下几个基本类型:起讫点不同的单一问题、多起讫点问题、起讫点重合问题。

安排车辆运行路线和运行时间。车辆运行和时间安排是车辆运行路线选择问题的延伸,车辆运行和时间安排受到的约束条件很多。

(3)运输服务商的选择

只要运输业没有垄断存在,对于同一种运输方式,托运人或货主就有机会面临不同的运输服务商,而托运人或货主甚至供应商在确定运输方式后,就需要对选择哪个具体的运输服务商做出决策,当然不同的客户会有不同的决策标准和偏好,可以运用这几个方法考虑:①服务质量比较法;②运输价格比较法;③综合选择法。

2. 运输合理化的形式

(1) 分区产销合理运输

分区产销合理运输，就是在组织物流活动中，对某种货物，使其一定的生产区固定于一定的消费区。根据产销的分布情况和交通运输条件，在产销平衡的基础上，按照近产近销的原则，使货物走最少的里程，组织货物运输。

(2) "四就"直拨运输

"四就"直拨运输，是指各商业、物资批发企业，在组织货物调运过程中，对当地生产或由外地到达的货物，不运进批发站仓库，而是采取直拨的办法，把货物直接分拨给市内基层批发、零售商店或用户，减少一道中间环节。其具体做法有：就厂直拨、就车站码头直拨、就库直拨、就车(船)过载等。

"四就"直拨和直达运输是两种不同的合理运输形式，两者既有区别又有联系。直达运输一般运输的是运输里程较远、批量较大的货物；"四就"直拨运输一般是指运输里程较近、批量较小，在大中型城市批发站所在地办理的直拨运输业务。两者相辅相成，往往又交错在一起，如在实行直达运输的同时，再组织"就厂""就站"直拨，可以收到双重的经济效益。

(3) 合装整车运输

合装整车运输，也称"零担整车中转分运"。它主要适用于商业、供销等部门的杂货运输，如物流企业在组织铁路运输当中，由同一发货人将不同品种发往同一到站、同一收货人的零担托运货物，由物流企业自己组配在一个车辆内，以整车运输的方式，托运到目的地，或把同一方向不同到站的零担货物，集中组配在一个车辆内，运到一个适当的车站，然后再中转分运。

(4) 直达运输

直达运输，就是在组织货物运输的过程中，越过商业、物资仓库环节或铁路、交通中转环节，把货物从产地或起运地直接运到销地或用户，以减少中间环节。有些商品规格、花色比较复杂，可由生产工厂供应到批发站，再由批发站配送到零售商店或用户。至于外贸部门，多采取直达运输，对出口商品实行由产地直达口岸的办法。近年来，在流通领域提出"多渠道、少环节"以来，各基层、商店直接进货、自由采购的范围越来越大，直达运输的比重也逐步增加，它为减少物流中间环节创造了条件。

(5) 提高技术装载量

提高技术装载量，是组织合理运输、提高运输效率的重要内容。一方面，它能最大限度地利用车船载重吨位；另一方面，能充分使用车船装载容积。其主要做法有以下几种。

组织轻重配套装，即把实重货物和轻泡货物组装在一起，既可充分利用车船装载容积，又能达到装载重量，以提高运输工具的使用效率。

实行解体运输，即对一些体积大、笨重、不易装卸又容易碰撞致损的货物，如自行车、缝纫机和科学仪器、机械等，可将其拆卸装车，分别包装，以缩小所占空间，并易于装卸和搬运，提高运输装载效率。

提高堆码方法，即根据车船的货位情况和不同货物的包装形状，采取各种有效的堆码方法，如多层装载、骑缝装载、紧密装载等，以提高运输效率。当然，改进物品包装，逐步实行单元化、托盘化，是提高车船技术装载量的一个重要条件。

4.4 智慧运输的体系构成

4.4.1 体系框架

参考国家ITS体系框架(第2版),综合考虑交通运输管理和物流运输产业发展的内容要求,可将智慧物流运输体系划分为运营管理、智能驾驶、交通管理、电子收费、交通信息服务、交通运输安全六个部分。

1. 运营管理

运营管理主要通过建设智慧物流运输运营管理平台实现运输业务的信息化、智能化管理,主要服务于物流运输企业。

智慧物流运输运营管理平台建立标准化的数据通道,将所有与业务有关的信息连接,实现货主、收/发货方、中小型第三方物流企业、车主、司机信息互联互通,确保供应链全线物流资源高效协同。实现在同一信息平台的运营与管理,明确业务操作及岗位分工,有效提高车辆智能调度、全程可视化管理、车辆实时监控、成本管理等方面的管理水平。

智慧物流运输运营管理平台主要包括订单管理、配载作业、调度分配、行车管理、GPS车辆定位系统、车辆管理、人员管理、数据报表、基本信息维护、系统管理等功能模块。该系统对车辆、驾驶员、线路等进行全面详细的统计考核,实现运输企业的信息化、数字化和智能化管理,能够提高运作效率,降低运输成本。

车货供需匹配是智慧物流运输运营管理的核心内容。车货供需匹配是指基于信息平台将车源方信息库与货源方信息库进行对比分析,按照"供需呼应"的原则为车主或货主从数据库中选出符合与需求方条件最匹配的信息并输出给用户,从而实现车与货的良好匹配。

2. 智能驾驶

以道路(航道)智能化为基础,遵循交通基础设施与车(船)载系统协调配合的理念,实现车辆(船只)辅助驾驶及特定条件下的智能驾驶,可以从根源上减少由于人的误操作而引发的交通问题,提高交通运输的安全性和运行效率。基于视觉的环境感知、多传感器融合和自动驾驶技术是智能驾驶的发展方向。

(1)基于视觉的环境感知

基于视觉的环境感知主要应用于对驾驶员状态进行监测。其通过对驾驶员在驾驶期间面部状态的智能识别,判断驾驶员是否存在不安全驾驶行为。如果驾驶员存在频繁打哈欠、频繁合眼、频繁点头或长时间表情夸张等状态,系统将智能判别出驾驶员处于疲劳驾驶、酒后驾驶或兴奋驾驶等不安全状态,从而判断汽车处于不安全驾驶状态,并及时给出相应的报警提示。

(2)多传感器融合技术

多传感器融合技术主要应用于汽车安全辅助驾驶系统。如主动安全制动系统,通过不断监控和搜集传感器数据,跟踪驾驶员和车辆的驾驶状态,包含驾驶员目前的操纵策略、车辆的速度和加速度、前后车辆的距离和速度、行驶道路的几何形状等,以便做出对车辆安全最优的主动控制；综合横向辅助系统，使用各种传感器扫描汽车前面的空间，再由系统将所有传感器的信息融合成一个整体画面，系统分析处理完画面后，会发出一个横向的导向控制信号，传递给动力转向系统，如车辆偏离，该系统会施加轻微的力使车辆回到原本的车道；行人和非机动车辆安全系统，通过遥感技术能够提前检测可能发生的意外，从而避免碰撞，或减轻事故后果的严重性。

(3) 自动驾驶技术

自动驾驶技术是指将多种传感设备和智能软件装配到运输工具上，以实现车辆（船）安全自主驾驶到达目的地。美国国家公路交通安全管理局将车辆的自动化程度分为5级：0级完全由驾驶员驾驶车辆；1级是车辆具备1种以上自动化控制功能；2级是车辆能够自主执行多种操作；3级是当车辆自主驾驶行不通时可指示驾驶员切换为接管车辆；4级是没有人工参与车辆完全可以无人驾驶。目前，无人驾驶汽车成为研究热点。但是，科技成果与产业化间差距、生产成本、安全（信息化程度极高）及法律法规（保险及责任认定）等成为无人驾驶产业化的瓶颈问题。中商产业研究院发布的《2017—2027全球及中国自动驾驶行业深度研究报告》显示，我国量产乘用车自动驾驶等级正在由L2向L3+过渡。2023年我国在售新车L1渗透率约为11%，L2渗透率达51%，L3和L4渗透率分别为20%和11%。无人驾驶货船也正在研究实验过程中。

3. 交通管理

交通管理作为智慧物流运输体系框架中重要组成部分，主要服务于交通管理者，包括交通动态信息监测、需求管理、交通控制、交通事件管理、勤务管理、交通执法和停车管理等方面。

交通动态信息指在时间和空间上不断变化的交通流信息，如交通流量、车速、占有率、车头时距和旅行时间等。这些信息的采集技术分为固定型和移动型两种。固定型采集技术可分为磁频采集、波频采集和视频采集3类；移动型采集技术是运用安装有特定设备的移动车辆来采集交通数据的技术总称，目前主要有基于电子标签、基于GPS和基于汽车牌照自动识别3种采集技术。

交通需求管理和交通控制是交通管理的两种模式。交通需求管理是对交通源的管理，是一种政策性管理，控制货车进城、车辆单双号通行及收取拥堵费等均属于交通需求管理。交通控制是对交通流的一种技术性管理，通过管理道路交通基础设施及合理管制与引导交通流提高道路通行效率。交通控制策略包括节点交通控制（如信号控制交叉口）、干线交通控制（如绿波带）及区域交通控制。区域交通控制以全区域所有车辆的通行效率最大为管理目标，旨在同时实现节约能源和减少环境污染的目标。

4. 电子收费

电子收费系统(ETC系统)主要应用于高速公路不停车收费。ETC系统在20世纪80年代开始兴起，20世纪90年代在世界各地得到广泛使用，受到了各国政府和企业的重视。ETC系统主要涉及车辆自动识别、车型自动分类和视频稽查技术。

车辆自动识别。该功能是电子收费系统的关键部分，主要任务是精确完成车辆身份的有效识别。当待收费车辆行驶到特定区域，系统就会自动识别车辆身份。实现该功能通常采用射频、光学、红外和微波等技术。

车型自动分类。高速公路上对不同车型的收费标准也不相同,故需对车型进行精确判断。该功能除了采用图像识别技术,通常还需融入激光扫描分型和光幕检测技术,从而提高车型识别的准确率。此外,还有基于红外检测和压力传感器相结合的车型自动类系统。

视频稽查。主要指对通过换卡、倒卡或闯卡偷逃高速公路通行费的车辆进行跟踪查控,甚至能对超限超宽车辆进行监测报警。该功能主要通过视频图像分析技术实现。

此外,随着移动互联网的发展,电子收费理念还应用于停车收费领域。停车场入口和出口的检测单元将车辆的进场信息和出场信息传到服务器,服务器经过计算将消费信息以二维码形式发送至停车场出口的电子收费设备,车主通过第三方支付平台扫描二维码进行付款,提高了停车收费效率,降低了管理成本。

5. 交通信息服务

交通信息服务主要指向驾驶员传递有用的交通服务信息,包含出行前信息服务、行驶中驾驶员信息服务、途中公共交通信息服务、途中其他信息服务、路径诱导与导航及个性化信息服务等。

交通信息服务领域的发展主要体现在信息类型和发布手段的不断丰富和多样化,驾驶员可通过手机短信接收目的地天气或休闲娱乐信息,可通过手机导航软件快捷到达目的地,可在途中通过广播、电视、微信和微博等多种手段接收各类交通信息,根据自身需求恰当选择行驶路线及时间。随着云计算和大数据技术的应用,交通信息服务也越来准确、智能和及时,让运输行驶变得更科学、更高效。

6. 交通运输安全

交通运输安全主要指各种道路的安全管理和紧急救援。道路安全管理包括道路安全工程和道路安全审查。道路安全工程应确保道路具备较完善的安全设施,除路面标识、标线和视线诱导设施清晰醒目外,在必要的地段和路侧需设置防撞栏杆,能使失控车辆平滑地改变方向,防止危及其他车辆,保障人身安全。道路安全审查旨在确定道路潜在的安全隐患,确保考虑合适的安全对策,使安全隐患得以消除或以较低代价降低其负面影响,保障道路在规划、设计、施工和运营各阶段均考虑安全需求。

当道路发生紧急事件时,在事件的发现、处置和交通恢复正常等过程中,信息的采集、处理和运用非常重要,各种信息的快速与精确获取及各部门间信息流动渠道的畅通是完成快速、高效救援的保障。

4.4.2　层次架构

1. 全面的动态感知网络

数据是智慧物流运输系统的基础,交通运输数据采集手段的深度革新将引领智慧物流运输系统的变革。智慧物流运输系需建立一张全信息动态感知"泛在网",使感应线圈、微波雷达、地磁监测、视频监控、车载定位系统和射频识别标签等传统交通信息采集设备,及智能手机、物联网终端和车联网终端等新型交通采集设备,像神经末梢一样分布于交通运输的各个环节,不断地收集与交通相关的视频、图片、文字等基础数据,实现交通运行状态可视、可测和可控。感知网络的建立需考虑感知对象、感知手段和通信网络三个方面内容。其特点及发展要求如下。

感知对象。智慧物流运输系统具有海量的监控对象,并随着技术不断发展越来越丰富,目前主要的感知对象包括人、物、车、路、事件和基础设施等方面,具体为人员、运输货物、营运车辆、交通管理和静态系统等。随着互联网发展,舆情也将成为重点感知对象,舆情监控可便于了解公众最迫切的交通需求。

感知手段。新技术驱动下的智慧物流运输系统具有丰富的数据来源和多样化感知手段,传统的线圈、地磁、微波和视频感知手段在成本、准确度和安装维护等方面各有优缺点,目前整体上存在安装复杂、成本高、效果不稳定和维护困难等缺点,稳定、准确和免维护的感知手段将是智慧物流运输系统不断追求的目标。

通信网络。为满足交通海量数据的实时传输要求,需建立短距离、长距离无线通信和有线通信构成的互联互通信道,形成稳定可靠的一体化通信网络。刚刚兴起的窄带物联网(NB-IoT)技术,支持低功耗设备在广域网中的蜂窝数据连接,具有覆盖广、连接多、速率低、成本低、功耗低和架构优等特点,未来将成为推动万物互联的重要支撑技术,也必将在智慧物流运输系统传感网领域广泛应用。智慧物流运输系统专网作为网络的中枢,与传感网、互联网、政务网和社会专网等连接,形成横向到边、纵向到底的高速通道,全面汇聚交通相关数据。

2. 安全高效的数据体系

随着交通数据采集手段的不断丰富,交通领域率先迈入大数据时代,交通大数据管理成为感知现在、预测未来、面向服务的最重要的支撑手段,构建安全高效的大数据处理体系成为解决城市交通问题的关键。根据大数据的4V特征,结合交通数据特点,交通类型的大数据应具有6V特征,见表4-5。

表4-5　　　　　　　　　　交通大数据特征

特征	描述
体量(Volume)巨大	长期存储的结构化数据和非结构化数据累计体量巨大
处理(Velocity)快速	交通状态具有时变性,交通管理与服务具有时效性,需要实时快速处理
种类(Variety)繁多	数据来源广泛、类型丰富,有视频、图片和文字等
真假(Veracity)共存	数据存在缺失、错误和冗余等异常现象
价值(Value)丰富	包含时间、空间和历史等多维特征,具有很高的利用价值
可视化(Visualization)	交通态势和交通基础设施等可视化展现

3. 综合服务能力

智慧物流运输的成效最终体现在其综合服务能力上。由于汇集的数据越来越广泛、技术处理方式越来越先进、交通服务理念越来越人性化,智慧物流运输的服务范围和服务能力不断扩大和增强。在服务方面,智慧物流运输应重点提升以下5个方面的能力和水平。

提升政府决策者科学研判能力。通过对人、物、车、路、事件、基础设施和舆情等道路交通安全管理重点要素实施深度数据挖掘、多维分析和实时研判,开展舆情导控和高端应用,更好地服务于决策指挥、交通规划和社会民生。

提升交通管理者指挥服务能力。通过对公安监控资源、社会监控资源及动静态交通事件相关信息进行融合,提升道路事件实时管控能力;通过对重点驾驶人和重点车辆进行分类管控,提升交通源头动态监管能力;通过汇聚肇事逃逸、报废车、假牌套牌车、在逃人员和布控车辆的"黑名单"信息,提升打击犯罪维护治安能力;通过打造网上交警队,真正实现让数据多跑路、让群众少跑腿,提升社会化信息服务能力。

提升企业运营者营运管理水平。企业借助智慧物流运输系统实行科学的运营计划管理、运营调度管理、流量统计分析、车辆管理、线路管理、车场管理和人员管理,提高企业管理水平、运营效益及核心竞争力。

满足公众高效便捷多样化的出行需求。互联网+交通运输借助云计算、大数据和物联网等先进技术和理念,将互联网产业与传统交通运输业进行有效渗透与融合,形成具有线上资源合理分配、线下高效优质运行的新业态和新模式,不断提升公众出行的安全性、便利性和舒适性。

提升车辆辅助驾驶安全和智能化水平。交通安全作为交通的第一原则,越来越受到重视。高级辅助驾驶系统(ADAS)和V2X(车与万物互联)技术的发展和应用使车辆在行驶过程中更加智能和安全。通过ADAS和V2X可以超视距地获得车辆自身状况、实时路况、道路信息、行人信息和交通信号等一系列交通信息,配合车辆主动安全技术的智能性,在不增加驾驶员负担情况下,大幅提升行驶安全。

4. 交通指挥服务中心

交通指挥服务中心是城市交通运行管理的中枢,汇聚交管业务数据和社会数据,实现对交通运行状态的全面感知、态势预测、事件预警和决策支持。其主要任务包括以下内容。

整合各类交通视频和图像资源,依托警用地理信息系统对交警警力装备、监控设备交通安全设施等进行综合管理;对发生重大突发事件、涉车涉路警情事件进行应急处置,扁平化指挥调度。

围绕人、物、车、路、事件、基础设施和舆情等要素,汇聚交通管理海量数据,与交通、保监和农机等部门单位进行信息交互与数据共享,跨警种提供交通数据服务。

整合重点单位、重点车辆和重点驾驶人的基本信息和违法、事故信息,实时获取重点车辆位置信息,及时发现安全隐患,并进行预警处理。

整合道路交通信息资源,开展常态和应急状态下道路交通信息研判工作,为领导决策指挥提供重要依据,同时为道路交通规划建设提供指导。

依托互联网+交通管理平台,实施全媒体联动,发布实时路况和影响道路通行的事件信息,开展交通安全预警提示,为广大交通参与者提供交通安全信息告知、出行信息查询等服务;利用各方面信息资源,收集与交通管理有关的舆情,进行分析、研判,并及时进行正确的引导。

依托警力定位、视频监控、执法记录仪和警务通等各类系统,动态监管民警的执纪执法行为,实现日常业务监测分析、专案监督复查、举报投诉反查和专项业务整改等任务。

视频资料:
"智慧的路"配
"聪明的车"

4.5 电子商务下智慧运输的应用模式

4.5.1 互联网＋车货匹配

以互联网为桥梁,撮合运力和货物匹配,提升物流运输的资源配置的车货匹配成为互联网改造物流行业的新尝试。

车货匹配平台去除了中间利益支柱,使货主和车主能够直接接触和交易;解决了信息不对称的问题,使货主能够快速找到车,车主快速找到货,直接在手机上完成整个交易,并且可以预约,方便快捷,节约时间和成本,如图 4-3 所示。

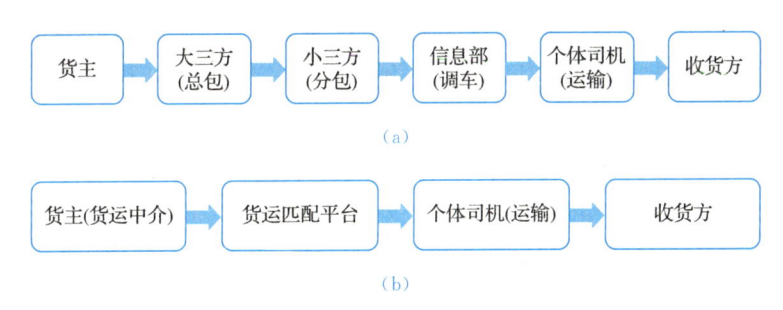

货主 → 大三方(总包) → 小三方(分包) → 信息部(调车) → 个体司机(运输) → 收货方

(a)

货主(货运中介) → 货运匹配平台 → 个体司机(运输) → 收货方

(b)

图 4-3 传统货运与车货匹配对比

"互联网＋"车货匹配主要有以下四种模式。

(1)基于互联网的 C2C 信息撮合

此模式即为在移动互联网兴起前大量存在的配货网站,如天骄快车等,它们大多以网站＋客户端的形式存在,服务于个体货代和司机间的车货信息撮合。由于无法监测成交情况,网站基本只能收取会员费,无力打通各项闭环和生态。因此,网站运营完全取决于推广能力和客户关系维护,大多是割据一方。当然也有试图走向全国的一点通、天下通,但都以失败告终。但不可否认,这类原始的"互联网＋"车货匹配方式在互联网早期信息技术极其落后的年代,还是发挥了一定作用。

(2)基于移动互联网的 C2C 信息撮合

随着智能手机的流行和移动互联网的兴起,车货匹配成为最早应用相关技术的行业。早期有百及的"车运宝"、传化的"e 配货"和林安的"我要物流",它们通过智能手机 App,将个体货代和司机位置匹配的物流信息进行撮合。因为与滴滴出行的模式相近,人们将该类产品称为"货运滴滴"。其实"货运滴滴"比"滴滴"早很多,只是因当时货车司机的手机拥有率太低而没能流行起来。

"货运滴滴"兴起于 2013 年下半年,这要归功于两件事情:其一是微信等的流行让智能手机在市场迅速普及;其二是"滴滴"的巨大成功,让资本看到"货运滴滴"的广阔前景。相关网站统计,截至 2014 年年底,全国约有 800 个车货匹配 App 出现,大量 App 获得资本的青睐,宣称拿到一亿美元以上融资的不在少数。

相比于第一种模式,"货运滴滴"在撮合的效率和成功概率上有较大的提升,但"货运滴滴"并不成功。2015年,车货匹配App开始出现关闭和转型潮,目前仍在市场上坚持这种模式的企业已经屈指可数。其主要原因是C2C撮合并不是交易的主流。其一,货运从货量、车型、运价上都是非标的,车货匹配不仅是"匹"更是"配"。其二,这个行业更多的是"熟关系"模式,线上的"撮合"只是对线下"熟关系"的效率补充,没有人会为赚取交易费用找陌生的司机而承担货运风险。其三,"货运滴滴"的目标是直接连接货主和车主,而货主的结算方式是账期结算(这是控制风险的方式之一),而司机是现金结算(这也是控制风险),这两者是不可逾越的。为解决这些问题,创新企业开始了B2B的模式转型。

(3)基于移动互联网的B2B模式

这种模式不再连接"货主(三方)—货代—司机"价值链的后半部分,而是连接前半部分,更贴近于物流的本质和交易特征。其"质"的进步主要体现在两个方面:首先明确了服务的客户是"货主(三方)";其次突出了"货运经纪人"的价值,即小型货代改称为"货运经纪人"。名称的变化凸显了"货运经纪人"在整条价值链中的作用——连接货商(三方)和个体司机的桥梁。货运经纪人作为一个群体,通过为司机提供货源,与司机打造较为稳定的连接。个体司机也更倾向于与"货运经纪人"合作,长此以往,货运经纪人逐渐有了自己的"运力池"。当货主(三方)的需求出现时,他们会根据"运力池"的情况进行预先报价,中标后再从运力池中找车运输。

"福佑卡车"是这一模式的代表,其流程如下:

①三方物流通过福佑卡车客户端下单询价。

②平台采用暗标的方式收集多个经纪人的报价。

③三方物流根据价格或信誉等选择经纪人。

④中标经纪人安排司机进行提货运输。

在这种模式中,由于采用竞价模式,三方物流可以选择更低的价格;同时,由于对司机和线路的了解,经纪人可以报出低价,以提高竞争力。最终的结果就是三方物流降低了成本,经纪人获得了更多交易的机会。从平台的角度讲,三方和"货运经纪人"相对于司机都是更可控的主体,"消失"的概率极小,所以平台也更愿意向另一方担保其中一方的行为。

(4)基于专线物流解决方案的运营整合

从目前货运的发展趋势看,第三种模式仍然存在两个问题:首先是只能解决整车的问题,而随着电商在我国流通业的比例不断增加,货物小型化带来的零担趋势愈发明显,整车的比例会越来越小。其次是仍然建立在"社会车辆"的基础上,忽略了"大车队""专线运输集约化"的趋势。

我国90%的货量是由专线完成的,绝大部分车货匹配的过程也是由专线来完成的。所以,提高专线的"车货匹配"能力,才是解决我国公路货运问题的关键点。提高专线的"车货匹配"能力要从以下方面入手。

①加强集约化和"两端平衡",提高匹配的空间维度。只有每天收到的货物更多,重货和抛货都达到一定的体量,专线才能实施更多、更优的车厢装载方案;同样,只有两端货量更加平衡,专线才能减少等待时间,形成对流。专线企业也会更多偏向于将稳定的货量部分交由自有车辆运输,从而获得更大的利润空间。同时,自有车辆也会进一步提高匹配效率。

②推广"卡航"(卡车航运)和"甩挂",提高匹配的时间维度。一方面,只有准时运输和更多的班次,才能形成"货等车",即像坐飞机一样,在"卡航"到来之前,准确地将货物准备好,这样的效率最高;而卡航的另一个方面就是甩挂,合理设置线路网点及甩挂组织形式,都会进一步提高匹配效率。

国内的天地汇等平台企业开始实践这样的车货匹配形式并且已经初见成效,车辆的使用效率得到极大提升:社会车辆平均月行驶里程约在 13 000 千米,该平台的车辆平均月行驶里程超过 25 000 千米,效率提升接近一倍。

4.5.2 互联网+多式联运

虽然多式联运在我国起步比较晚,还不够发达,但是互联网给我国的多式联运带来了后发优势。交通运输部和国家发改委自 2016 年起开展多式联运示范工程,第一批 16 个,第二批 30 个,第三批 24 个,已经有了 70 个示范工程项目。这项工作目的是推进物流降本增效,是国家的重大战略。多式联运的互联网化,需要通过构建多式联运的相关要素的透明连接来实现,其最终目的是实现多式联运的互联网化运作及管理。

1. 多式联运的透明连接

多式联运的透明连接涉及的范围很广,但需要以运输工具、联运枢纽、承运主体这三个方面的透明连接为基础。

运输工具的透明连接。多式联运互联网化的第一个挑战,就是运输工具的透明连接。运输工具的透明连接,其目的是要掌握每种运输方式的每一个运输工具的状态。公路运输方面,需要通过构建物流车联网来把握每一辆车的状态。所谓物流车联网,就是把车辆、司机、物流公司等运力要素透明连接起来所形成的网络。铁路运输方面,需要通过相关要素的透明连接,来把握每一次班列、每一节车厢(火车皮)的状态。这需要铁路运营部门做好透明连接的基础,然后将铁路运力的相关信息开放给多式联运的相关方。水路运输方面,水上运力相关要素的透明连接,需要船舶公司及远洋运输公司提供技术支持和数据运营支持,然后将相关信息开放给多式联运的相关方。航空运输方面,需要航空公司将货运航班信息传递给多式联运的相关方。每一种运输方式都自成体系,先要对每一种运输方式体系构建要素的透明连接,然后再将各种运输方式按照多式联运的运作管理需要进行透明连接。

多式联运枢纽的透明连接。建立多式联运枢纽的透明连接,有两个方面:一是枢纽内部的透明连接,二是不同枢纽之间的透明连接。枢纽内部的透明连接与物流园区的透明连接类似,目的是提升枢纽的服务能力,为多式联运的货物中转提供高效的服务。此外,需要建立枢纽之间的透明连接。多式联运中,货物需要通过一系列的枢纽,才能到达最终的目的地。每一个多式联运的枢纽需要接收从其他枢纽发运过来的货物,也需要将货物发往其他枢纽。把各个枢纽连接起来就是多式联运的网络。构建枢纽之间的透明连接,目的是方便各个枢纽准确预测将来的货物流量规模,也方便对货物进行追溯。基于多式联运枢纽的透明连接,再与运输工具进行透明连接,这样每一个多式联运的枢纽都可以准确预知在将来的一段时间内,有多少货物进港或出港,便于各个枢纽做好货物中转的计划。

承运主体的透明连接。多式联运涉及多个承运主体,需要构建承运主体之间的透明连接,以便于实现多式联运的协同。多式联运的承运主体有铁路运营公司、航空公司、远洋运输公司、港口运营公司及各种物流公司等。承运主体之间的透明连接,核心是主体之间的业务系统对接。例如,公路运输转铁路运输或水路运输时,需要将公路运输的业务单据传递给铁路运输承运人或水路运输承运人。从多式联运服务的完整性及连贯性要求来看,货主面对的可能是单一承运人,但需要其他相关承运人也要向货主提供业务执行过程的服务信息。所以,先得实现各个承运主体之间的业务系统对接,才能够保证服务的完整性及连贯性。

2. 多式联运的互联网化运作

多式联运的互联化运作基于数据驱动。因为没有任何一个单一主体或企业能全盘驾驭多式联运的资源和业务。比较科学的方式就是通过数据来驱动多式联运的运作和管理。

根据货源大数据来布局多式联运的网络。对当下的多式联运而言,一方面没有直接的货源大数据,所以需要通过透明连接来积累数据;另一方面需要通过间接的货源大数据来规划多式联运网络。当多式联运互联网化之后,就会有货源的相关数据,再基于数据来优化多式联运的网络布局。

根据数据来驱动多式联运的系统运转。因为在多式联运互联化的条件下,各个承运主体之间已经构建了透明连接,各种运输方式及联运枢纽之间已经构建了透明连接。只要货主向多式联运体系中的任意一个承运主体派发任务,就会在整个多式联运体系中产生连锁反应。于是,可以实现业务订单数据驱动多式联运流程,实现业务流程数据驱动多式联运资源,从而实现数据驱动多式联运的多方协同,实现多式联运的高效运作。

4.5.3 无车承运人

"无车承运人"由美国 TrackBroker(货车经纪人)这一词汇演变而来,指的是没有实际运输车辆,但从事承运业务的经营者以承运人身份接收托运人的货物,签发提单或其他运输单证,向托运人收取运费,通过实际运输经营者而完成货物运输,承担承运人责任的道路货物运输经营活动,是无船承运在陆地的应用和延伸。

相对于传统的货运关系中"货主+承运人"而言,无车承运人的角色具有双重性,对于上游货主而言是"承运人",对于下游实际承运人而言是"货主",但无车承运人与货运代理的本质区别在于无车承运人对货主要承担货运交付责任。

对无车承运人来说,有没有车不是关键,有没有承运能力、能否开展交易才是模式落地的关键,背后考验着企业行业背景和综合实力。可以说,无车承运人这一创新模式为传统公路物流运输带来了智能化、高效率的发展,解决了传统物流行业"小、散、乱、差"的局面,真正使货主有车可选,司机有货可运,具有广阔的应用场景和市场价值。无车承运人的最大优势是掌握货源、集聚货源,能够极大提高物流组织效率,节能减排效果明显。

2013年,交通运输部发布《关于交通运输推进物流业健康发展的指导意见》,正式确定了"无车承运人"的法律地位,并提出逐步完善相关法律法规,强化规范管理。随着2016年我国正式启动"无车承运人"试点工作,"无车承运人"模式在行业内多点开花,迎来黄金发展期,逐渐成为拉动物流行业的快速转型发展新动力。据不完全统计,到2018年年底,我国已有超过200家无车承运企业,且数量还在增加。

本章小结

物流运输是借助于运输工具在一定的交通线路上实现运输对象空间位移的有目的的活动,即在不同的地域范围间,以改变"物"的空间位置为目的的活动,是对"物"进行的空间转移。运输管理的目标是在满足客户服务水平的前提下,用最低的运输成本连接供货地点和客户。运输是物流的主要功能要素之一,可以创造"场所效用",是社会物质生产的必要条件之一,是"第三利润源泉"的主要源泉。运输具有产品储存功能和转移功能。运输原理包括规模经济原理、距离经济原理、速度原理、直达原理和适度集结原理等。智慧运输系统是指将先进的数据通信传输技术、电子传感技术、自动控制技术及计算机技术有效地集成运用于整个地面交通管理系统而建立的一种在大范围内、全方位发挥作用的,实时、准确、高效的综合交通运输管理系统。智慧运输系统的特点主要有:有效连接运输供应链的各要素、集成先进技术的智能系统和以数据为支撑进行全面控制。

现代化运输主要包括公路运输、铁路运输、航空运输、水路运输和管道运输五种基本方式,通过了解各种运输方式及其特点,掌握运输方式的选择与原则,有利于优化物流系统,合理组织物流活动。

运输合理化,就是在一定的产销条件下,货物的运量、运距、流向和中转环节合理,能以最适宜的运输工具、最低的运输费用、最少的运输环节、最佳的运输线路、最快的运输速度,将物资产品从原产地转移到规定地点。运输合理化的实现主要依赖于三个方面:一是运输方式的选择,这是实现运输合理化的基础;二是承运人运输路线的选择;三是车辆路线安排。影响运输合理化的因素主要包括运输时间、运输费用、运输环节、运输距离及运输工具。

智慧物流运输体系划分为运营管理、智能驾驶、交通管理、电子收费、交通信息服务、交通运输安全六个部分。智慧物流运输层次架构分为全面的动态感知网络、安全高效的数据体系、综合服务能力及交通指挥服务中心。

电子商务下的智慧物流运输的应用模式主要包括互联网+车货匹配、互联网+多式联运、无车承运人三种。

思考题

1. 什么是智慧运输?与传统运输相比,智慧运输体现出哪些特点?
2. 有哪些运输方式?不同运输方式的优缺点是什么?适用于哪些实际应用情况?
3. 通过互联网收集资料,分析我国当前智慧物流运输的现状及未来发展趋势。
4. 货拉拉是当前互联网+车货匹配模式的典型应用,请了解货拉拉的发展历程和现状,分析当前该模式如何开展智慧物流运输活动,讨论当前该模式存在的问题有哪些。

第 5 章

电子商务下的智慧仓储

学习目标 >>>

- 理解仓储的概念、作用、副作用及智慧仓储的概念和特点
- 掌握仓储入库、出库及在库保管的作业流程
- 重点掌握智慧仓储管理的内容及智慧仓储技术
- 掌握无人仓、智慧云仓在智慧仓储中的应用

5.1 仓储概述

5.1.1 仓储的定义

仓,仓库,是储存保管货物的建筑物和场所的总称,指存放物品的建筑物和场地,包括房屋建筑、大型容器及特定场地等。储,储存,是指收存以备使用。储存是对货品进行保存及对其数量、质量进行管理控制的活动。

仓储是指保护、管理、贮藏货物。与运输相对应,仓储主要以协调需求、供应在时间上的差异为目的,以充分实现产品的价值,满足社会需求。一般而言,仓储具有保管功能,即仓储保管。仓储主要是对流通中的商品进行储存,并加以检验、保管、加工、集散和转换运输方式,以解决供需之间和不同运输方式之间的矛盾,提供场所价值和时间效益,使商品的所有权和使用价值得到保护,加速商品流转,提高物流效率和质量,促进社会效益的提高。

仓储主要是从事利用仓库存放、储存未及时使用的物品的经济活动,即仓储是在特定的场所储存物品的经济行为。仓储活动主要包括储存和保管,而储存与保管是两个既有区别又有联系的概念。

储存,是指物品在从生产地向消费地的转移过程中,在一定地点、一定场所、一定时间的停滞。储存是物流的一种运动状态,是物品流转过程中的一种作业方式。在储存过程中实现对物品的检验、保管、流通加工、集散、转换运输方式等多种作业。物品的储存不一定在仓库中,也有可能储存在流动的汽车上等场所。在储存过程中,物品由于本身的自然属性及外界因素的影响,随时会发生各种各样的变化,从而降低物品的使用价值甚至丧失其使用价

值。它是物流系统的一个核心功能,在物流系统中起着缓冲、调节和平衡的作用。储存的目的是克服产品生产与消费在时间上的差异,使物资产生时间效果实现其使用价值。储存可使商品在最有效的时间段发挥作用,创造商品的"时间价值"。利用仓储这种"蓄水池"和"调节阀"的作用,还能调节生产和消费的失衡,消除过剩生产和消费不足的矛盾。

保管,是研究物品性质及物品在储存期间的质量变化规律,积极采取各种有效措施,创造一个适宜物品储存的条件,维护物品在储存期间的安全,保证其质量,最大限度地降低物品的损耗。因此,保管是储存的延伸,主要目的在于防止外部环境对所储存物品的侵害,保持物品的性能完整无损。

货物的仓储保管与运输不同,主要发生在物流网络的节点处,处于相对静止的状态。据估算,仓储保管和装卸搬运成本约占物流总成本的1/4。仓储的前后两端都由"运输"来连接,它以货物的进库为起点,以货物的出库为终点。在货物整个物流过程中,仓储通常占用了最长的时间,并因此需要进行相应的养护、适当的进出库管理、适当的仓库管理等,以防止出现交接差错、货物变质。

5.1.2 仓储的作用

仓储的具体作用主要表现为以下几个方面:

(1)物流的主要功能之一。在物流的过程中,改变"物"的时间状态是由仓储来承担的,在物流系统中,运输和仓储保管是并列的两大主要功能要素,被称为物流的两大支柱。

(2)社会物质生产和生活顺利的必要条件。仓储可以调节供需矛盾,如调节产品周期性与消费者需求稳定性之间的关系,或者通过仓储平衡需求与供给;仓储可以对运输进行调节,产品从生产地向销售地流转,主要依靠运输来完成,但不同的运输方式在运向、运程、运量及运输线路和运输时间上都存在着差距,两种运输方式一般不能直达目的地,需要在中途改变运输方式、运输线路、运输规模、运输方法和运输工具,及为协调运输时间和完成产品的倒装、转运、分装、集装等物流作业,需要在产品运输中途停留,仓储可以起到协调各运输方式间运输能力差距的作用。

仓储的作用可以被认为是"蓄水池"的作用,在供过于求时,起着蓄积供应货物、延缓供应时间的作用;在供不应求的时期,起着调剂供应不足的作用。在信息化时代,就仓储环节而言,尽管需求、仓储和供应之间信息流通发生障碍的可能性越来越少、障碍发生的程度越来越小,但由于未来的不确定性,仓储的作用仍然非常重要。仓储的盲目性减少了,人们就能有效控制仓储的规模,降低仓储环节的费用,使仓储的目的性更加明确,更具有针对性。如遇雨季时,蓄水池(水库)常常面临两难的选择:在蓄水量达到一定规模后,是继续蓄水还是开闸泄水?如果继续蓄水,则上游持续大量来水时,将可能带来毁灭性的后果;如果不再蓄水,干旱季节可能无水可用,造成供应短缺。在决定蓄水池(水库)的蓄水量时,良好的信息支持显然能很好地掌握上下游实时情况,从而更好地指导工作。现代的仓储常常面临类似的问题。

(3)创造时间价值。物流系统的作用,归根结底就是要保证社会经济生产、生活的顺利进行,即在需求、供给都存在的情况下,实现供给与需求。也就是说,要改变货物的空间/时间状态,帮助货物实现其价值和使用价值。改变空间状态的任务主要由运输完成,而改变时间状态的任务则主要由仓储完成。通常,企业创造产品或服务有四种价值,分别是形态价值、时间价值、空间价值和占有价值。而仓储主要创造时间价值。

（4）创造利润。供求关系的改变必然影响产品的价格。在供不应求时，产品价格将比供过于求时高得多。事实上，由于仓储具有这一特点，从利润获取的角度看，它也常常成为企业"第三利润源泉"的重要组成部分。仓储作为一种停滞，时刻有冲减利润的趋势，在"存"的过程中使用价值降低，各种仓储成本支出又必然起到冲减利润的作用。

有了仓储保证，可以免除加班赶工，省去了增大成本的加班赶工费。

有了仓储保证，无须紧急采购，不致加重成本使利润减少。

有了仓储保证，就能在有利时机进行销售，或者在有利时机购进，这当然增加了销售利润，或者减少了购入成本。

当然也要认识到，仓储是大量占用资金的一个环节，仓库建设、维护保养和进库出库又要耗费大量人力、物力和财力，仓储过程中的各种损失，也是很大的消耗。因而，仓储中节约的潜力也是巨大的。仓储的合理化可减少仓储时间、降低仓储投入、加速资金周转，以依靠低成本来增加利润。

（5）检验作用。在物流过程中，为了保障商品的数量和质量准确无误，分清责任事故，维护各方面的经济利益，要求必须对商品及有关事项进行合格检验，以满足生产、运输、销售以及用户的要求，仓储为组织检验提供了场地和条件。

（6）集散作用。仓储把生产单位的产品汇集起来，形成规模，然后根据需要分散发送到消费地去。通过一集一散，衔接产需，均衡运输，提高物流速度，如图5-1所示。

（7）配送作用。配送是指根据用户的需要，对商品进行分拣、组配、包装和配发等作业，并将配好的商品送货上门。仓储的配送功能是储存保管功

图5-1　仓库集散作业

能的外延，提高了储存在社会服务方面的效能，即确保储存商品的安全，最大限度地保持商品在储存中的使用价值，减少保管损失，如图5-2、图5-3所示。

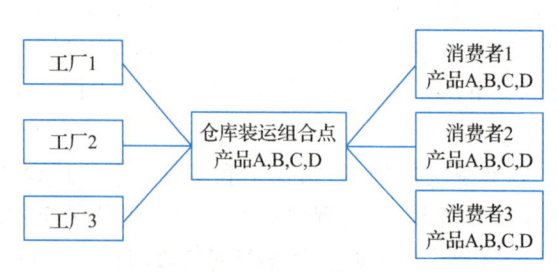

图5-2　仓库分拣作业

图5-3　仓库组配作业

5.1.3 仓储的副作用

仓储是一种必要的活动。但由其特点决定,也经常存在冲减物流系统效益、恶化物流系统运行的趋势。所以有人甚至明确提出,仓储中的"库存"是企业的癌症,主要原因在于仓储的代价太高:

(1)固定费用支出。库存会引起仓库建设、仓库管理、仓库员工福利等费用开支增加。

(2)机会损失。仓储货物占用资金所付之利息,以及这部分资金如果用于另外项目可能会有更高的收益,所以,利息损失和机会损失都是很大的。

(3)陈旧损失与跌价损失。货物在库存期间可能发生各种物理、化学、生物、机械等损失,严重时会失去全部价值及使用价值。随仓储时间的增加,存货无时无刻不在,一旦错过有利的销售期,就不可避免出现跌价损失。

(4)保险费支出。近年来为分担风险,我国已开始对仓储物采取投保缴纳保险费方法,保险费支出在有些国家、地区已经达到相当大的比例。在网络经济时代,社会保障体系和安全体系日益完善,这个费用的支出还会呈上升的趋势。

(5)进货、验收、保管、发货、搬运等可变费用。

(6)仓储可能增加企业经营风险。不适当的仓储可能导致成本上升。在货物价值一定的情况下,无论增加什么工作环节,都会导致成本的上升,仓储也不例外。同时,仓储还将导致占用流动资金,影响企业的正常运作。仓储的风险不仅表现在增加了成本、占用了流动资金,而且也表现为仓储品的价值减少。一方面,仓储过程中货物将出现有形损耗,同时也可能出现无形损耗。这在高新技术行业尤其明显,如计算机产品,近年来降价很迅速;另外,如食品类,存在有效期,过了有效期,货物就失去了价值。

上述各项费用和风险都是影响企业效益的重要因素,再加上在企业运营过程中,仓储对流动资金的占用高达40%~70%,在非常时期,有的企业库存竟然占用了全部流动资金,使企业无法正常运转。因此,有些经济学家和企业家将其看成"洪水猛兽",看成企业的负担或包袱。

无论是褒扬还是贬低,都不能根本改变现代社会需要仓储这一现实,相反却证实了仓储有利和有害的两重性。仓储好比一把双刃剑,既要看到其有利的一面,也必须积极防止其有害的一面。物流科学的研究,就是要在物流系统中充分发挥仓储有利的一面,而遏制其有害的一面。

5.1.4 智慧仓储的概念与特点

1. 智慧仓储的概念

智慧仓储是智慧物流的重要节点,是仓储数据接入互联网系统,通过对数据的提取、运算、分析、优化、统计,再通过物联网、自动化设备、仓储管理系统(WMS)、仓库控制系统(WCS),实现对仓储系统的智慧管理、计划与控制。

智慧仓储系统是智慧仓储的实现形式,是由仓储设备系统、信息识别系统、智能控制系统、监控系统、信息管理系统等两个或更多个子系统组成的智能自动执行系统,具有对信息进行智能感知、处理和决策,对仓储设备进行智能控制和调度,自动完成仓储作业的执行与流程优化的功能。

"互联网+"的兴起,使智慧仓储成为仓储业发展的热点。社会日益增长的仓储需求,依靠传统仓储管理和运作模式难以及时、准确进行处理,从而推动着仓储管理向自动化、智能化发展,物联网是智慧仓储的技术基础,物流需求的不断增长,促使物联网技术在物流业应用不断深入。物联网与云计算、大数据、移动互联网等现代信息技术的不断融合,形成了一个适应物联网发展的技术生态,呈现出多种技术联动发展的局面。

物联网技术为智慧仓储系统的设计提供了一种架构,使智慧仓储系统具有了信息感知、数据传输和信息运用的功能;智能机器人的应用,能够提高仓储系统的自动化水平,机器人的协调是实现自动化仓储的基础;智能算法能够有效处理仓储信息,提高作业的准确率和效率,其中智能算法的动态适应性是研究难点;智能控制技术使仓储设备具有了决策和执行的能力,能够更好地适应各类复杂的工作环境和更高的工作强度,是仓储智能化的基础之一,智慧仓储能够有效利用仓储信息,提高仓储任务分配和执行的效率,优化仓储作业流程,节约人力和物力,为管理者提供辅助决策依据。智慧仓储设备的应用使人与仓储设备之间的交互更加便捷,减少人为操作错误,提高工作人员的操作准确率。智能优化算法和智能控制技术的使用在保证仓储作业效率的基础上,通过对仓储设备和人力、物力的合理调配,能够有效降低能耗,节约成本,合理保持和控制企业库存。仓储信息的流通性得到加强,供应链上、下游的衔接能够更加畅通,对企业的发展大有裨益。

2. 智慧仓储的特点

(1)仓储管理信息化

在仓储作业中,会产生大量的货物信息、设备信息、环境信息和人员信息等,如何实现对信息的智能感知、处理和决策,利用信息对仓储作业的执行和流程进行优化,实现仓储管理信息化,是智慧仓储研究的重点之一。智慧仓储是在仓储管理业务流程再造基础上,利用RFID射频识别、网络通信、信息管理系统及大数据、人工智能等技术,实现入库、出库、盘库、移库管理的信息自动抓取、自动识别、自动预警及智能管理功能,以降低仓储成本、提高仓储效率、提升仓储智慧管理能力。

(2)仓储运行自动化

仓储运行自动化主要是指仓储运行的硬件部分自动化,如:自动化立体仓库系统、自动分拣设备、分拣机器人及可穿戴设备的应用。自动化立体仓库里面又包括立体存储系统、穿梭车(Shuttle)等的应用,分拣机器人主要如关节机器人、机械手、蜘蛛手的应用。智慧仓储设备和智能机器人的使用能够提高作业的效率,提高仓储运行的自动化水平。智能控制是在人干预的情况下能自主地驱动智能机器实现控制目标的自动控制技术。对仓储设备和机器进行智能控制,使其具有像人一样的感知、决策和执行的能力,设备之间能够进行沟通和协调,设备与人之间也能够更好地交互,可以大大减轻人力劳动的强度,提高操作的效率。自动化与智能控制的研究应用是最终实现智慧仓储系统运作的核心。

(3)仓储决策智慧化

仓储决策智慧化主要是互联网技术,如:大数据、云计算、AI、深度学习、物联网、机器视觉等在仓储中的广泛应用。利用这些数据和技术进行商品的销售和预测,智能库存的调拨,及对个人消费习惯的发掘,能够实现根据个人的消费习惯进行精准的推荐。目前技术比较成熟的企业,如京东、菜鸟等已运用大数据进行分拣。在仓储管理过程中,各类仓储单据、报表快速生成,问题物流实时预警,特定条件下货物自动提示,通过信息联网与智能管理,形成统一的信息数据库,为供应链整体运作提供可靠依据,是仓储决策智能化的实现目标。

5.2 物流仓储管理业务流程

仓储作业主要包括物资的入库、储存保管和出库三个阶段,它们相互衔接,共同实现仓库的所有功能。

入库是前提,出库是目的。入库是仓储作业的开始,是货物储存保管工作的条件;储存保管是为了保持货物的使用价值不变,衔接供需;出库则是仓储作业的结束,是货物储存保管工作的完成,是仓储目标的实现。仓储作业流程如图5-4所示。

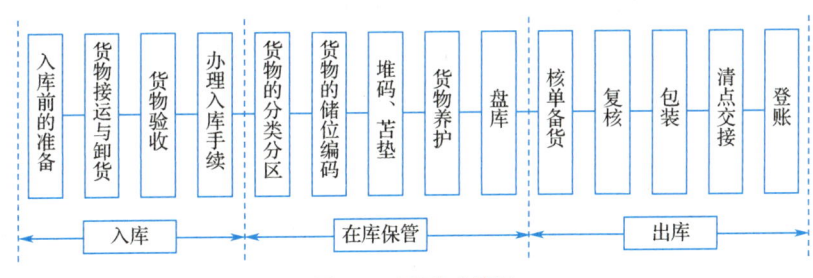

图 5-4　仓储作业流程

5.2.1 仓储入库作业

1. 入库前的准备

入库前的准备工作主要有以下几项。

(1)编制计划。进货计划主要包括货物的进货时间、品种、规格、数量等。仓储部门应根据货物情况,结合仓库本身的情况,根据仓库业务操作过程所需要的时间来编制计划,并将计划书下达到相应的各作业单位和管理部门。

(2)组织人力。组织人力指按照物品到达的时间、地点、数量等预先做好到货接运、装卸搬运、检验、堆码等人力的组织安排。

(3)准备设备及器具。根据入库物品的种类、包装、数量等情况及接运方式,确定搬运、检验、计量等方法,配备好所用车辆、检验器材、度量衡器及装卸搬运、堆码的工具及必要的防护用品用具等。

(4)安排货位。按照入库货物的品种、性能、数量、存放时间等,结合物品的堆码要求,核算占用货位的面积,以及进行必要的腾仓、清号、打扫、消毒、准备好验收场地等。

(5)备足苫垫用品。根据入库物品的性能、储存要求、数量和保管场地的具体条件等,确定入库货物的堆码形式和苫盖、下垫形式,准备好苫垫材料,以确保物品的安全和避免以后的重复工作。

(6)验收准备。仓库理货人员根据货物情况和仓库管理制度,确定验收方法,准备验收所需要的点数、称量、测试、开箱装箱、丈量、移动照明等器具。对于一些特殊货物的验收,例如有剧毒的物品、腐蚀物品、放射物品等,还要准备相应的防护用品。

(7)制定装卸搬运工艺。根据货物、货位、设备条件、人员等情况,科学合理地制定卸车搬运工艺,保证作业效率。

(8)准备文件单证。仓管员对货物入库所需的各种报表、单证、账簿要准备好,以备使用。不同仓库、不同货物的业务性质不同,入库准备工作也有所区别,需要根据具体情况和仓库管理制度做好充分准备。

2. 货物接运与卸货

货物接运与卸货主要指以下两个方面。

(1)货物接运。由于接运工作是仓库业务活动的开始,因此接运工作好坏直接影响货物的保管质量好坏,应避免将一些在运输过程中或运输前就已经损坏的货物带入仓库。同时,接运工作直接与货物承运方接触,因此做好接运工作必须熟悉交通运输部门的规章制度。货物接运方式主要包括车站(码头)接货、专用线接货、仓库自行接货和库内接货四种方式。

(2)卸货。卸货方式通常有人工卸货、输送机卸货和叉车卸货等。在卸货过程中,为了作业安全与方便,常采用可移动式楔块、升降平台、车尾附升降台和吊钩等设施辅助卸货作业。

3. 货物验收

货物验收是按照验收业务作业流程,核对凭证,对入库货物进行数量和质量检验并办理入库手续等活动的总称。货物验收可以确保入库货物数量准确和质量完好,是确保入库货物质量的重要步骤。

(1)核对凭证。核对凭证即核对货主提供的收货凭证(入库通知单和订货合同副本)、供应商提供的验收凭证(材质证明书、装箱单、磅码单、发货明细表、保修卡、合格证等)、承运单位提供的运单(提货通知单、货运记录、普通记录及公路运输交接单等)。入库通知单、订货合同要与供货单位提供的所有凭证逐一核对,相符后才可以进行实物检验;若出现凭证不齐全或数据项不符等情况,要与存货单位、供货单位及承运单位和有关业务部门及时联系解决。

(2)实物检验。实物检验指根据入库通知单和有关技术资料对实物进行数量检验和质量检验。数量检验应根据入库凭证中规定的计量单位进行,由仓库保管职能机构组织进行。按货物性质和包装情况,数量检验分为计件、检斤和检尺求积三种形式,如竹材、砂石、木材等,先检尺,后求体积。质量检验有四种形式:外观检验、尺寸检验、机械物理性能检验和化学成分检验。仓库一般只做前两种检验,后两种检验则由仓库技术管理职能机构取样,委托专门检验机构检验。

4. 办理入库手续

货物验收合格后可办理入库手续,由仓库保管员填写入库通知单。入库单据必须具备四联:送货回单、储存凭证、仓储账页和货卡,且须附上检验记录单、磅码单、产品合格证、装箱单等有关资料凭证,用于证实入库货物已经检验合格,可以正式入库保管。

(1)记账。为了保证货物数量能准确反映其进、出、存情况,保管业务部门要建立详细反映库存货物进、出和结存的货物明细料账,用以记录库存货物的动态,并为对账提供依据。货物明细料账,是根据货物入库验收单及有关凭证建立的货物保管明细台账,并按入库货物的类别、品名、规格、批次等,分别立账。它是反映在库储存货物进、出、存动态的账目。

（2）立卡。货物入库或上架后,将货物名称、规格、数量或出入状态等内容填在货卡上,称为立卡。货卡又称为料卡、货物验收明细卡,插放在货物下方的货架支架上或摆放在货垛正面的明显位置,能够直接反映该垛货物品名、型号、规格、数量、单位及进出动态和积存数。按照其作用不同,货卡可分为货物状态卡、货物标识卡、货物存储卡等。

（3）建档。建档就是将货物入库作业过程的重要资料进行整理和核对,建立相应的货物资料档案。货物档案要求一物一档,并对货物统一编码和保管。存档资料主要包括:出厂时的凭证和技术资料,运输资料、凭证,入库验收的凭证和资料,在库保管期间的记录,货物的出库凭证及其他有关资料。某种货物全部出库后,除了必要的技术证件必须随货同行不能抄发外,其余均应留在档案内,并且将货物出库证件、动态记录等整理好一并归档。

5.2.2 仓储出库作业

1. 货物出库的基本要求

货物出库要做到"三不三核五检查"。"三不"是指未接单据不翻账、未经审单不备货、未经复核不出库;"三核"是指在发货时,要核实凭证、核对账卡、核对实物;"五检查"是指对单据和实物要进行品名检查、规格检查、包装检查、件数检查、重量检查。货物出库要求严格执行各项规章制度,提高服务质量,使客户满意,杜绝出现差错。

2. 货物出库方式

出库方式是指仓库以怎样的方式将货物交付给客户。货物出库的方式主要有送货、自提、过户、取样和转仓,选用哪种方式出库,要根据具体条件,由供需双方事先商定。

（1）送货是指仓库根据货主单位的出库通知或出库请求,通过发货作业把应发货物交由承运方送达收货单位或使用仓库自有车辆把货物运送到收货地点的一种出库方式。

（2）自提是指由提货人按货主所填制的发货凭证,用自备的运输工具到仓库提取货物。仓库会计人员根据发货凭证开出货物出库单。仓库保管人员按上述证、单配货,经复核人员逐项核对后,将货物当面交给提货人员,在库内办清交接手续。

（3）过户是指货物并未实际出库,仅通过转账变动其所有权的一种发货方式。货物过户时,仓库必须根据原货主填制的正式发货凭证,才给予办理过户手续。

（4）货主由于商检或样品陈列等需要,到仓库提取货样(通常要开箱拆包、分割抽取样本)。仓库必须根据正式取样凭证发出样品,并做好账务记载。

（5）转仓是指某些货物由于业务上需要或保管条件的要求,必须从甲仓库移到乙仓库储存的一种发货方式。这些货物出仓是根据仓库填制的货物移仓单进行发货的。

3. 出库业务程序

（1）出库前的准备

出库前的准备工作主要包括计划工作,出库货物的包装和标志、标记工作两方面。

计划工作即根据货主提出的出库计划或出库请求,预先做好货物出库的货位、机械设备、工具及工作人员等各项安排,以提高出库的效率。

出库货物的包装和标志、标记工作。发往外地的货物,需经过长途运输,包装必须符合运输部门的规定,如捆扎包装、容器包装等;如果成套的器械、器材发往外地,必须事先做好货物的清理、装箱和编号工作,在包装上挂签(贴签)、书写编号和发运标记(货物的去向),以免错发和混发。

(2)出库程序

核单备货。在接到出库凭证后,出库首先应对出库凭证进行审核:审核凭证的合法性、真实性;审核出库凭证手续是否齐全,内容是否完整;核对货物的品名、型号、规格、单价、数量等有无差错;核对收货单位、到站、开户行和账号是否齐全和准确。凡在证件核对中,有物资名称、规格型号不对的,印鉴不齐全,数量有涂改,手续不符合要求的,均不能发货出库。以上内容核对无误后,在货账上填写预拨数后,将出库凭证移交给仓库保管人员,经复核无误后,即可开始备货工作。备货时应遵循"先进先出"的原则,易霉易坏的先出,接近失效期的先出。

复核。为了避免和防止备货过程中可能出现的差错,备货后应进行复核,以防止错发、漏发、重发等事故的发生。复核的内容包括:查看货物数量是否准确,查验货物出库所应附的技术证件及凭证是否齐全,核对货物的品名、规格是否相符,检查货物的包装质量是否能满足运输要求等。

出库的复核形式主要有专职复核、交叉复核和环环复核三种。专职复核是指由仓库设置的专职复核员进行复核;交叉复核是由两名发货保管员对对方所发货物进行照单复核,复核后应在对方出库单上签名以与对方共同承担责任;环环复核是指发货过程的各道环节,如查账、付货、检斤、开出门证、出库验收、销账等各环节,对所发货物的反复核对。

包装。为了保障货物运输过程中的安全性,出库货物一般需要重新包装或加固包装。出库货物的包装必须完整、牢固,标记必须正确清楚。货物包装破损不能出库,包装容器上有水渍、油迹、污损,也不能出库。出库货物如需托运,包装必须符合运输部门的要求,选用适宜的包装材料,使其重量和尺寸便于装卸和搬运,以保证货物在途安全。另外,互相影响或性能互相抵触的货物严禁混合包装在一起。包装完毕后,外包装上要注明收货人、到站、发货号、发货总件数、发货单位等。

清点交接。货物经过复核和包装后,无论是客户自提,还是交付承运方发送,发货人员必须将货物向提货人或运输人员当面交点清楚,划清责任。需要送货或办理托运的,应由仓库保管部门移交运输部门;如果是用户自提方式,则将货物和单据当面点交给提货人。在得到提货人员的认可后,在出库凭证上加盖"货物付讫"印戳,同时给提货人员填发出门证,门卫按出门证核验无误后方可放行。

登账。点交后,保管员应在出库单上填写实发数、发货日期等内容,并签名,然后将出库单连同有关证件资料交给货主,以便货主办理货款结算。保管员把留存的一联出库凭证交实物明细账登记人员登记做账,将留存的提货凭证、货物单证、记录、文件等归入货物档案,将已空出的货位标注在货位图上,以便安排货物。

5.2.3 仓储在库保管作业

1. 货物的保管与养护

入库货物的保管是指仓库针对货物的特性,结合仓库的具体条件,采取各种科学手段对货物进行养护,防止和延缓货物质量变化的行为。货物养护是指货物在储运过程中所进行的保养和维护。从广义来说,货物离开生产领域,在进入消费领域之前,这一段过程的保养与维护都称为货物养护。

货物只能在一定时期内,在一定条件下,保持其质量的稳定性。经过一定时间,就会发生质量变化。货物保养防护的目的在于保持库存货物的使用价值,最大限度地减少货物的自然损耗,杜绝因保管不善而造成的货物损害,防止造成货物损失。保管人员有义务对仓储货物进行妥善保管,这也是仓储合同赋予仓储保管人员的责任。由于保管不善所造成的损失,保管人员要承担赔偿责任。

货物养护是一项技术性非常复杂的工作,概括起来说,就是对货物"防"与"治"的问题。在货物养护过程中,应贯彻以防为主、防重于治的方针。"防"的措施得当,储运货物就不会出问题或少出问题。"治"是货物出现问题后采取救治的办法。如果货物有问题不治,那么,受害的范围就会不断地扩大。"防"与"治"是货物养护不可缺少的两个方面。

2. 仓储盘点

由于货物在仓库中不断装卸搬运和进出库,其库存账面数量容易与实际数量产生不符。有些货物因存放时间过久、保管措施不恰当等,致使货物变质、丢失等。为了及时有效地掌握货物的储存状况,需要对在库货物进行清点盘查,即盘点工作。通过盘点,可以核实货物的实际库存数量及企业资产的损益情况,了解存货周转率及货物保管、养护的情况,发现仓库保管中存在的问题,有助于提高货物的在库管理水平。

(1) 盘点方法

盘点货物的方法主要有以下几种。

①重点盘点法是指对进出频率高的,或者容易损耗的,或者昂贵的货物进行盘点。这种方法的优点是控制重点物资的变化,严防出现差错。

②循环盘点法是每天、每周按顺序盘点一部分货物,到月末或期末每项货物至少完成二次盘点的方法。这种方法不妨碍仓库的日常运营,所需的时间和人员都比较少,发现差错也可及时分析和修正。

③不定期盘点,又称临时盘点,是指事先未规定日期,而是根据需要临时对货物、物资所进行的盘点。不定期盘点主要在货物调价、人员调动、遭受自然灾害或意外损失、发现差错及贪污盗窃、上级主管部门检查的情况下进行,不定期盘点的范围一般是局部盘点,必要时也可进行全部盘点。通过不定期盘点,可及时发现仓库保管中存在的问题。

④定期盘点法,又称期末盘点,是指在期末一起清点所有货物数量的方法。定期盘点必须关闭仓库做全面性的货物清点,因此,对货物的核对十分方便和准确,可减少盘点中不少错误,简化存货的日常核算工作。缺点是关闭仓库,停止业务会造成损失,加大了期末的工作量;不能及时反映存货收取、发出和结存的动态,不便于工作人员掌握情况;容易掩盖存货管理中存在的自然和人为的损失;不能随时结算成本。

(2) 盘点结果的处理

货物盘点差异原因追查清楚后,应针对主要原因进行调整与处理,制订解决方案。

①依据仓储管理绩效,对负责人员进行奖惩。

②对废品、次品、不良品减价的部分,通常视为盘亏。

③盘点发现的存货周转率低、占用金额过大的库存货物应设法降低库存量。

④盘点工作完成后,发生的差错、呆滞、变质、盘亏、损耗等,应迅速处理,并避免再次发生。

⑤呆滞品比率过大,应设法降低呆滞品比率。

⑥货物盘点时发现货物在价格上有出入,经主管部门审核后,利用盘点盈亏和价目增减表格更正过来。

5.3 智慧仓储管理

5.3.1 仓储管理的内容

仓储管理就是对仓库及仓库内的物资所进行的管理,是仓储机构为了充分利用所具有的仓储资源,以提供高效的仓储服务所进行的计划、组织、控制和协调过程。具体来说,仓储管理包括仓储资源的获得、仓储商务管理、仓储流程管理、仓储作业管理、保管管理、安全管理等多种管理工作及相关的操作。

仓储管理的内涵随着其在社会经济领域中的作用不断扩大而变化。仓储管理,即库管,是指对仓库及其库存物品的管理。仓储系统是企业物流系统中不可缺少的子系统。物流系统的整体目标是以最低成本提供令用户满意的服务,而仓储系统在其中发挥着重要作用。仓储活动能够促进企业提高用户服务水平,增强企业的竞争能力。现代仓储管理已从静态管理向动态管理发展,产生了根本性的变化。

我国仓储管理经历了三个发展阶段。第一阶段是简单仓储管理。这是在仓库出现初期,生产力低下,发展缓慢,库存数量和品种少,仓库结构简单,设备粗陋,因此该阶段管理工作主要是产品入库的计量及保管好库存物资。第二阶段是复杂仓储管理。随着生产水平的提高,特别是机器生产代替手工生产之后,库存产品数量增多、品种复杂、产品性质各异,对储存条件提出了不同的要求,这一阶段仓储管理的内容范围扩大,除了单纯的储存和保管物资的场所,还增加了产品的分类:挑选、整理、加工包装等活动。第三阶段是现代化智慧仓储管理。随着科学技术的进步,特别是计算机的出现和互联网的广泛应用,给仓储带来了一系列的重大变化,这一阶段的仓储已经不是原来意义上的仓储,而是成为一个经济收益巨大的货物配送中心。

仓储管理是指对仓库和仓库储存的物资进行管理。这种对仓库和仓库中储存的物资的管理工作,是随着物资的品种多样化和仓储作业过程、技术设备的科学化而不断变化发展的。

仓储管理的对象是仓库及库存物资,具体管理内容包括以下几个方面。

(1)仓库的选址和设计问题。仓库选址的原则、仓库建筑的面积、格局的设计、仓库内部运输道路与作业流程的布置等。

(2)仓库机械设备的选择与配置问题。合理地根据库存货物的种类和仓库作业的特点,确定机械设备及配备的数量,提高仓储作业效率。

(3)仓储作业过程管理。仓库作业过程,简单来说包括组织物资的入库验收、物资的存放、在库物资保管保养、物资的出库等相关工作的管理。具体的作业流程如图5-5所示。

```
入库作业              存储保管              出库作业
1. 验收准备      →    1. 确定保管方式   →   1. 核对凭证
2. 核对凭证           2. 货品维护保养        2. 备货包装
3. 实物校验                                  3. 出货验收
4. 入库交接
```

图 5-5　仓库具体作业流程

(4)仓库的库存管理问题。过多的库存会占用大量的流动资金,而且会增加保管储存的费用。根据企业生产及客户需求状况,对库存的物资进行分类,合理确定每类物资的储存数量和时间,既不因物资储存过少而引起缺货损失,又不因物资储存过多而占用过多的流动资金,增加成本。

5.3.2　智慧仓储管理的内容

1. 智能分仓

智能分仓是指通过大数据分析,掌握用户消费需求特点及需求分布,提前将需求物品预置到离用户最近的仓库中,实现智能预测、智能选仓、智能分套,减少库存及配送压力,给商家提供完全无缝连接的智能补货能力,实现分拣和调拨的有序。

智能分仓的实现过程如下:

(1)基于商品的大小、重量、离消费者的路径调动智能路由,获取相关的履行路由的路径和线路,拿到线路后可能有很多的候选集。

(2)对履行成本的决策,即基于时效、成本的综合决策来选择最终的调度方案。

(3)通过平台来调度物流资源的服务商。

(4)把所有数据记录下来,输入供应链管理平台,实现对商家需求能力的计划及供给计划的优化,让商家能够更好地进行销量预测,对仓储选择、品类规划进行优化,把商品推送到离消费者最近的货仓。

2. 智能货位布局

在仓储物流管理中,要想用有限库容和产能等资源达到高出库效率,需要精心安排商品库存分布和产能调配,仓储货位分布将变得尤为重要。主要依据以下方面进行货位布局。

(1)热销度。应用大数据分析技术,预测商品近期热销程度。将热销商品(出库频次高的商品)存储于距离出库工作台近的位置,降低出库搬运总成本,同时提升出库效率。

(2)相关度。针对海量历史订单进行数据分析。不同商品同步下单的概率存在一定的耦合性,根据这种商品相关度的分析发现商品之间的存储规律,令相关度高的商品存储于相同货架,优化拣货路径,减少搬运次数,从而节省仓储设备资源,提高机器人工作效率。京东通过应用机器学习算法和遗传算法等优化算法,计算得出最优商品组合,即哪些商品存储在一起,能使得仓内货架整体内聚度(货架上商品之间相关度)最高。

(3)分散存储。应用运筹优化等技术,追求全仓库存最大限度分散,将相同或相似商品,在库区进行一定程度的分散存储,从而避免由于某区域暂时拥堵影响包含该商品订单出库,这样可以随时动态调度生产,实时均衡各区生产热度。

将以上原则制定为最优库存存储规则,一旦由于因素变化(比如热销度变化、相关度变化)或货架上商品库存变化等,系统会自动调整库存分布图,并对出库、入库、在库作业产生相应的最优决策指导。自动导向车(AGV)小车将自动执行相应搬运指令,将对的货物(库存)送至对的位置,完成库存分布的动态调整。

3. 仓库动态分区

当订单下传到库房后,如果没有一个合理的订单分区调度,可能会带来不同区域订单热度不均的问题,这个问题会导致以下两个现象:一是各区产能不均衡,从而导致部分区域产能暂时跟不上;二是部分区域过于拥挤,从而导致部分区域出库效率混乱且效率较低。

为解决这个问题,需要实时动态分析仓库订单分布,应用分区技术,动态划分逻辑区,从而达到各区产能均衡的目的,使得设备资源利用率达到最大化和避免拥堵,进而提升仓库整体出库效率。

4. 作业资源匹配与路径规划

当仓储管理系统(Warehouse Management System,WMS)从企业资源计划(ERP)系统接收客户订单时,运用生产调度运筹优化模型,建立仓内货架、拣选设备、出货口等供需最优匹配关系,合理安排作业任务,使得全仓整体出库效率达到最大化。

当作业设备接收搬运指令时,要将货物快速准确送达目的地,需要规划合理最优路径。应用大数据等技术,协调规划全仓作业设备整体搬运路线,使得全仓作业设备有条不紊地进行,最大限度减少拥堵。

5.3.3 智慧仓储技术

1. 自动化立体仓库 AS/RS

自动化立体仓库 AS/RS(Automated Storage and Retrieval System)系统,利用自动化存储设备同计算机管理系统的协作来实现立体仓库的高层合理化,存取自动化及操作简便化。自动化立体仓库主要由货架、巷道式堆垛起重机(堆垛机)、入(出)库工作站台、调度控制系统及管理系统组成。

货架一般为钢结构或钢筋混凝土结构的结构体,货架内部空间作为货物存放位置,堆垛机穿行于货架之间的巷道中,可由入库站台取货并根据调度任务将货物存储到指定货位,或到指定货位取出货物并送至出库站台。

自动化立体仓库的计算机管理系统可以与工厂信息管理系统(例如 ERP 系统)以及生产线进行实时通信和数据交换,这样自动化立体仓库成为 CIMS(Computer Integrated Manufacturing System,计算机集成制造系统)及 FMS(Flexible Manufacture System,柔性制造系统)必不可少的关键环节。结合不同类型的仓库管理软件、图形监控及调度软件、条形码识别跟踪系统、搬运机器人、AGV、货物分拣系统、堆垛机认址系统、堆垛机控制系统、货位探测器等,可实现立体仓库内的单机手动、单机自动、联机控制、联网控制等多种立体仓库运行模式,实现了仓库货物的立体存放、自动存取、标准化管理,可大大降低储运费用,减轻劳动强度,提高仓库空间利用。

AS/RS 货架系统自动化及信息化程度高,叉车通道窄,堆垛机由计算器终端自动控制运作,配合全自动堆垛机,将托盘存库及出库。配合 WMS 仓库管理软件,仓库内基本不需要人工操作。AS/RS 货架系统采用集成化物流管理计算机控制系统,并应用激光定位技术、红外通信、现场总线控制技术、条形码扫描、RF 系统等先进技术,功能齐全,性能可靠,在各行各业的仓库和配送中心发挥出越来越重要的作用。

2. 仓储机器人

在智慧仓储作业中,各种类型、不同功能的机器人将取代人工成为主角,如自动搬运机器人、码垛机器人、拣选机器人、包装机器人等。就连自动化立体仓库中的穿梭车也可以看作搬运机器人的一种。

这些机器人以极高的效率,昼夜不歇地在仓库内作业,完成货物搬运、拣选、包装等作业。如近几年备受关注的 KIVA 机器人(一种外观看起来像冰壶的搬运机器人),如图 5-6 所示,因其自动化程度高、实施周期短、灵活性强等特点,成为越来越多无人仓自动化仓储解决方案的选择。

图 5-6　KIVA 机器人

KIVA 机器人系统由成百上千个举升搬运货架单元的机器小车组成。货物开箱后放置在货架单元上,通过货架单元底部的条码将货物与货架单元信息绑定,仓库地面布置条码网格,机器小车应用两台摄像机分别读取地面条码和货架单元底部的条码,在编码器、加速计和陀螺仪等传感器的配合下完成货物搬运导航。该系统的核心是控制小车的集中式多智能体调度算法。

3. 多层穿梭车系统

多层穿梭车系统采用立体料箱式货架,实现了货物在仓库内立体空间的存储。入库前,货物经开箱后存入料箱,通过货架巷道前端的提升机将料箱送至某一层,然后由该层内的穿梭小车将货物存放至指定的货格内。当货物出库时,通过穿梭车与提升机的配合完成。该系统的核心也在于通过货位分配优化算法和小车调度算法的设计,均衡各巷道之间以及单个巷道内各层之间的任务量,提高设备间并行工作时间,最大限度地发挥设备的工作效率。

4. 细胞单元系统

KIVA 机器人系统中的 AGV 小车实现地面搬运,多层穿梭车系统中的穿梭车实现货架轨道上的搬运,新型细胞单元小车则是以上两者技术的融合。

细胞单元小车在货架或提升机上时,按照传统多层穿梭车的工作方式在轨道上运动;当离开货架到达地面时,可以切换至 AGV 小车的工作方式在地面运行,在地面上的导航方式不同于 KIVA 机器人系统,采用的是基于无线传感网测距、激光测距仪测量和推测航行法的传感器融合技术,无线传感网实现信息通信及全局定位,而激光测距仪测量和推测航行法实现位置跟踪和定位精度校正,相比 KIVA 机器人系统地面标签配合惯性导航的方式更加灵活。该系统将立体货架存储空间与地面平面存储空间无缝链接在一起,代表了可扩展、高柔性化的小车群体技术的未来发展方向。

5. 自动输送系统

自动输送系统如同整个智慧仓储系统的血管,连通着机器人、自动化立体库等物流系统,实现货物的高效自动搬运。与自动化立体库和机器人系统相比较而言,自动输送系统技术更趋成熟。只不过在智慧仓储系统中,自动输送系统需要跟拣选机器人、码垛机器人等进行有效的配合,同时为了保证作业准确性,输送线也需要配备更多的自动检测、识别、感知技术。例如,目前京东无人仓中,输送线的末端、拣货机器人的前端增加了视觉检测工作站,通过信息的快速扫描和读取,为拣货机器人提供拣货指令。

除此之外,还有输送线两侧的开箱、打包机器人等,这些新增加的智能设备都需要与输送系统进行有效衔接和配合。

6. 人工智能算法与自动感知识别技术

人工智能算法与自动感知识别技术即智慧仓储系统的大脑与神经系统。机器人之间、机器人与整个物流系统之间、机器人与工人之间的紧密配合、协同作业,必须依靠功能强大的软件系统操纵与指挥。其中,自动感知技术和人工智能算法可谓重中之重。因为,在智慧仓储模式下,数据将是所有动作产生的依据,数据感知技术如同为机器安装了"眼睛",通过将所有的商品、设备等信息进行采集和识别,并迅速将这些信息转化为准确有效的数据上传至系统,系统再通过人工智能算法、机器学习等生成决策和指令,指导各种设备自动完成物流作业。其中,基于数据的人工智能算法需要在货物的入库、上架、拣选、补货、出库等各个环节发挥作用,同时还要随着业务量及业务模式的变化不断调整优化作业。因此可以说,算法是智慧仓储技术的核心与灵魂所在。

5.4 智慧仓储应用

5.4.1 无人仓

1. 无人仓的概念

对于无人仓的概念,目前业内并没有统一的看法。单从字面意思理解,无人仓指的是货物从入库、上架、拣选、补货,到包装、检验、出库等物流作业流程全部实现无人化操作,是高度自动化、智能化的仓库。还有观点认为,基于高度自动化、信息化的物流系统,在仓库内即便有少量工人,实现人机高效协作,仍然可以视为无人仓。京东、菜鸟目前打造的无人仓便是如此。甚至有部分人士认为,在货物搬运、上架、拣选、出库等主要环节逐步实现自动化作业,也是无人仓的一种表现形式。综合以上观点,无人仓的发展方向是明确的,即以自动设备替代人工完成仓库内部作业。

从市场需求来看,一方面,随着以智能制造为代表的制造业物流升级发展,以及电商行业海量订单处理对更高效率自动化系统的需求越来越大,要求越来越高,传统的物流系统已经难以满足;另一方面,随着土地成本以及人工成本的不断上涨,"机器换人""空间换地"成为趋势,仓库无人化成为必然趋势。

从物流技术本身的发展来看,仓储系统自动化、信息化、智能化程度的不断提高,不仅大幅降低了物流作业人员的劳动强度,甚至替代了人工实现更加准确、高效的作业,因此其作业效率、准确性优势不断凸显。同时,以设备大量替代人工,使得物流作业成本大幅降低,并且随着无人仓技术越来越成熟,应用越来越广泛,其成本也将得到有效降低,投资回报率不断提高。

智能制造,特别是电商企业的需求直接推动了无人仓技术的发展升级,无人仓是市场需求和物流技术发展双重作用的结果,是供需双方联合创新的典范。

2. 无人仓的技术标准

京东 2018 年 5 月 24 日发布无人仓标准,认为无人仓须从"作业无人化""运营数字化"和"决策智能化"三个层面去理解。

在作业无人化方面,无人仓要具备三"极"能力,无论是单项核心指标,还是设备的稳定性,各种设备的分工协作都要达到极致化的水平。无人仓使用了自动立体式存储、3D 视觉识别、自动包装、人工智能、物联网等各种前沿技术,兼容并蓄,实现了各种设备、机器、系统之间的高效协同。

在运营数字化方面,无人仓需要具备自感知等能力。在运营过程中,与面单、包装物、条码有关的数据信息要靠系统采集和感知,出现异常要自己能够判断。

在决策智能化方面,无人仓能够实现成本、效率、体验的最优,可以大幅度地减轻工人的劳动强度,且效率是传统仓库的 10 倍。

3. 无人仓的主要构成

无人仓的目标是实现入库、存储、拣选、出库等仓库作业流程的无人化操作,这就需要具备自主识别货物、追踪货物流动、自主指挥设备执行生产任务、无须人工干预等条件。此外还要有一个"智慧大脑",针对无数传感器感知的海量数据进行分析,精准预测未来的情况,自主决策后协调智能设备的运转,根据任务执行反馈的信息及时调整策略,形成对作业的闭环控制,即具备智能感知、实时分析、精准预测、自主决策、自动控制、自主学习的特征。

无人仓的构成包括硬件与软件两大部分。

硬件对应着存储、搬运、拣选、包装等环节中的各类自动化物流设备,其中,存储设备的典型代表是自动化立体库;搬运设备的典型代表包括输送线、AGV 小车、穿梭车(Shuttle)、类 KIVA 机器人、无人叉车等;拣选设备的典型代表包括机械臂、自动分拣机等;包装设备的典型代表包括自动称重复核机、自动包装机、自动贴标机等。

软件主要是仓库管理系统 WMS 和仓库控制系统 WCS。

WMS——时刻协调存储、调拨货物、拣选、包装等各个业务环节,根据不同仓库节点的业务繁忙程度动态调整业务的波次和业务执行顺序,并把需要做的动作指令发送给 WCS,使得整个仓库高效运行。此外,WMS 记录着货物出入库的所有信息流、数据流,知晓货物的位置和状态,确保库存准确。

WCS——接收WMS的指令,调度仓库设备完成业务动作。WCS需要支持各种类型、各种厂家的仓库设备,并能够计算出最优执行动作,例如,计算机器人最短行驶路径、均衡设备动作流量等,以此来支持仓库设备的高效运行。WCS的另一个功能是时刻对现场设备的运行状态进行监控,出现问题立即报警,提示维护人员。

此外,支撑WMS、WCS进行决策,让自动化设备有条不紊地运转,代替人进行各类操作(行走、抓放货物等),背后依赖的是运用人工智能、大数据、运筹学等相关算法和技术,实现作业流、数据流和控制流的协同的"智慧大脑"。智慧大脑既是数据中心,也是监控中心、决策中心和控制中心,从整体上对全局进行调配和统筹安排,使设备的运行效率最大化,充分发挥设备的集群效应。

总之,无人仓是在整合仓库业务、设备选型定制化、软件系统定制化前提下实现仓库作业无人化的结果。从理论上来说,仓库内的每个业务动作都可以用机器替代人,关键是要把所有不同业务节点的设备连通,形成一套完整高效的无人仓解决方案。

4. 无人仓的主要实现形式

无人仓虽然代表了物流技术发展趋势,但真正实现仓储作业全流程无人化并不容易。从仓储作业环节来看,当前无人仓的主要实现形式如下。

(1)自动化存储:卸货机械臂抓取货物投送到输送线,货物自动输送到机械臂码垛位置,自动码垛后,系统调度无人叉车送至立体库入口,由堆垛机储存到立体库中。需要补货到选区域时,系统调度堆垛机从立体库取出货物,送到出库口,再由无人叉车搬运货物到拣选区域。

(2)KIVA机器人拣选:KIVA机器人方案完全省去补货、拣货中的作业人员行走动作,由机器人搬运货物到指定位置,作业人员只需要在补货、拣选工作站根据电子标签灯光显示屏指示完成动作,省人、效率高、出错少。KIVA机器人方案分"订单到人"和"货到人"两种模式。

(3)输送线自动拣选:货物在投箱口自动贴条码标签后,对接输送线投放口,由输送线调度货物到拣选工作站,可通过机械臂完成无人化拣选,或者人工根据电子标签灯光显示屏进行拣货。

(4)自动复核包装分拨:拣选完成的订单箱输送到自动包装台,通过称重+X光射线透视等方式进行复核,复核成功由自动封箱机、自动贴标机进行封箱、贴面单,完成后输送到分拣机,自动分拨到相应道口。

5. 无人仓的运行机理

(1)无人仓之眼——数据感知

由人、设备和流程等元素构成的仓库作业环境会随时随地产生大量的状态信息。过去,这些信息只能通过系统中数据的流转来进行监控,缺乏实时性,也难以对业务流程进行指导。而传感器技术的进步,带来了最新的数据感知技术,让仓库中的各种数据都可以迅速、精准地获取。将传感器获取的信息转化为有效数据,这些数据成为系统感知整个仓库各个环节状态的依据,通过大数据、人工智能等系统模块生成决策指令,指导库内作业单元工作。

(2)无人仓的四肢——机器人

从商品入库、存储,到拣货、包装、分拣、装车等各个环节都无须人力参与,形态各异的机器人成为无人仓的主角,机器人融入是无人仓的重要特色之一。

占据仓库核心位置的立体货架可以充分利用空间,让仓储从"平房"搬进"楼房",有效利用土地面积。在狭窄货架间运转自如的料箱穿梭车是实现高密度存储、高吞吐量料箱进出的关键。它在轨道上高速运行,将料箱精准放入存储位或提取出来,送到传送带上,实现极高的出入库速度。

从立体货架取出的料箱会传送到一个机器人下面进行拣选,迅速把商品置入相应的包装箱内。这种灵巧迅捷的机械手是并联机器人,具备精度高、速度快、动态响应好、工作空间小等特色,保证了整个无人仓生产的高效率。

无人仓中的AGV自动导引小车可通过定位技术进行导航,并结合系统的调度,实现了整个仓库合理安排生产。相较于传统的输送线的搬运方案,通过AGV小车实现"货到机器人"的方式具有更高的灵活性。

六轴机器人可实现拆码垛,就是堆放和移动商品。在码垛算法的指导下,每种商品都可以自动生成个性化的垛型,由机器人自动适配,对每种商品自动码垛。

(3) 无人仓的大脑——人工智能算法

除了丰富及时的数据和高效执行的机器人,核心算法更是无人仓的"软实力"所在。例如,在上架环节,算法将根据上架商品的销售情况和物理属性,自动推荐最合适的存储货位;在补货环节,补货算法的设置让商品在拣选区和仓储区的库存量分布达到平衡;在出库环节,定位算法将决定最适合被拣选的货位和库存数量,调度算法将驱动最合适的机器人进行货到"人/机器人"的搬运,及匹配最合适的工作站进行生产。

6. 无人仓主要应用领域及实践

随着各类自动化物流设备的快速普及应用,机器代人的成本越来越低,各行各业对于无人仓的需求越来越强烈。尤其是具备如下几个特征的行业对无人仓需求更加突出。

(1) 劳动密集型且生产波动比较明显的行业,如电商仓储物流,对物流时效性要求不断提高,受限于企业用工成本的上升,尤其是临时用工的难度加大,采用无人仓能够有效提高作业效率,降低企业整体成本。

(2) 劳动强度比较大或劳动环境恶劣的行业,如港口物流、化工企业,通过引入无人仓能够有效降低操作风险,提高作业安全性。

(3) 物流用地成本相对较高的企业,如城市中心地带的快消品批发中心,采用无人仓能够有效提高土地利用率,降低仓储成本。

(4) 作业流程标准化程度较高的行业,如烟草、汽配行业,标准化的产品更易于衔接标准化的仓储作业流程,实现自动化作业。

(5) 对于管理精细化要求比较高的行业,如医药行业、精密仪器,可以通过软件+硬件的严格管控,实现更加精准的库存管理。

其中,电商行业是无人仓落地相对较多的行业。第一,电商行业对于无人仓是刚性需求,这主要体现在随着电商物流的飞速发展,人工成本一直占据着所有成本里的最大比例,而成熟的无人仓技术可以有效降低这一成本。第二,电商行业对各类无人仓技术响应积极,电商领域是一个对创新思维相对开放的行业,一直不断地在进行着各类新设备的引进和先进技术的创新研发。第三,电商行业也是无人仓技术的最佳实验场景。各类特征表明,如果能够解决电商领域的高流量、多品类的复杂场景,则无人仓技术的全面推广就相对比较容易。

智慧物流与电子商务

案例　京东、菜鸟的无人仓

京东、菜鸟的无人仓计划,使无人仓逐渐走出实验室,开始落地实施。菜鸟的全自动化智能物流无人仓,形成一条自动化流水线的全链路仓储自动化解决方案。京东无人仓实现了全流程的智能机器人作业,还能根据人工智能和大数据对仓储布局进行优化指导。

1. 京东物流的无人仓

2018年5月24日,京东物流首次公布了无人仓的世界级标准。智能控制系统反应速度0.017秒,300台分拣机器人运行680亿条可行路径,并做出最佳选择,以每秒3米的速度穿梭分拣,单日分拣能力达20万单,运营效率可提升3倍。这是京东"亚洲一号"无人仓的运作数据。

这标志着,由中国物流人自主研发的无人仓智能控制系统,正在开启全球智慧物流的未来。

基于十余年的物流经验积累和无人仓的建设实践,京东首次公开无人仓的建设标准,即"三极""五自"和"一优"原则。三个"极":极高技术水平、极致产品能力、极强协作能力;五个"自":自感知、自适应、自决策、自诊断、自修复;一个"优":成本、效率、体验的最优。无人仓标准的公开,对于推动行业发展,促进行业伙伴共同致力于智慧物流的建设有着极其重要的意义。

京东于2017年10月投用了全球首个全流程无人仓,在双十一的订单高峰的压力下,无人仓从入库、扫描到打包、分拣、出库所有环节均有序进行。在这个无人仓中,操控全局的智能控制系统,为京东自主研发的"智慧"大脑,仓库管理、控制、分拣和配送信息系统等均由京东开发并拥有自主知识产权,整个系统均由京东总集成。

在无人分拣区,300个被称为"小红人"的分拣机器人以每秒3米的速度往来穿梭,井然有序地进行取货、扫码、运输和投货。若出现常规故障,"小红人"能在短短30秒内自动修复;若电量低了,"小红人"会自动移动至充电桩旁边充电。

从传统仓库走向无人仓的终极状态,需要经历传统仓库—智能型仓库—少人型仓库—无人仓库—终极无人型仓库的演变过程。目前,京东无人仓处于"无人型仓库"阶段,还没有实现全品类的覆盖。京东未来将实现一半自建仓库的无人化作业,并朝着终极无人型仓库的目标迈进,使无人仓的作业模式覆盖到所有品类、所有业务类型。

2. 菜鸟网络的无人仓

2017年10月17日,为了迎接一年一度的"双11"电商购物节带来的单日包裹的新世界纪录,菜鸟网络与北领科技在广东惠阳联手打造了超级机器人旗舰仓,通过上百台机器人提高物流效率,该仓库单日发货量可超百万件,为华南地区和香港的物流服务全面提速。这里单仓有100多个机器人,是中国实际投入使用的规模目前最大的无人仓库。实现了全自动的搬运和拣货,效率比传统人工作业模式高了3倍。

更奇妙的是,据菜鸟网络技术专家杨开封透露,惠阳这个机器人仓库是由机器人自己搭建起来的。"它们都经过了深度学习,一个空置的仓库,只要完成基本的电气设施建设,机器人就可以自主完成智能仓库的搭建。"

与传统货仓不同的是,菜鸟网络将惠阳机器人仓分为拣货区和机器作业区,有6个工作台及处理3万多个SKU商品。菜鸟大脑根据网站的订单录入数据并发出订单的需求,工作人员只需要在工作台前操作系统,机器就可以自动把相应的货架移出来。菜鸟网络的机器作业区形成了一个仓库地图,呈点状分布,每一个位置上都有相应的二维码,对应相应的货架。每一个货架依靠底座的机器来从固定的位置调动出来到工作人员的工作台前,工作人员则根据系统的数据来挑货或者补仓。

菜鸟网络的惠阳机器人仓平均2个机器人替代1个人来作业,以往一个拣货员每天在仓库要走6万~7万步,最多只能拣货1 000多件,但在机器人的帮助下,如今一个拣货员一天只走两三千步,而拣货数量却提升了3倍多。

(案例来源:京东首次对外公开无人仓,物流离"终极无人"还有多远? 人民日报,2018-05-25

菜鸟进击智慧物流:机器人仓库提速双11.时代周报,2017-10-24.)

5.4.2　智慧云仓

随着互联网和电商的快速发展,特别是近几年流行的各种节日购物狂欢、店铺周年庆、"618""双11"等大型电商活动,快递包裹堆积成山。商家希望包裹能够精准安全地送到消费者手中,而消费者始终关心快递的速度。快递的前端是物流,那么如何在如此庞大的物流量下,实现快件的准确快速细分,并且高效地将快递完好无损地送到消费者手中?基于大数据、云计算和现代管理技术等信息技术的"智慧云仓"应运而生。

1. 智慧云仓概述

(1)智慧云仓的概念

智慧云仓是物流仓储的一种,但是不同于传统仓、电商仓。"云"的概念来源于云计算,是一种基于互联网的超级计算模式,在远程的数据中心里,成千上万台计算机和服务器连接成一片计算机云,对外提供算力服务。而智慧云仓正是基于这种思路,在全国各区域中心建立分仓,由公司总部建立一体化的信息系统,用信息系统将全国各分拣中心联网,实现配送网络的快速反应,所以智慧云仓是利用云计算及现代管理方式,依托仓储设施进行货物流通的全新物流仓储体系产品。

智慧云仓是一种全新的仓库体系模式,它主要是依托科技信息平台,充分运用全社会的资源,做到迅速快捷经济地选择理想的仓储服务。在这一模式下,快件可直接由仓储到同城快递物流公司的公共分拨点实现就近配送,极大地减少配送时间,提升用户体验,这就给那些对物流水平需求极高的企业带来了新的机遇。

(2)智慧云仓与传统仓储的区别

智慧云仓与传统仓、电商仓相比,主要区别在于仓内作业的高时效及精细化的管理,还有自动化装备和信息化系统的应用。先进的技术及管理的使用,导致智慧云仓的建设成本比较高。但是,智慧云仓的作业流程中,入库与出库速度非常快。据悉,京东的智慧云仓出库作业,即从接到订单到拣货到出库,基本只需要10分钟,并且每一步都在后台系统有显示,为消费者提供了极佳的购物体验。同时这一过程不仅速度快,而且准确率很高,可达100%,因此备受青睐。

①管理种类及配送范围方面的变革。传统仓储因受仓库面积等客观因素的限制,存储货物种类有限,而智慧云仓则由于其一体化的信息管理系统将全国各区的分仓进行集中管

理,理论上仓库可以无限扩大,因此其所存储管理的货物种类较传统仓储多,且由于信息化的资源整合和设施设备配套,实现订单的智能化拣选和配送,大大提升仓储管理及配送的规模和效率。

②管理模式方面的变革。传统仓储管理主要涉及出入库及库内管理,而智慧云仓在满足传统仓储管理的同时,对仓储作业的时效性和准确性有较高要求。智慧云仓通过其扁平化的供应链管理,实现近距离高速交接的作业模式。如京东自营商品,系统从距离客户最近的仓库进行发货,并且每一步都通过系统进行实时监控,同时将物流信息反馈给客户,这样不仅速度快而且准确率高,同时极大地提升了消费者的购物体验。

③设施设备方面的变革。传统仓储的发货特点多为大批量、小批次,且作业机械简单,对设施设备的信息化要求不高,而智慧云仓特别是电商仓储,对多批次、小批量的处理要求较高,因此为了保证仓储作业的整体效率,除了实现仓储的信息化管理之外,还需要通过仓储设施设备的智能化来辅助仓储信息化管理,如 WMS 仓储管理系统、RFID 信息处理等信息系统,扫码设备、自动分拣机、巷道堆垛起重机等自动化设备。

2. 智慧云仓的类型

目前,智慧云仓主要有电商平台类、物流快递类、互联网化第三方仓储云仓等类型,前两类直接为商家提供云仓服务,而互联网化第三方仓储云仓致力于云仓供应链的解决方案。

(1)电商平台云仓

电商平台云仓的成本比较高,只有电商巨头阿里巴巴、京东等着手布局,通过多地仓储协同实现资源整合优化,大大提升其时效性和准确性,并且通过大数据分析,建立准确的预测机制,更好地实现快速反应,增强客户体验。

菜鸟云仓:菜鸟网络作为阿里巴巴旗下的智能物流网络平台,把自己定位为物流大数据平台,菜鸟网络未来或可能组建全球最大的物流云仓共享平台。菜鸟搭建的数据平台,以大数据为能源,以云计算为引擎,以仓储为节点,编织一张智慧物流仓储设施大网,覆盖全国乃至全球,开放共享给天猫和淘宝平台上各商家。

京东云仓:京东自建的物流系统已经开始对社会开放,京东物流依托自己庞大的物流网络设施系统和京东电商平台,从供应链中部向前后端延伸,为京东平台商家开放云仓共享服务,提升京东平台商家的物流体验。此外,利用京东云仓完善的管理系统,跨界共享给金融机构,推出"互联网+电商物流金融"的服务,利用信息系统全覆盖,实现仓配一体化,并有金融支持,能满足电商企业的多维度需求。

(2)快递云仓

快递云仓主要是指物流快递企业自建的云仓,主要目标是建立仓配一体化,实现快递企业高效配送。

例如,"百世云仓"是百世集团旗下主营供应链仓储业务的百世供应链建设的"云仓"。百世云仓依托在全国 30 个中心城市建设的众多云仓,从商品的订单接收开始,到订单分拣、验货包装、发运出库,避免货物的重复操作,将商品与消费者之间距离缩到最短,最大化提升配送的效率。百世云仓在全国有 100 个分拨中心,10 000 余个站点延伸至乡镇各级服务网点,通过近 1 500 条省际、省内班车,5 万余人的速递团队全流程管理,百世汇通就这样构建了一个快速安全的信息化物流供应链,已为国内外的上百家企业提供服务,从而实现了传统物流产业升级。

再如顺丰云仓。顺丰利用覆盖全国主要城市的仓储网络,加上具有差异化的产品体系和市场推广,让顺丰仓配一体化服务锋芒毕露。顺丰围绕高质量的直营仓配网,及优化供应链服务能力,重点面向手机(3C)、运动鞋服行业、食品冷链和家电客户开放,共享其云仓服务。

另外,国有快递企业 EMS 宣布,将实施云仓战略,为电子商务企业和商家提供全景供应链协同服务,减少电商在大型活动期间的"爆仓"风险。

(3)第三方云仓

第三方云仓主要代表为发网、中联网仓等。在电商快速发展的同时,电商的竞争也越来越激烈,在大型电商活动的背后将产生海量的快递邮件,需要在短时间内进行配送,在这种情况下,部分快递企业常常会发生爆仓的现象,或者货物迟迟无法发出,货物漏发、错发、破损等现象发生频率也大幅增加,为后续工作的开展带来很大麻烦。

因此,第三方云仓应运而生,其自动化、信息化和可视化的物流服务为上述问题提供了有效解决方案。虽然第三方云仓在配送环节还相对较弱,但是目前通过与快递企业进行无缝对接,也能达到满意的效果。

3. 智慧云仓的实施

智慧云仓实施的关键在于预测消费者的需求分布特征,只有把握了需求分布,才能确定出最佳仓库规模,并进行合理的库存决策,从而有效降低物流成本,获得良好的利益,达到较高的服务水平。

(1)实施条件

①技术的支撑。即需要一个能连接电商信息平台的云物流平台。当订单下达时,能够迅速汇总并传达到云仓储平台,然后再由各仓储中心处理客户的订单需求,经过信息的汇总再下达最终的配送指令直至抵达客户终端。

②专业的仓储人员。构建平台的同时就应着手相关人员的培养或者招募。一旦平台搭建完成,即可安排到岗进行分工,使之各尽其责。

③政府的大力扶植。有了政府的支持,调动相关资源,并推广宣传,更多企业入驻云仓储平台,极大降低成本,提高资源利用率。

④信息反馈和监督运行机制和组织。主要监控云仓储的运行和突发问题的处理协调,及进行系统的改进。

(2)实施思路

云仓储的理念就是在全国区域中心建立分仓,形成公共仓储平台,可以使商家就近安排仓储,从而可以就近配送,将信息流和物流重新结合。这种模式的实施思路如下。

①建立实体分仓,实现就近配送。淘宝网进军物流领域,它的设想就是在全国七大区域中心城市建立实体分仓。我国各种电商企业,可以由像淘宝这样的企业牵头,建立社会化的公共分仓,实现货物的就近配送。比如,从上海发往西安的货物,如果客户拒收,质量没问题的货物就暂时到西安的中转站,但要通知上海的企业,寄存日期可以根据实物性质而定,如果在寄存期限内另有客户要购买的话,就将以上退货调拨出去,可以短时间内再次配送,减少不必要的周转。

②完善社会化信息系统,实现货物信息共享。上述提到的实体分仓是由电商企业联合打造的,实施了这样的分仓,下面便是资源整合的问题,把全国的区域城市通过物流信息系

统串联,实现各种物流资源的完全共享,通过这样的公共信息平台和公共分仓,实现全社会的顺畅物流。

③云仓的技术处理。云仓的基本问题和一般的仓库体系是一样的,主要包括仓库选址、仓库数量及规模、库存决策这些问题。首先,通过云物流平台,掌握各个需求点之间的需求流量,确定各个需求点的需求量。其次,依据这些需求点建设一定数量的配送中心,建立新的仓储配送体系。最后,根据以往的交易信息和消费者的需求分布特征,确定出仓库的最佳规模,并进行合理的库存决策,从而有效地降低物流成本,获得较好的利益,达到较高的服务水平。

4. 智慧云仓的发展趋势

随着互联网和电商的发展,客户对物流的要求越来越高。通常,客户需求主要为两点:"快速"和"准确"。要做到以上两点,就需要客户下单后,货物快速准确地从就近仓库出库,并以最优的线路以最短的时间送到客户手中。为实现此目标,需要大数据+云计算的支持,实现仓配一体化、智能化。实现供应链中不同环节数据实时共享、指令一步下达、自动匹配、智能优化、精准预测等目标。

因此,未来智慧云仓的发展便会向着分散集中化(仓库分散、数据集中)、智能化(自动分拣、预警预测、路径优化、信息反馈)、可视化(库存可视、状态可视、信息跟踪)等方向发展,以适应不断严峻的物流市场新形势。

云仓模式将面临四个维度的裂变:核心城市云仓+城市云仓+社区云仓+跨境全球云仓,最终将形成"天下无仓"的社会需求。未来的云仓模式需求如下。

①多层级云仓平台运营需求。任何商品进入云仓平台,不仅仅是国内核心城市,还是三四线城市,还是跨境电商,都面临多仓跨层级平台的需求。

②社区云仓是O2O的必争之地。最后一公里的快速响应,动态的云仓库存支持,快速满足末端订单的响应,这是未来的商业之争。

③三四线云仓,是渠道下沉的核心。京东、阿里现在高度重视三四线城市和农村市场的渠道下沉。据统计,中国三线以下城市及乡镇地区的消费人群规模高达9.34亿,电商在这一市场具有72.8%的高渗透率,让其成为一个孕育了万亿规模商机的潜力市场。未来巨大的购物需求在三四线和农村市场,所以这一层的云仓需求是必然的趋势。

④跨境云仓,是跨境电商的触角。所有跨境电商都离不开云仓的支撑,如果谁能提前布局全球核心国家的跨境云仓,完全可以给国外的亚马逊带来巨大的冲击。

案例 苏宁超级云仓 VS 顺丰智慧云仓

1. 苏宁超级云仓

苏宁超级云仓是国内首个规模化使用SCS货到人拣选的物流仓库,效率是传统人工拣选的10倍以上,日处理高达181万件。这些先进的物流设备能完成从入库、补货、拣选、分拨到出库全流程的智能化作业。"基本上实现了从包装完成到分拣的自动化,不需要人工去做识别,也在最大限度上降低了对人的依赖。"苏宁物流研究院副院长栾学锋说,这个系统越是忙的时候越能体现优势。早在2016年11月,南京苏宁超级云仓已建成投产,建筑面积约20万平方米,是亚洲最大的智慧物流基地。

2019年8月,超级云仓迭代升级为"新一代无人仓",已整合无人叉车、AGV机器人、机械臂、自动包装机等众多"黑科技",实现了商品从收货上架到存储、补货、拣货、包装、贴标,再到分拣的全流程无人化运作。不仅如此,苏宁已开始探索5G创新应用,展开5G技术对无人仓的运转效率、精准度应用的实地测试。如今,5G无人仓布局全面落成,仓内实行AGV的云化调度,通过5G模组改造实现5G网络环境下AGV系统调度、视觉导航、视频处理等,极大加快无人设备的部署周期和调度灵活性,提升仓储柔性管理,实现降本增效。同时,园区也启动5G+AI仓储安防建设,布局多个5G监控摄像头,使用5G信号将视频资料通过传送至服务器,实现实时AI分析,并以人脸识别和行为识别助力劳动力管理,有效提升人员效率和园区安全管理效率。

在"新基建"的加持之下,苏宁依托零售行业独有的线上、线下零售场景,加快推进仓储物流全流程的无人化、数智化升级。此次无人仓迭代不仅是5G仓储全国首次落地,作为苏宁618智慧风暴的"风向标",也代表着苏宁利用自建仓储物流系统的实力积累,强势开启物流领域"云+AI+5G"的数字经济新机遇,这必将引领物流行业的历史性变革。

(资料来源:苏宁首个5G无人仓"黑科技"满满.iNews新知科技,2020-06-01)

2. 顺丰智慧云仓

借助"互联网+"的时代背景,顺丰智慧云仓通过仓配一体化、路由调拨、高效服务,节约成本等为客户提供云存储的服务体验和感受。顺丰速运已经在全国范围内大力推广"云仓即日"时效性服务,即消费者在当天上午11点之前下的有效订单,而当天晚上8点前基本都可以保证收到消费者所下单的产品。

顺丰的云仓网络的构成主要是"信息网+仓储网+干线网+零担网+宅配网"。正是通过多仓组合实现全网协同,通过大数据从而驱动全网的调拨,提高效率。顺丰目前涉足的行业除了传统的属性如服装、电子产品等还囊括生鲜冷链领域、汽车事业部、金融事业部等相对行业专业程度高的品类。从中也不难发现,顺丰的整体供应链的策略,即空陆铁的干线网络+全网的云仓+多温快物流的支持。这也体现出顺丰目前的商业形态,云仓也在慢慢向专业仓和品类仓去发展。

(资料来源:甘肃省物流和地业协会.顺丰智慧云仓 争做物流行业的领跑者.案例与实践.智慧云仓应该怎样建,2021-06-07)

本章小结

仓储是指保护、管理、贮藏货物。与运输相对应,仓储主要以协调需求、供应在时间上的差异为目的,以充分实现产品的价值,满足社会需求。仓储活动主要包括储存和保管。仓储是物流的主要功能之一,是社会物质生产和生活顺利的必要条件,能够创造时间价值,创造企业利润,在物流过程中起到检验作用、集散作用和配送作用。同时,仓储也会产生固定费用支出、机会损失、陈旧损失与跌价损失、保险费支出、可变费用、增加企业经营风险等副作用。

智慧物流与电子商务

> 　　智慧仓储是仓储数据接入互联网系统,通过对数据的提取、运算、分析、优化、统计,再通过物联网、自动化设备、仓储管理系统(WMS)、仓库控制系统(WCS),实现对仓储系统的智慧管理、计划与控制。智慧仓储具有仓储管理信息化、仓储运行自动化和仓储决策智慧化的特点。
>
> 　　仓储作业主要包括物资的入库、储存保管和出库三个阶段,它们相互衔接,共同实现仓库的所有功能。智慧仓储管理包括智能分仓、智能货位布局、仓库动态分区、作业资源匹配与路径规划。
>
> 　　智慧仓储技术包括自动化立体仓库 AS/RS、仓储机器人、多层穿梭车系统、细胞单元系统、自动输送系统和人工智能算法与自动感知识别技术。
>
> 　　目前,智慧仓储主要应用于无人仓和智慧云仓中。

思 考 题

1. 什么是智慧仓储?智慧仓储有什么特点?
2. 仓储的业务流程包括哪些?智慧仓储在哪些环节可以发挥什么作用?
3. 通过互联网收集资料,分析我国当前智慧物流仓储的现状及未来发展趋势。
4. 智慧仓储技术有哪些?通过查阅资料阐述当前这些技术有哪些应用。
5. 智慧仓储有哪些典型应用模式?举例阐述这些模式目前代表案例,并分析其系统构成、关键技术、运行机理。

第6章

电子商务下的智慧配送

> **学习目标 >>>**
> - 掌握配送和智慧配送的概念、特点及作用
> - 重点掌握配送不同分类及其适用场景
> - 掌握配送中进货、保管、理货配货及出货作业流程
> - 掌握配送中心的概念、类型、作用及智慧配送中心的物流技术
> - 重点掌握智慧配送设备、信息平台及管理优化问题
> - 理解智慧配送的几种应用模式

6.1 配送概述

6.1.1 配送的概念

配送是在经济合理区域范围内,根据客户要求,对物品进行拣选、加工、包装、分割、组配等作业,并按时送达指定地点的物流活动。

世界各国对配送的定义表述不同,如美国认为实物配送这一领域涉及将制成品交给顾客的运输。实物配送过程可以使顾客服务的时间和空间的需求成为营销的一个整体组成部分;日本将物流定义为:从生产工厂到配送中心之间的物品空间移动称为"运输",从配送中心到顾客之间的物品空间移动称为"配送"。在我国的《物流术语》中,配送是指在经济合理区域范围内,根据用户要求,对物品进行拣选、加工、包装、分割、组配等作业,并按时送达指定地点的物流活动。

综上所述,配送是"配"和"送"的有机结合体,是物流的综合活动形式,是在某一经济合理区域范围内物流的缩影。配送与送货也有很大的区别,配送往往要在物流配送中心有效地利用分拣、配货等理货工作,使送货达到一定的规模,以利用规模优势取得较低的送货成本。同时,配送以客户为出发点,强调"按客户的订货要求"为宗旨。所以,配送是特殊的送货,是高水平的送货。

我们可以看到,配送几乎包括物流的所有功能要素,是在一个经济合理区域范围内全部

物流活动的体现。配送通过拣选、加工、包装、分割、组配等活动,达到将物品送达客户的目的。

6.1.2 配送的分类

1. 按配送商品的种类和数量进行分类

(1)少品种或单品种、大批量配送

当生产企业所需的物资品种较少,或只需某个品种的物资,而需要量较大、较稳定时,可实行此种配送形式。这是按照用户的要求,将所需要的单品种商品配送给顾客的形式。这种配送形式由于数量大,不必与其他物资配装,可使用整车运输,这种形式多由生产企业直接送达用户,但为了降低用户的库存量,也可由配送中心进行配送。由于配送数量大,品种单一或较少,涉及配送中心内部的组织工作也较简单,故而这种配送成本一般较低。

(2)多品种、少批量、多批次配送

在现代化生产发展过程中,消费者的需求不断在变化,市场的供求状况也随之变化,这就促使生产企业的生产向多样化方向发展。生产的变化,引起了企业对产品需求的变化。在配送上也应按照用户的要求,将其所需要的多种商品通过集货、分拣、配货、流通加工等环节,分期分批地配送给用户,随时改变配送物资的品种和数量或增加配送次数。一种多品种、少批量、多批次的配送形式也就应运而生。这种配送方式相对来说作业难度较大、技术要求高、配送中心设备特别是分拣设备复杂、配货送货计划难度大,为实现预期的服务目标,必须制定严格的作业标准和管理制度,而且在实际运作中,多品种、少批量配送往往伴随多用户、多批次的特点,配送频度往往较高。

(3)配套成套配送

这是指为满足装配企业的生产需要,按其生产进度,将装配的各种零配件、部件、成套设备定时送达生产线进行组装的一种配送形式。配套成套配送是指按照企业的生产需要,多种商品配备齐全后,直接运送到生产企业和其他所需用户的手中。一般适用于需要配套或成套使用的产品。例如,按照装配型企业的生产需要,将生产每一台产品所需要的全部零部件配齐,按照生产节奏定时送达生产企业,生产企业随即可将此成套零部件送入生产线,以装配产品。这种配送方式中,配送企业承担了生产企业大部分的供应工作,使生产企业可以专注于生产,它与多品种、少批量的配送效果相同,但用户需求及管理和组织方式不同。

2. 按配送的时间和数量分类

(1)定时配送

定时配送就是按事先双方约定的时间间隔进行配送,每次配送的品种及数量可预先计划,也可以临时根据客户的需求进行调整。在这种方式下,双方均易于安排作业计划。对需求方而言,易于根据自己的经营情况,按照最理想的时间和批量进货;对于配送供给企业而言,这种服务方式易于安排配送计划,有利于组合多个用户共同配送,易于计划安排车辆和规划路线,从而降低成本。但也可能由于配送品种和数量的临时性变化,管理和作业的难度增加。定时配送有几种具体形式:

①日配。这是一种承诺24小时之内将货物送达的配送方式。这种方式实行得较为广泛,一般上午的配送订货,下午可送达;下午的配送订货,第二天早上送达。这种配送适合于

有临时需求的客户,如由于特殊情况而出现了临时性需求,消费者由于消费冲动产生的突发需求等。这样就可以使用户在实际需要的前半天得到送货服务的保障。如果是企业用户,这可使企业的运行更加精细化。日配方式广泛而稳定地开展,可使用户基本无须保持库存,不以传统库存为生产和销售经营的保障,而以配送的日配方式实现这一保证,也即实现了用户的"零库存"。日配方式对下述情况特别适合:

- 要求保证新鲜的、食品类商品,如水果、蔬菜、肉类、蛋类、糕点等。
- 消费者由于消费冲动产生的突发需求,如体育用品、衣物、电器等。
- 用户是许多小型商店,周转快,随进随售,或是连锁型商业企业和连锁型服务企业,通过采取日配方式,保证货物的鲜活程度并加速周转。
- 由于用户条件限制,不可能保持较长时期的库存,或者用户是采用"零库存"方式进行生产的生产企业。

②准点配送。这是按照双方协议时间,准时将货物配送到用户的一种方式。这种方式和日配的主要区别在于:日配是向社会普遍承诺的配送服务方式,针对社会上不确定的、随机性的需求;准点配送则是根据用户的生产节奏,按指定的时间将货送达,这种方式比日配方式更为精密,使用户连"暂存"的微量库存也可以取消,绝对地实现零库存。准点配送的服务方式,可以通过协议计划来确定,也可以通过看板方式来实现。准点配送方式需要有很高水平的配送系统才能实施。由于用户的要求独特,因而不太可能对多用户进行周密的共同配送计划。这种方式适合于装配型生产的企业用户,这种用户所需的配送物资是重复、大量而且没有太大变化的,因而往往是一对一配送。

③快递方式。这是一种能在较短时间实现送达的配送方式,但不明确送达的具体时间,承诺期限按不同地域会有所变化。一般而言,快递服务覆盖地区较为广泛,所以,服务承诺期限按不同地域会有所变化。这种快递方式一般用作向社会广泛服务,面向整个社会企业型和个人型用户,而很少用作生产企业"零库存"的配送方式。

(2)定量配送

定量配送是将事先协议商定的批量,在一个指定的时间范围内送达。定量配送由于配送品种和数量相对固定,备货工作相对简单,而且时间没有严格限制,可以按托盘、集装箱及车辆的装载能力来有效地选择配送的数量,这样能够有效地利用托盘、集装箱等集装方式,也可做到整车配送。定量配送这种服务方式,由于时间不严格规定,可以将不同用户所需物品凑齐整车后进行合理配装配送,运力利用较好,配送的效率较高。定量配送适用于以下几种情况:

- 定量配送适用于对于库存的控制不十分严格,有一定的仓储能力,不实行"零库存"或运输线路、时间无须保障的客户。
- 从配送中心到用户的配送路线保证程度较低,没有准时的要求。
- 只有达到一定配送批量,才能使配送成本降低到供、需双方都能接受的水平,因此难以对多个用户实行共同配送。

(3)定时定量配送

定时定量配送,即按照规定的配送时间和配送数量进行配送。这种方式兼有定时配送和定量配送的特点,对配送企业的服务要求比较严格,管理和作业的难度较大,很难实行共同配送,因而成本也较高,只在用户有特殊要求时采用,不是一种普遍适用的方式。定时定量配送方式主要在大量而且稳定生产的汽车、家用电器、机电产品的供应物流方面取得了成功。这种方式的管理和运作,一是靠配送双方事先拟订的一定时期的协议为依据来执行;二是采用"看板方式"来决定配送的时间和数量。

(4)定时定线路配送

在规定的运行路线上,制定配送车辆到达的时间表,按运行时间表进行配送,用户可以按照配送企业规定的路线及规定的时间选择这种配送服务,并到指定位置在指定时间接货。

采用这种方式有利于配送企业计划安排车辆及驾驶人员,可以依次对多个用户实行共同配送,无须每次决定货物配装、配送路线、配车计划等问题,因此易于管理,配送成本较低,比较适用于消费者集中的地区。对用户而言,可以在确定的路线、确定的时间表上进行选择,又可以有计划地安排接货力量,虽然配送路线可能与用户还有一段距离,但由于成本较低,用户也乐于接受这种服务方式。

这种方式特别适合对小商业集中区和商业企业的配送。小商业集中区交通较为拥挤,街道又比较狭窄,难以实现配送车辆"门到门"的配送,如果在某一站点将相当多商家的货物送达,然后再用小型人力车辆将货物运回,这项操作往往能在非营业时间内完成,可以避免上述矛盾对配送造成的影响。

(5)即时应急配送

即时配送是完全按客户提出的时间要求和商品品种、数量要求及时地将商品送达指定的地点。即时配送可以满足用户的临时性急需,对配送速度、时间要求相当高。这种配送方式主要应对用户由于事故、灾害、生产计划的突然变化等因素所产生的突发性需求,也应对一般消费者经常出现的突发性需求。还可以按其他标准进行分类,如按配送组织者分类,可分为以制造商为主体的配送、以批发商为主体的配送、以零售商为主体的配送、以物流业者为主体的配送;如按配送机构不同分类,可分为配送中心配送、仓库配送、生产企业配送和商店配送。需要指出的是,这种配送服务实际成本很高,难以用作经常性的服务方式。

3. 按加工程度不同分类

(1)加工配送。加工配送是指和流通加工相结合的配送,即在配送据点设置流通加工环节,或流通中心与配送中心建立在一起。当社会上现成的产品不能满足用户需要,用户根据自身工艺需要,使用经过某种初加工的产品时,可以在加工后通过分拣、配货再送货到户。流通加工与配送相结合,使流通加工更有针对性。配送企业不但可以依靠送货服务、销售经营取得收益,还可通过加工增值取得收益。

(2)集疏配送。集疏配送是指只改变产品数量组成形态,而不改变产品本身物理、化学形态的与干线运输相配合的配送方式,如大批量进货后多批次发货,及零星集货后以一定批量送货等。

4. 按配送活动组织者和承担者的多种结合选择分类

(1)自营型配送模式

这是目前生产流通或综合性企业(集团)所广泛采用的一种配送模式。企业(集团)通过独立组建配送中心,实现内部各部门、厂、店的物品供应的配送。这种配送模式中虽然因为糅合了传统的"自给自足"的"小农意识",形成了新型的"大而全""小而全",从而造成了社会资源浪费。但是,就目前来看,这种模式在满足企业(集团)内部生产材料供应、产品外销、零售场店供货和区域外市场拓展等企业自身需求方面发挥了重要作用。

自营配送的主要优点是：有利于企业物流的一体化运作，提高企业管理的组织性和计划性，进而实现物流的系统化管理，提高企业整体效率。但是采用自营配送要求企业具有较大的规模和实力，否则难以实现现代物流的规模效应，反而会使物流成本增加。较典型的企业（集团）内自营配送模式，就是连锁企业的配送。大大小小的连锁公司或集团基本上都是通过组建自己的配送中心，来实现对企业下属各场、店的统一采购、统一配送和统一结算的。

(2) 共同配送模式

这是一种配送经营企业间为实现整体的配送合理化，以互惠互利为原则，互相提供便利的配送业务的协作型配送模式。它是两个或两个以上的有配送需求的企业相互合作，对多个用户共同开展配送活动。一般由生产、批发或零售企业共建或租用一个配送中心来承担配送业务。共同配送的核心在于充实和强化配送的功能，提高配送效率，进而实现配送的合理化和系统化。需要注意的是，在开展共同配送、组建联合体的过程中，要避免行政的干预，谨防"拉郎配"的做法。

(3) 第三方配送模式

第三方物流的兴起，已经得到社会各个方面的广泛关注，它是流通领域进一步分工的结果。企业专注于核心业务，把不擅长而缺乏规模效应的物流配送业务外包给第三方物流企业，可以极大地降低成本，这已经成为很多企业的一种战略选择。第三方物流配送模式可以给企业带来很多利益，主要表现在：

① 企业将其非优势所在的物流配送业务外包给第三方物流来运作，不仅可以享受到更为精细的专业化的高水平物流服务，而且企业可以将精力专注于自己擅长的业务活动，充分发挥其在生产制造领域或者销售领域的专业优势，增强其主业务的核心竞争力。

② 企业通过社会物流资源的共享，不仅可以避免企业形成"小而全、大而全"的模式，避免了宝贵资源的浪费，为企业减少了物流投资和运营管理费用，降低了物流成本，而且可以避免企业自营物流所带来的投资和运营风险。

5. 按配送企业专业化程度分类

(1) 综合配送。综合配送是指配送商品种类较多，不同专业领域的产品在一个配送网点中组织对用户的配送。综合配送可减少用户为组织所需全部物资进货的负担，只需和少数配送企业联系便可解决多种需求。但是，由于产品性能、形状差别很大，在组织时技术难度较大。因此，一般只有在性状相同或相近的不同种类产品方面实行综合配送，差别过大的产品难以综合化。

(2) 专业配送。专业配送是指按产品性状的不同适当划分专业领域的配送方式。其可按专业的共同要求优化配送设施，优选配送机械及配送车辆，制定适用性强的工艺流程，从而大大提高配送各环节的工作效率，如金属材料、水泥、木材、平板玻璃、生鲜食品的配送。

6. 按配送服务的对象分类

配送供给与需求的双方是由实行配送的企业和接受配送服务的用户（企业或消费者）所构成的。有以下几种情况：

(1) 企业对企业的配送

企业对企业的配送发生在完全独立的企业之间，或者发生在企业集团的企业之间。基本上是属于供应链系统的企业之间的配送供给与配送需求。作为配送需求方,基本上有两种情况:一是企业作为最终的需求方,如供应链系统中上游企业对下游企业的原材料、零部件配送。二是企业在接受配送服务之后,还要对产品进行销售,这种配送一般称为"分销配送"。

(2)企业内部配送

企业内部配送大多发生在大型企业之中,一般分为两种情况:一是连锁商业企业的内部配送。如果企业是属于连锁企业,各连锁商店经营的物品、经营方式、服务水平、价格水平相同,配送的作用是支持连锁商店经营,这种配送称为连锁配送。连锁配送的主要优势是:在一个封闭的系统中运行,随机因素的影响比较小,计划性比较强,因此容易实现低成本的、高效率的配送。二是生产企业的内部配送。生产企业成本控制的一个重要方法是,由高层主管统一进行采购,实行集中库存,按车间或者分厂的生产计划组织配送,这种方式是现在许多企业采用的,称为"供应配送"。

(3)企业对消费者的配送

这是在社会这个大的开放系统中所运行的配送。虽然企业可以通过会员制、贵宾制等方式锁定一部分消费者,从而可以采用比较容易实施的近似于连锁配送的方式,但是,多数情况下,消费者是一个经常变换的群体,需求的随机性非常强,对服务水平的要求又很高,所以这是配送供给与配送需求之间最难以弥合的一种类型。最典型的是与B2C电子商务相配套的配送服务。

6.1.3　配送的特点及作用

1. 配送的特点

(1)配送是以终端用户为出发点

配送作为最终配置是指对客户完成最终交付的一种活动,是物品从最后一个物流节点到客户的空间移动过程。物流过程中的最后一个物流节点一般是指配送中心或零售店铺。当然,最终客户是相对的,在整个流通过程中,流通渠道构成不同,供应商直接面对的最终客户也就不同。

(2)配送是末端运输

配送是相对干线运输而言的概念。从运输角度来看,货物运输分为干线部分的运输和支线部分的配送。与长距离运输相比,配送承担的是支线的、末端的运输,是面对客户的一种短距离的送达服务。从工厂仓库到配送中心之间的批量货物的空间位移称为运输,从配送中心向最终客户之间的多品种小批量货物的空间位移称为配送。配送与运输的主要区别见表6-1。

表6-1　　　　　　　　　　　配送与运输的主要区别

内容	运输	配送
运输性质	干线运输	支线运输、区域内运输、末端运输
货物性质	少品种、大批量	多品种、小批量、多频次

(续表)

内容	运输	配送
运输工具	大型货车或铁路运输、水路运输	小型货车
管理重点	效率优先	服务优先
附属功能	装卸、捆包	装卸、保管、包装、分拣、流通加工、订单处理等
线路	从工厂仓库到物流中心	从物流中心到终端客户
运输距离	长距离	短距离
评价标准	注重运输效率及运输成本	注重服务水平

(3)配送强调时效性

配送强调特定时间、特定地点完成交付活动,按客户要求或双方约定的时间送达,充分体现时效性。

(4)配送强调满足用户需求

配送是从用户利益出发、按用户要求进行的一种活动。因此,在观念上必须明确"用户第一""质量第一",配送承运人的地位是服务地位而不是主导地位,其必须从用户利益出发,在满足用户利益基础上取得本企业的利益。

(5)配送追求合理化

对于配送而言,应当在时间、速度、服务水平、成本、数量等多方面寻求最优。但过分强调"按用户要求"是不妥的,受用户本身的局限,要求有时候存在不合理性,在这种情况下仍"按用户要求"会损害单方或双方的利益,因此与用户沟通合理化需求非常重要。

(6)配送是各种业务的有机结合体

配送业务中,除了送货,在活动内容中还有"拣选""分货""包装""分割""组配""配货"等项工作。配送是这些业务活动有机结合的整体,同时还与订货系统紧密联系。要实现这一点,就必须依赖现代情报信息,建立和完善大系统,使其成为一种现代化的作业系统,这也是以往的送货形式无法比拟的。

(7)配送使企业实现"零库存"成为可能

企业为保证生产持续进行,依靠库存(经常库存和安全库存)向企业内部的各生产工位供应物品。如果社会供应系统既能实现企业的外部供应业务,又能实现上述的内部物质供应,那么企业的"零库存"就能成为可能。理想的配送恰恰具有这种功能,由配送企业进行集中库存,取代原来分散在各个企业的库存,就是配送的最高境界。这一点在物流发达国家和我国一些地区的实践中已得到证明。

2. 配送的作用

完善的配送有利于物流系统的提升,有利于生产企业和流通企业的发展,有利于整个社会效益的提高。

(1)降低物流成本,节省运力

采用配送方式,批量进货、集中发货,及将多个小批量集中起来大批量发货,或者与其他企业协商实施共同配送,可以提高物流系统末端的经济效益,可有效节省运力,实行合理、经济运输,降低物流成本,实现低库存或零库存。配送通过集中库存,在同样的满足水平上,可使系统总库存水平降低,既降低了储存成本,也节约了运力和其他物流费用。尤其是采用准时制配送方式后,生产企业可以依靠配送中心准时送货而无须保持自己的库存,或者只需保持少量的保险储备,这就可以实现生产企业的"零库存"或"低库存",减少资金占用,改善企业的财务状况。

(2)运输系统合理化

干线运输强调长距离、少品种、大批量,从而实现了运输的规模原理、距离原理,进而实现运输的效率化,降低运输成本。由于末端用户的需求大都是发生在短距离范围内的,而且多数是多品种、小批量的,因此原始的运输方式不能有效地解决顾客需求,只有支线运输方式既能承接干线运输的效率化,又能满足用户的需求。配送作为现代物流理念与技术的代表,是一种合理的支线运输。其小批量运输频率高、服务性强,比干线运输有更高的灵活性和适应性,并可通过其他物流环节的配合,实现定制化服务,更好地满足顾客要求。因此,配送与运输结合,把干线运输与支线运输统一起来,实现了运输系统的优化与完善。

(3)满足用户需求

配送简化手续,方便用户。由于配送可提供全方位的物流服务,采用配送方式后,用户只需向配送提供商进行一次委托,就可以得到全过程、多功能的物流服务,从而简化了委托手续和工作量,也节省了开支;配送提高了供应保证程度。采用配送方式,配送中心比任何单独供货企业有更强的物流能力,可使用户降低缺货风险。配送中心的储备量大,因而对每个企业而言,中断供应、影响生产的风险便相对缩小,使顾客免去短缺之忧。

(4)产生较大社会效应

配送可降低整个社会物资的库存水平。发展配送实施集中库存,可发挥规模经济的优势,降低库存成本。配送成为流通社会化、物流产业化的战略选择,可产生巨大的社会效应。

6.1.4 智慧物流配送的概念与特点

1. 智慧物流配送的概念

智慧物流配送是指一种以互联网、物联网、云计算、大数据等先进信息技术为支撑,能够在物流配送各个作业环节实现系统感知、自动运行、全面分析、及时处理和自我调整等功能的,具备自动化、智能化、可视化、网络化、柔性化等特点的现代化配送系统。

智慧物流配送在配送管理业务流程再造基础上,进一步强调信息流在配送过程中的作用,充分利用感知识别、网络通信、GIS等信息化技术及先进的管理方法,实现配货、提货、送货、退货、回收管理等的智能化管理,能够有效降低配送成本,提高配送效率。将信息化、自动化、协同化、敏捷化、集成化镶嵌在配送活动之中,使配送活动更加便捷、更加高效、更加宜人。因而,智慧物流配送可以看作是以现代信息技术为支撑,有效融合了物流与供应链管理技术,使效率、效果和效益持续提升的配送活动。

智慧物流配送,对于发展柔性制造,促进消费升级,实现精准营销,推动电子商务发展有重要意义,也是今后物流业发展的趋势。

2. 智慧物流配送的特点

(1)敏捷性

智慧物流配送体系是建立在互联网、物联网、车联网、大数据、云平台及RFID等现代技术基础之上的，各节点要素是在科学选址、优化决策的流程下进行的，必然能够对客户的个性化需求做出快速响应。作为智慧物流配送体系，其资源要素必然需要有效整合，体系内的节点在对外竞争时具有一致合作性，但内部节点间又存在竞争性，这种竞合状态无疑强化了配送体系的反应能力。因此，敏捷性构成了智慧物流配送体系的主要特点。

(2) 协同性

智慧配送是在信息共享的前提下展开的活动，是以需求拉动的各环节同步运作，这促成了配送企业的协同合作，降低了成本，提升了效益。智慧配送体系的市场终端，在电商平台支撑下，其个性化色彩更加浓厚。因此，智慧配送体系的高效运作必然依赖系统各要素自发调整，在整体绩效上协同一致。所以，协同性构成了智慧配送体系的又一重要特征。

(3) 开放性

智慧物流配送体系是一个开放的系统。通过开放，推进社会参与，在开放的公共物流配送信息平台上，实现与消费者密切相关的信息共享，同时，也为末端配送市场提供了一个开放、平等和便捷的平台。在政府宏观政策引导下，数据平台、服务流程、质量监控和诚信交易等环节更加透明。一方面，公共设施的数字化水平迅速提升，城市无线网的覆盖范围快速扩大，在宏观上提供了系统开放的条件。另一方面是企业的经营管理理念更趋于供应链化，而供应链管理本身就是一种开放性管理。因此，智慧物流配送体系具有开放性特色。

(4) 安全性

互联网平台高效、便利，但同时互联网营销、购买、支付、验货和收货等环节也引来了诸多风险，城市配送体系的安全性引起了人们的高度重视。智慧物流配送体系的物流、资金流和信息流必须是在安全的环境下完成的。物流的作业流程是在全程监控之下的，作业设施和设备具有较为鲜明的数字化特征，云平台时刻汇聚相关信息，不安全的因素会及时排除。资金流伴随风险的预测和严密监管，第三方金融支付及监管平台确保交易双方的合法转移。信息流设置了严格的操作流程，对产品信息的假冒伪劣经过了严格的过滤。随着O2O商务的推进，其线下体验店进一步强化了对产品质量的监督。因此，安全性已成为智慧物流配送体系的又一内在属性。

(5) 经济性

所谓经济性，就是指在提供一定量的产品和服务过程中所占用的资源和费用最小。智慧物流配送体系作为智慧物流这一大系统的子系统，其自身的构建和运作均达到了科学优化的水平，无疑提升了体系自身的绩效，增加了该体系的内部经济性。同时，对节点企业和全体用户均产生成本降低，资源优化，获得便利的作用，这就产生了巨大经济性，同时构成了智慧物流配送体系的又一鲜明特征。

(6) 生态性

智慧物流配送体系作为现代经济文明建设的重要组成部分，必然在生态性方面呈现优势。首先，优化的节点选址有利于配送路径的优化，这在客观上降低了能源的消耗，为经济生态作出贡献。其次，智能化的调度系统强化了共同配送和协同配送，减少了不必要的重复运输。最后，现代化的通信技术提升了配送体系节点间的信息沟通，有利于产品和服务的资源整合。因此，生态性成为智慧物流配送体系的重要标志特征。

6.2 物流配送作业流程

配送作业流程是以配送服务所需要的基本环节和工艺流程为基础的。功能和商品特性的不同使配送中心的作业过程和作业环节会有所区别,但都是在基本流程的基础上对相应的作业环节进行调整的。配送作业模块主要包括:进货作业(采购集货、收货验货、入库)、搬运作业、仓储作业(普通货物仓储、特殊商品仓储)、盘点作业、订单处理作业、流通加工作业、分拣配货作业、补货作业、发货作业、配送作业等模块,这些功能模块以统一的信息管理中心集成、管理、调度。配送作业流程如图 6-1 所示。

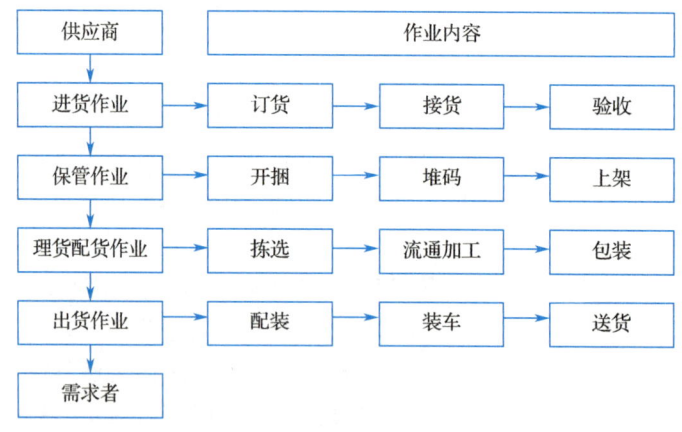

图 6-1 配送作业流程

6.2.1 进货作业

配送进货作业是进行各项作业的首要环节,这一环节要在对需求者充分调查的基础上进行,它主要包括订货、接货和验收三个环节。

订货是配送中心收到并汇总需求者的订单以后,要确定配送货物的种类和数量,然后了解现有库存商品情况,再确定向供应商进货的品种和数量。对于流转速度较快的商品,为使供货及时,配送中心也可先不看客户订单,根据需求情况提前按经济批量组织订货。

供应商根据订单要求的品种和数量组织供货,配送中心则要做好验货和提货准备,有时还需到港口、车站、码头接运到货。签收送货单后就可以验收货物,这一环节称为接货。

验收在进货作业中是一项重要的工作,是保证商品以后能及时、准确、安全地发运到目的地的关键一环。在配送中心应由专人对货物进行检查验收,依据合同条款要求和有关质量标准严格把关。

6.2.2 保管作业

对于验收合格的商品,有的要进行开捆、堆码和上架。配送中心为保证货源供应,通常都会保持一定数量的商品库存(安全库存),一部分是为了从事正常的配送活动保有的存货,库存量比较少；另一部分是集中批量采购形成的库存，具有储存的性质；也有供应商存放在配送中心准备随时满足顾客订货需要的存货。

上架物品保管作业的主要内容就是随时掌握商品的库存动态，看是否到达了订货点，还要进行温度与湿度等控制的保管保养，保证库存商品的质量完好、重量和数量准确。

6.2.3 理货配货作业

理货配货作业是配送中心的核心作业，根据不同客户的订单要求，主要进行货物的拣选、流通加工和包装等工作。

拣选是配送中心作业活动中的核心内容。所谓拣选，就是按订单或出库单的要求，从储存场所选出物品，并放置在指定地点的作业。拣选需要在短时间内，高效率、准确地完成上百种甚至更多种商品的拣选，是一项较为复杂的工作。拣选作业的方法分为摘取方式和播种方式两种。分货即为货物分组，要把集中拣选出来的商品按照店铺和按照配送车辆、配送路线等分组，分别码放在指定的场所，这样，配送中心才能按照客户的订单要求及时将货物送达到客户手中。其中，要进行配货检验和包装环节。配货检验作业是指根据用户信息和车次对拣送物品进行商品号码和数量的核实，及对产品状态、品质进行检查，如图6-2所示。

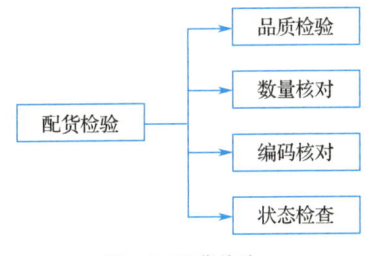

图6-2 配货检验

在理货配货环节，有时配送中心还承担着流通加工作业，这项作业属于增值性活动，不是所有的配送中心都具有此功能。流通加工可以大大提高用户满意度，并可提高配送货物的附加价值。有些加工作业属于初级加工活动，如按照客户的要求，将一些原材料套裁；有些加工作业属于辅助加工，如对产品进行简单组装等；也有些加工作业属于深加工，如将蔬菜或水果洗净、切割、过磅等。这些加工能够使配送物品增加了附加价值。

包装作业是指配送中心将需要配送的货物拣取出来后，为便于运输和识别不同用户的货物，所进行的重新包装或捆扎，并在包装物上贴上标签。

6.2.4 出货作业

这项作业主要包括确定各物品所要装入的车辆、装车和送货。确定完运输车辆和运输线路后，配送中心要把在同一时间内出货的不同用户的货物组合配装在同一批次的运输车辆上进行运送，这就是配装作业。按后送先装的原则装车。然后按事先设计好的运输路线，把货物最终送达到客户手中。这一环节直接面对客户进行服务，它的特点主要有以下几点。

(1) 时效性

时效性是要确保能在指定的时间内交货。送货是从客户订货至交货各阶段中的最后一个阶段，也是最容易引起时间延误的环节。影响时效性的因素有很多，除配送车辆故障外，所选择的配送线路不当，中途客户卸货不及时等均会造成时间上的延误。因此，必须在认真分析各种因素的前提下，及时有效协调，选择合理的配送线路、配送车辆和送货人员，让每位客户在预定的时间内收到所订购的货物。

(2) 可靠性

可靠性就是要将货物完好无损地送到目的地。影响可靠性的因素有：货物的装卸作业、运送过程中的机械振动和冲击，及其他意外事故、客户地点及作业环境、送货人员的素质等。因此，在配送管理中必须注意考虑这些因素，提高送货的可靠性。

(3) 沟通性

出货作业是配送的末端服务，它通过送货上门服务直接与客户接触，是与顾客沟通最直接的桥梁。它不仅代表着公司的形象和信誉，还在沟通中起着非常重要的作用。所以，必须充分利用与客户沟通的机会，巩固与发展公司的信誉，为客户提供更优质的服务。

(4) 便利性

配送以服务为目标，以最大限度地满足客户要求为宗旨。因此，应尽可能地让顾客享受到便捷的服务。采用高弹性的送货系统，如采用急送货、顺道送货与退货、辅助资源回收等方式，为客户提供真正意义上的便利服务。

(5) 经济性

实现一定的经济利益是企业运作的基本目标。因此，对合作双方来说，以较低的费用完成送货作业是企业建立双赢机制、加强合作的基础。所以不仅要满足客户的要求，提供高质量、及时方便的配送服务，还必须提高配送效率，加强成本管理与控制。

6.3 配送中心概述

6.3.1 配送中心的概念

随着国民经济的迅速发展和人民生活水平的提高，消费者需求日益向精美、个性化方向发展。制造商为了满足大众的需求，纷纷采用多样、少量的生产方式。相应地，高频、少量的配送方式也随之产生，这些都导致物流成本上升。一些工业企业或商品流通企业纷纷准备或开始筹建配送中心，以降低成本，提高服务质量和水平。建设配送中心可以扩大经营规模，满足用户不断发展的多样化需求，使末端物流更加合理。目前，国内外对配送中心的界定不完全相同，如：

日本出版的《市场用语词典》对配送中心的解释是：配送中心是一种物流节点，它不以储藏仓库的这种单一的形式出现，而是发挥配送职能的流通仓库，也称基地、据点或流通中心。配送中心的目的是降低运输成本，减少销售机会的损失，为此建立设施、设备并开展经营、管理工作。

日本《物流手册》对配送中心的定义是："配送中心是从供应者手中接受多种大量的货物。进行倒装、分类、保管、流通加工和情报处理等作业。然后按照众多需要者的订货要求备齐货物，以令人满意的服务水平进行配送的设施。"

修订后的国家标准《物流术语》对配送中心的定义是：从事配送业务且具有完善信息网络的场所或组织，应基本符合下列要求：主要为特定的用户服务；配送功能健全；辐射范围小;多品种、小批量、多批次、短周期;以配送为主,储存为辅。

一般将组织配送型销售或专门执行实物配送活动的机构称为配送中心。配送中心是物流节点的重要形式,是专门用于配送业务的物流节点,是以组织配送型销售或供应,执行配送为主要职能的流通型节点。配送中心与传统的仓库和批发、储运企业相比,具有质的不同,见表6-2。

表6-2　　　　　　　　　　配送中心与保管仓库、物流中心的不同

项目	配送中心	保管仓库	物流中心
服务对象	特定用户	特定用户	面向社会
主要功能	各项配送功能	物资保管	各项物流功能
经营特点	配送为主,储存为辅	库房管理	强大的储存、吞吐能力
配送品种	多品种	—	品种少
配送批量	小批量	—	大批量
辐射范围	辐射范围小	辐射范围小	辐射范围大
保管空间	保管空间与其他功能各占一半	全是保管空间	—

6.3.2　配送中心的类型

1. 按配送中心的归属分类

(1)自有型配送中心。自有型配送中心是指隶属于某一个企业或企业集团,通常只为本企业提供配送服务,不对本企业或企业集团之外开展配送业务的配送中心。

(2)公共型配送中心。公共型配送中心是以营利为目的,面向社会开展后勤服务的配送组织。

(3)合作型配送中心。合作型配送中心由几家企业合作兴建、共同管理,多为区域性配送中心。

2. 按配送中心的职能分类

作为物流配送中心,主要的功能有供应、销售、储存与加工等,根据侧重点不同,可以分为不同类型的物流中心,各种类型的特点为:

(1)供应型配送中心。供应型配送中心是专门以向某些用户供应商品,提供后勤保障为主要特点的配送中心。

(2)销售型配送中心。销售型配送中心以促进销售为目的,物流服务商流,借助配送这一服务手段来开展经营活动的配送中心。

(3)储存型配送中心。储存型配送中心是充分强化商品的储存功能,在充分发挥储存作用的基础上开展配送活动。

(4)加工型配送中心。加工型配送中心的主要功能是对商品进行流通加工,在配送中心对商品进行清洗、组装、分解、集装等加工活动。

以上各种类型的区别反映在物质流动上,体现在物流配送中心内的作业内容和服务范

围的差异上,见表6-3。从现代物流发展的趋势看,为了加速商品的运动,更好地使物流系统顺应客户需求的特点,物流配送中心逐渐从周转型转向分销型。目前,在发达国家,分销型的比例一般要占到所有物流中心的70%以上。另外,流通加工型配送中心的发展也非常迅速。

表 6-3　　　　　　　　不同类型物流中心在作业内容与服务范围的差异

类型	物资流动过程									
	收货	验货	商品处理	暂时保管	长期保管	流通加工	备货	分拣	发货	收货
供应型	√	√	√					√	√	√
销售型	√	√	√	√			√	√	√	√
储存型	√	√			√				√	
加工型	√	√				√		√	√	

3. 按配送中心的运营主体分类

(1) 厂商主导型配送中心

厂商主导型配送中心,又称制造商型配送中心,是以制造商为主体的配送中心。这种配送中心里的物品100%是由自己生产制造,用以降低流通费用、提高售后服务质量和及时地将预先配齐的成组元器件运送到规定的加工和装配工位。从物品制造到条码和包装的配合等多方面都较易控制,按照现代化、自动化的配送中心设计比较容易,但不具备社会化的要求。

(2) 批发商主导型配送中心

批发商主导型配送中心是由批发商或代理商所建立的,是以批发商为主体的配送中心,批发是物品从制造者到消费者手中的传统流通环节之一,一般是按部门或物品类别的不同,把每个制造厂的物品集中起来,然后以单一品种或搭配向消费地的零售商进行配送。这种配送中心的物品来自各个制造商,它所进行的一项重要的活动是对物品进行汇总和再销售,而它的全部进货和出货都是社会配送的,社会化程度高。

(3) 零售商主导型配送中心

零售商主导型配送中心是由零售商向上整合所成立的配送中心,是以零售业为主体的配送中心。零售商发展到一定规模后,就可以考虑建立自己的配送中心,为专业物品零售店、超市、百货商店、建材商场、粮油食品商店、宾馆饭店等服务,其社会化程度介于前两者之间。

(4) 专业物流配送中心

专业物流配送中心是以第三方物流企业(包括传统的仓储企业和运输企业)为主体的配送中心。这种配送中心有很强的运输配送能力,地理位置优越,可迅速将到达的货物配送给用户。它为制造商或供应商提供物流服务,而配送中心的货物仍属于制造商或供应商所有,配送中心只是提供仓储管理和运输配送服务。这种配送中心的现代化程度往往较高。

4. 按配送中心的服务对象分类

(1) 面向最终消费者的配送中心,服务对象是最终消费者,特点是消费者在店铺看样品挑选确定购买后,商品由配送中心直接送达消费者手中。

(2)面向制造企业的配送中心,服务对象是制造企业,特点是配送中心按制造企业的生产计划及调度的安排,把所需物品送达企业的仓库或直接送到生产现场。

(3)面向零售商的配送中心,服务对象是零售企业,特点是配送中心按照零售店铺的订货要求,将各种商品备齐后送达零售店铺。

5. 按配送中心的服务范围分类

(1)城市配送中心

城市配送中心是以城市范围为配送范围的配送中心。由于城市范围一般处于汽车运输的经济里程,这种配送中心可直接配送到最终用户,且采用汽车进行配送。所以,这种配送中心往往和零售经营相结合,由于运距短,反应能力强,因而从事多品种、少批量、多用户的配送较有优势。

(2)区域配送中心

区域配送中心是以较强的辐射能力和库存准备,向省际、全国乃至国际范围的用户配送的配送中心。这种配送中心配送规模较大,一般而言,用户也较大,配送批量也较大。而且,往往是给下一级的城市进行配送,也配送给营业所、商店、批发商和企业用户。虽然也从事零星的配送,但不是其主体形式。

6.3.3 配送中心的作用

配送中心是专门从事商品配送活动的经济组织,是将集货中心、分货中心和加工中心合为一体的现代化物流基地。

1. 储存功能

配送中心的服务对象是生产企业和商业网点,如连锁店和超市,其主要职能就是按照用户的要求,在规定的时间和地点将商品送到用户手中,以满足生产和消费的需要。为了顺利有序地完成向用户配送商品的任务,更好地发挥保障生产和消费需要的作用,通常配送中心都建有现代化的仓储设施,储存一定数量的商品,以保证配送服务所需要的货源。无论何种类型的配送中心,储存功能都是重要的功能之一。例如,中海北方物流有限公司在大连拥有10万平方米、配备了国内一流仓储设备的现代化物流配送仓库。

2. 集散功能

配送中心凭借其特殊的地位和拥有的先进的物流设施设备、完善的物流管理系统,将分散在各个生产企业的商品集中起来,经过分拣、配装,送达多家用户。同时,配送中心也可以将各个用户所需要的多种货物有效地组合或配装在一起,形成经济、合理的批量来实现高效率、低成本的商品流通。集散功能是配送中心的一项基本功能,通过集散商品来调节生产与消费,实现资源的合理配置,并由此降低物流成本。

3. 衔接功能

配送中心是重要的流通节点,衔接着生产和消费,通过配送服务,将各种商品运送到用户手中。同时,通过集货和储存商品,配送中心又有调节市场需求、平衡供求关系的作用。可以说,现代化的配送中心通过发挥储存和发散货物的功能,体现出了其衔接生产与消费、供应与需求的功能,使供需双方实现了无缝衔接。

4. 分拣功能

作为物流节点的配送中心,其服务对象众多,这些众多的用户之间存在很大的差别,这些用户不仅经营性质、产业性质不同,而且经营规模和经营管理水平也不一样,对配送服务的时间要求、数量要求及品种要求差异很大。面对这样复杂的用户,配送中心必须采取适当的方式对组织来的货物进行分拣,为配送运输做好准备,然后按照配送计划组织配货和分装,以满足用户的不同需要。强大的分拣能力是配送中心实现按客户要求组织送货的基础,也是配送中心发挥其分拣中心作用的保证。分拣功能是配送中心与普通仓库的主要区别。

5. 加工功能

配送中心为扩大经营范围和提高配送服务水平,按用户的要求,根据合理配送的原则对商品进行分装、组装、贴标签等初加工活动,使配送中心拥有一定的加工能力。配送加工虽不是普遍的,但往往是有着重要作用的功能要素,它是配送中心提高经济效益和提高服务水平的重要手段,必须引起足够的重视。国内外许多配送中心都很重视提升自己的配送加工能力,按照客户的要求开展配送加工可以使配送的效率和满意程度提高。配送加工有别于一般的流通加工,它一般取决于客户的要求,销售型配送中心有时也根据市场需求来进行简单的配送加工。

6. 信息处理功能

配送中心连接着物流干线和配送,直接面对产品的供需双方。因此,不仅能实现物的流通,而且通过信息处理来协调各个环节的作业,协调生产与消费。信息化、网络化、自动化是配送中心的发展趋势,信息系统越来越成为配送中心的重要组成部分。

6.3.4 智慧配送中心的物流技术

实现配送的现代化就是将现代物流的高科技广泛应用于配送,使配送的技术水平、管理水平与现代物流相适应。配送中心应用于配送的现代物流技术主要有三个方面。

1. 自动分拣系统

配送中心的作业流程包括入库、保管、拣货、分拣、暂存、出库等作业,其中分拣作业是一项非常繁重的工作。尤其是面对零售业多品种、少批量的订货,配送中心的劳动量大大增加,若无新技术的支撑将会导致作业效率下降。

随着科学技术日新月异的进步,特别是感测技术(激光扫描)、条码识别及计算机控制技术等的导入使用,自动分拣机已被广泛用于配送中心。在日本和欧洲,自动分拣机的使用很普遍,随着物流大环境的逐步改善,自动分拣系统在我国流通领域将大有用武之地。

自动分拣机种类很多,而其主要组成部分相似,基本上由下列各部分组成:

(1)输入装置。被拣商品由输送机送入分拣系统。

(2)货架信号设定装置。被拣商品在进入分拣机前,先由信号设定装置(键盘输入、激光扫描条码等)把分拣信息(如配送目的地、客户户名等)输入计算机中央控制器。

(3)进货装置。或称喂料器,它把被拣商品依次均衡地送入分拣传送带,与此同时,还使商品逐步加大到分拣传送带的速度。

(4)分拣装置。它是自动分拣机的主体,包括传送装置和分拣装置两部分,最终把被拣商品送入分拣道口。

(5)分拣道口。它是从分拣传送带上接纳被拣商品的设施,可暂时存放未被取走的商品。当分拣道口满载时,由光电管控制阻止分拣商品进入分拣道口。

(6)计算机控制器。它是传递处理和控制整个分拣系统的指挥中心。自动分拣的实施主要靠它把分拣信号传送到相应的分拣道口,并指示启动分拣装置,把被拣商品送入道口。

2. 自动化立体仓库

自动化立体仓库的出现是物流技术的一个划时代的革新。它不仅彻底改变了仓储行业劳动密集、效率低下的落后面貌,而且大大拓展了仓库功能,使之从单纯的保管型向综合的流通型方向发展。自动化立体仓库是用高层货架储存货物,用巷道堆垛起重机存取货物,并通过周围的装卸搬运设备,自动进行出入库存取作业的仓库。

自动化立体仓库主要由货架、巷道堆垛起重机、周边出入库配套机械设备和仓储管理控制系统等几部分组成。货架长度大、排列数多、巷道窄,故密度高。巷道机上装有各种定位的检测器和安全装置,保证巷道机和货叉能高速、精确、安全地在货架中取货。

3. 计算机智能化技术

计算机智能化技术已应用到物流系统的各个方面,配送中心的自动分拣系统、自动化立体仓库、自动拣货系统采用计算机控制和无线移动电脑,在配送中心入库、出库、拣货、盘点、储位管理等方面的应用,实现了配送中心物流作业的无纸化。计算机技术在物流上的应用已远远超出了数据处理、事务管理,已经迈入智能化管理的领域。

6.4 智慧配送

6.4.1 智慧物流配送设备

物联网、人工智能、VR/AR等技术的应用,促进物流配送设备的更新换代,越来越多的智慧物流配送"黑科技"应用于物流配送领域,智慧物流配送设备成为智慧物流配送体系的重要支撑。

1. 智能快递柜

智能快递柜是指在公共场合(小区),可以通过二维码或者数字密码完成投递和提取快件的自助服务设备,如图6-3所示。

图6-3 智能快递柜

智能快递柜提供 24 小时自助式服务,当收件人不在时,派送员可以将快件放在附近的快递柜中,等收件人有空时再去取回。用户通过自助终端,结合动态短信,凭取件码取件,智能快递柜还可以通过微信公众号提醒收件人取件,自动通知快递公司批量处理快件。

智能快递柜的推行使用,使快递行业的配送业务得到了明显改进,很大程度上解决了无人在家、重复投递、收件难等问题,方便了消费者和派送员,同时又规避了物业管理处代收快递的风险,解决了困扰物流行业多年的快递投递及代收难题。

智能快递柜主要的功能有寄件、取件、暂存、广告、监控、照明和语音提示等。

(1) 寄件功能

操作流程:①线上下单填写寄件信息;②到柜扫码/输入寄件码;③支付运费开箱投递;④快递员取件打印运单;⑤发件。

寄件是快递柜最基本的功能,主要是方便个人用户。传统的寄快递模式是用户要找到快递员才能寄快递,可供用户选择的快递公司少,价格不能进行比较,而且相对麻烦,有了智能快递柜之后,用户只需要选择好理想的快递公司,根据格口大小,再把要寄的物品放进快递柜,扫描二维码支付快递费用就可以了。快递员在投递快件的时候,看到有物品要寄出,就会通过智能快递柜揽收快件,整个流程简单方便。

(2) 取件功能

操作流程:①快递员选择货品对应格口大小;②扫描运单;③输入手机号;④开箱放入快件;⑤触发取件微信/短信消息;⑥用户扫描/输入取件码,取出快件。

取件是智能快递柜的主要功能,将快件放进快递柜,一是能节省时间,即一天之内快递员能投递更多的快递,提升了配送效率;二是可以避免快递丢失和错拿的情况,增加了物流服务的保障;三是方便了消费者,如上班族、学生等没有办法守在家里等快递,有了智能快递柜之后,大大方便了这部分人群的收件。从另一方面看,便利性有助于促进消费。

(3) 暂存功能

除了寄件和取件的功能以外,智能快递柜还有暂存的功能,企业可以通过智能快递柜完成物品的多次存和取,轻松实现物品交换、库存管理,如玩具租用、家电租用、洗衣、租书等;个人用户也可以用其暂存物品,只要填写好存件人、取件人的信息,选择所需的格口尺寸,设置好取件时间就可以了,这样的功能有点类似于储物柜。

(4) 广告功能

智能快递柜的主柜屏幕在非取件或寄件时会放映广告,当有人走近快递柜或在准备使用快递柜之前,映入眼帘的就是广告,同时副柜上可以贴上广告贴纸等,有一种非常直观的宣传效果。广告既属于智能快递柜的一项功能,更是其盈利模式中的收入来源之一。

(5) 监控、照明和语音提示功能

每一个智能快递柜的上方都会有一个监控器,可以实时记录寄件、取件的时间,这为货物遗失等问题提供了有效的证据。

在夜间,当用户靠近使用智能快递柜时,快递柜自用灯会自动亮起,当用户离开之后会自动熄灯,这样的感应系统既可以方便用户,又不会浪费电力资源。

智能快递柜还配有语音提示功能,在用户的每一步操作之前,都会有语音提示,如在取件时,会语音提醒用户"请打开二维码或按取件码取件",当取件完成后,会提醒用户"柜门已打开,取件后请关好柜门",这样的语音提示能及时提醒用户该做什么、怎么做,极大地减少了差错事故的发生,十分人性化。

此外,为做好快递包装回收等逆向物流工作,一些智能快递柜同时也具备包装回收功能,用户可将快递包装箱置于智能快递柜中,由快递人员统一进行回收处理。

2. 配送机器人(无人配送车)

配送机器人(无人配送车)是智慧物流体系生态链的终端,其具备高度的智能化和自主学习能力,面对的配送场景非常复杂,能够应对各类订单配送的现场环境、路面、行人、其他交通工具及用户的各类场景,进行及时有效的决策并迅速执行,如图 6-4 所示。

基于人工智能技术的配送机器人,具有自主规划路线、规避障碍的能力。收货人通过 App、手机短信等方式收到货物送达的消息,在手机短信中直接点击链接或者在配送机器人身上输入提货码,即可打开配送机器人的货仓,取走包裹。同时,配送机器人也可以支持刷脸取货及语音交互,让用户能够感受到科技在智能物流中的应用。

图 6-4　无人配送车

配送机器人进行无人配送的关键技术主要包括以下内容。

(1)高精度地图数据

在无人驾驶体系中的高精度地图,是完全面向机器人的地图信息,在数据内容、关键信息表达方式上与传统地图都有较大差异,因此高精度地图在采集、制作工艺及数据应用上,与传统地图均有很大的差异。

高精度地图数据的获取方式,与传统地图相比也有很大差异。传统地图数据大多通过全站仪、卫星图匹配等手段,实现地图数据的批量采集。而高精度地图数据由于在精度方面的要求更高,采集方式上主要依赖激光点云数据的采集及其他高精度感应装置获取的数据加工而来。

(2)智能导航系统

①高精度导航行动指引。针对无人配送车的导航,主要原理是通过服务器端向无人配送车下发导航关键地点的信息,并通过高精度传感器来判断车辆当前位置是否偏离预定航向,来对无人配送车的行动进行实时引导。同时,由于无人配送车的业务场景,导航的区域需要从传统的室外道路向室内扩展,因此室内导航技术在无人配送中也拥有广泛的应用场景。

②以配送任务为核心的智能路径规划。无人配送车的核心任务是将货物配送到用户手中,因此无人配送车的导航路径规划需要综合考虑用户的订单,这里面涉及地址解析功能,以及多途径点的配送规划。

- 地址解析。由于无人配送的目标为订单,因此订单地址需要转化为配送的地址。目前主流地图数据服务商均提供地理编码服务(Geocoding Service),能够将地址转化为经纬度信息。
- 到达点分析。由于无人配送的目的是将货物送到用户手中,因此对于目标地址的解析需要精细到可停靠或可进入的精准位置信息。例如,对于住宅楼,需要精确地停靠在楼栋门口,来等待用户取货。因此,对于每一个地址(POI:Point of Interest),需要分析出可停靠的精准位置,这样配送机器人才可以将此位置作为停靠点。

• 多点配送。为了提高配送效率,无人配送车或配送机器人每次行程会针对某个区域进行沿途多点配送。进行多点配送时,需结合无人车自身的货舱容量,来制定多点配送量,并确保配送路线能够以最短路径原则或最短耗时原则来进行统一规划。

(3)大数据技术的应用

高精度地图数据是无人车导航运行的数据基础,只有详细而全面的高精度数据,才能为无人车行驶提供可靠的行动指引。同时,无人车运行本身也是数据的感知行为,借助车身的各种传感器,无人车能够对于实际道路情况有实时感知,并且随着无人车运营数量的规模化,数据感知的范围能够覆盖更多的区域和场景,从而实现数据的实时感知更新。这种借助海量行驶感知数据的数据更新模式,被称为"众包式"数据更新,是目前无人驾驶领域实现地图更新的主要技术方式。

除了地图数据的更新之外,海量行驶感知的大数据能够给无人车带来以往调度模式无法实现的技术创新。在运营中的无人配送车辆能够通过摄像头等传感器对周边人流量、车流量及交通状况进行数据感知,实现神经感知网络,从而对车辆的导航起到引导作用,如对于拥堵路段能够提前感知并提供躲避拥堵的导航路径规划。

在无人车调度资源的优化方面,基于车辆大数据的分析系统同样能够起到辅助决策的作用。由于无人配送车的行动需要以订单为基础,因此对于海量历史订单信息的大数据分析,能够给无人车的调度和监控人员提供合理的资源分配方案,如对于订单密集的区域,需要提前部署更多的无人车运力资源,来确保运输效率。

(4)无人配送技术的安全措施

①无人车物流调度与监控。无人配送的物流系统,需要把安全作为首要因素。因此,尽管配送过程能够实现无人化,但是在无人配送车的背后仍然需要有调度及监控人员的介入,以应对突发状况。以京东为例,京东的无人车调度与监控系统主要担负以下功能:

a.无人车的车辆调度。对于无人车的车辆调度,需要由调度系统统一调配,该系统能够实现对所有车辆的行动调配。

b.车辆状态监控。监控系统能够对所有运行中的车辆进行状态查询,对于无人车辆在行进中遇到的情况,监控系统能够实时感知到紧急情况,并且提示监控人员对紧急情况进行处理。

c.人工接管。对于各种紧急情况,监控系统将允许监控人员以人工接管的方式来对无人车辆进行远程遥控,包括远程喊话功能、遥控驾驶功能、路径修改等。

②多种验证方式的融合。在安全验证方面,无人配送车采用多重验证方式,用于确保货物准确地送达目标用户。目前已经采取的验证方式有以下几种:

a.验证码方式。这是目前使用最多、最通用的验证方式,用户接到短信内容后在无人车车身上的屏幕上输入验证码,无人车验证之后进行开箱。优点是快捷简单,但是存在一定的安全隐患,且要求用户在接收货物时需要带着手机,一般是用于低保值商品的配送。

b.人脸识别。人脸识别的前提是必须由用户本人来接收快递,且需要在系统里提前进行面部采样。目前面部识别的成功率已经可以满足验证的精度,但是面部识别本身容易被破解,尽管已经有面部活体检测技术来应对"照片欺骗",但仍然存在不少技术漏洞。此外,人脸信息作为公民隐私信息的重要一项,人脸识别技术可能侵犯个人隐私,近年来人脸识别的相关风险问题被社会广泛关注。

c. 声纹识别。由于面部识别存在诸多缺陷,因此希望能够将声纹技术加入识别验证的环节。所谓声纹,指的是利用每个人的发声器官(舌、牙齿、喉头、鼻腔)在尺寸和形态方面的个体差异性,来确定发声人的身份。声纹识别对语音识别、表情捕捉、图像分析都有较高的技术要求,这种验证方式的安全度非常高,适用于高价值商品的多重验证,以确保安全性。

3. 配送无人机

无人机(又称无人航空器),就是非载人、由地面控制人员通过无线信号控制飞行,或者在飞行器上事先设定好航线进行自主飞行的飞行器。最初,无人机多用于军事领域的战场侦察,或是在科研领域代替各专业人员进行对应的信息采集工作。随着无人机技术的不断发展,其应用领域也不断拓展。近些年来,无人机开始应用于物流配送领域,如亚马逊、UPS等国外物流公司及中国的顺丰快递公司均在进行"无人机快递"项目的研究实验和应用。美团低空配送多旋翼配送无人机如图6-5所示。

图6-5 美团低空配送多旋翼配送无人机

无人机配送,即通过无线电遥控设备和自备的程序控制装置操纵的无人驾驶的低空飞行器运载包裹,自动送达目的地。其优点主要在于解决偏远地区的配送问题,提高配送效率,同时减少人力成本;缺点主要是恶劣天气下无人机会无法送货,在飞行过程中,无法避免人为破坏等。

无人机技术在物流领域的运用,不仅可以提升物流服务的质量和效率,而且能够在解决快件的三大痼疾——"延误率""遗失率""损坏率"等问题上有更好的预期效果。同时无人机技术在快递递送领域的应用还可以快速提升物流行业的整体技术水平,使物流公司和客户带来双向受益。无人机技术在物流配送领域的使用,不仅是物流产业发展的必然趋势,也是物流产业智能化、智慧化的必然结果。

无人机多采用多旋翼飞行器,配有GPS自控导航系统、iGPS接收器、各种传感器及无线信号发收装置。无人机具有GPS自控导航、定点悬浮、人工控制等多种飞行模式,集成了三轴加速度计、三轴陀螺仪、磁力计、气压高度计等多种高精度传感器和先进的控制算法。无人机配有黑匣子,以记录状态信息。同时无人机还具有失控保护功能,当无人机进入失控状态时将自动保持精确悬停,失控超时将就近飞往快递集散分点。

无人机通过4G/5G网络和无线电通信遥感技术与调度中心和自助快递柜等进行数据传输,实时地向调度中心发送自己的地理坐标和状态信息,接收调度中心发来的指令,在接收到目的坐标以后采用GPS自控导航模式飞行,在进入目标区域后向目的快递站点发出着陆请求、本机任务报告和本机运行状态报告,在收到着陆请求应答之后,由配送站点(快递柜)指引无人机在停机平台着陆、装卸快递及进行快速充电。无人机在与调度中心失去联系或者出现异常故障之后将自行飞往快递集散分点。

智慧物流与电子商务

> **案例** 无人机配送外卖 最快仅需 10 分钟

2018年5月,"饿了么"首批无人机配送航线在上海金山工业园区开启,无人机配送正式商业运营,覆盖面积大约58平方千米。消费者从下单到收到外卖,仅需20分钟!这不仅方便快递人员,对消费者也会节省更多的时间。但是无人机配送并不意味着外卖小哥都会失业,外卖小哥只是不需要骑着电动车穿梭在拥堵的街道,而是在固定的位置控制和配送外卖就可以了。

2024年5月,美团无人机在深圳中心公园C2区开通了市属公园首条无人机配送航线。新航线以深业上城为起点,最快10分钟就能将肯德基、奈雪的茶、7-Eleven便利店等商家超千种商品空投到2千米外的深圳中心公园。美团无人机数据显示,2024年春节假期,深圳多个公园的无人机配送订单量增长迅猛,较2023年十一假期同期增长约80%,炸鸡、汉堡等商品销量环比十一假期增长超过5倍;周边许多商家超8成的外卖订单,消费者会指定要求由无人机配送完成。

美团无人机商业战略负责人介绍说:"从过往数据来看,消费者在公园下单外卖,普遍会存在收货地址难定位的问题。而外卖员在市政公园内配送按要求只能步行前往,所以想快速准确送达会比较困难。我们发现,配送模式变化带来的价值,不仅是为消费者节省了大量沟通成本,同时外卖配送的效率也得到了大幅提升,而景区周边的商家更是获得了新的生意。"该团队已在深圳的一些市政公园开通无人机配送服务,消费者只需要走到这些公园内的指定空投柜取餐即可。

资料来源:①20分钟吃外卖!饿了么无人机配送上线。

②中心公园开通无人机配送 最快仅等10分钟。

6.4.2 智慧物流配送信息平台

智慧物流配送管理的核心是智慧物流配送信息平台。智慧物流配送信息平台一般具有以下功能:

(1)智能仓储管理与监控功能。运用条码技术、无线传感器技术对产品出入库、库存量和货位等环节进行智能管理;运用GPS/GIS、RFID、智能车载终端和手机智能终端技术监控货物状态及装卸、配送和驾驶人员的作业状态,实现智能调度。

(2)智能配送管理与监控功能。在运输过程中,通过运用GPS/GIS、传感器技术实现货物及车辆的实时监控;运用动态导航技术与云计算技术实现运输路径的智能规划与调度;运用互联网、4G/5G通信技术实现监控与调度人员、运输人员和货主的各类信息交换功能等。

(3)智能电子交易平台。运用网络安全与监控技术、电子支付平台实现在线订货与支付功能。

(4)统计与智能数据分析平台。通过条形码、无线传感器、智能终端和数据库等信息技术及管理系统,实现数据采集与储存管理;运用云计算、知识数据库等技术实现各类数据信息的统计与分析预测功能。

此外,为保证智慧物流配送信息平台的有效运作,智慧物流配送信息平台还需具备业务流程标准、功能服务标准、数据储存标准、设备技术标准等标准体系,保证系统信息安全的安全体系及保证正常运行和维护的运维体系。

6.4.3　智慧物流配送管理优化

智慧物流配送管理优化涉及车货匹配、车辆配载、路线优化、配送协同、配送流程优化等多个决策优化问题,需要运用大数据、云计算等现代信息技术,提高配送管理优化的智能化、科学化水平。

1. 车货匹配

现代物流配送要求提高分拨效率,促进物流园区、仓储中心、配送中心货物信息的精准对接,加强人员、货源、车源和物流配送服务信息的有效匹配。车货匹配问题在智慧物流运输中同样存在,前已述及,在此不再赘述。

2. 车辆配载与路线优化

车货配装优化问题(Vehicle Filling Problem,VFP)和车辆路径优化问题(Vehicle Routing Problem,VRP)是物流配送中的重要环节,车辆路线安排影响货物装载方案的效果;车货配载方案决定车辆路线安排的效率。

货物在配送中心进行装配的过程中,根据需求订单上一系列的相关客户要求对货物进行加工、分拣及聚集,再根据配送路径将货物进行合理装配。合理的配装不仅可以有效提升货车的载重利用率和空间利用率,减少空间浪费,避免出现超重的现象,保证驾驶员、车及货物的安全,而且能够较为直接有效地降低物流成本,提前制订货物配装计划可以有效提高配送效率。货物配装是传统的背包问题,其中的原理为一个有限体积背包放入不同体积及不同价值的货物,最后需要达到背包总价值最大化。例如,大中型海港港口和机场里对集装箱进行配装时,利用体积和载重两个约束条件来约束不同种类和不同数量的货物进行装配,追求目标为载重利用率和容积利用率最大化来提高物流配送效率及降低物流配送成本。

配送路线优化也是配送过程中重要的组成部分,制定配送路径也需要考虑货物与车辆的配装计划,合理的配送路径和车辆货物配装计划可以降低时间成本和配送成本,提高配送车辆利用率和配送服务水平。基于不同的情况与不同约束条件,车辆路线问题包括随机车辆路线问题(SVRP)、模糊车辆路线问题(FVRP)、带能力约束的车辆路线问题(CVRP)、带时间距离约束的车辆路线问题(DVRP)和带时间窗口的车辆路线问题(VRPTW)等。VRP问题模型在后续"智慧物流优化技术"章节中会详细介绍。

3. 配送环节协同

配送环节协同是指实现配送资源的自动调配,运用北斗等导航定位技术,实时记录配送车辆位置及状态信息,利用云计算技术,做好供应商、配送车辆、门店、用户等各环节的精准对接。

配送环节协同是利用信息平台对各物流配送中心、用户等的资源和数据进行统一整合,根据实际的物流配送任务按需分配资源。此外,利用先进的云计算技术实现物流数据的理和物流资源的科学配置,同时经各配送中心、用户协商确定物流配送的协作方式和协作流程,提升了各物流配送中心的配送效率。

延迟生产(Postponed Production)是实现生产与配送协同的重要方式,目的是使产品在接近用户的地点实现差异化战略。大规模定制的推广强化了延迟生产的地位,尤其是供应链管理环境的形成,使延迟生产、柔性制造技术受到人们的高度青睐。

4. 配送流程优化

物流配送体系从订单处理到配货作业、流通加工,再到送货,存在客观的流程关系,尤其是对于多品种、多供应商、多用户的情况,各作业程序间是否搭配合理、存货是否经济、补货是否及时、配货是否科学等,都直接关系着配送企业的效率和效益。

现代配送强调加强配送流程控制,运用信息技术,加强对物流配送车辆、人员、环境及安全、温控等要素进行实时监控和反馈。

配送流程优化的主要途径是设备更新、资源替代、环节简化和时序调整。大部分流程可以通过流程改造的方法完成优化过程。对于某些效率低下的流程,也可以完全推翻原有流程,运用重新设计的方法获得流程的优化。

配送流程设计涉及时序优化、服务优化、成本优化、技术优化、质量优化等优化指标。在进行流程优化时,应根据需要,针对某一个或多个指标进行优化。

配送流程优化可采用以下方法:

(1)标杆瞄准法。标杆瞄准法/基准化分析法(Benchmarking,BMK),又称竞标赶超、战略竞标,是将企业各项活动与从事该项活动最佳者进行比较,从而提出行动方法,以弥补自身的不足。

(2)DMAIC 模型。DMAIC 指定义(Define)、测量(Measure)、分析(Analyze)、改进(Improve)、控制(Control)五个阶段构成的过程改进方法,是 6Sigma 管理中最重要、最经典的管理模型,主要侧重在已有流程的质量改善方面。所有 6Sigma 管理涉及的专业统计工具与方法,都贯穿在每一个 6Sigma 质量改进项目的环节中。

(3)ESIA 分析法。ESIA 即消除(Eliminate)、简化(Simply)、整合(Integrate)和自动化(Automate)四个步骤。所有企业的最终目的都应该是提升顾客在价值链上的价值分配。重新设计新的流程以替代原有流程的目的,就是为了以一种新的结构方式为顾客提供这种价值的增加及其价值增加的程度。反映到具体的流程设计上,就是尽一切可能减少流程中非增值活动,调整流程中的核心增值活动。其基本原则就是 ESIA。

(4)ECRS 分析法。ECRS 即取消(Eliminate)、合并(Combine)、重排(Rearrange)、简化(Simplify)。通过这四个方面的改进,ECRS 可以帮助企业消除生产流程中的浪费和瓶颈,提高生产效率和产品质量。

(5)SDCA 循环。SDCA 循环就是标准化维持,即"标准(Standard)、执行(Do)、检查(Check)、总结(Action)"模式,包括所有和改进过程相关的流程的更新(标准化),并使其平衡运行,然后检查过程,以确保其精确性,最后做出合理分析和调整使得过程能够满足愿望和要求。

6.5 智慧配送应用

6.5.1 城市地下物流配送系统

地下物流配送系统是一种新兴的运输和供应系统,是现代物流创新发展的新技术,是一种具有革新意义的物流配送模式。在城市道路日益拥挤的情况下,地下物流配送系统具有巨大优越性。

目前一些发达国家,包括美国、德国、荷兰、日本等在地下物流配送系统的可行性、网络规划、工程技术等方面展开了大量的研究和实践工作。研究表明,地下物流配送系统不仅具有速度快、准确性高等优势,而且是解决城市交通拥堵、减少环境污染、提高城市货物运输通达性和质量的有效途径,符合资源节约型社会的发展要求,是城市可持续发展的必要选择。

地下物流配送系统是指运用自动导向车和两用卡车等承载工具,通过大直径地下管道、隧道等运输通路,对固体货物实行运输及分拣配送的一种全新概念物流系统。在城市,地下物流配送系统与物流配送中心和大型零售企业结合在一起,实现网络相互衔接。客户在网上下订单以后,物流中心接到订单后,迅速在物流中心进行高速分拣,通过地下管道物流智能运输系统和分拣配送系统进行运输或配送。也可以与城市商超结合,建立商超地下物流配送系统。

地下物流配送系统末端可以与居民小区建筑运输管道相连,最终发展成一个连接城市各居民楼或生活小区的地下管道物流运输网络,并达到高度智能化。当这一地下物流配送系统建成后,人们购买任何商品都只需点一下鼠标,所购商品就像自来水一样通过地下管道很快地"流入"家中。

1. 系统构成

地下物流配送系统的开发技术主要包括管道和轨道两种。管道运输又分为气体管道运输和液体管道运输。国外一些国家,如英国、德国等已经存在了大量的地下管道设施,而且它们的管道运输技术也比较成熟,因此在这些国家和地区,地下物流配送系统开发技术的侧重点放在整合原有管道系统、扩大系统应用范围等方面。其他国家的地下物流配送系统规划和建设起步较晚,主要关注轨道运输,结合地铁的轨道运输有很大的发展空间。

地下物流配送系统可分为以下三个模块:

模块1:结合轨道交通完成从港口、火车站、高铁站、空港城到各城区的主干道输送。

模块2:结合综合管廊增加物流输送功能,一次开挖,共享复用,完成从区集散点经次干道至各小区、各建筑物的输送。

模块3:与园区地产结合,通过楼宇自动化完成到户到家的终极目标。以上三个模块也可以反向运行。

2. 创新模式

近年来,地下物流配送系统技术开始向智慧化和自动化方向发展,出现了一些新的创新模式。如荷兰出现了创新性的地下物流配送系统实施方案和概念。

多核系统(Multi-core System):该系统是指在一个管道内放置几根小的管子和电缆,可以在其中传输不同的物质。采用这种多核系统的好处是,在该系统内增加铺设一些小的管子和电缆,不会增加太多的成本。

共同承运人(Common Carrier):这是一个新的组织概念,指管道由几家公司合资经营。这种方式避免了过去由每家公司独立经营自己的管道系统的弊端,把原来各个独立的管道连接起来,形成一个管道网,大家共同经营。

与此同时,原有的地下物流配送系统技术也出现了一些新的特点。

(1)开始使用卷桶型集装箱和托盘;
(2)实现了全自动运输和自动导航系统,包括自动转换到无轨系统;
(3)管道长度扩展到 50 千米;
(4)形成一个独立的运输环境。

这些新的概念和实施方案对我国的地下物流配送系统建设提供了很好的启示和借鉴。

3. 应用意义

地下物流配送系统可以有效地解决经济发展和环境污染、道路拥挤之间的矛盾,提高城市居民的生活质量,减少环境污染、道路拥挤及交通事故的发生率,保护城市的历史风貌和各级文物古迹。另外,从投资成本来看,建设地下物流配送系统比建设地铁和地上高架路的投入低,其未来收益很大。因此,地下物流配送系统是一种可行的、新的绿色物流方式,是可以替代中短距离道路运输的一种有发展前途的运输方式,值得推广建设。

地下物流配送系统凭借其低成本、高效、准时的优势,很好地解决了制约电子商务发展的城市物流配送最后一公里"物流瓶颈"问题。一方面,地下物流能够对地面货运交通进行分流,促进货物运输的通畅性;另一方面,地下物流不受气候和天气的影响,可以实现智能化、无中断的物流运输,使运输过程得到有效衔接。未来,地下物流配送系统将作为一种可行的、创新的绿色物流方式,成为物流行业进行模式创新的重要方向。

我国地下物流配送系统的科学家已经提出了在雄安新区建设和运营中开始建设智能地下物流配送系统的规划方案,提出了雄安新区应用地下物流配送系统来解决城市物流配送带来的拥堵问题的建议,希望从雄安新区开始,探索和应用智慧的地下物流配送创新模式,让我国地下物流配送系统取得跨越式发展。

6.5.2 无人机配送系统

无人机配送系统主要应用于快件配送服务,能有效提高配送效率,减少人力、运力成本,提高服务的品质和质量。

1. 系统构成

主要由无人机、自助快递柜、快递盒、集散分点、调度中心、集散基地组成,如图 6-6 所示。

(1)无人机。四旋翼或八旋翼飞行器,配有 GPS 自控导航系统、iGPS 接收器、各种传感器及无线信号发收装置。

(2)自助快递柜。快递柜配有一台计算机、无人机排队决策系统、快递管理系统、iGPS 定位系统、无人机着陆引导系统、装卸快递停机台、临时停机台、一套机械传送系统、自助快递终端和多个快递箱等。快递柜顶部的所有停机台都具有快速充电功能。无人机向快递柜发送着陆请求、本机任务报告和本机运行状态报告后,快递柜将无人机编号、该机任务及任务优先权等信息输入系统,由排队决策系统分配停机平台,再由无人机着陆引导系统引导无人机降落,或者向无人机发出悬停等待指令。无人机收到快递柜接受着陆指令后,将持续地将本机上 iGPS 接收器收到的红外激光定位信号和本机编号回传给快递柜,快递盒将精确掌握无人机坐标信息,并引导无人机精准着陆。

(3)快递盒。快递盒内配置蓝牙和信息存储模块,主要用于装载快件,便于无人机运输。

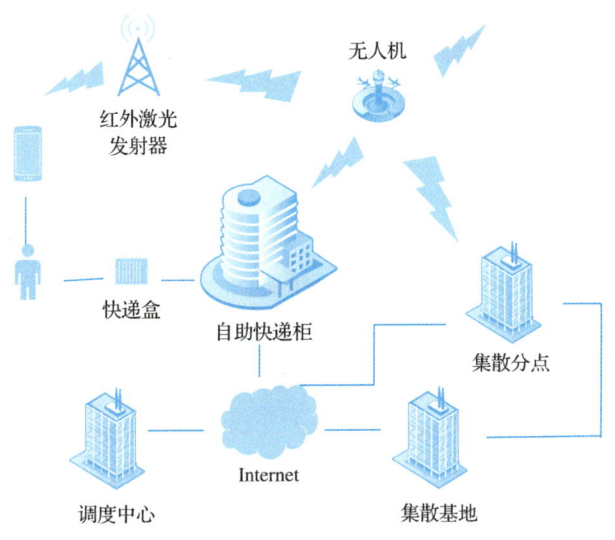

图 6-6　无人机配送系统组成

（4）集散分点。各快递集散分点负责不同区域间的快件集散。无人机接收调度中心的指令，将异地快件运往分点，分点发出相关指令引导无人机进行降落、卸件，卸下的快件将被整理运往机场。同时调度中心将相关快递信息更新到目的区域的调度中心。另外，快递集散分点还负责对辖区内无人机的安检、维修、临时停放、快速充电。

（5）快递集散基地。异地快递在送达本区域后将先运往快件集散基地，基地根据快递盒所输入的快件信息将快件进行分类，并将其运往相关快递集散分点，同时集散基地实时将到达的快递信息更新，并将数据发送到公司调度中心。

（6）调度中心。调度中心管理本区域所有快件的接收与投放，同时对无人机进行系统维护、数据更新。调度中心也实时监测无人机和自助快递柜的链接状态，对出现的问题进行及时维护。

2. 运作流程

根据无人机的续航能力、快递业务量的地理分布、通信的实时可靠性、系统的容积能力及建设成本等诸多因素的综合考虑，将整个无人机快递系统划分为若干区域，区域内部独立运作，区域之间协同运作。

（1）区域内快递收发。终端自助快递柜在收到用户放入的快件后向调度中心发送收件请求，调度系统自动派出合适的无人机，并向无人机发送相关任务指令及目的地坐标，无人机收到任务指令后飞往目的地，终端自助快递柜将实时引导无人机着陆并进行自动装卸快件，快件在送达目的快递柜之后，终端自助快递柜智能系统将向用户发送取件信息。配送流程如图 6-7 所示。

（2）区域间快递收发。调度中心在收到发往其他区域的快递信息后，将指引无人机收件后就近送往本区域的快递集散分点，集散分点自动将快递按区域分类，并装箱后送往机场，由大型飞机送往目的区域的快递集散基地，集散基地在收到快递箱以后拆分，集中将同一片区的快递送往该片区的快递集散分点，再由调度中心调度无人机送往目的自助快递柜。配送流程如图 6-8 所示。

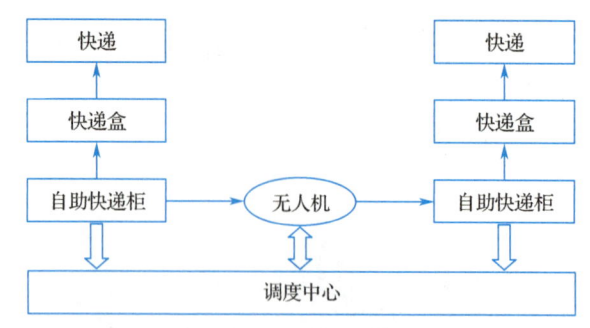

图 6-7　区域内无人机配送流程

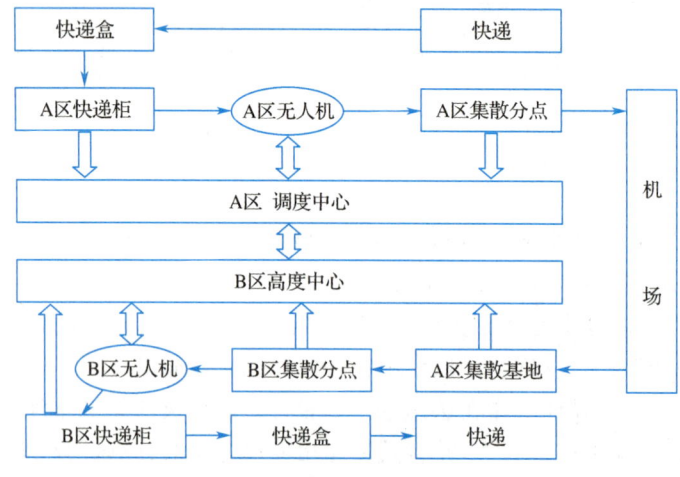

图 6-8　区域间无人机配送流程

3. 系统调动策略

系统调动策略的核心是建立无人机状态列表,包括无人机编号、当前坐标、当前任务状态、运行状态、续航能力等。建立自助快递柜状态列表,包括快递柜编号、地理坐标、运转状态、拥紧程度等。

其具体方法为,关联无人机状态列表和快递柜状态列表,为每一部快递柜生成一张预设半径范围内无人机到达时刻表,此表包括无人机编号、预计到达时间(通过对停泊装卸时间、平均飞行速度的统计及无人机当前坐标、当前任务和快递柜坐标估算求得)、预计无人机续航能力、停机位状态等。停机位包括三种状态:停在装卸平台、停在临时平台及悬浮态,该表按到达时间、续航能力和停机位排序。半径的设定视无人机群规模统计优化而定,目的在于优化系统、缩短响应时间,无人机群规模较小的情况下可设为全区域。建立快递投送队列表,包括快递编码、所在快递柜编号、目的快递柜编号、所需续航能力、快递优先级等,按优先级排序,优先级由快递等级和收件时间确定。

调度流程的步骤如下:

(1)无人机实时地向调度中心发送状态信息,调度中心实时更新无人机状态列表。

(2)快递柜收到快递后向调度中心发送收件信息,调度中心更新快递投送表。

(3)从投送表中取出优先级最高的快递编码,及其所在的快递柜编号和目的快递柜编号。

(4)从此部快递柜的无人机到达时刻表中取出具备续航能力且最快到达的无人机编号。

(5)调度中心给无人机发送指令,给出收件坐标位置和投件坐标位置。

(6)无人机到达目标位置后,向快递柜发送着陆请求。

(7)利用 iGPS 定位系统,快递柜精准引导无人机对接着陆装卸快件。

(8)无人机装卸后将向调度中心发送快递到位报告(或无人机收件成功,或快件送达目的地)。

(9)无人机如任务未完成或有其他任务,将继续进行,如飞往目的快递柜投送快递,在此快递柜收件,或飞离此快递柜。

(10)无人机如无其他任务,将接收快递柜引导停靠临时停机台的让位指令,快递柜会在收到其他无人机发出着陆请求时发出让位指令。

(11)快递柜在快递入柜后将向调度中心发送快递到位确认报告,并同时向用户发送手机短信,提醒用户及时收取快递。短信内容包括提取密码及超时收费和退还原地的提示。

(12)超过系统设定时限未被取走的快递将按照无人查收的方式退回原地,并短信通知用户。退回后超时无人取走的快递将送往就近的集散分点储存。

6.5.3 互联网＋同城配送

同城配送是指配送范围控制在市区范围内点到点间的短距离货物运输服务,被称为"最后一公里配送"。"互联网＋"时代的同城配送,依靠互联网平台,以信息技术为支撑,整合海量社会运力资源,实现运力与企业配送需求精确、高效匹配,为各类客户提供城市范围内的配送服务。

1. 主要服务范围

基于互联网的同城配送大致需求如下:

(1)电商类包裹。在"互联网＋"时代下,人们生活消费习惯深受互联网经济影响,电子商务蓬勃发展,伴随而生的电商包裹成为同城配送的主要货源之一。目前,国内有超过一半的包裹来自电商平台,而这些包裹的同城配送则是由快递员(司机)将包裹从网点(分拨中心)配送到消费者手中。

(2)同城 O2O 类包裹。可分为两种需求:一种为确定性订单需求,要求司机在指定时间去商户(客户)处提取货物并在指定时间内配送至消费者手中;另一种为随机性需求,如"网约车"随时接单服务,客户随机叫车服务,司机根据平台推送接单并快速响应服务,上门取货并配送至目的地。

(3)生产物资同城配送。互联网技术从消费端延伸到生产端,生产资料同城配送需要在城市配送的前景更为广阔。司机在"公路港"集货(取货),并在指定时间将生产物常送到客户处(最后一公里配送),或是在客户手中提取生产物资并送到"公路港"(第一公里配送)。

视频资料:
辽宁沈阳现 8 分钟配送

2. 运行模式

(1)货运版"滴滴打车"模式。通过互联网的方式撮合"货车"与"货源",减少货车的空驶率,降低运输成本,提升货车的运输效率。这种平台是一种线上线下货运资源整合型平台,分为货主版和车主版,货主发布用车需求(包括路线、时间、货物类型、重量体积、车型需求等)后,车主选择是否接单。但目前市场上大部分这类 App 并不能完成闭环交易,交易双方对平台的黏性值得商榷,交易和货物的安全性也没有因为移动互联网技术手段的使用而发生本质上的改变。

(2)货运版"专车"模式。选择车型进行整车租用交易,可以单点直送,也可以一点多送。此模式的定价清晰且标准化,可以完成交易闭环。但同城货运最大特征是货源分散、对运输时效要求很高,最好的"互联网+"新模式应该是同时解决集货和拼货,因此依然需要评估装载空间和运力浪费的问题。

(3)整车平台招标模式。此模式也是以整车作为交易单元,用户在平台发布货运需求,司机展开竞价,价低者得。此种模式,在竞拍过程中能在交易心理上满足货主和司机,双方对平台有黏度。但需要斟酌的是时间成本和效率问题,且不同的交易价格意味着可能存在不同的服务质量和标准。

(4)"拼货+整车"模式,也就是"速派得"模式。此模式改变以往传统物流行业以"重量"计费的成本结构,按"体积"来出售空间,同时,移动智能路由的规划能满足实时上货卸货、多取多送的客户需求,较为灵活,让某些中小型商户可以彻底取消仓储,实现柔性配送,实现交易闭环,标准化服务。

6.5.4 互联网+众包物流

随着"互联网+"与共享经济的兴起,众包模式开始进入物流领域并受到越来越多的重视,这种模式的运营不仅在衣食住行等方面为广大消费端用户带来了便利,还为企业创造了可观的利润。

1. 基本含义

"互联网+众包物流"是将原来需要由专职配送人员完成的工作,以自由、自愿、有偿的方式,通过互联网平台外包给社会上的一些群体来完成,众包人员相对于专职人员来说是利用自己的空闲时间从事兼职工作,他们根据自己的时间、配送地点等因素自行选择是否承担物流任务,到指定地点取件将货物送到指定顾客手中并取得相应的酬劳。

众包物流作为一种新兴的第三方配送模式,其主要流程是由各类 O2O 商户发单,配送员抢单后,将货物送到消费者手中的配送形式,能够有效提升外卖等企业的配送能力和服务水平。市面上比较盛行的人人快递、京东到家、达达及一些类似于美团外卖的电商平台等,皆采用众包物流的配送模式。众包物流的本质其实就是"互联网+物流"。在这种模式下,人们只需一部智能手机,完成注册、接单、配送,即可按完成订单数量获得酬劳。

2. 运作流程

从事众包物流活动的主体主要有订单发起人、众包承运人、众包物流企业、货物接收者、保险公司、金融机构等。从事承运业务的人员可以是社会兼职人员,众包物流企业提供服务平台,其性质类似于物流中介。"互联网+"环境下的众包物流,实际运作流程包括六个环节:

(1)发起人提交物流需求订单。

(2)抢单。根据众包承运人所处位置、到取货点及收货点距离等因素分配承运人。

（3）上门取货。众包App根据移动客户端GPS定位为承运人规划最合理的路线，到达取货地点后确认信息完成包装扫码。

（4）配送。同样根据App所提供的路线到达指定地点，核对个人信息后完成货物的投递，更新订单信息，以短信的方式通知订单发起人已完成货物投递。

（5）结算。根据委托配送物品的重量、体积、路程、时间等因素在App完成结算货款，向众包承运人支付一定酬劳。

（6）若承运过程中出现货物损坏丢失应根据责任划分进行赔偿。

3. 主要特点

（1）优势

①人力资源配置最优化。众包模式在人力资源优化方面主要体现为合理利用了社会的闲散劳动力，优化社会可利用资源。以京东众包为例，作为创新型的社会化物流体系，京东众包将原应分配给专职快递员的配送工作，经由互联网平台转包给兼职人员来做，最大限度地利用了社会闲置的人力资源，实现资源配置最优化。

②物流成本最小化。传统的物流配送模式其成本一般是固定的，且支付给物流人员的费用较高，而众包模式则可以通过对物流配送人员需求预测，适时变动配送人员数量，达到降低物流成本的目的。如UU跑腿，融合"互联网+跑腿"的特点，同样采用社会化众包模式，打通需求者与闲散者之间信息沟通的障碍。在为城市个人与商户提供更高效的物流及跑腿服务的同时，也在一定程度上降低了物流成本。

③配送过程高效化。众包物流平台经过对客户信息与快递员信息的收集整理，依托"互联网+"与"大数据"，能够定位到客户附近的兼职快递员，从而对客户进行精准服务。与传统配送方式不同的是，众包模式将大大缩短快递在途运输的时间，让配送变得更加高效与精确。利用互联网与GPS系统的结合可以参考距离、路况等情况快速拟定最快的配送路线来实现货物零担物流和门到门服务。同时，客户可以通过平台的App追踪商品的所在位置，掌握收货时间，及时签收，减少不必要的配送等待时间。

④社会效益最大化。众包物流模式最大限度地整合了社会可利用资源，并运用于电商平台"最后一公里"的整个物流体系。它为许多失业者创造了大量的就业机会，一定程度上维护了社会稳定。同时也改变了人们的生活方式及物流企业的运营模式，对我国物流市场的发展创新具有重要的实践意义。

（2）劣势

①服务质量问题。保障服务质量是现阶段众包物流企业发展中最重要的一个问题。虽然一些大型众包物流企业在制定规章时都有相应的规范和体系，但由于配送人员多为兼职，准入门槛较低，缺乏系统化、专业化培训。在配送过程中，时常会出现因操作失误或保管不当而导致货物的损坏等现象。因接单后未能及时配送等违反约定的情况也时有发生。

②技术水平问题。众包物流平台能够平稳运行主要归功于先进的技术支持，若技术水平落后，则会阻碍众包物流的发展。众包物流对技术的要求相对较高，而在不久的将来，想要更好地完成订单和定价的动态结合，必定会驱使企业在软件系统和硬件设施等方面做出更优质的提升。

③法律与安全机制不够完善。配送人员的不固定性，无论是对物品本身还是各方利益安全将会构成相应威胁。除此之外，各大众包平台的兴起，也使众包物流行业竞争加剧，不

法分子可能会利用此行业的法律与安全机制尚不健全这一大弊病,扰乱行业及市场秩序以达到其非法目的。

案例　众包物流模式:京东到家 VS 人人快递

1. 京东到家:O2O 模式下的众包物流

2015 年,京东到家 O2O 平台建立,京东到家整合各类 O2O 生活类目,如超市便利、医药健康、鲜花绿植等,为消费者提供了一个优质的生活服务平台。京东到家和达达于 2016 年 4 月合并,京东到家变为达达集团旗下本地即时零售平台,新公司主要两大业务板块为超市生鲜 O2O 平台和众包物流平台,即京东到家和达达快送,京东到家与达达两者资源互补,以其优质的服务吸引了众多用户。

京东到家 O2O 平台为线下实体店提供线上销售的机会,实体店铺可在平台上进行商品的促销、宣传,用户通过京东到家 O2O 平台了解商品并下单,商家通过平台与社区用户线上交易,商家收到订单后,及时派单,通过众包物流的方式进行商品最后三公里的配送,并完成交易。社区用户能够对此次服务进行评价,对商家买卖、物流活动及平台管理的建议可以及时反馈并总结,结合互联网、大数据的技术,一步步完善模式缺陷,同时商家能够了解到交易信息,了解用户体验,从而更好地优化服务或者改进原先的销售模式,达到共赢。京东到家利用 O2O 模式下的众包物流,将线上电子商务与线下实体店铺结合,使消费者可以通过电商平台,方便快捷地选购商品,用户在京东到家平台下单,实体商家处理线上订单,配合线下的众包物流的配送员,大多数商品都能在一小时内送达客户手中。

京东到家 O2O 平台模式下众包物流的特点可总结为以下几点:

(1)降低了平台的人力资源成本

京东到家平台上提供配送员注册渠道,注册十分便捷容易,要求简单,只要拥有性能良好的手机并有 3G 以上信号,18 周岁以上成年人即可报名。在完成实名认证和相关考试后,就可以成为一名京东到家平台的大众配送员,兼职配送员的工资大多按质按量分发,避免了聘请大量长期专职配送员的高昂人力成本,大大降低了人力资源成本。

(2)"互联网+"技术支撑提高配送效率

京东到家 O2O 平台,基于位置的服务(Location Based Services,LBS),结合移动通信技术和定位技术而提供的与位置有关的一种增值服务,并利用互联网将线上电商与线下实体店铺结合起来。

关于订单系统,京东到家的订单系统由抢单和派单两套订单分配机制组成,运用先进的路径规划技术和订单指派技术,实现"短链",提高物流效率。以大数据分析,优化仓储网络结构,减少了仓储、运输成本,使得京东到家更高效地完成交易,提升其在行业内的竞争力。

除此之外,京东到家在实体店内设前置仓,使用方便简洁的拣货 App 并结合成熟的管理系统和技术解决方案,进行高效拣货和高效绩效管理。京东到家利用人工智能优化管理、优化作业,高效工作,为其创造了很大的竞争优势。

为了达到更多的交易额、更高的利润,京东到家对超过一亿的用户进行数字化和对应的客户关系管理,实现了零售商自己的会员与线上会员的打通,有利于吸引更多活跃用户,拓宽京东到家的会员覆盖率。

(3)配送的安全性不高

京东到家O2O平台模式下的众包物流除了有以上两个优点,还存在配送安全性不高的缺点。众包模式采用非专业兼职性的配送群体,配送人员素质良莠不齐,兼职配送员也不具有《快递员从业资格证书》,并且众包物流相关监管条例、法律法规尚未明确,使配送过程中的人货安全无法得到保证,消费者、商家、配送员的权益无法得到保证。

除此之外,兼职配送员若为该企业服务达到法定时长,则配送员将有权拥有相应的职工福利,而现在众包物流模式无法保证这项权益,这也是众包物流所面临的普遍问题。

2. 人人快递:以众包同城配送为切入点的电商信息服务平台

人人快递是由四川创物科技有限公司在2013年推出的智慧物流企业,通过顺路捎带的P2P众包模式,整合社会有充足业余时间的优质人力资源,帮助中小型店铺和企业扩大营业范围,突破了其受到地理位置、店面规模等诸多客观因素的限制,实现产品点对点直达全城。

众包物流解决了传统物流高频低量、客户分散、送达时间不确定、配送成本高等痛点。人人快递通过优化资源配置,将一些相对单价低且耗时费力分散快件外包给自由快递人,从而大幅提升整个配送体系的效率。

此外,众包物流面临的重要问题是大众对该模式是否安全的质疑。人人快递发明了一个全程可视化操作模式,即从自由快递人接收快件到送达指定客户手中,都要进行拍照确认,而自由快递人全程送货路线则是通过GPS进行定位,最大限度规范整个配送流程。而当货物出现损坏,人人快递平台将会先行赔付。

本章小结

配送是在经济合理区域范围内,根据客户要求,对物品进行拣选、加工、包装、分割、组配等作业,并按时送达指定地点的物流活动。

按配送商品的种类和数量进行分类,可分为少品种或单品种大批量配送,多品种、少批量、多批次配送;配套成套配送。按配送时间分类,可分为定时配送,定量配送,定时定量配送,定时定路线配送,即时应急配送。按加工程度分类,可分为加工配送与集疏配送。按配送活动组织者和承担着的多种结合选择分类,可分为自营型配送模式、共同配送模式、第三方配送模式。按配送企业专业化程度进行分类,可分为综合配送与专业配送。按配送服务的对象分类,可分为企业对企业的配送、企业内部配送与企业对消费者的配送。配送是以终端用户为出发点,是末端运输,配送强调时效性,强调满足用户需求,配送追求合理化,送是各种业务的有机结合体,配送使企业实现"零库存"成为可能。配送的作用是降低物流成本,节省运力;合理化运输系统;满足用户需求;产生较大社会效应。

智慧物流配送是指一种以互联网、物联网、云计算、大数据等先进信息技术为支撑,能够在物流配送各个作业环节实现系统感知、自动运行、全面分析、及时处理和自我调整等功能的,具备自动化、智能化、可视化、网络化、柔性化等特点的现代化配送系统。智慧物流配送的特点有敏捷性、协同性、开放性、安全性、经济性、生态性。

配送作业流程以配送服务所需要的基本环节和工艺流程为基础。配送作业模块主要包括:进货作业(采购集货、收货验货、入库)、搬运作业、仓储作业(普通货物仓储、特殊商品仓储)、盘点作业、订单处理作业、流通加工作业、分拣配货作业、补货作业、发货作业、配送作业等模块,这些功能模块以统一的信息管理中心集成、管理、调度。

配送中心是专门从事商品配送活动的经济组织,是将集货中心、分货中心和加工中心合为一体的现代化物流基地,是专门用于配送业务的物流节点,是物流节点的重要形式,是以组织配送型销售或供应、执行配送为主要职能的流通型节点。配送中心具有储存功能、集散功能、衔接功能、分拣功能、加工功能、信息处理功能。智慧配送中心需要依托自动分拣系统、自动化立体仓库、计算机智能化技术等现代化物流技术。

智慧物流配送离不开智能快递柜、配送机器人、配送无人机等智能设备。智慧物流配送管理的核心是智慧物流配送信息平台,一般包括智能仓储管理与监控功能、智能配送管理与监控功能、智能电子交易平台、统计与智能数据分析平台。

目前智能配送应用主要包括城市地下物流配送系统、无人机配送系统、互联网＋同城配送、互联网＋众包物流等。

思考题

1. 什么是配送？什么是智慧配送？智慧配送有哪些特点？
2. 配送有哪些分类方式？各有什么特点？有哪些适用场景？
3. 配送的业务流程包括哪些？智慧配送在哪些环节可以发挥什么作用？
4. 现代物流技术在智慧配送中心有哪些具体应用？
5. 你接触过哪些智慧配送设备？体验如何？阐述它们的商业运作原理。

第 7 章

智慧供应链管理

> **学习目标** >>>
> - 掌握供应链的概念、特点、不同类型供应链的运作方式
> - 掌握供应链管理的概念、特点及运营机制
> - 重点掌握智慧供应链的概念、特点、核心要素、流程、管理体系和关键技术
> - 理解智慧供应链面临的挑战、建设意义及构建途径

7.1 供应链概述

7.1.1 供应链的概念

21世纪以来,全球经济一体化的浪潮不断推进,资本流动国际化、跨国界生产和流通、在消费地生产和组装产品形成一种新趋势。物流的内涵和范围进一步扩展,它不仅包括物流的内容,而且包括采购、生产运作、销售的功能。传统的运输、仓储等物流环节被纳入供应链的框架之内;生产制造企业的物流活动,扩大到了跨企业的范畴。2005年美国物流管理协会更名为供应链管理专业协会,是从物流到供应链的演进,标志着全球物流进入了供应链时代。

全球采购、销售等趋势的形成,信息化时代的到来,国际专业分工日趋明显;国际贸易竞争、企业争夺国际市场的激化,为了降低成本、加强竞争力,越来越多的跨国公司采取了加强核心业务,甩掉多余包袱的做法。它们将生产、流通和销售等多种业务外包给合作伙伴,自己只做自己最擅长、最为专业的部分。这样做既维持了国际贸易份额,又与贸易对象国紧紧融合在一起,增强了抗风险的能力,减少了外界干扰。供应链形成后,它们既达到了预想的目的,又节省了费用,而利润不减少,稳定度加强,风险降低。跨国公司在全球范围内寻求合作伙伴,在众多的选择对象中择优选择,结成广泛的生产、流通、销售网链,形成了一股潮流和趋势。

竞争的激烈促使每个企业都在讨论什么是供应链及如何更好地管理供应链。最先进的供应链管理不仅要探寻如何提高整个供应渠道中的成本抑制能力,还必须首先满足顾客对

及时、高效服务日益增长的需求，并且考虑到技术领域的快速发展。对整条供应链进行管理的理念正在推动着世界主要制造商、贸易商和物流企业的业务模式发生根本性变革。

供应链是跨企业的商业活动和物流活动的集成。供应链管理包括所有物流活动，也包括生产运作，它促使企业内部和企业之间的销售、产品设计、财务和信息技术等过程和活动协调一致。全球物流进入供应链时代之后，供应链和供应链管理的观念在企业管理领域越来越深入人心，只有了解供应链和供应链管理才能更好地了解物流。

对于"供应链是什么"这一问题，许多学者与组织从不同的角度给出了很多不同的答案，到目前为止尚未有统一的定义。

美国供应链协会对供应链的概念给出了权威性的解释："供应链，目前国际上广泛使用的一个术语，它囊括了涉及生产与交付最终产品和服务的一切努力，从供应商的供应商到客户的客户。供应链管理包括管理供应与需求，原材料、备品备件的采购、制造与装配，物件的存放及库存查询、订单的录入与管理，渠道分销及最终交付用户。"

美国运营管理协会将供应链定义为：①供应链是自原材料供应直至最终产品消费、联系跨越供应商与客户的整个流程；②供应链涵盖企业内部和外部的各项功能，这些功能形成了向消费者提供产品或服务的价值链。

国际供应链协会对供应链的定义为：供应链涵盖了从供应商的供应到消费者的消费、自生产到成品交付的各种工作努力。这些工作努力可以用计划、寻找资源、制造、交货和退回五种基本流程来表述。

我国2021年国家标准《物流术语》将供应链定义为：生产及流通过程中，围绕核心企业的核心产品或服务，由所涉及的原材料供应商、制造商、分销商、零售商直到最终用户等形成的网链结构。

我们从不同的定义中可以得到，供应链的"共性"之处：

(1) 供应链上存在不同主体，如消费者、零售商、批发商、制造商及原材料供应商；

(2) 供应链是企业之间及企业内各职能部门之间的互动与合作；

(3) 供应链具有特定的功能，如为顾客提供某类商品或服务；

(4) 供应链具有特定的结构特征，如有起始点和终结点、呈现出网状结构等；

(5) 供应链的业务过程和操作，可以从工作流程、实物流程、信息流程和资金流程四个方面进行分析。

综上，供应链是围绕核心企业，通过对信息流、物流、资金流的控制，从采购原材料开始，到制成中间产品及最终产品，最后由销售网络把产品送到消费者手中的将供应商、制造商、分销商、零售商直到最终用户连成一个整体的功能网链结构模式。供应链是由各种实体构成的网络，网络上流动着物流、资金流和信息流。这些实体包括一些子公司、制造厂、仓库、外部供应商、运输公司、配送中心、零售商和用户。一个完整的供应链始于原材料的供应商，止于最终用户，如图7-1所示。

7.1.2 供应链的特点

从供应链的含义可以看出，供应链是一个网链结构，由围绕核心企业的供应商、供应商的供应商和用户、用户的用户组成。一个企业是一个节点，节点企业和节点企业之间是一种需求与供应关系。因此，供应链主要具有以下一些特点：

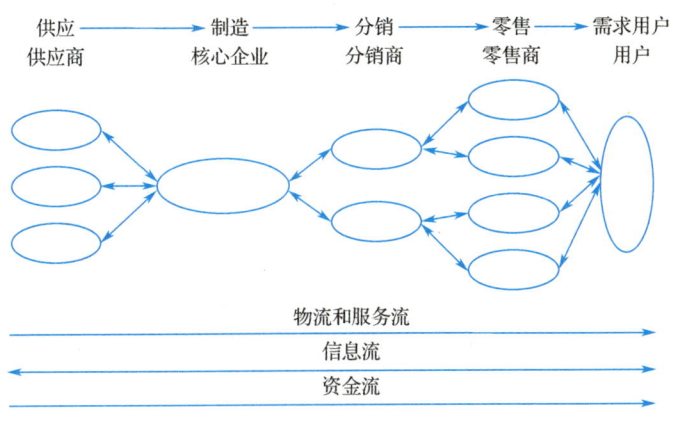

图 7-1 供应链网络结构

1. 复杂性

首先,由于受到不同外部环境、不同行业、不同生产技术和不同产品的影响,会产生不同形态结构、不同行为主体构成和采用不同控制方式的供应链;其次,同一供应链上的各种行为主体,如制造商、供应商、零售商等,也可能分别具有不同甚至是相互冲突的目标。由此,对于某一企业来说,找到最优的供应链发展战略其本身就是一项具有挑战性的工作。

经济发达程度、物流基础设施、物流管理水平和技术能力等因地域不同而不同,而供应链操作又必须保证其目的的准确性、行动的快速反应性和高质量服务性,这便不难看出供应链复杂性的特点。

2. 持续性

供应链上的消费需求和生产供应始终存在时间差和空间分隔。通常,在实现产品销售的数周或数月之前,制造商必须先决定生产的款式和数量。这一策略直接影响供应链系统的生产、仓储、配送等功能的容量设定及相关的各种成本构成。因而,供应链上供需匹配隐含着巨大的财务和供应风险。

3. 动态性

消费需求在不断变化,即使制造商和销售商能够通过各种手段和方法(如各种合同与订单)较准确地得到某些消费信息,它们还需要面对消费季节性波动、消费趋势、广告、促销、竞争对手的定价策略等因素的不断变化,这些因素直接影响成本的构成和计划的制订。供应链管理的目标既要满足消费需求,又要实现系统成本最小化。供应链中的企业都是在众多企业中筛选出的合作伙伴,合作关系是非固定性的,是在动态中调整的。因为供应链需要随目标的转变而转变,随服务方式的变化而变化,它随时处在一个动态调整过程中。

4. 交叉性

对于产品而言,每种产品的供应链都由多个链条组成。对于企业而言,每个企业既可以是这个链条的成员,同时又是另外几个链条的成员。众多的链条形成交叉结构,增加了供应链协调管理的难度。

5. 协调性和整合性

供应链本身就是一个整体合作、协调一致的系统,它有多个合作者,像链条似的环环连接在一起,大家为了一个共同的目的或目标,协调动作、紧密配合。每个供应链成员企业都是"链"中的一个环节,都要与整个链的动作一致,绝对服从于全局,做到方向一致、动作一致。

6. 虚拟性

在供应链的虚拟性方面,主要表现为它是一个协作组织,而并不一定是一个集团企业或托拉斯企业。这种协作组织以协作的方式组合在一起,依靠信息网络的支撑和相互信任关系,为了共同的利益,强强联合、优势互补、协调运转。由于供应链需要永远保持高度竞争力,必须是优势企业之间的连接,所以组织内的吐故纳新、优胜劣汰是必然的。供应链犹如一个虚拟的强势企业群体,在不断地优化组合。

7. 面向用户需求

供应链的形成、存在、重构,都是基于一定的市场需求而发生的,并且在供应链的运作过程中,用户的需求拉动是供应链中信息流、商品流和服务流、资金流运作的驱动源。

8. 创新性

许多产品的生命周期有不断缩短的趋势。某些产品的生命周期只有几个月,生产和销售厂商可能只有一次生产和销售机会,没有历史数据可供制造商用于判断和分析消费需求。此外,在这些行业中,产品获利性高,这使得消费需求变得更加难以判断和预测,许多产品上市以后,采用撇脂定价策略,而后产品价格不断下降,价格和消费成为互动的博弈关系。

7.1.3 供应链的分类

供应链是一个非常复杂的大系统。面对如此复杂的系统,必须认识到不同情况下供应链系统的特征,这样才能有目的地选择适合本企业的运作模式。同时,分清不同的类型,才能有针对性地选择最适宜的管理方式。根据不同的划分标准,可以将供应链分为以下几种类型。

1. 生产推动型和需求拉动型供应链

顾客需求的满足可能是主动取得的,也可能是被动取得的。对供应链而言,对市场上顾客需求把握的方式可能存在不同,据此根据供应链运作方式,可以将供应链划分为生产推动型供应链和需求拉动型供应链。

(1) 生产推动型供应链

生产推动型供应链运作方式以制造商为核心,产品生产出来后从分销商逐级推向用户。在该供应链中,分销商和零售商处于被动接受的地位,各个企业之间的集成度较低,通常采取提高安全库存量的方法应付需求变动,因此整个供应链上的库存量较高,对需求变动的响应能力较差。生产推动型供应链主要根据长期预测或销售订单进行生产决策,其主要形式为面向成品库存生产。一般地,制造商利用从零售商处接收到的订单进行需求预测。供给推动型供应链如图7-2所示。

(2) 需求拉动型供应链

需求拉动型供应链的驱动力产生于最终用户的需求,整个供应链的集成度较高,通过使用快速的信息流机制将客户需求信息向上传递,可以根据用户的需求实现定制化服务。采用这种运作方式的供应链系统库存量较低。需求拉动型供应链中的生产是根据实际消费需

图 7-2　生产推动型供应链模式

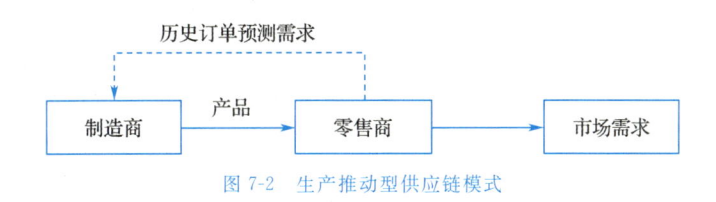

求而不是预测需求来开展计划和组织生产,其主要形式为面向订单生产。需求拉动型供应链模式如图 7-3 所示。

图 7-3　需求拉动型供应链模式

两种系统的优缺点比较见表 7-1。

表 7-1　生产推动型与需求拉动型供应链优缺点比较

	生产推动型供应链	需求拉动型供应链
优点	能够稳定供应链的生产负荷,提高机器设备利用率,缩短交货周期,提高交货可靠性	大大降低各类库存和流动资金占用,减少库存变质和失效的风险
缺点	需要备有较多原材料、在制品和制成品库存,库存占用的流动资金较大,当市场需求发生变化时,企业应变能力较弱	将面对能否及时获取资源和及时交货以满足市场需求的风险

（3）推-拉相结合型供应链

推动型和拉动型供应链具有各自的优势和局限,在现实中,许多先进企业采用推-拉并举的供应链运作方式,即某些阶段采用推动型运作方式,某些阶段采用拉动型运作方式。在推-拉相结合供应链运作模式中,推动部分与拉动部分的接口处被称为"推拉边界",如图 7-4 所示。为了更好地理解这一战略,应观察供应链的时间线,即从采购原料开始,到将定单货物送至顾客手中的一段时间,推拉边界必定在这条时间线的某个地方,在这个边界上,企业的运作策略会从推动式转换为拉动式运作模式。

图 7-4　推-拉相结合型供应链模式

推-拉相结合型供应链综合了推动型和拉动型供应链的优点,既可以为顾客提供定制化产品和服务,又可以实现规模经济。具体优势主要体现在以下四个方面:

①降低库存与物流成本。推-拉结合型供应链运作模式在中间通用件生产出来后,以规格、体积和价位有限的通用半成品形式存放,直到收到用户订单后,才进行组装成型作业,降

低了成品库存积压。

②满足顾客差异化需求。在推-拉结合型供应链中,无差异产品是标准化的设计方式,属于预测驱动,在此基础上发展变型产品,属于需求驱动,形成差异化产品,以此扩大基础产品的适用范围,用较少品种规格的零部件组装成顾客需要的多样化产品。

③实现规模生产和运输。在推动阶段,制造商根据预测大量生产半成品或通用化的各种模块,形成规模生产和运输,降低了生产成本和运输成本。

④缩短订货提前期和交货期。运用推-拉结合型供应链时,根据市场需求的不断变化,将生产过程分为"变"与"不变"两个阶段。根据预测,事先生产出基础产品,以不变的通用化生产过程实现规模经济,一旦接到订单,立即快速、高效地完成产品的差异化生产过程,及时交付定制产品,提高快速反应能力。

2. 有效性供应链和反应性供应链

一般来说,根据产品特征,可把供应链划分为两种类型:有效性供应链和反应型供应链。有效型供应链主要体现供应链的物料转化功能,即以最低的成本将原材料转化成零部件、半成品、产品,以及在供应链中的运输等;而反应型供应链主要体现供应链对市场需求的反应功能,即把产品分配到满足用户需求的市场,对未预知的需求做出快速反应等。两种类型供应链的比较见表 7-2。

表 7-2　　有效型供应链与反应型供应链的比较

比较的内容	效率型供应链	反应型供应链
主要目标	以最低的成本供应可预测的需求	快速响应不可预测的需求,减少缺货、过期降价、废弃库存造成的损失
产品设计策略	绩效最大、成本最小	使用模块化设计,尽量延迟产品差异化
制造策略	维持高平均利用率	消除多余的缓冲能力
库存策略	使库存最小以减少成本	维持缓冲库存,满足不确定性需求
提前期	在不增加成本的前提下缩短提前期	采取主动措施缩短提前期
供应商评价	依据成本和质量	依据速度、柔性和质量

当知道产品和供应链的特征后,就可以设计出与产品需求一致的供应链。设计策略如图 7-5 所示。

	功能性产品	创新性产品
有效性供应链	匹配	不匹配
反应性供应链	不匹配	匹配

图 7-5　供应链设计与产品类型策略矩阵

策略矩阵的四个元素代表四种可能的产品和供应链的组合,管理者可以据此判断企业的供应链流程设计是否与产品类型一致。这就是基于产品的供应链设计策略:有效性供应链流程适于功能性产品,反应型供应链流程适于创新性产品,否则就会产生问题。即产品与供应链不匹配,结果将不能很好地满足市场需求,使供应链缺乏市场竞争力。对于右上方不匹配的情况,可以采用两种改进方法。一种方法是向左平移,将创新型产品变为功能型产品;另一种方法是向下垂直移动,实现从效率型供应链向反应型供应链的转变,正确的决策取决于创新型产品所产生的边际利润是否足以弥补采用反应型供应链所增加的成本。

对于功能型产品来说,关键在于如何以低的成本满足市场的需要,通常可采取以下措施:

(1)加强企业与供应商、分销商之间的合作,有效降低整个供应链的成本。

(2)维持价格的稳定,避免频繁的价格促销活动。

对于创新型产品来说,由于产品需求的不确定性,在市场中取胜的关键在于如何快速地满足市场的需求,通常可采取以下措施:

(1)通过共享零部件提高零部件需求的预测准确性,从而减少需求的不确定性。

(2)通过缩短提前期和增强供应链的柔性,实现按订单生产,从而避免需求的不确定性。

(3)通过设置库存缓冲和能力缓冲,防范需求的不确定性。

3. 平衡的供应链和倾斜的供应链

根据供应链的容量与用户需求的关系,可以将供应链划分为平衡的供应链和倾斜的供应链。一个供应链具有一定的相对稳定的设备容量和生产能力(所有节点企业能力的综合,包括供应商、制造商、运输商、分销商、零售商等),但用户需求处于不断变化过程中。当供应链的容量能满足用户需求时,供应链处于平衡状态,而当市场变化加剧,造成供应链成本增加、库存增加、浪费增加等现象时,企业不是在最优状态下运作,供应链则处于倾斜状态,如图 7-6 所示。

图 7-6 平衡的供应链和倾斜的供应链

平衡供应链可以实现各主要职能(采购/低采购成本、生产/规模效益、分销/低运输成本、市场/产品多样化和财务/资金周转快)之间的均衡。

4. 稳定的供应链和动态的供应链

根据供应链存在的稳定性,可以将供应链划分为稳定的供应链和动态的供应链。基于相对稳定、单一的市场需求而组成的供应链稳定性较强,在较长的时间段里,供应链中的成员构成、协作关系都相对稳定,称为稳定的供应链。而基于相对频繁变化、复杂的需求而组成的供应链动态性较高,不管是成员构成还是彼此之间的关系,都处于一个动态的过程中,呈现动态平衡的状态。在实际管理运作中,需要根据不断变化的需求,相应地改变供应链的组成。

7.1.4 供应链上的流

供应链上的流主要有工作流、物流、信息流和资金流。供应链上的工作流是指业务规则、交易规则及其操作流程;实物流程即物流,主要是指从供应链上游到下游直至客户手中的物质转换流程和产品流;信息流包括产品需求、订单传递、交货状态、交易条件和库存等信息;资金流包括信用条件、支付方式及委托与所有权契约等。

每一条供应链的目标都是使供应链整体价值最大化。一条供应链所创造的价值,就是最终产品对于顾客的价值与供应链为满足顾客的需求所付出的总成本之间的差额,即所谓"供应链盈利"。显然,整条供应链成功与否最终应体现为它的盈利程度,因此,一个自然的问题就是寻找"供应链收入"与"供应链成本"的来源。

对于任何一条供应链来说,唯一的收入来源就是最终顾客。在一条供应链中,只有顾客才能带来正的现金流。例如,顾客从超市购买洗涤剂的行为才能给供应链带来正的现金流,其他的现金流只是在供应链中发生的资金转移,当超市付款给供应商的时候,它拿走了收到款项的一部分,同时将另一部分资金转移给它的供应商。

所有工作流、物流、信息流和资金流都将增加整条供应链的成本。因此,如何合理地管理工作流、物流、信息流和资金流,是供应链取得成功的关键。供应链管理是指在满足顾客需求的前提下,对供应链各环节内部和各环节之间的工作流、物流、信息流和资金流进行协调和集成管理,以实现供应链整体利润最大化。供应链管理的基本原则包括:①以消费者为中心的原则;②贸易伙伴之间密切合作、共享盈利和共担风险的原则;③促进信息充分流动与共享的原则。所有企业都要应用计算机与信息网络技术,按信息充分流动的原则,重新组织和安排业务流程,实现集成化管理。

7.1.5 物流与供应链的关系

物流与供应链是两个不同的范畴。企业供应链运作系统决定了物流形式和物流管理方式。

物流是物质以物理形态在供应链中流动,因此物流是供应链的载体、具体形态或表现形式。但供应链的载体或表现形态不止物流,还有信息流和资金流,只不过物流的有形流动更外在一些。现代物流由于现代科技进步和信息化的作用,物流的流速、流量、流向、流通规模、范围和效益等方面发生了质的变化,感觉上物流更具体、更明显,实质上供应链及其管理的巨大效应恰恰由物流这种外在的表现而体现出来,使供应链的构成具有现代意义,在经济社会中体现出十分重大的影响。

没有供应链的生产环节就没有物流,生产是物流的前提与条件;反过来,没有物流,供应链中生产的产品的使用价值就不能得以实现。从本质上讲,物流不创造价值,只增加供应链成本,因此存在一个"最小物流费用问题"。物流强调的是过程,物流运动及其管理的控制作用是由供应链中的信息流来完成的,信息互动使高效率供应链和物流活动成为可能。

物流供应商是供应链构成中的一个节点,在一个供应链网链结构中往往需要有多个物流供应商提供物流服务。物流解决方案一般由供应链决定,由第三方物流和综合企业来实施;供应链管理提供现代供应链问题解决方案,并由自身实施。

虽然物流与供应链的范畴不同,但是物流与供应链管理有非常紧密的联系。

1. 物流是供应链管理的重要组成部分

物流管理不等同于供应链管理,供应链管理中还包括制造活动等,但物流解决整个管理过程中物的流动问题,是供应链管理的重要方面。供应链管理涉及从原材料到产品交付的整个物流过程,需要靠物流来实现交换和流通。物流是供应链实现价值的基础,因此,供应链管理中有相当大的部分涉及物流管理,强调物流活动的效率和适应性。

2. 物流在供应链管理中起重要作用

在供应链管理中,物流的作用举足轻重,即便是制造活动,物流也不仅仅是生产的辅助部门而只起支持作用。现代企业环境的变化要求企业能尽快适应市场需要,物流系统具有与制造系统协调运作的能力,可以提高供应链的敏捷性和快速反应能力,增强其对于环境的适应性。例如,物流系统可以做到准时交货,降低用户成本;降低流通费用,减少供应链消耗;快速反应与传递市场信息,创造顾客价值,提高供应链的竞争力;供需协调,实现供应链的快速连接。以往商品经由制造、批发、仓储、零售各环节间的多层复杂途径,最终到消费者手里,现代物流业已简化为经配送中心的直接分配而送至各零售点,大大提高了社会的整体生产力和经济效益。供应链条件下物流系统的范围和职能得到了充分延伸,能不断创造和提供从原料到最终消费者之间的增值服务。

3. 供应链管理环境下物流的特征

供应链管理观念的引入,直接影响了物流的应用环境,使之发生了变化。

(1)物流和物流业大大扩展

如前所述,供应链管理实质上是一个扩展模式,表现为建立战略联盟,提高企业核心能力;扩大资源的利用和共享;合作竞争,创造群体价值;同步运作,实现快速反应;用户驱动,满足市场需求。这些特点深入影响物流管理,使物流管理产生的最重要的变化是,物流的范围和业务量大大扩展,进一步超越时间、空间的局限。例如,建立跨行业、跨国界物流,物流专业产销分工的扩大化、精细化,建立多种形式的运输网络和配送中心,提高物流系统的重组和适应能力等。

(2)信息量大大增加,透明度提高

在传统条件下,物流过程的信息传递是纵向一体化式的,无论是需求信息还是供给信息,都是从顾客到供应商或者从供应商到顾客这样一层层单向传递的,中间环节多,容易发生歪曲和阻滞。而在供应链管理环境中,成员之间的横向联盟使得信息的传递也是网络式的,因而信息量大大增加,任何一个企业都可以通过联网形式掌握供应链上不同环节的供求信息和市场信息。

信息量增加主要表现为涵盖供应、生产、销售各环节的计划、生产、库存、需求等的共享信息的增加。通过信息共享,供应链上任何节点的企业都能及时掌握市场的需求动态和整个供应链的运行态势,每个环节的物流信息都能与其他环节进行交流与沟通,从而减少了信息歪曲现象,能正确反映现实情况。共享信息的增加和透明度的提高,使供应链物流过程更加清晰化,也为实时控制物流过程提供了必要条件,依靠共享信息系统和信息反馈机制,许多企业有能力跟踪企业之外的物流过程,提高了企业对外界的适应性。

(3) 物流网络规划能力增强,物流作业精细化

供应链管理环境下的物流,是一种统一规划下的物流系统,它具有供应链的管理特征,表现出集成化优势。例如,可以设计一个专业化的灵活多变的物流网络,建立合理的路径和结点,全面提高运行系统的能力。它可以充分利用第三方物流系统、代理运输等多种形式的运输和交货手段,降低库存的压力和安全库存水平等。

供应链管理中"业务流程重组"的思想,也导致了作业流程快速重组能力的极大提高,进一步带来了物流系统的敏捷性,通过消除不增加价值的部分,为供应链的物流系统进一步降低成本和精细化运作提供了基本保障。

(4) 物流过程的高度协调性

供应链是一个整体,合作性与协调性是供应链管理的一个重要特点。在这一环境中的物流系统也需要"无缝链接",它的整体协调性得到强化。例如,运输的货物要准时到达,顾客的需要才能及时得到满足;采购的物资不能在途中受阻,才会增强供应链的合作性。因此,供应链物流系统获得高度的协调性是保证供应链获得成功的前提条件。

综上所述,供应链不仅是对物流概念进行扩展,还使物流活动与供应链上企业间的业务集成息息相关。

7.2 供应链管理概述

自从有了商业活动以来,供应链管理的行为就客观存在,但是作为一门管理思想,它产生于 20 世纪 80 年代,并在最近几年受到广泛重视。供应链管理改变了企业的竞争方式,将单个企业竞争转变为由核心企业、供应商、制造商、批发商、零售商及用户所形成的供应链联盟的竞争,是企业赢得竞争优势的重要源泉。因此,企业在要在激烈的竞争环境中生存下来,必须重视和加强供应链管理工作。

7.2.1 供应链管理的概念

由于供应链管理对企业的生存和发展有着重大影响,自从供应链管理的概念被提出以来,人们从不同的角度对供应链管理有不同的认识和结论,导致对供应链管理至今都没有一个公认的、完整的定义。这里介绍几种典型的供应链管理定义。

美国供应链管理专业协会的供应链管理概念在全球广泛使用,其定义为:供应链管理包括了对涉及采购、外包、转化等过程的全部计划和全部物流管理活动。从本质上来说,供应链管理是企业内部和企业之间的供给和需求的集成。总部设于美国俄亥俄州立大学的全球供应链论坛的成员于 1994 年提出,并于 1998 年修订的定义是:供应链管理是从最终用户到最初供应商的所有为用户及其他投资人提供价值增值的产品、服务和信息的关键业务流程的一体化。这里的业务流程实际上包括了两个相向的流程组合:一是从最终用户到初始供应商的市场需求信息的逆流而上的传导过程;二是从初始供应商向最终用户的顺流而下,且不断增值的产品和服务的传递过程。供应链管理就是针对这两个核心业务流程实施一体化

运作,实现供应链的优化,并最终取得满意的结果。

著名的供应链专家埃尔拉姆认为:"供应链管理是在从供应商到最终用户的过程中,用于计划和控制物资流动的集成的管理方法。"埃文斯认为:"供应链管理是通过前馈的信息流和反馈的物料流及信息流,将供应商、制造商、分销商、零售商,直到最终用户连成一个整体的管理模式。"菲利普则认为:"供应链管理是一种新的管理策略,它把不同企业集成起来以增加整个供应链的效率,注重企业之间的合作。"香港货物编码协会认为:"供应链管理是一种业务战略,它使在供应链中的贸易伙伴共同承担责任,携手合作,使客户实现最低的供应链费用,为客户和消费者带来更大的价值。"还有的学者认为,供应链管理是对整个供应链系统进行计划、协调、操作、控制和优化的各种活动和过程,其目标是要将顾客所需的正确的产品能够在正确的时间按照正确的数量、正确的质量和正确的状态送到正确的地点,并使总成本最小。

《物流术语》(GB/T 18354—2021)对供应链管理的定义是:从供应链整体目标出发,对供应链中采购生产、销售各环节的商流、物流、信息流及资料流进行统一计划、组织、协调与控制的活动和过程。中国物流与采购联合会的定义是:供应链管理就是指对整个供应链系统进行计划、协调、操作、控制和优化的各种活动和过程,其目标是要将顾客所需的正确的产品能够在正确的时间、按照正确的数量、正确的质量和正确的状态送到正确的地点,即"6R",并使总成本最小。

总结归纳以上观点可知,供应链管理是用系统的观点通过对供应链中的物流、信息流和资金流进行设计、规划、控制和优化,以寻求建立供、产、销企业及客户间的战略合作伙伴关系,最大限度地减少内耗与浪费,实现供应链整体效率的最优化并保证供应链成员取得相应的绩效和利益,来满足顾客需要的整个管理过程。

7.2.2 供应链管理的特点

供应链管理是一种新型的管理模式,主要致力于建立成员之间的合作关系,它主要具有以下特点:

(1)系统观念。它要求把供应链看成一个整体,而不是将供应链看成是由采购、制造、分销和销售等构成的一些分离的功能块。

(2)以顾客为中心的战略决策。战略决策的出发点是满足消费者的需求和偏好,基于最终消费者对成本、质量、交货速度、快速反应等多种要求及其重要性排序,建立整个供应链的共同目标和行动方案。

(3)动态管理。在供应链管理的具体实践中,应该始终关注对关键过程的管理和测评,对供应链的价值增殖过程和合作伙伴关系开展动态管理。同时,高度动态的市场环境要求企业管理层能够经常对供应链的运营状况实施规范的监控和评价,如果没有实现预期的管理目标,就必须考虑可能的替代供应链并作出适当的应变。

(4)强调协调机制,建立新型的企业伙伴关系。通过谨慎地选择业务伙伴、减少供应商数目,改变过去企业与企业之间的敌对关系,将其调整为紧密合作的业务伙伴关系。新型企业关系表现为信息共享及有共同解决问题的协调机制等。

(5)开发核心竞争能力。供应链上的企业努力发展自身的核心竞争能力,即向专业化方向发展。企业自身核心竞争能力的形成,有助于保持和强化供应链上的合作伙伴关系。

（6）强调集成管理。物流更加关注组织内部的功能整合，而供应链管理认为仅有组织内部的一体化是远远不够的。供应链管理是一个高度互动和复杂的系统工程，需要同步考虑不同层次上相互关联的技术经济问题并进行成本效益权衡。

（7）依赖共同价值。如果说物流管理是为了提高产品面向客户的可行性，那么供应链管理则迫切需要解决供应链伙伴之间信息可靠性的问题，通过构筑信息平台在供应链伙伴之间形成一种相互信任、相互依赖、互惠互利和共同发展的价值观和依存关系。

（8）以供应链各环节上的信息集成与共享为条件。从客户价值导向出发，企业必须加强信息集成和共享。因为只有在信息集成和共享条件下，企业才能够使客户订单、库存报告、零售数据报告及其他关键信息从一个企业（部门）开放地、迅速地流向另一个企业（部门），才能实现对客户的快速反应。例如，在超市的收款台前，扫描器采集到客户所购商品的确切信息后，产品就会从分销仓库中发出，数据在分销仓库进一步集中后又传给制造商，这样制造商就可以据此做好准备，确定下一次交货时间以补充分销仓库中的货物。据此，制造商将调整和更新原有计划，以便使上游各方相应地调整各自的交货计划。

（9）以客户价值为导向的"需求动力"模式。新的供应链模式是以客户价值为导向的模式，其基本思想是供应链上的企业必须首先了解客户需要什么样的产品和服务。只有通过提供更好的客户使用价值，才能实现企业自身的价值。由此，"有效客户反应"（ECR）的实施作为一项战略方针应运而生。

（10）供应链的竞争新概念。实施供应链管理，市场竞争不再是单个企业与企业之间的竞争，而是供应链与供应链之间的竞争，所以，培育供应链的能力就显得非常重要。

综上所述，供应链新模式要求面对顾客和市场，增加产品的可替换形式；缩短订货周期；改进质量；降低单元成本，提高运作优势；建立完善的评估机制和执行系统。

7.2.3 供应链管理的运营机制

供应链成长过程体现在企业在市场竞争中的成熟与发展之中，通过供应链管理的合作机制、决策机制、激励机制和自律机制等来实现满足顾客需求，使顾客满意及留住顾客等功能目标，从而实现供应链管理的战略目标——社会、经济（创造最佳利益）和环境平衡，如图7-7所示。

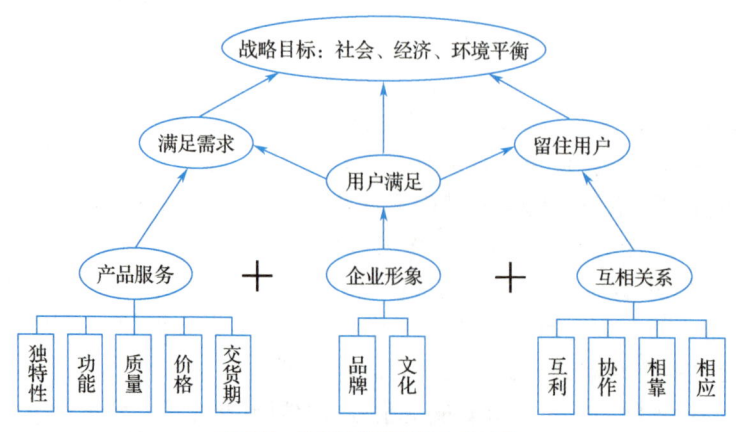

图7-7 供应链管理目标实现过程

1. 合作机制

供应链合作机制体现了战略伙伴关系和企业内外资源的集成与优化利用。基于这种企业环境的产品制造过程,从产品的研究开发到投放市场,周期大大缩短,而且顾客导向化(Customization)程度更高,模块化、简单化产品、标准化组件,使企业在多变的市场中柔性和敏捷性显著增强,虚拟制造与动态联盟提高了业务外包(Outsourcing)策略的利用程度。企业集成的范围扩展了,从原来的中低层次的内部业务流程重组上升到企业间的协作,这是一种更高级别的企业集成模式。

2. 决策机制

由于供应链企业决策信息的来源不再仅限于一个企业内部,而是在开放的信息网络环境下,不断进行信息的交换和共享,达到供应链企业同步化、集成化计划与控制的目的,而且随着互联网发展成为新的企业决策支持系统,企业的决策模式将会产生很大的变化,因此处于供应链中的任何企业决策模式应该是基于互联网的开放性信息环境下的群体决策模式。

3. 激励机制

归根到底,供应链管理和任何其他的管理思想一样都是要使企业在21世纪的竞争中在"TQCSF"上有上佳表现(T为时间,指反应快,如提前期短、交货迅速等;Q为质量,控制产品、工作及服务质量高;C为成本,企业要以更少的成本获取更大的收益;S为服务,企业要不断提高用户服务水平,提高用户满意度;F为柔性,企业要有较好的应变能力)。缺乏均衡一致的供应链管理业绩评价指标和评价方法是目前供应链管理研究的弱点,也是导致供应链管理实践效率不高的一个主要问题。为了掌握供应链管理的技术,必须建立、健全业绩评价和激励机制,使得供应链管理能够沿着正确的轨道与方向发展,真正成为能被企业管理者乐于接受和实践的新的管理模式。

4. 自律机制

自律机制要求供应链企业向行业的领头企业或最具竞争力的竞争对手看齐,不断对产品、服务和供应链业绩进行评价,并不断改进,以使企业能保持自己的竞争力和持续发展。自律机制主要包括企业内部的自律、对比竞争对手的自律、对比同行企业的自律和比较领头企业的自律。企业通过推行自律机制,可以降低成本,增加利润和销售量,更好地了解竞争对手,提高客户满意度,增加信誉,企业内部部门之间的业绩差距也可以得到缩小,提高企业的整体竞争力。

7.2.4 物流管理与供应链管理的关系

1. 供应链管理与物流管理的联系

人们最初提出"供应链管理"一词,是用来强调物流管理过程中,在减少企业内部库存的同时也应考虑减少企业之间的库存。随着供应链管理思想越来越受到欢迎和重视,其视角早已拓宽,不仅仅着眼于降低库存,其管理触角伸展到企业内外的各个环节、各个角落。从某些场合下人们对供应链管理的描述来看,它类似于穿越不同组织界限的、一体化的物流管理。实质上,供应链管理战略的成功实施必然以成功的企业内物流管理为基础。能够真正认识并率先提出供应链管理概念的正是一些具有丰富物流管理经验和先进物流管理水平的世界级顶级企业,这些企业在研究企业发展战略的过程中发现,面临日益激化的市场竞争,仅靠一个企业和一种产品的力量,已不足以占据优势,企业必须与它的原料供应商、产品分销商、第三方物流服务商等结成持久、紧密的联盟,共同建设高效率、低成本的供应链,才可以从容应对市场竞争,并取得最终胜利。

2. 供应链管理与物流管理间的区别

越来越多的顶级企业和组织已认识到并承认供应链管理和物流管理间的区别。

(1)从范围来看,物流作为供应链管理的一个子集,两者并非同义词。物流在恰当的实施下,总是以点到点为目的;而供应链管理将许多物流以外的功能穿越企业间的界限整合起来,它的功能超越了企业物流的范围。供应链涉及范围从新产品的研发、工程设计、原料采购、生产制造、储存管理、配送运输和订单履行直到客户服务及市场需求预测这样一个全过程。供应链可以指所有组成部分均在同一地区的单一独立企业,也可以指由分散在不同地区的许多企业组成的大型公司。这样一个大系统的子系统可以是一个装置、一个车间、一个分厂,乃至一个公司。强大的产品开发能力可以成为企业有别于其对手的竞争优势,乃至于成为促使其长期发展的核心竞争能力。而在产品开发过程中。需要涉及方方面面的业务关系,包括营销理念、研发组织形式、制造能力和物流能力、筹资能力等。这些业务关系不是一个企业内部的,往往还涉及企业的多个供应商或经销商,以便缩短新产品进入市场的周期。

(2)从学科发展来看,供应链管理也不能简单地理解为一体化的物流管理。一体化物流管理分为内部一体化和外部一体化两个阶段。目前,即使是在物流管理发展较早的国家,许多企业也仅处于内部一体化的阶段,或者已经认识到结合企业外部力量的重要性。也正是因为这样,一些学者才提出"供应链管理"这一概念,以使那些领导管理方法潮流的企业率先实施外部一体化战略以区别于传统企业内部的物流管理。要真正使得供应链管理能够成熟发展,成为一门内涵丰富的新型独立学科,就有必要将供应链管理与一体化物流管理加以区分,不能将供应链管理简单地视为一体化物流管理的代名词。一些实施供应链管理战略的世界顶级企业的高层管理者,对供应链管理的理解和把握比研究者更为准确。在供应链管理的定义中所指出的,供应链管理所包含的内容比传统物流管理要广泛得多,在考察同样的问题时,从供应链管理来看,视角更为宽泛,立场更有高度。

(3)供应链管理的研究者范围也比物流管理的更为广泛。除了物流管理研究领域的研究者以外,还有许多制造与运作管理的研究者也研究和应用供应链管理。他们对供应链管理研究的推进和重视,绝不亚于物流管理的研究者们。

(4)供应链管理思想的形成与发展,是建立在多个学科体系(系统论、企业管理等)基础上的,其理论根基远远超出了传统物流管理的范围。正因为如此,供应链管理还涉及许多制造管理的理论和内容,它的内涵比传统的物流管理更丰富、覆盖面更加广泛,而对企业内部单个物流环节的控制就不如传统物流管理那么集中、考虑那么细致。

(5)供应链管理把对成本有影响和在产品满足客户需求的过程中起作用的每一方面都考虑在内:从供应商的供应商、制造工厂、仓库和配送中心,到零售商和商店及客户的客户;而物流管理考虑自己路径范围的业务。物流管理主要涉及组织内部商品流动的最优化,而供应链管理强调只有组织内部的合作和最优化是不够的。

(6)供应链管理的目的在于追求效率和整个系统的费用有效性,使系统总成本达到最小,这个成本包括从运输和配送成本到原材料、在制品和产成品的库存成本。因此,供应链管理的重点不在于简单地使运输成本达到最小或减少库存,而在于采用系统方法来进行整体供应链管理;而物流管理的运作在这方面是孤立的和个别进行的。

(7)供应链管理是围绕着把供应商、制造商、仓库和商店有效率地结合成一体这一问题来展开的,因此它包括公司许多层面上的活动,从战略层面到战术层面一直到作业层面。战略层处理的是对公司有着长远影响的决策,这包括关于仓库和制造工厂的数量、布局和能力及材料在物流网络中流动等方面的决策;战术层处理一般每季度或每年都要进行更新决策,这些包括采购和生产决策,库存策略和运输策略;作业层的活动指日常决策,如计划、估计提前期、安排运输路线、装车等。

7.3 智慧供应链管理概述

7.3.1 智慧供应链的概念

智慧供应链是结合物联网技术和现代供应链管理的理论、方法和技术,在企业内和企业间构建的,实现供应链的智能化、网络化和自动化的技术与管理综合集成系统。其核心是着眼于使供应链中的成员在信息流、物流、资金流等方面实现无缝对接,尽量消除信息不对称,最终从根本上解决供应链效率问题。与传统供应链相比,智慧供应链在信息化程度、协同程度、运作模式、管理特点等方面均具有明显优势,如图 7-8 所示。

视频资料:打造数智新链接,构建自主可控、智慧高效产业链供应链体系

供应链的发展历程基本上可以分为五个阶:初级供应链、响应型供应链、可靠供应链、柔性供应链和智慧供应链。随着新一代信息技术的广泛采用,尤其是互联网、人工智能、工业机器人、云计算等新一代信息技术迅速发展,商流、信息流、资金流和物流等"四流"得以高效连接。同时,在"工业 4.0"及"中国制造 2025"浪潮的推动下,整个制造业供应链正在朝着更加智慧的方向迈进,成为制造企业实现智能制造的重要引擎,支撑企业打造核心竞争力。在智慧供应链的支持下,智慧供应链与生产制造企业的生产系统相连接,通过供应链服务提供智能虚拟仓库和精准物流配送,生产企业可以专注于制造,不再需要实体仓库,这将从根本上改变制造企业的运作流程,提高管理和生产效率。在智能制造环境下,打造智慧、高效的供应链,是制造企业在市场竞争中获得优势的关键。

2017 年 10 月,国务院办公厅印发的《关于积极推进供应链创新与应用的指导意见》指出,供应链是以客户需求为导向,以提高质量和效率为目标,以整合资源为手段,实现产品设计、采购、生产、销售及服务全过程高效协同的组织形态。到 2020 年要形成一批适合我国国情的供应链发展新技术和新模式,基本形成覆盖我国重点产业的智慧供应链体系,中国成为全球供应链创新与应用的重要中心。由此,有关智慧供应链的政策风口正式形成。

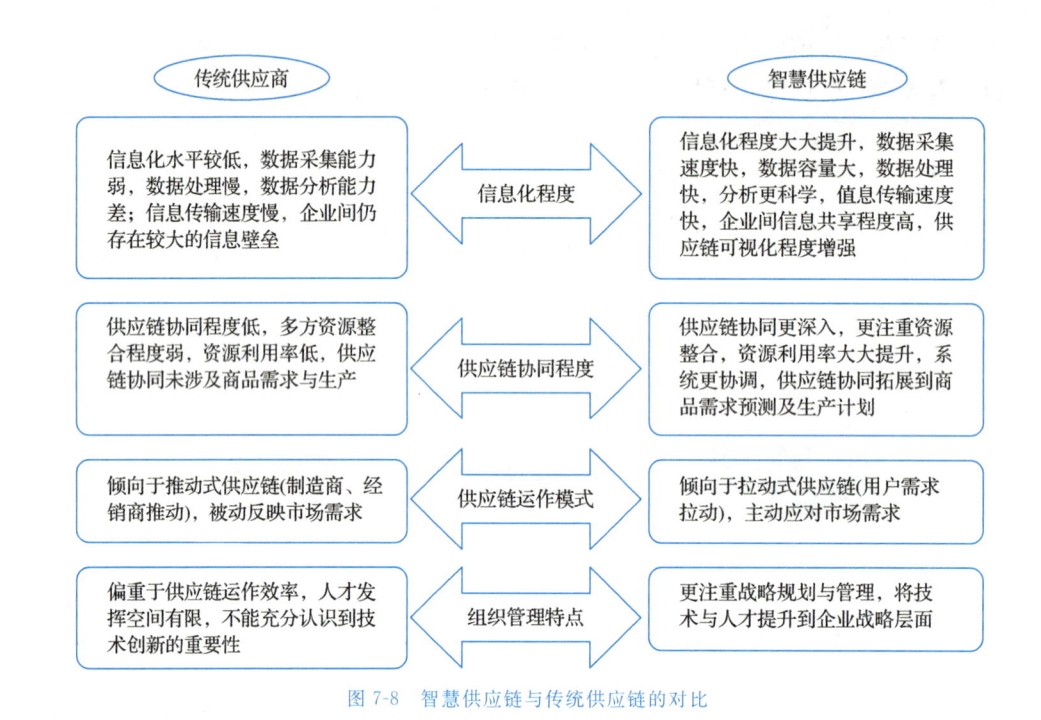

传统供应商		智慧供应链
信息化水平较低，数据采集能力弱，数据处理慢，数据分析能力差；信息传输速度慢，企业间仍存在较大的信息壁垒	⇔ 信息化程度	信息化程度大大提升，数据采集速度快，数据容量大，数据处理快，分析更科学，信息传输速度快，企业间信息共享程度高，供应链可视化程度增强
供应链协同程度低，多方资源整合程度弱，资源利用率低，供应链协同未涉及商品需求与生产	⇔ 供应链协同程度	供应链协同更深入，更注重资源整合，资源利用率大大提升，系统更协调，供应链协同拓展到商品需求预测及生产计划
倾向于推动式供应链(制造商、经销商推动)，被动反映市场需求	⇔ 供应链运作模式	倾向于拉动式供应链(用户需求拉动)，主动应对市场需求
偏重于供应链运作效率，人才发挥空间有限，不能充分认识到技术创新的重要性	⇔ 组织管理特点	更注重战略规划与管理，将技术与人才提升到企业战略层面

图 7-8　智慧供应链与传统供应链的对比

7.3.2　智慧供应链的特点

相对于传统供应链，智慧供应链具有更多的市场要素、技术要素和服务要素。通常，智慧供应链应具有如下特点。

1. 技术渗透性更强，强调对客户需求的全过程精准分析与有效管理

在智慧供应链环境下，管理和运营者会系统地、主动地吸收包括物联网互联网、大数据、人工智能在内的各种现代技术，依靠这些技术对客户需求进行精准分析，并主动调整管理过程以适应引入新技术带来的变化。

事实上，大多数供应链都能做到超越客户需求，但问题的关键在于"客户需求"是什么？普通供应链主要与客户互动，进而提供及时、准确的交付品，而智慧供应链则在整个产品生命周期(从产品研发、日常使用到产品寿命结束)都与客户紧密联系。通过大量先进技术的使用，智慧供应链可以从源头获取需求信息，如从货架上抬起的货物、从仓库里运出的产品或显露磨损迹象的关键部件。智慧供应链还使用其智能来洞察与众不同之处，感知和预测用户需求、习惯、兴趣，经过深入分析，进行详细的客户画像与分类，并为其量身定做产品，同时指导产业链上游的采购、制造、定价、库存及下游的销售、促销、仓储、物流和配送。

并且，企业也会更多地邀请客户进行体验式开发、测试客户要求，进行符合客户个性化的产品和服务模式整合，以保证该产品或服务对于客户的"黏性"，从而反过来促进产品和服务的迭代升级。实际上，每次互动都是企业与客户合作的机会，供应链也就能进行自我反馈、自我补偿，从而智能化迭代升级。

视频资料：
云南建投物流：
全程智慧供应链平台建设　保供抗疫两不误

2. 可视化、移动化特征更明显

管理者们都希望了解其供应链的各个环节,包括即将离港的货物情况、签约制造商组装线上正在生产的每个部件、销售中心或客户库房中正在卸载的每个货盘等。相较于传统供应链,智慧供应链更倾向于使用可视化手段来表现数据,用移动互联网或物联网技术来收集或访问数据。这种无所不在的可视性并不需要供应链合作伙伴付出任何额外的努力。换句话说,有了这种可视性后,共享会变得更加容易。

这就意味着在智慧供应链中,对象(而不是人员)将承担更多的信息报告和共享工作。关键数据将来源于供应链所涉及的货车、码头、货架和部件及产品。这种可视性不仅可以用于实现更佳的规划,而且还可以从根本上实现实时执行。

这种可视性还可以扩展到供应链运营领域。智慧供应链可以监控土壤情况和降雨量,优化灌溉,监控交通情况,调整运货路线或交货方式,跟踪金融市场和经济指标来预测劳动力、能源和消费者购买力的变化。

更值得一提的是,制约可视化的因素不再是信息太少,而是信息太多。然而,智慧的供应链可通过使用智能建模、分析和模拟功能来获知一切。

3. 协同、配合更高效,供应链链主更凸显

由于主动吸收物联网、互联网、大数据、人工智能等各种现代技术,智慧供应链更加注重供应链上各环节的协同和配合,及时地完成数据交换和共享,从而实现供应链的高效率。

在管理体系上,往往由一个物流服务总包商(lead logistics service provider,LLP)来向供应链链主(一般是货主)直接负责,利用强大的智慧型信息系统管理整个门到门的供应链运作,包括由一些物流分包商或不同运输模式的承运人所负责的各个物流环节。

4. 更加强调以制造企业为切入点的平台功能

智慧供应链作为集成智能制造工厂规划设计各种功能的基础平台,其功能不再是单一维度,而是立体的,涉及产品生命周期、市场、供应商、工厂建筑、流程、信息等多个维度和要素,如图 7-9 所示。

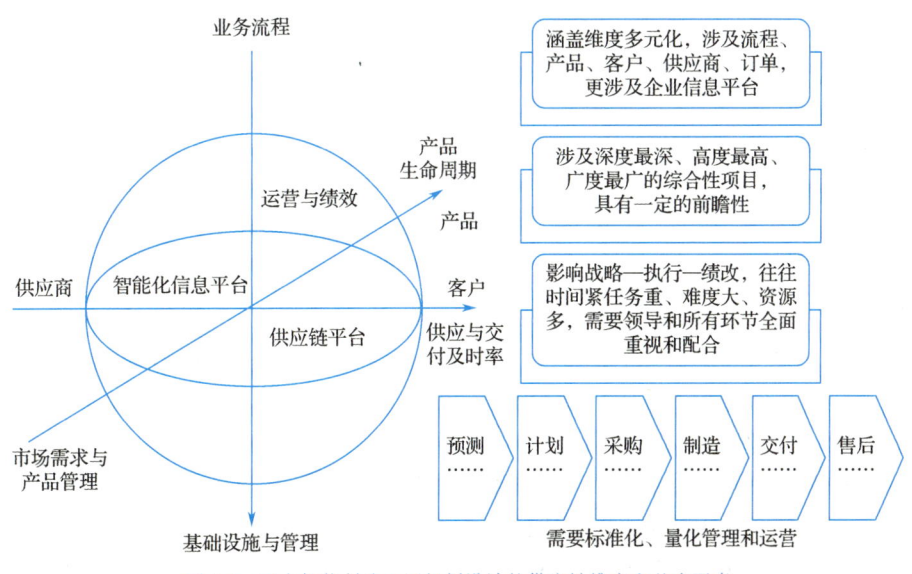

图 7-9 面向智能制造工厂规划设计的供应链维度和基本要素

从图 7-9 中可以看出，所谓智能制造企业供应链，不再是以某个单一功能实现为目标的暂时性项目，而是打造制造企业服务能力的综合系统，使企业具有"聚核"功能，从而提升核心竞争能力。该平台不但需要有良好的智能供应链基础，更需要有良好的智能化信息平台。

未来，智慧供应链将更加强调以制造企业为切入点的平台功能，重视基于全价值链的精益制造，从精益生产开始，到精益物流、精益采购、精益配送，实现全方位的精益管理。智慧供应链不再是企业的某个人或者某个部门在思考，而是整条供应链在思考。

因此，如果没有良好的智慧供应链基础，那么制造智能化基础也就变得零碎，不成系统，再好的智能产品也都可能变成"僵尸机器人"；而失去动态供应链全过程适时智能化监控的智能制造，也仅是解决了看得见的智能化，没有解决逻辑的智能化，于是供应链还是无法思考（对于过程中数据差异的自反馈、自补偿、自优化）；进一步地，如果没有智能化的供应链引导，智能制造仅是生产模式的转变，无法形成商业模式的创新和升级。

7.3.3 智慧供应链的核心要素

智慧供应链的实现在流程上有赖于"四化"，即供应链决策智能化、供应链运营可视化、供应链组织生态化、供应链要素集成化。这四个方面分别对应了供应管理的宏观战略决策层面和微观运营层面及供应链管理主体组织层面和客体要素层面。这四个层面能够有效地落地并产生绩效，同时能够很好地结合，相互作用、相互促进。

1. 供应链决策智能化

供应链决策智能化指的是在供应链规划和决策过程中，能够运用各类信息通过数据策动供应链决策的制定，如从采购决策、制造决策、运送决策，再到销售决策的全过程。具体来讲，供应链决策智能化主要是通过大数据与模型工具进行结合，并通过智能化及海量的数据分析，最大化地整合供应链信息和客户信息，有助于正确评估供应链运营中的成本时间、质量、服务、碳排放和其他标准，实现物流、交易及资金信息的最优匹配，分析各业务环节对于资源的需求量，并结合客户的价值诉求，能更加合理地安排业务活动，使企业不但能根据顾客要求进行业务创新，还能提高企业应对顾客需求变化所带来的挑战。显然，这一目标的实现就需要建立起供应链全过程的商务智能，并且能够将业务过程标准化、逻辑化和规范化，建立起相应的交易规则。

2. 供应链运营可视化

要实现企业供应链的优化，提高供应链运作的协调性关键是充分运用互联网、物联网等信息技术，实现供应链全程可视化。而供应链运营可视化就是利用信息技术，通过采集、传递、存储、分析、处理供应链中的订单、物流及库存等相关指标信息，按照供应链的需求，以图形化的方式展现出来，其主要包括流程处理可视化、仓库可视化、物流追踪管理可视化及应用可视化。通过将供应链上各节点进行信息连通，打破信息传输的瓶颈，使链条上的各节点企业可以充分利用内外部数据，这无疑提升了供应链的可视性。供应链运营的可视化不但可以提高整个供应链需求预测的精确度，还能提高整个链条的协同程度。

从实现的路径上看，要实现供应链运营可视化，就需要从以下五个步骤入手：第一，能及时感知真实的世界在发生什么，也就是在第一时间获得、掌握商业正在进行的过程、发生的事件或者可能发生的状况。这一目标的实现就需要在供应链全过程运用传感器技术、射频技术、物联网技术手段捕捉信息和数据,并且这些技术的运用和获取的信息应当覆盖供应链全过程、各类组织,以保证信息不是片断的、分割的。第二,预先设定何时采取行动,即在分析供应链战略目标和运营规律的前提下,设定事件规则及例外原则。第三,分析正在发生什么状况,这需要分析者具备一定的能力,以有效地分析所获取的信息和数据。第四,确定需要做什么,在获得商业应用型的、图形化的分析结果之后,供应链各环节的管理者需要根据此前确立的商业规则、例外等原则,知晓需要运用什么样的资源、优化工具如何对供应链运营进行调整,形成良好的供应链方案。第五,采取什么样的应对措施,即为了实现上述调整优化目标,具体采用什么措施实现供应链资产、流程的调整与变革。

3. 供应链组织生态化

供应链组织生态化指的是供应链服务的网络结构形成了共同进化的多组织结合的商业生态体系。商业生态体系最早由詹姆斯·摩尔(1993)在《哈佛商业评论》上发表的文章《掠食者与猎物:新的竞争生态》中提出。他结合生态学理论,指出商业生态是以组织和个人的相互作用为基础的经济联合体,它是商业世界的有机体。一个商业生态系统包括消费者、主要生产者、竞争者及其他的风险承担者。其中主要生产者是商业生态系统的"关键物种",在协同进化过程中起着重要作用。后来他进一步完善了商业生态系统的内涵,将其定义为"由相互支持的组织构成的延伸的系统,是消费者、供应商、主要生产者、其他的风险承担者、金融机构、贸易团体、工会、政府及类似政府的组织等的集合。这些集群以特有的自发性、高度的自组织及某种偶然的形式聚集到一起"。显然,商业生态系统理论认为众多的组织和个体都是价值创造的一部分,相互之间共同作用,有机地组织在一起,发挥不同的角色,推动商业网络的形成、发展、解构和自我更新。这种生态化的网络结构产生的结果便是供应链组织方式和行为方式发生改变,即从原有的双边结构(Dyadic),经三边结构(Triadic)向四边结构(Tetratic)转化。

双边结构是一种传统的供应链关系,即以产品交易为基础的供需买卖关系。而三边结构供应链运营的核心不再是产品,而是服务。三边关系是由 Li 和 Choi(2009)提出,他们认为在服务品牌创造的过程中存在着三种不同的主体间互动和价值协同行为:一是组织(或企业)与客户之间的互动,即做出承诺;二是组织(或企业)与组织中的成员或网络中成员之间的互动,即促使或促进承诺;三是组织中成员或网络成员与客户之间产生互动,即保持或支持承诺。四边结构是在三边结构基础上的延伸,这一概念由 Chakkol 等学者提出(2014),在供应链服务化过程中,服务的品牌和价值不仅由供需双方或者三方(即企业、客户、企业网络中的成员)的相互行为决定,同时也受到他们与其他利益相关者的关系影响。这是因为利益相关者能够帮助企业(服务集成商)、需求方和微服务供应商带来合作中的合法性或者新的资源。因此,协调和整合四方关系和行为是生态化运营的核心。

4. 供应链要素集成化

供应链要素集成化是指在供应链运行中能有效地整合各种要素,使要素聚合的成本最低、价值最大。这种客体要素的整合管理不仅通过交易、物流和资金流的结合,实现有效的供应链计划(供应链运作的价值管理)、组织(供应链协同生产管理)、协调(供应链的知识管理)及控制(供应链绩效和风险管理),还通过多要素、多行为交互和集聚为企业和整个供应链带来新机遇,有助于供应链创新。

具体讲,智慧供应链下的要素集成主要表现为通过传统的商流、物流、信息流和资金流等诸多环节的整合,进一步向几个方面的集成:一是供应链与金融的结合与双重迭代,即将金融机构融入供应链运作环节,为供应链注入资金,解决了供应链中的资金瓶颈,降低了供应链的运作成本,提高了供应链的稳定性。而这一创新和产业供应链运营是分不开的,因为如今像物联网、云计算及大数据分析等高新技术的广泛运用使金融机构能掌握供应链交易过程中产生的"大数据"物流、交易信息,将物流、交易管理系统产生的数据实时反映到供应链金融系统中,以实现对交易过程进行动态监控,降低供应链金融运行风险。同时又通过产业供应链运营,创新和拓展金融产品和管理,使得金融的业务形态和金融活动的参与者日益多样化。二是消费活动、社交沟通与供应运行的集合。消费活动和社交沟通作为一种人际交流和沟通的方式,已经开始融入供应链运营过程中,这不仅是因为消费活动、社交沟通使得信息传播的方式和形态发生改变,从而使得供应链信息交流的途径多样化,而且社交沟通也改变了产业运营的环境和市场,使得供应链关系的建立和组织间信任产生的方式发生变革。三是互联网金融与供应链金融的结合,即将以依托互联网产生的金融通道(如 P2P、众筹等)、第三方支付等金融业务创新,与产业供应链金融(如贸易金融、物流金融和供应链融资等)紧密结合,既通过互联网金融降低供应链金融运营中的融资成本,拓展资金来源渠道,又通过供应链金融来有效解决互联网金融产业基础不足、风险较大的问题。

7.3.4 智慧供应链流程

在供应链上有四个主要流程,分别是物流、商流、信息流及资金流。供应链上四流的畅通很大程度上影响着供应链的整体绩效表现。在高效的智慧供应链中,供应链的物流、商流、信息流和资金流都有着与传统供应链不同的特征。

1. 智慧物流

物流是实体物资(商品)的流通过程,包括货物的发送、运输、仓储和接收。物的运输和存储都需要成本,同时物是价值载体,运输和存储的时间越长意味着资金流动速度越慢,这对于企业来说是一种损失。

在智慧供应链中,由于信息透明度的提升,车辆、仓库等一般性物流资源在企业之间能够很好地实现共享,避免空载、回空车等现象的出现,在很大程度上避免了资源的浪费。智慧供应链的智能化系统还能够综合供应链上的所有数据,为企业选择最优的物流解决方案,保证物资能够被以最快的速度安全、准确地送达目的地,整体物流效率与传统供应链相比有飞跃式提升。除此之外,企业专业化程度提升,第三方物流企业迅速发展。物流外包作为物流方案之一得到了更加广泛的应用,可以进一步提升企业绩效。

2. 智慧商流

商流主要是供应链上买卖的流通过程。网络和计算机的普及改变了原有的交易方式,供应链上的成员能够通过互联网便捷、迅速地签订合同,发送订单信息。网络销售成了一种全新的销售方式,也催生了线上交易渠道。在智慧供应链中,线上和线下的交易能够更好地进行联动,不同销售渠道之间从原有的发生摩擦转变为重新融合。

除此之外,采购寻源也与传统供应链有所不同。在传统供应链上,由于物流能力和信息透明度的限制,企业只能在自身有限的供应商库中选择相对合适的供应商。但在智慧供应链中,物流能力和信息透明化使企业进行全球战略性采购寻源成为可能,企业能够在更大范围内选择适合自己的供应商及合作伙伴,进一步降本增效。

在智慧供应链的销售过程中,企业能够与分销商、零售商进行深度合作和数据共享,一方面可以更加及时地收集市场需求信息,另一方面还能借助智能化的销售预测模型在计算机中以数据建模的方式寻找最优的产品组合和销售策略,以期获得更高的利润。

3. 智慧信息流

信息流是指供应链全过程中相关信息的流动。信息的透明化和互联化是智慧供应链与传统供应链之间最大的区别之一,同时也是智慧供应链实现物流、商流、资金流优化运营的重要基础支撑。

在智慧供应链中,借助传感器、物联网等先进的科学技术手段,供应链能够实现全链状态数据的实时收集与更新,真正实现物与信息的统一。信息的高度透明化为企业实现精益管理奠定了坚实的基础。

不仅在企业内部,供应链上各参与成员之间信息流也是保持畅通的。企业根据与合作伙伴之间的合作关系决定对其开放的数据权限,既保证自身数据安全,同时又能够实现与供应链成员之间的信息共享。这种共享不仅是在供应链某一个环节发生波动时其他供应链成员能够及时作出调整,更在于企业能够借助共享的多元化信息完成深层次的信息挖掘和数据分析,从而更好地控制风险,提升企业盈利能力。

4. 智慧资金流

在智慧供应链中,企业已经实现了完全电子化交易,使供应链上资金周转速度更快,以提升企业盈利能力与绩效。由于资金流动和交易都在线上完成,供应链系统信息的安全性也面临挑战。在智慧供应链中,完善的信息安全保障措施能够为企业网络交易安全提供强有力的保证。

7.3.5 智慧供应链管理体系

1. 智慧供应链管理信息系统——智慧供应链金字塔

智慧供应链管理信息系统的体系结构可以用图 7-10 来表示,该体系从整个供应链管理的视角对智慧物流系统进行协通、全面监控和管理。该金字塔的使用者是供应链物流服务的总包商。

金字塔最底层的系统互联、数据交换、整合平台是与供应链各参与方或同一参与方的其他应用系统进行互联对接集成,完成数据共享协同的基础设施。企业内部各应用系统的集成主要通过 SOA 体系下的企业服务总线(ESB)和接口技术等实现,与外部企业(包括货主、制造商和物流分包商)的数据交换则通过系统互联和电子数据交换(EDI)实现。

计划协同平台根据各种订单和供应链上的资源情况,在商务规划的控制下,以智能化的方式制订总体物流计划,并分解成各具体环节或针对具体物流服务商的分计划,将这些分计划分配给各服务商或子系统,并根据总计划协调各分计划的执行。同时,平台的商务模块根据与各服务分包商的合同和完成的服务对应付费用进行核算管理,根据与货主的合同对整个供应链的费用进行应收核算管理,形成应收/应付凭证,并通过接口转发至财务系统。

控制塔是近年来针对复杂的供应链管理需求发展起来的、对供应链全过程实行全面监视、异常事件控制和量化考核的体系,如同机场上居高临下统观全局的控制塔台。

智慧供应链金字塔的顶端是商务智能和决策支持系统。目前用于物流行业的商务智能系统通常基于规则库、知识库和决策支持体系构建,可以完成诸如成本绩效分析、方案推演及优化等基本决策支持功能;可以通过建立数学模型或其他大数据分析方法,实现对整个供应链运作的更高层次的智慧化决策支持。

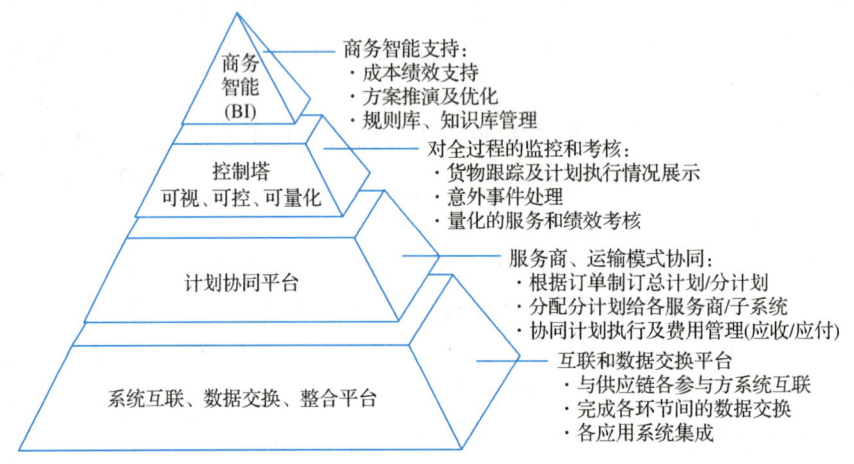

图 7-10 智慧供应链管理的金字塔体系

2. 智慧供应链图谱

罗戈研究院在 2017 年提出了智慧供应链图谱,根据管理层级将智慧供应链自上而下分为三个部分,包括智慧化平台(决策层)、数字化运营(管理层)、自动化作业(作业层),如图 7-11 所示。如果把智慧供应链比作人,那么智慧化平台是"大脑",数字化运营是"中枢",而自动化作业则是"四肢"。

图 7-11 智慧供应链图谱

(1) 决策层

在供应链的决策层，主要包括预测与计划、供应链产销协同和控制塔及对这些决策功能支撑的大数据、云端和算法的优化。此外，与传统供应链主要依靠 ERP 总揽各项业务不同，智慧供应链正在开启全新的"大中台"概念。通过供应链中台，实现多资源组织和全生态管控与优化，以满足供应链整体的信息化、系统化、互联网化的发展需求。

智慧供应链利用智慧化平台去计算、思考、决策，通过数字化运营平台评估供应商供货量、供货价格、仓储量、入仓位置，并对用户喜好、需求数量等作出精准预测，从而指导企业经营及仓储、运输等自动化作业。

(2) 管理层

这一层是系统管理层面。通过管理系统连接作业层，支持决策层。从管理层次上讲，这个系统层面基本上更倾向于供应链执行，即更多关注物流和运营，包含车辆管理、运输管理、过程管理和仓储管理，未来会更多地涉及物联网。

(3) 作业层

底层主要是仓储作业和运输作业。基于不同的仓储配送需求，其涉及的内容和模式也各不相同。以零售为例，在典型的 B2C 电商领域，有快递公司和仓配公司，仓的布局主要是贴近消费端。面向新零售，需要线上线下融合的仓店一体模式。门店既是仓，同时也越来越成为崭新的机会点。对于 B2B，仓的体系包括流通端的仓库分布与前置仓、门店仓，随着前置仓密度的提高，产地仓将会是新的机会点。

7.3.6 智慧供应链管理的关键支撑技术

随着互联网、物联网、云计算、大数据等技术的飞速发展，新的技术为实现智慧供应链管理提供了清晰的思路，从而推动供应链管理逐渐向可视化、智能化、自动化、集成化和云化的方向发展。

通常在供应链中会用到以下技术：①数据技术，包括数据收集、存储及分析技术；②人工智能技术，包括机器学习技术、算法技术；③数学应用技术，包括运筹学与统计学；④信息技术，包括信息传输、网络通信技术；⑤流程管理技术，包括准时生产方式(JIT)、瓶颈理论(TOC)、业务流程重组(BPR)等。

在智慧供应链时代，制造企业需要实现物流与信息流的统一，企业内部的采购、生产、销售流程都伴随着物料的流动，因此越来越多的制造企业开始重视物流自动化，自动化立体仓库、自动引导小车、智能吊挂系统在制造企业得到了广泛的应用。在仓储与配送环节，智能分拣系统、堆垛机器人、自动轨道系统日趋普及。仓储管理系统(Warehouse Management System，WMS)和运输管理系统(Transport Management System，TMS)也受到普遍关注。

实现智慧供应链的关键技术还包括自动识别技术，例如，射频技术或条码、GIS/GPS 定位、电子商务、电子数据交换(Electronic Data Interchange，EDI)，以及供应链协同计划与优化技术等。其中，EDI 技术是企业间信息集成(B2B Integration)的必备手段。EDI 技术最重要的价值，就是可以在供应链上下游企业之间，通过信息系统之间的通信，实现整个交易过程无须人工干预。历经多年发展，主流的 EDI 技术已经基于互联网来传输数据，而我国很多大型企业建立的供应商门户实际上只是一种 Web EDI，不能够与供应商的信息系统集成，供应商只能手工查询。

智慧物流与电子商务

供应链协同计划与优化是智慧供应链最核心的技术,可以实现供应链同步化,真正消除供应链的牛鞭效应,帮助企业及时应对市场波动。虽然部分供应链已实现了信息的交互及业务上的协同,但是这种所谓的协同并没有智能的成分,仅仅提高了人为决策的同步性和反应性,还谈不上真正的智能。目前供应链决策层次的智能技术仍存在缺口,智能决策技术包括智能需求预测技术(需要用到大数据挖掘、机器学习、神经网络等)、智能供应链计划(生产与库存计划)决策(需要用到数学优化、智能算法技术、决策分析等技术)、供应链运行智能预警监控技术(需要智能推理、专家系统和仿真技术等)。

7.4 智慧供应链建设

7.4.1 智慧供应链管理的挑战

随着"中国制造2025"战略及相关配套政策陆续出台,中国制造业正加速向智能制造转型升级,智慧供应链建设也由此成为制造业升级发展的必然趋势。汽车、家电等行业的领先企业在从"制造"向"智造"转型中,正努力构建智慧供应链生态圈。

不过,目前从中国制造行业供应链系统构建的总体情况来看,对智慧供应链认识不充分、缺少智慧供应链战略、物流信息化水平低、信息孤岛大量存在、专业人才缺乏等问题依旧十分突出。在供应链管理中,存在着成本控制、供应链可视性、风险管理、用户需求增加和全球化五个方面的挑战。

在成本控制方面,传统的成本降低方式对企业已经不再有效,增加供应链弹性也许能够帮助企业找到其他降低成本的方法。在可视性方面,信息量大增,供应链主管必须快速搜集信息并作出判断,并利用合适的信息采取行动。在风险管理方面,不仅首席财务官们关注风险,风险管理已成为供应链管理的首要任务。在客户关系方面,尽管客户需求是公司发展的原动力,但公司与供应商的联系比客户更紧密。在全球化方面,全球化更能推动企业增加收入,而不仅是预想中的节省成本。

7.4.2 构建智慧供应链的意义

构建智慧供应链具有以下四个意义。

1. 高度整合供应链内部信息

传统供应链内部成员之间的信息交流存在于具有直接的供应和需求关系的企业之间。在实际的交流过程中,信息流往往会由于不同企业采用的不统一的信息标准系统而无法正常流通,使得供应链内部信息无法自由流通和共享。相比之下,智慧供应链依托智能化信息技术的集成,能够采用有效方式解决各系统之间的异构性问题,从而实现供应链内部企业之间的信息共享,保证信息流无障碍的流通,提高信息流的运转效率和共享性。

2. 增强供应链流程的可视性、透明性

传统供应链环境下,上下游企业间缺乏有效的信息共享机制和实现方式,整个供应链是不可视的。由于供应链的不可视性,供应链中上下游企业无法对产品的供产销过程实现全面了解,只能从自身流程和业务角度出发,以比较单一的成本因素考虑如何选择供应商和销售商。这样就无法实现供应链内部企业的一致性和协作性,更不能形成良好稳定的合作关系,导致供应链竞争力低下。拥有良好可视化技术的智慧型供应链,能够实现企业之间的信息充分共享,提高对自身和外部环境反应的敏捷性。企业管理者能够依据掌握的全面产品信息和供应链运作信息,正确做出判断和决策,组织好契合市场需要的生产,实现有序生产管理。

3. 实现供应链全球化管理

智慧型供应链具有良好的延展性,它一方面能保证供应链在全球实现扩展,也能防止供应链在全球化扩展的情况下效率降低问题。信息交流和沟通方式在传统供应链下是点对点、1对1的,但随着供应链层级的增加和范围扩展,这种传递方式难以应对更加复杂的信息轰炸。智慧供应链依据自身对信息的整合和有效的可视化特点,可以打破各成员间的信息沟通障碍,不受传统信息交流方式的影响,能够高效处理来自供应链内部横向和纵向的信息,实现全球化管理。

4. 降低企业的运营风险

智慧型供应链所具有的信息整合性、可视性、可延展性等特点,使得供应链内部企业能够实时、准确地通过了解供应链中各环节企业的生产、销售、库存情况,保证和上下游企业的协作,避免传统供应链由于不合作导致的缺货问题。因此,智慧供应链能够从全局和整体角度将破坏合作的运营风险降到最低。

7.4.3 构建智慧供应链的途径

1. 持续改进

企业获得利润依靠的是产品的持续改进。然而,在智慧供应链的大环境下,企业要实现产品持续改进,必须借助产品生命周期管理(PLM)方面的信息化技术,来增强产品的数据集成性和协同性。企业应建立集成的产品研发、生产计划及执行的业务流程,实现产品研发管理集中化,并控制生产工艺,制定合理的生产标准,并在不同的生产基地实施生产,增强供应链成员在集成技术下的一致性和协同性。

2. 完善生产计划系统

作为供应链的成员,企业需从整体出发,努力构建完整的生产计划管理系统,使不同产品能够与相适应的计划模式、物料需求及配送模式进行匹配,从而拉动物料需求计划。实现ERP系统与SCM系统完美对接,增强销售过程的可视化和规范化,打造涵盖客户交易执行流程与监控的平台,动态控制过程,及时掌握相关重要信息,以便对可能出现的问题进行预测。

3. 实现财务管理体系标准化和一体化

在现代企业管理制度中,标准化管理是提升企业核心竞争力的重要手段之一。财务管理工作历来是企业管理的核心,更需要标准化。处于供应链中的成员,迫切需要建立标准化的财务管理。在日常工作中,供应链中的企业可以通过查看财务数据来及时了解企业的运营信息。在具体实现过程中,企业需要利用 ERP 系统来实现企业财务业务的一体化,从传统记账式业务分析转向价值创造型财务分析。在成功实施 ERP 后,可以构建基于数据在库平台数据分析及商业智能应用。通过财务管理的标准化和统一化,增强供应链的可视性和共享性。

4. 定制化的供应链可靠性设计

供应链管理也被称为需求管理,要面对的一大难题是不断扩大的客户需求。在智慧供应链管理下,企业能够与客户保持紧密关系,形成良好的互动机制,客户将被视为供应链系统难以分割的一部分。供应链管理人员,以客户需求为根本,设身处地地站在客户角度来思考问题,融入供应链管理;客户可以参与供应链系统设计、运行和管理。智慧供应链着眼于在整个产品生命周期都与客户保持紧密联系,通过大量的信息交互,智慧供应链对客户进行细分,为客户提供定制化服务。

5. 可以借助标尺竞争,提升供应链可靠性

所谓标尺竞争,是指在存在多家独立性企业(代理人)的受管制产业中,管制者(委托人)以其他企业的表现作为衡量每一个企业表现的标准或标尺,来促进每一个企业同"影子企业"展开竞争,从而提高企业的生产效率并抽取企业的信息租金。在满足一定条件下,标尺竞争能够有效缓解委托人和代理人之间的信息不对称并对代理人形成有效激励。

智慧供应链通过合理引入标尺竞争,供应链管理者就不用了解各成员企业的成本与投入具体信息。这样可以有效减少监管机构对被监管成员企业的信息依赖问题,也解决了信息不对称情况下的监管问题。对价格实行价格上限监管方式,服务可靠性监管可从供应可靠度与产品合格率两方面进行控制,促使成员企业依据"标尺"提高各自的服务可靠性,提升供应链整体可靠性。

本章小结

供应链是围绕核心企业,通过对信息流、物流、资金流的控制,从采购原材料开始,到制成中间产品及最终产品,最后由销售网络把产品送到消费者手中的将供应商、制造商、分销商、零售商直到最终用户连成一个整体的功能网链结构模式。供应链具有复杂性、持续性、动态性、交叉性、协调性和整合性、虚拟性、面向用户需求及创新性的特点。按运作方式供应链可以分为生产推动型供应链、需求拉动型供应链及推-拉相结合型供应链;根据产品特征可将供应链分为有效性供应链和反应型供应链;根据供应链上的供需关系,可将供应链分为平衡的供应链和倾斜的供应链;根据供应链存在的稳定性,可以将供应链划分为稳定的供应链和动态的供应链。供应链上的流主要有工作流、物流、信息流和资金流。虽然物流与供应链的范畴不同,但是物流与供应链管理有非常紧密的联系。

供应链管理是用系统的观点通过对供应链中的物流、信息流和资金流进行设计、规划、控制和优化,以寻求建立供、产、销企业及客户间的战略合作伙伴关系,最大限

度地减少内耗与浪费,实现供应链整体效率的最优化并保证供应链成员取得相应的绩效和利益,来满足顾客需要的整个管理过程。供应链管理的特点具有系统观念、以顾客为中心、动态管理、强调协调机制、开发核心竞争能力、强调集成管理、依赖共同价值、以供应链各环节上的信息集成和共享为条件、以客户价值为导向的"需求动力"模式等。

  智慧供应链是结合物联网技术和现代供应链管理的理论、方法和技术,在企业中和企业间构建的,实现供应链的智能化、网络化和自动化的技术与管理综合集成系统。其核心是着眼于使供应链中的成员在信息流、物流、资金流等方面实现无缝对接,尽量消除信息不对称,最终从根本上解决供应链效率问题。相对于传统供应链,智慧供应链技术渗透性更强,强调对客户需求的全过程精准分析与有效管理,可视化、移动化特征更明显,协同、配合更高效,供应链链主更凸显,更加强调以制造企业为切入点的平台功能。智慧供应链的实现在流程上有赖于"四化",即供应链决策智能化、供应链运营可视化、供应链组织生态化、供应链要素集成化。构建智慧供应链可以高度整合供应链内部信息,增强供应链流程的可视性、透明性,实现供应链全球化管理,降低企业的运营风险。

思 考 题

1. 什么是供应链?供应链有哪些特点?
2. 如何对供应链进行分类?各类供应链如何运作?有什么样的应用场景?
3. 什么是智慧供应链?相比传统供应链而言,智慧供应链有哪些新的特点?供应链上的流有什么样的变化?
4. 查找资料,结合实际案例,阐述当前智慧供应链是如何运作的。

第 8 章

智慧物流优化方法

学习目标 >>>

- 理解物流系统的概念、特点、组成要素
- 掌握物流系统优化目标、体系、原则及方法
- 重点掌握物流系统智能化的相关方法概念、模型、流程
- 重点掌握物流配送车辆调度问题、物流中心选址问题的基本模型

8.1　物流系统及其优化

8.1.1　系统及其特点

在自然界或人类社会中,任何事物都是以系统的形式存在的。任何一个要研究的问题或对象都可以看成是一个系统。人们在认识客观事物或改造客观事物的过程中,用综合分析的思维方式看待事物,根据事物内在的、本质的、必然的联系,从整体的角度对事物进行分析和研究,这类事物就被看作一个系统。

1. 系统的定义

系统思想古已有之,但是真正将系统作为一个重要的科学概念予以研究的,则始于 1937 年的奥地利理论生物学家冯·贝塔朗菲。到目前为止,系统的确切定义依照不同学科、不同使用方法和针对的不同问题而有所区别。国外关于系统的定义不少于 40 个。我国系统科学界对系统的通用定义是(钱学森):系统是由相互作用和相互依赖的若干组成部分结合而成的、具有特定功能的有机整体,而且这个整体又是它从属的更大的系统的组成部分。输入、处理(转换)、输出是组成系统的三大要素,如图 8-1 所示。换句话说,系统是同类或相关事物按一定的内在联系组成的整体。相对于环境而言,系统具有一定的目的和功能,并具有相对独立性。

日常生活中,系统随处可见,自然界和人类社会中的很多事物都可以被看作系统。同时,系统是有层次的,大系统中包含着小系统。大系统有大系统的规律,小系统不但要从属于大系统,服从大系统的规律,而且本身又有特定的规律性。

2. 系统的特点

作为一个系统,应当具备四个基本特点:

(1) 整体性。系统是由两个及两个以上有一定区别又有一定联系的要素组成的。系统的整体性主要表现为系统的整体功能。系统的整体功能不是各组成要素的简单叠加,而是呈现出各组成要素所没有的新功能,概括的表述就是"整体大于部分之和"。

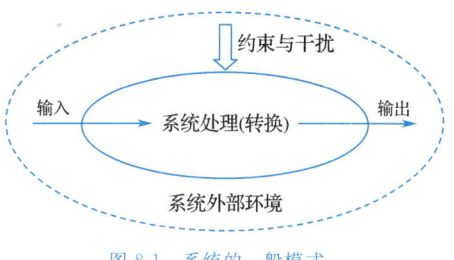

图 8-1 系统的一般模式

(2) 相关性。各要素组成系统,是因为它们之间存在着相互联系、相互作用、相互影响的关系。这个关系不是简单的加和,有可能是互相增强,也有可能是互相减弱。对于一个有效的系统,各要素之间应具有互补性,使系统保持稳定,具有生命力。

(3) 目的性。系统具有能使各个要素集合在一起的共同目的,而且人造系统通常具有多重目的。例如,企业的经营管理系统,在有限的资源和现有职能机构的配合下,它的目的就是完成或超额完成生产经营计划,实现规定的质量、品种、成本、利润等指标。

(4) 环境适应性。环境是系统外的事物(物质、能量、信息)的总称。相对于系统而言,环境是一个更高级的复杂的系统。系统时刻处于这个环境之中,与环境相互依存。因此,系统必须适应外部环境的变化,能够经常与外部环境保持最佳的适应状态,才能生存和发展。

8.1.2 物流系统

1. 物流系统的概念

物流系统是由物流各要素组成的,要素之间存在有机联系并使物流总体功能合理化。物流系统的目的是实现物资的空间效益和时间效益,在保证社会再生产顺利进行的前提下,实现各种物流环节的合理衔接,并取得最佳的经济效益。物流系统是社会经济大系统的一个子系统或组成部分。

物流系统和一般系统一样,具有输入、处理(转换)、输出三要素。通过输入和输出,系统与社会环境进行交换,系统和环境相依存,如图 8-2 所示。

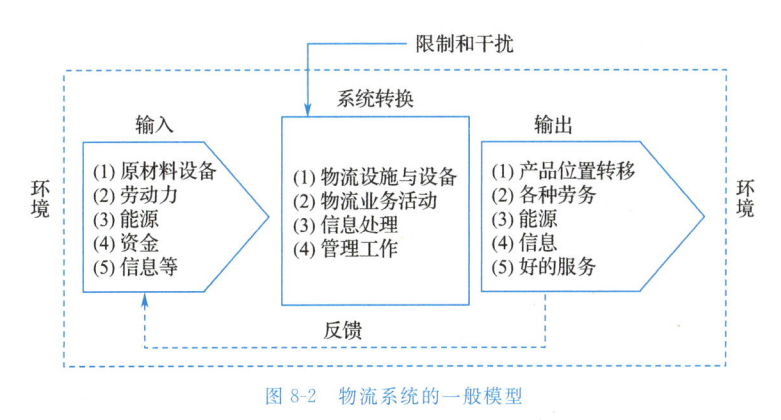

图 8-2 物流系统的一般模型

(1) 输入。也就是通过提供资源、能源、设备、劳动力等手段对某一系统发生作用,统称为外部环境对物流系统的输入,包括原材料、设备、劳动力、能源等。

(2)处理(转换)。它是指物流本身的转换过程。从输入到输出之间所进行的生产、供应、销售、服务等活动中的物流业务活动称为物流系统的处理或转化。具体内容有物流设施设备的建设;物流业务活动,如运输、仓储、装卸搬运、包装、流通加工;信息处理及管理工作等。

(3)输出。物流系统与其本身所具有的各种手段和功能,对环境的输入进行各种处理后所提供的物流服务称为系统的输出。具体内容有产品位置与场所的转移;各种劳务,如合同的履行及其他服务等。

(4)限制和干扰。外部环境对物流系统施加一定的约束称为外部环境对物流系统的限制和干扰。具体有资源条件、能源限制、资金与生产能力的限制;价格影响、需求变化;仓库容量;装卸与运输的能力;政策的变化等。

(5)反馈。物流系统在把输入转化为输出的过程中,由于受系统各种因素的限制,不能按原计划实现,需要把输出结果返回给输入进行调整,即使按原计划实现,也要把信息返回,以对工作做出评价,这称为信息反馈。信息反馈的活动包括各种物流活动分析报告;各种统计报告数据;典型调查;国内外市场信息与有关动态等。

2. 物流系统的特点

物流系统具有一般系统所共有的特点,即整体性、相关性、目的性、环境适应性,同时还具有规模庞大、结构复杂、目标众多等大系统所具有的特点。

(1)物流系统是一个大跨度系统。物流系统的地域跨度和时间跨度都很大。现代经济社会中,企业间的物流经常会跨越不同地域,国际物流的地域跨度更大。在采取储存方式解决产需之间的时间矛盾时,时间跨度往往也很大。大跨度系统带来的主要问题是管理难度较大,对信息的依赖程度较高。

(2)物流系统是一个可分系统。虽然物流系统的规模非常庞大,但仍可以分解成若干个相互联系的子系统。这些子系统的数量和层次的阶数,是随着人们对物流的认识和研究的不断深入得到扩充的。系统与子系统之间,子系统与子系统之间,存在着时间和空间及资源利用等方面的联系,也存在目标、费用及运行结果等方面的联系和冲突。

(3)物流系统是一个动态系统。一般的物流系统总是联结多个生产企业和用户,随需求、供应、渠道、价格的变化,系统内的要素及系统的运行经常发生变化。也就是说,社会物资的生产状况、社会物资的需求变化、资源变化、企业间的合作关系,都随时随地地影响着物流。物流受到社会生产和需求的广泛制约。为适应经常变化的社会环境,人们就必须对物流系统的各组成部分不断地进行修改、完善,要求物流系统具有足够的灵活性与可改变性。在有较大的社会变化情况下,物流系统甚至需要重新进行系统设计。

(4)物流系统是一个复杂系统。物流系统运行对象——"物",遍及全部社会物质资源,资源的大量化和多样化带来了物流的复杂化。同时在物流活动的全过程中,始终贯穿着大量的物流信息。物流系统要通过这些信息把各个子系统有机地联系起来。如何把信息收集全面、处理好,并使之指导物流活动,也是非常复杂的事情。

(5)物流系统是一个多目标函数系统。物流系统的总目标是实现宏观和微观的经济效益。但是,系统要素间普遍存在着"效益背反"现象,在处理时稍有不慎就会出现系统总体恶化的结果。因此要使物流系统能满足人们的要求,必须建立物流多目标函数,在多目标中求得物流的最佳效果。

3. 物流系统的要素

物流系统和一般的管理系统一样,都是由人、财、物、设备组成的有机整体。具体可以分成以下几个方面的要素:

(1) 物流系统的一般要素。①人是物流的主要因素,是物流系统的主体。②财是物流活动中不可缺少的资金。③物是物流中的原材料、成品、半成品、能源、动力等物质条件,包括物流系统的劳动对象,即各种实物及劳动工具、劳动手段,如各种物流设施、工具,各种消耗材料(燃料、保护材料)等。没有物,物流系统便成了无本之木。

(2) 物流系统的功能要素。物流系统的功能要素即运输、配送、储存、包装、装卸搬运和流通加工和信息管理七个职能,这些基本功能有效地组合、联结在一起,便成了物流的总功能,便能合理、有效地实现物流系统的目标。

(3) 物流系统的支撑要素。物流系统的建立需要许多支撑手段,尤其是它处于复杂的社会经济系统中,要确定物流系统的地位,要协调与其他系统的关系,这些要素必不可少。主要包括:

①体制、制度。物流系统的体制、制度决定物流系统的结构、组织、管理方式,是组织和管理系统运作的基础。

②法律、法规。法律、法规是物流系统处理和协调与外部关系的准绳。

③行政命令。行政命令是从社会的角度所提出有关规范物流系统行为的准则或要求。

④标准、规范。标准、规范是为提高物流系统运作过程中的效率,用以协调系统内部各阶段或系统与相关部门之间相互关系的技术措施。

(4) 物流系统的物质基础要素。物质基础要素主要有:

①物流设施。物流设施包括物流站、货场、物流中心、仓库、港口、物流线路等。

②物流装备。物流装备包括仓库货架、进出库设备、加工设备、运输设备、装卸机械等。

③物流工具。物流工具包括包装工具、维护保养工具、办公设备等。

④信息设施。信息设施包括通信设备及线路、计算机及网络等。

物流系统是指按照计划为达成物流目的而设计的相互作用的要素的统一体。

4. 物流系统中的制约关系

(1) 物流服务和物流成本间的制约关系。要提高物流系统的服务水平,物流成本往往也要增加。例如,采用小批量即时运货方式就要增加费用;要提高供货率即降低缺货率,必须增加库存即增加保管费(图8-3)。

(2) 构成物流服务子系统功能之间的约束关系。各子系统的功能如果不均匀,物流系统的整体能力将受到影响。如搬运装卸能力很强,但运输力量不足,会产生设备和人力的浪费;反之如搬运装卸环节薄弱,车、船到达车站、港口后不能及时卸货,也会带来巨大的经济损失。

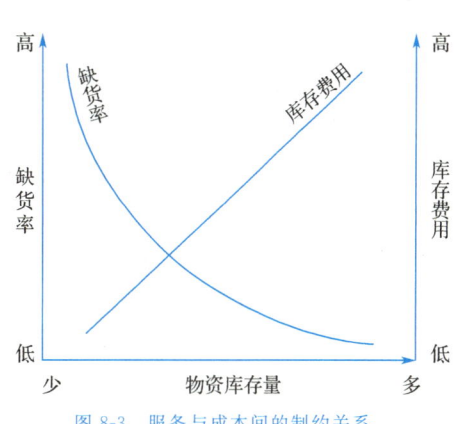

图 8-3 服务与成本间的制约关系

(3)构成物流成本的各个环节费用之间的关系。如为了减少仓储费用降低库存而采取小批量订货策略,这将导致运输次数增加,也就是说运输费用将上升,因此运输费和保管费之间有相互制约关系。

(4)各子系统的功能和所耗费用的关系。任何子系统功能的增加和完善都必须投入资金。如增加信息系统功能,必须购置硬件和开发计算机软件;增加仓库的容量和提高进出库速度,就要建设更大的库房并实现机械化、自动化。在改善物流系统的功能的项目中,投资额一定时,对各个子系统要合理进行分配。

如上所述的制约关系不胜枚举,这种制约关系也称为二律背反原理。因此,在物流优化过程中必须有系统观念,对这些相互制约的关系给予充分关注。

8.1.3 物流系统优化

物流系统是社会经济大系统的一个子系统或组成部分。人们组织物流活动,为的是实现物资的空间效益和时间效益,确保社会再生产顺利进行,以获得较高的经济效益以及一定的社会或其他方面的效益。

1. 物流系统的总体目标

为社会经济的发展和国民经济的运行创造顺畅的、有效的、低成本的物流条件,使之能以最低成本,在适当时间将适当的产品送到适当的地方,以保障国民经济不断增长的需求,保证其"可持续发展"目的的实现。

视频资料:"智慧码头"的系统优化师 熟悉码头各环节 优化运输系统

2. 物流系统的目标体系

(1)服务目标。物流系统是起"桥梁、纽带"作用的流通系统的一部分,它具体地联结着生产与再生产、生产与消费,因此具有很强的服务性。这种服务性表现在物流活动基本宗旨必须是以用户为中心,树立"用户第一"的观念。而不是一个以"利润中心"的系统。

(2)快速、及时目标。物流系统采取的是"准时供货方式""快速方式"等运送、配送形式,它能较好地适应社会再生产循环不断加快的要求,速度问题不仅是用户的要求,也是社会发展进步的要求;快速、及时既是一个传统目标,更是一个现代目标。随着社会化大生产的发展,在物流领域出现的,如直达物流、联合运输、高速公路、时间表系统等管理和技术,就是落实这一目标的体现。

(3)节约目标。节约是经济领域的重要规律,在物流领域中除了流通时间的节约外,由于流通过程消耗大而又基本上不增加或提高商品使用价值,所以依靠节约流通过程的开支来降低投入,是提高相对效益的重要手段。物流过程作为"第三利润源",主要是依靠节约去挖掘。在物流领域推行集约化方式,提高单位物流的能力,采取各种节约、省力、降耗措施,也是节约这一目标的体现。

(4)规模优化目标。规模优化目标就是要追求物流的"规模效益"。生产领域的规模生产是早已为社会所承认的。但在流通领域,似乎不那么明显了。实际上,规模效益问题在流通领域也非常突出,只是由于物流系统比生产系统的稳定性差,因而难以形成标准的、相对稳定的规模化格局。对物流领域中以分散或集中等不同方式建立的物流系统,研究其物流集约化的实现措施,是实现规模优化这一目标的有效途径。

(5)库存调节目标。库存调节性是服务性的延伸,也是宏观调控的要求,当然也涉及物流系统本身的效益。物流系统是通过本身的库存,起到对用户需求的保证作用,从而创造了一个良好的物流外部环境。同时,物流系统又是国家进行资源配置的一环,系统的建立必须考虑国家的资源配置、宏观调控的需求。在物流领域中正确确定库存方式、库存数量、库存结构、库存分布就是这一目标的体现。

上述物流系统的目标体系可归纳为:服务性(service),即在为用户服务方面要求做到无缺货、无货物损伤和丢失等现象,且费用低;快捷性(speed),即要求把货物按照用户指定的地点和时间迅速送到;为此可以把物流设施建在供给地区附近,或者利用有效的运输工具和合理的配送计划等手段;有效的利用面积和空间(space saving);规模适当化(scale optimization);库存控制(stock control),通常可将这个目标体系简称为"5S"。要发挥以上物流系统化的效果,就要把从生产到消费过程的货物量作为一贯流动的物流量看待,依靠缩短物流路线,使物流作业合理化、现代化,从而降低其总成本。

3. 物流系统优化目标

物流系统要求在一定条件下,达到物流总费用最省、顾客服务水平最高、全社会经济效益最好的综合目标。物流系统优化的目标即实现物流系统的目标。

此外,物流系统作为社会经济系统的一部分,作为物流企业必须要实现其相应的物流系统效益目标,主要包括宏观和微观两个效益。物流的宏观经济效益是指物流系统的建立对社会经济效益的影响,直接表现为物流对整个社会流通及全部国民经济效益的影响。物流系统不但会对宏观的经济效益产生影响,而且还会对社会其他方面发生影响,如物流设施建立会影响当地人的生活、工作,物流的污染、噪声会对人和环境带来伤害等。因此,物流系统的建立,还必须考虑这些因素,要以社会发展和人民幸福为前提。

物流系统的微观经济效益是指该系统本身在运行后所获得的效益。其直接表现形式是物流系统本身所耗与所得之比。在社会主义市场经济条件下,企业作为独立的经济实体,必须根据价值规律及供求规律,按最大经济效益办事。因此,在建立和运行物流系统时,必须同时考虑物流系统的宏观效益和微观效益。

4. 物流系统优化的原则

对于大多数企业来说,物流系统优化是其降低供应链运营总成本的最显著的商机所在。但是,物流系统优化过程不仅要投入大量的资源,而且是一项需要付出巨大努力、克服困难和精心管理的过程。

(1)目标(Objectives):设定的目标必须是定量的和可测评的。制定目标是确定我们预期愿望的一种方法。要优化某件事情或过程,就必须确定怎样才能知道目标对象已经被优化了。使用定量的目标,计算机就可以判断一个物流计划是否比另一个更好。企业管理层就可以知道优化的过程是否能够提供一个可接受的投资回报率(Return On Investment,ROI)。

(2)模型(Models):模型必须忠实地反映实际的物流过程。建立模型是把物流运营要求和限制条件翻译成计算机能够理解和处理的某种东西的方法。例如,我们需要一个模型来反映货物是如何通过组合装上卡车的。一个非常简单的模型,不能充分反映实际的物流情况。如果使用简单的重量或体积模型,许多计算机认为合适的载荷将无法实际装车,而实际上更好的装载方案会由于计算机认为不合适而被放弃。所以,如果模型不能忠实地反映装载的过程,则由优化系统给出的装车解决方案要么无法实际执行,要么在经济上不划算。

(3)数据(Data):数据必须准确、及时和全面。数据驱动了物流系统的优化过程。如果数据不准确,或有关数据不能够及时地输入系统优化模型,则由此产生的物流方案就是值得怀疑的。对必须产生可操作的物流方案的物流优化过程来说,数据也必须全面和充分。例如,如果卡车的体积限制了载荷,使用每次发货的重量数据就是不充分的。

(4)集成(Integration):系统集成必须全面支持数据的自动传递。因为对物流系统优化来说,要同时考虑大量的数据,所以系统的集成是非常重要的。例如,要优化每天从仓库向门店送货的过程就需要考虑订货、客户、卡车、驾驶员和道路条件等数据。人工输入数据的方法,哪怕是只输入很少量的数据,也会由于太花时间和太容易出错而不能对系统优化形成支持。

(5)表述(Delivery):系统优化方案必须以一种便于执行、管理和控制的形式来表述。由物流优化技术给出的解决方案,除非现场操作人员能够执行,管理人员能够确认预期的投资回报已经实现,否则就是失败的。现场操作要求指令简单明了,要容易理解和执行。管理人员则要求有关优化方案及其实施效果在时间和资产利用等方面的关键标杆信息更综合、更集中。

(6)算法(Algorithms):算法必须灵活地利用独特的问题结构。不同物流优化技术之间最大的差别就在于算法的不同(借助于计算机的过程处理方法通常能够找到最佳物流方案)。关于物流问题的一个无可辩驳的事实是每一种物流优化技术都具有某种特点,并且同一个物流优化问题存在着大量的可能解决方案。为了在合理的时间段内给出物流优化解决方案就必须借助优化算法来进一步开发优化技术。因此,关键的问题是:①这些不同物流优化技术的特定的问题结构必须被每一个设计物流优化系统的分析人员认可和理解;②所使用的优化算法应该具有某种弹性,使它们能够被"调整"到可以利用这些特定问题结构的状态。如果不能充分利用特定的问题结构来计算,则意味着要么算法将根据某些不可靠的近似计算给出一个方案,要么就是计算的时间极长(也许是无限长)。

(7)计算(Computing):计算平台必须具有足够的容量在可接受的时间段内给出优化方案。因为任何一个现实的物流问题都存在着大量可能的解决方案,所以任何一个具有一定规模的问题都需要有相当的计算能力支持。这样的计算能力应该使得优化技术既能够找到最佳物流方案,也能够在合理的时间内给出最佳方案。显然,对在日常执行环境中运行的优化技术来说,它必须在几分钟或几小时内给出物流优化方案(而不是花几天的计算时间)。采用众多计算机同时计算的强大的集群服务和并行结构的优化算法,可以比使用单体PC机或基于工作站技术的算法更快地给出更好的物流优化解决方案。

(8)人员(People):负责物流系统优化的人员必须具备支持建模、数据收集和优化方案所需的领导经验和技术专长。优化技术是"火箭科学",希望火箭发射后能够良好地运行而没有火箭科学家来保持它的状态是不可能的。这些专家必须确保数据和模型的正确,必须确保技术系统在按照设计的状态工作。现实的情况是,如果缺乏具有适当技术专长和领导经验的人的组织管理,复杂的数据模型和软件系统要正常运行并获得必要的支持是不可能的。没有他们大量的工作,物流优化系统就难以达到预期的目标。

(9)过程(Process):商务过程必须支持优化并具有持续的改进能力。物流优化需要应对大量在运营过程中出现的问题。物流目标、规则和过程的改变是系统的常态。所以,不仅要求系统化的数据监测方法、模型结构和算法等能够适应变化,而且要求它们能够捕捉机遇并促使系统变革。如果不能在实际的商务运行过程中对物流优化技术实施监测、支持和持续的改进,必然会导致优化技术的潜力不能获得充分的发挥,或者只能使其成为"摆设"。

(10)回报(ROI):投资回报必须是可以证实的,必须考虑技术、人员和操作的总成本要证实物流系统优化的投资回报率,必须把握两件事情:一是诚实地估计全部的优化成本;二是将优化技术给出的解决方案逐个与标杆替代方案进行比较。在计算成本的时候,企业对使用物流优化技术的运营成本存在着严重低估现象,尤其是在企业购买的是"供业余爱好者自己开发使用"的基于PC的软件包的情况下。这时要求企业拥有一支训练有素的使用者团队和开发支持人员在实际运行的过程中调试技术系统。在这种情况下,有效使用物流优化技术的实际年度运营成本极少有低于技术采购初始成本的(如软件使用许可费、工具费等)。

在计算回报的时候,要确定物流优化技术系统的使用效果,必须做三件事:一是在实施优化方案之前根据关键绩效指标(Key Performance Indicators,KPI)测定基准状态;二是将实施物流优化技术解决方案以后的结果与基准状态进行比较;三是对物流优化技术系统的绩效进行定期评审。

要准确地计算投资回报率必须采用良好的方法来确定基准状态,必须对所投入的技术和人力成本有透彻的了解,必须测评实际改进的程度,还必须持续地监测系统的行为绩效。但是,因为绩效数据很少直接可得,而且监测过程需要不间断实施,所以几乎没有哪个公司能够真正了解其物流优化解决方案的实际效果。

8.1.4　物流系统优化的方法

物流系统优化方法主要有运筹学方法、智能优化方法、系统仿真法。本节对这些方法做一概略介绍,在本书后续章节中将对有关方法做展开讨论。

1. 运筹学方法

物流系统的运筹学优化方法一般建立在一个物流系统的数学模型基础上,而系统优化模型的种类和形式很多,在物流领域中的应用主要有数学规划论、存储论、网络规划论、动态规划论、对策与决策分析论等。

物流系统数学模型中的目标函数是在一定条件下,达到物流总费用最省、顾客服务水平最好、全社会经济效益最高的综合目标。由于物流系统包含多个约束条件和多重变量的影响,难以求优。解决的办法是根据丹齐格-沃尔夫分解算法,巧妙地把一个大问题分解成多个小问题,对各子问题使用现有的优化方法和计算机求解。也可通过Lagrange方法求得大系统的动态优化解。一般认为,运筹最优化方法是物流系统工程方法论中的重要组成部分。

2. 智能优化方法

在物流系统工程领域,由于所研究实际系统的规模越来越大,约束条件增多,系统更加复杂的非线性关系,系统更加复杂,系统的数学建模难度越来越大。因此,探寻适合大规模并行计算且具有智能特征的优化方法成为研究的热点和方向。

智能优化算法,又称现代优化算法或启发式算法,是 20 世纪 80 年代初兴起的优化算法,这些算法包括禁忌搜索算法(Tabu Search,TS)、模拟退火(Simulated Annealing,SA)、遗传算法(Genetic Algorithm,GA)、人工神经网络(Artificial Neural Network,ANN),以及群体智能技术等,它们主要用于解决大量的实际应用问题。它们共同的目标是求 NP-hard 组合问题的全局最优解。

智能优化对求解问题不一定苛求最优解,强调"满意解"作为评价准则,具有计算步骤简单易于实现、不需高深和复杂理论知识、减小运算量、节约开支和时间及求解搜索规则体现智能特点等优点,为许多工业、商业、工程和管理等方面的问题提供了有效解决方法,研究具有重要意义。

智能优化算法与精确算法相比的明显优势在于:

(1)智能优化算法能显著地节省时间开支;

(2)智能优化算法灵活,在不能用定量表示的约束集合中,用它制订计划;

(3)智能优化算法比较简单,常能由缺乏高级训练的实践者来实现。

其不足之处在于:有时所产生的解比全局最优解差很多,或相差的程度难以计算。衡量启发式算法性能的标准是合理的计算时间及所求出解的稳定性等。

目前引人注目的有模拟退火法(SA)、禁忌搜索算法(TS)、遗传算法(GA),三种随机优化方法为那些传统最优化技术难以处理的组合优化问题提供了切实可行的解决方案。这三种优化方法各有所长,三者的比较见表 8-1。

表 8-1　　　　　　　　三种常用智能优化算法的比较

性能特点	算法种类		
	模拟退火法	禁忌搜索法	遗传算法
全局搜索能力	较强(不但向解得好的方向搜索,而且以一定方式向其他方向搜索)	只向使用禁忌表的记忆方向进行搜索	较强(不但向解得好的方向搜索,而且以一定方式向其他方向搜索)
缺点	最后搜索结果比中间结果差	用于离散问题的寻优	"早熟"现象
参数	温度控制参数,退火速度	禁忌表,吸收水平函数	种群规模,交叉率,变异率等
解	近似最优解	近似最优解	近似最优解

3. 系统仿真方法

仿真技术是高科技发展的前沿,是可对各种问题进行多学科综合研究的边缘科学。"仿真"研究具有投资少、周期短、见效快、可控、安全无破坏性、极易修改结构及参数、易于考虑多种因素的综合作用等优点。它可以避免一般研究方法由于难以考虑各种因素相互间的动态影响,研究结果与实际情况相距甚远的缺点,而且可以减少投资风险和避免造成人力、资金的浪费。为此,发达国家在众多领域中广泛采用了仿真技术。

系统仿真就是对真实系统的模仿。这种模仿是对现实系统某一层次抽象属性的模拟。

因此,概括和抽象现实系统某一层次的属性及其相互关系就显得非常重要,这一过程称为建模。人们利用这种模型进行试验,从中得出所需要的信息,然后进一步认识、分析和理解现实世界某一层次的规律,从而进行判断、决策和处理;人们还可以投入到实物系统中,直接参与对象之间的相互作用。

系统仿真的研究经历了不同的发展时期,科学技术每前进一步都给仿真技术的研究注入新的内容。随着计算机科学和技术的高速发展,系统仿真技术和计算机技术紧密地融合在一起。目前,系统仿真实质上就是系统的计算机仿真。它主要采用多媒体技术和虚拟现实技术。系统仿真技术已被广泛地应用于航天、航空、电力、化工、交通、军事、经济、医学、建筑、制造、流通等领域的研究、设计、训练和开发。国际上一致认为系统仿真是"迄今为止最为有效、最经济的综合集成方法",是"推动科技进步的战略技术"。

在物流系统研究中系统仿真技术的应用主要有以下几方面:

(1)物流系统规划与设计。在没有实际系统的情况下,把系统规划转换成仿真模型,通过运行模型,评价规划方案的优劣并修改方案,是系统仿真经常用到的一方面。这可以在系统建成之前,对不合理的设计和投资进行修正,避免了资金、人力和时间的浪费,例如,物流园区规划、港口系统规划等。系统仿真运行准确地反映了未来物流系统可以有选择地改变各种参数的运行效果,从而使设计者对规划方案的实际效果更加胸有成竹。

(2)仓储规模与库存管理。生产加工的各个工序,其加工节奏一般是不协调的。物料供应部门与生产加工部门的供求关系存在矛盾。为确保物料及时准确的供应,最有效的办法是在工厂、车间设置物料仓库,在生产工序间设置缓冲物料库,以协调生产节奏。

(3)物料运输调度。复杂的物流系统经常包含若干运输车辆、多种运输路线。合理地调度运输工具、规划运输路线、保障运输线路的通畅和高效等都不是一件轻而易举的事。运输调度策略存在着多种可能性。如何评价各种策略的合理性呢?怎样才能选择一种较优的调度策略呢?建立运输系统模型,动态运行此模型,再用动画将运行状态、道路堵塞情况、物料供应情况等生动呈现出来。仿真结果还提供各种数据,包括车辆的运行时间、利用率等。通过仿真运输调度过程,调度人员对所执行的调度策略进行检验和评价,就可以采取比较合理的调度策略。

(4)物流成本估算。物流过程是非常复杂的动态过程。物流成本包括运输成本、库存成本、装卸成本,成本的核算与所花费的时间直接相关。物流系统仿真是对物流整个过程的模拟。进程中每一个操作的时间,通过仿真推进被记录下来。因此,人们可以通过仿真,统计物流时间的花费,进而计算物流的成本。这种计算物流成本的方法,比用其他数学方法计算更简便、更直观。而且,同时可以建立起成本与物流系统规划、成本与物料库存控制、成本与物料运输调度策略之间的联系。从而用成本核算结果(或说用经济指标)来评价物流系统的各种策略和方案,保证系统的经济性。实际仿真中,物流成本的估算可以与物流系统其他统计性能同时得到。

系统仿真在物流系统的应用,除以上四个主要方面外,还可以用来对物流系统进行可靠性分析及其他的方面应用。

8.2 物流系统智能优化方法

8.2.1 智能优化算法概述

最优化方法在各种工程系统、经济系统乃至社会系统中得到了广泛的应用。最优化理论的研究也一直是一个十分活跃的领域,出版了许多最优化理论、方法和应用的著作和译作。但是,传统的最优化方法有较大的局限性。它往往要求目标函数是凸函数、高阶连续是可微的,可行域是凸集,而且其处理非确定性信息的能力很差。这些弱点使传统优化方法在复杂系统中的应用受到了限制。

20 世纪 50 年代以来,一些新颖的优化算法,如人工神经网络、混沌、遗传算法、进化规划、模拟退火、禁忌搜索及其混合优化策略等,通过模拟或揭示某些自然现象或过程而得到发展,其思想和内容涉及数学、物理学、生物进化学、人工智能学、神经科学和统计力学等方面,为解决复杂问题提供了新的思路和手段。

这些算法独特的优点和机制,引起了国内外学者的广泛重视并掀起了该领域的研究热潮,目前在诸多领域得到了成功应用。在优化领域,由于这些算法构造的直观性与自然机理,因而通常被称作智能优化算法,或称现代启发式算法。

在智能优化算法领域,有几个基本概念,这里做一个简单介绍。

1. 搜索空间(Search Space)

在很多情况下,我们解决一个问题就是从一大堆与问题相关的数据中寻找一个解。所有可行解(Feasible Solution,满足了一定约束条件的解)组成的空间称为搜索空间(也可称之为状态空间)。搜索空间中的每一个点都是一个可行解。每一个可行解都可以被它的函数值或者它的适应度所标记。这里问题的解就是搜索空间中的一个点,于是我们的目的就是要从搜索空间中找到这个点。

这样,求解问题就可以转化为在搜索空间中寻找极值点(最大值点或者最小值点)。搜索空间在求解问题时可能是完全已知的,但一般来说我们只知道一些孤立的点,然后逐渐生成其他的点。问题是,这个搜索过程可能很复杂,我们甚至不知道该去哪里搜索或者该从什么地方开始搜索。事实上,有很多寻找合适解(注意:不一定是最优解)的方法,如爬山法(Hill Climbing)、禁忌搜索算法、模拟退火算法及遗传算法等,而用遗传算法等求解出来的解一般只能被认为是一个比较好的解,因为我们没有办法证明它是最优解。

2. 计算复杂性与 NP 难题(NP-hard)

算法的时间和空间复杂性对计算机的求解能力有很大影响。算法对时间和空间的需要量称为算法的时间复杂性和空间复杂性。在算法分析和设计中,沿用实用性的复杂性概念,即把求解问题的关键操作,如加、减、乘、比较等运算指定为基本操作,把算法执行基本操作的次数定义为算法的时间复杂性,把算法执行期间占用的存储单元则定义为算法的空间复杂性。

问题的复杂性一般表示为问题规模 n 的函数。根据组合优化问题的定义,每个组合优化问题都可以通过完全枚举的方法求得最优解,如旅行商问题(Traveling Salesman Problem,TSP),若固定个城市为起点,则需要$(n-1)!$个枚举,以计算机1秒可以完成24个城市的所有路径枚举为单位,则当城市数量增加到25个城市时其计算时间将变为24秒,随着城市数增加,计算时间增加非常之快,当城市数增加到30个,计算时间约为10.8年,实际计算中已无法接受。同样,聚类问题的可划分方式有$\frac{k^n}{k!}$个,Job-shop 可能排列方式有$(n!)^m$个。在很多情况下,算法的复杂度为下列函数之一:$O(\log n)$,$O(n)$,$O(n\log n)$,$O(n^2)$,$O(2^n)$,$O(n!)$,$O(n^m)$。

很明显,如果一个算法的复杂度函数是指数函数,它在大输入量的情况下是无望求解的。因此,解决这些问题的关键在于寻求有效的优化算法,也正是问题的代表性和复杂性激起了人们对组合优化理论与算法的研究。

按照计算复杂性理论研究问题求解的难易程度,可把问题分为 P 类、NP 类和 NP 完全类。库克在1971年给出并证明了一类问题具有如下性质:

(1)这类问题中任何一个问题至今未找到多项式时间算法;

(2)如果这类问题中存在一个问题有多项式时间算法,那么这类问题都有多项式时间算法。这类问题记为 NPC 或 NP-C(NP-Complete),NP 表示非确定的多项式。

很多问题有快速的算法(多项式算法),但是也有很多问题是无法用算法解决的。事实上,已经证明很多问题不可能在多项式时间内被解决。

NP-C 问题具有重要的实际意义和工程背景,目前已有许多问题被证明为 NP-C,如人们常提到的一些组合优化问题:背包问题、装箱问题、Job-shop 和 Plow-shop、TSP 等,挑战与应用激发了人们对启发式智能优化方法的研究兴趣。模拟退火、遗传算法、禁忌搜索、神经网络在解决全局最优解的问题上有着独到的优点,并且它们有一个共同的特点——都是模拟了自然过程。模拟退火思路源于物理学中固体物质的退火过程,遗传算法借鉴了自然界优胜劣汰的进化思想,禁忌搜索模拟了人类有记忆过程的智力过程,神经网络更是直接模拟了人脑。它们之间的联系也非常紧密,如模拟退火和遗传算法为神经网络提供了更优良的学习算法思路。把它们有机地综合在一起,取长补短,性能将更加优良。

8.2.2 禁忌搜索法

1. 禁忌搜索算法概述

禁忌搜索(Tabu Search 或 Taboo Search,TS)算法是一种全局性邻域搜索算法,模拟人类具有记忆功能的寻优特征。TS 算法通过局部邻域搜索机制和相应的禁忌准则来避免迂回搜索,并通过渴望水平(破禁水平)来释放一些被禁忌的优良状态,进而保证多样化的有效探索,以最终实现全局优化。

禁忌搜索思想最早由格洛夫提出,属于确定性的迭代优化算法,主要针对一般下降算法的缺点而出现的。一般的下降算法在搜索到一个局部最优解时,就会自动停止;而禁忌搜索采用禁忌策略尽量避免已搜索过的对象,从而保证了对不同搜索路径的探索。因此禁忌搜索算法克服了传统搜索算法易陷入局部最优的缺陷,是求解组合优化问题少有的有效算法之一。TS 算法目前已被广泛应用于资源规划、通信、生产调度、机器学习等领域。在物流领域,TS 算法经常被应用于车辆路径规划、设施布局优化、选址优化等问题。

2. 禁忌搜索算法的主要构成

禁忌搜索是一种人工智能的体现,禁忌搜索算法最重要的思想是记住以往已搜索过的局部最优解的一些对象,并在进一步迭代搜索中尽量避开这些对象(而不是绝对禁止循环),进而使得搜索途径多样化。同时,禁忌搜索算法是一种有多种策略组成的混合启发式算法。每种策略均是一个启发式过程,它们对整个禁忌搜索起着关键作用。禁忌搜索算法一般由下述若干要素和策略构成。

(1)初始解

禁忌搜索算法需要一个初始解以开始其局部搜索过程。一个较好的初始解会提高搜索速度。其中基于划分搜索空间的选择策略优于均匀随机的选择策略,它是将搜索空间均匀划分为 N 个相等的子空间。随机选择搜索子空间,并在搜索子空间内随机选择不同于禁忌表中的点作为继续进行迭代的初始点。由于在以后的寻优过程中,又选取与以往搜索空间不同的搜索子空间,避免了在初始点附近重复局部搜索。

(2)邻域移动

邻域移动是一个解(新解)产生的途径,即在当前解的基础上,按照特定的移动策略产生一定数目的新解,进而不断拓展搜索空间,它是保证产生好的解和提高算法搜索速度最重要的因素之一。邻域移动定义的方法很多,对于不同的问题应采用不同的定义方法。通过移动,目标函数值将发生变化,通过选择策略产生最好的移动。为了可应用于当前解的移动的集合,较好的邻域的确定能大大提高搜索的速度,避免局部重复搜索。在对于函数寻优中,通常的做法是随机生成邻域移动或者设定特定步长,以进行移动。前种方法具有较大的随机性,容易使搜索算法寻优过程增加;后种方法具有很强的主观因素,如果步长设置值较大,容易跳过优秀解,如果步长设置值较小,容易陷入局部寻优。

(3)禁忌表和禁忌移动

所谓的禁忌就是禁止重复前面的工作。TS 引入一个禁忌表记录已经搜索过的局部最优点。在下一次搜索中,利用禁忌表中的信息不再或有选择地搜索这些点,依次来跳出局部最优点,从而最终实现全局最优化。禁忌表记录了最近的移动方向。在每一次迭代中,如果进行了某一方向的移动,则该移动被记录在禁忌表的底端,称为禁忌移动,若此时禁忌表已装满,则将禁忌表中最早的一个移动被释放。

禁忌对象通常可选取解本身或状态分量或适值的变化等。禁忌表主要目的是阻止搜索过程中出现死循环和避免陷入局部最优,它通常记录前若干次的移动,禁止这些移动在近期内返回。在迭代固定次数后,禁忌表释放这些移动,重新参加运算,因此它是一个循环表。每迭代一次,它的禁忌对象被记录在禁忌表的末端,而它最早的一个移动就从禁忌表中释放出来。有时,为了节省记忆和时间,禁忌表并不记录所有的移动,只记录那些有特殊性质的移动,如记载能引起目标函数发生变化的移动。

禁忌表是禁忌搜索算法的核心,禁忌表的大小在很大程度上影响着搜索速度和解的质量。如果选择得好,可有助于识别出曾经搜索过的区域。实验表明,如果禁忌表规模过小,那么搜索过程就可能进入死循环,整个搜索将围绕相同的几个解徘徊。相反,如果禁忌表规模过大,那它将在相当大的程度上限制了搜索区域,好的解就有可能被跳过,而且不仅不会改进解的效果反而增加算法运算时间。因此一个好的禁忌表规模应该是尽可能小却又能避免算法进入循环。禁忌表的这种特性非常类似于"短期记忆",因而人们把禁忌表称作短期记忆函数。禁忌表规模可以是固定常数,也可以按某种准则或公式在定义区间内动态变化。

禁忌表的另一作用是通过调整其大小使搜索发散后收敛。初始搜索时,为提高解的分散性,扩大搜索区域,使搜索路径多样化,经常希望禁忌表规模小;相反,当搜索过程接近最优解时,为提高解的集中性,减少分散,缩小搜索区域,这时通常希望禁忌表规模大。为达到这样的目的,越来越多的研究允许禁忌表的大小和结构随搜索过程发生变化,即使用动态禁忌表,实验结果表明动态禁忌表往往会比固定禁忌表获得更好的解。

禁忌表是禁忌搜索寻优的最大特色。因此,如何设计一个好的禁忌表,并最大限度地利用好禁忌表,提高搜索速度,是搜索成功的关键。

(4) 选择策略

选择策略即择优规则,是从当前的邻域移动中选择一个移动所采用的准则。在选择策略时,问题解的适值是关键要素。问题的目标函数可以作为适值函数。当然,目标函数的任何变形都可作为适值函数,只要选取的适值增加与目标函数的最优性一致即可。择优规则可采用多种策略,不同的策略影响算法的性能,一个好的选择策略应该是既保证解的质量又保证计算速度。当前采用最广泛的两类策略是最好解优先策略和第一个改进解优先策略。最好解优先策略就是对当前邻域移动中选择目标函数值最好的移动产生的解,作为下一次迭代的开始。最好解优先策略相当于寻找最陡的下降,这种择优规则效果比较好,但是它需要更多的计算时间;寻找第一个改进解的移动即对应最快的下降,由于它无须搜索整个邻域移动,所以它所花费的计算时间较少,对于比较大的邻域往往比较适合。

(5) 破禁策略

破禁策略通常指渴望水平(Aspiration,也称破禁水平)函数选择。当一个禁忌移动在随后 $|T|$ 次的迭代内再度出现时,如果它能把搜索带到一个从未搜索过的区域,则应该接受该移动即破禁,不受禁忌表的限制。衡量标准就是定义一个破禁水平函数。破禁水平函数选取通常基于以下准则:①基于适应值的选择;②基于搜索方向的准则;③基于影响力的准则;④其他准则。

(6) 禁忌频数

禁忌频数是对禁忌表的另外一种补充,可改变选择决策对象的范围。例如,在实际求解时,可以根据问题和算法的需要,记忆某个状态出现的频率(该状态出现次数与总迭代步数的比)或各种信息,可以加大禁忌表规模来避免循环;反之则缩小禁忌表规模来维持移动。目前有很多研究在探讨实施方法。

禁忌长期表的使用就是其中一例,短期记忆用来避免最近所做的一些移动被重复,但是在很多情况下短期记忆并不足以把算法搜索带到能够改进解的区域。因此在实际应用中常常把短期记忆与长期记忆结合使用,以保持局部的强化和全局的多样化之间的平衡,既在加强与较优解有关性质的同时,还能把搜索带到未搜索过的区域。

在长期记忆中,频率起着非常重要的作用。使用频率的目的就是通过了解同样的选择在过去做了多少次来指导局部选择,当在非禁忌移动中找不到可以改进的解时,用长期记忆更有效。长期记忆函数主要有两种形式,即用一些评价函数来惩罚在过去的搜索中用的最多或最少的那些选择,并用一些启发方式来产生新的初始点。用这种方式获得的多样性可以通过保持一段惩罚时间来得到加强,然后取消惩罚,禁忌搜索继续按照正常的评价规则进行。另一种形式采用频率矩阵,使用两种长期记忆,一种是基于最小频率的长期记忆,另一种是基于最大频率的长期记忆。通过使用基于最小频率的长期记忆,可以在过去的搜索中认为是好的可行区域内产生不同的序列,在整个搜索过程中频率矩阵被不断修改。

(7)停止规则

禁忌搜索通常有四种终止规则:

①给定最大迭代步数策略:当总迭代步数达到一个给定的最大迭代步数或在一个给定的连续迭代步数内当前的最好解没有改善时,则算法终止。

②禁忌频率数控制策略:达到一定禁忌频数要求时,即当不能使当前最好解改善的循环次数超过了预先设定的阈值时,则算法终止;

③目标值变化控制策略:当目标值偏离最优值的程度超过了预先设定的阈值时,则算法终止。

④组合策略:将上述三种策略组合使用。

3. 禁忌搜索算法流程

禁忌搜索算法的主要步骤如下:

(1)给定算法参数,随机产生初始解 X,置禁忌表为空;

(2)设当前解 $X_{current}=X_o$,当前最好解 $X_{best}=X_o$;

(3)判断算法终止条件是否满足?若是,则结束算法并输出优化结果;否则,继续以下步骤。

①X_o 的邻域内产生 N_s 个测试解 X_i,$1 \leqslant i \leqslant N_s$;

②求出目标函数 $f(X_i)$;

③判断测试解是否在禁忌表中,若不在禁忌表或在禁忌表中但在其目标函数值比 X_{best} 还好,则把它作为新的当前解 $X_{current}$,并转到④;否则,继续测试下一个测试解,若所有的测试解都在禁忌表中,则转到①;

④设置 $X_{best}=X_{current}$;若禁忌表已满,则按先进先出的原则更新禁忌表;把当前解 $X_{current}$ 插入禁忌表;

(4)记下最优解 X_{best},结束算法。

上述描述只是禁忌搜索算法的基本流程,具有通用性,对于特定问题,可根据问题的特点进行适当修改。

8.2.3 遗传算法

1. 进化计算与遗传算法概述

进化计算(Evolutionary Computation)是指一类以达尔文进化论为依据来设计、控制和优化人工系统的技术和方法的总称,包括遗传算法(Genetic Algorithm)、进化策略(Evolutionary Strategy)和进化规划(Evolutionary Programming)。它们遵循相同的指导思想,但彼此存在一定差别。同时,进化计算的研究关注学科的交叉和广泛的应用背景,因而引入了许多新的方法和特征,彼此间难以分类,这些统称为进化计算方法。目前,进化计算被广泛运用于许多复杂系统的自适应控制和复杂优化问题等研究领域,如并行计算、机器学习、电路设计、神经网络、基于 Agent 的仿真、细胞自动机等。

遗传算法(Genetic Algorithm)早期的研究大多以对自然遗传系统的计算机模拟为主。

早期的研究特点是侧重于对一些复杂的操作的研究。最早意识到自然遗传算法可以转化为人工遗传算法的是霍兰德教授。1965 年,他首次提出了人工遗传操作的重要性,并把这些应用于自然系统和人工系统中。1967 年,巴格利在他的论文中首次提出了遗传算法这一术语,并讨论了遗传算法在自动博弈中的应用。1975 年,霍兰德出版 Adaption in Natural and Artficial System,阐述了遗传算法的基本理论和方法,提出模式定理及其证明,奠定了遗传算法的理论基础。

遗传算法中一个问题的可行解叫作个体,可行解的集合称为种群(Population),在种群中个体的数量称为种群规模(Population Size)。为了对个体进行遗传操作,需要将个体表示为染色体,即对可行解进行编码(Coding),通常是由一维数据串结构来表示的。染色体串结构上各个位置的数据元素称为基因,是控制遗传信息的基本单位。个体对环境的适应程度叫作适应度(Fitness)。

表 8-2　　　　　　　　　　生物遗传与遗传算法的对应关系

生物进化	遗传算法	生物进化	遗传算法
个体	问题的一个解	个体的竞争力	适应函数
适者生存	适应度值最大的解被保留的概率最大	染色体	解的编码
基因	编码的元素	种群	被选定的一组解
交叉	以一定的方式由双亲产生后代的过程	变异	编码的某些分量发生变化的过程

遗传算法的主要特点是直接对染色体所表示的结构数据进行操作,不存在求导和函数连续性的限定;具有内在的隐含的并行性和较好的全局寻优能力;采用概率化的寻优方法,能自动获取搜索过程中的有关知识并用于指导优化,自适应地调整搜索方向,不需要确定的规则。遗传算法的这些性质,已被人们广泛地应用于知识发现、组合优化、机器学习、信号处理、自适应控制和人工生命等领域。遗传算法在物流领域应用非常广泛,如配送路径优化、物流设施选址、车辆调度优化、物流设施布局优化等方面都发挥了重要作用。

2. 基本遗传算法

基本遗传算法(Simple Genetic Algorithm,SGA)只使用选择算子、交叉算子和变异算子这三种基本遗传算子,其遗传进化操作简单,容易理解,是其他遗传算法的雏形和基础。

构成基本遗传算法的要素主要有:染色体编码、适应度函数、遗传算子(选择算子,交叉算子,变异算子)及遗传参数设置等。

(1)染色体编码方法

在实现对一个问题用遗传算法进行求解之前,我们必须先对问题的解空间进行编码,以便使得它能够由遗传算法进行操作。最为常用的编码方法是二进制编码(Binary Coding)。使用固定长度的二进制符号串来表示群体中的个体,其等位基因是由二值符号集{0,1}所组成。在解空间中的变量是离散变量的情况下,对于每个变量直接用相应位数的二进制中进行编码即可。而对于那些连续变量,需要先对连续变量离散化,再进行编码。用二进制表示方法的一个主要原因是它在理论上比较容易分析。初始群体中各个个体的基因值可用均匀分布的随机数来生成。

(2) 适应度函数

在遗传算法中,模拟自然选择的过程主要通过评估函数(Evaluation Function)和适应度函数(Fitness Function)来实现。前者是用来评估一个染色体的优劣的绝对值,而后者是用来评估一个染色体相对于整个群体的优劣的相对值的大小。然而,在遗传算法当中评估函数和适应度函数的计算与应用是比较相近的,通常研究中将两者合并等效对待。

(3) 遗传算子

基本遗传算法使用下述三种遗传算子,下面分别作初步介绍:

① 选择算子:按照某种策略从父代中挑选个体进入中间群体,如根据设定的比例选择。

② 交叉算子:交叉算子模拟了生物界中的杂交现象,通过交叉操作可以将两个个体的染色体信息重新组合,产生新的个体。这种重新组合的过程可以带来某种程度上的多样性,从而有利于保持种群的多样性,防止算法过早陷入局部最优解。交叉算子通常包括单点交叉、多点交叉、均匀交叉等不同方法,其中单点交叉是最常用的一种,即随机选取一个交叉点,将两个染色体的交叉点前后的基因断点进行交换。

③ 变异算子:通常按照一定的概率(一般比较小),改变染色体中某些基因的值。变异算子主要作用是通过对个体的染色体信息进行随机变动,以增加种群的多样性。

(4) 遗传参数设置

基本遗传算法有下述 4 个运行参数需要提前设定:

① N:种群大小,即群体中所含个体的数量,一般取 20~100;

② T:遗传算法的终止进化代数,一般取为 100~500;

③ P_c:交叉概率,一般取为 0.4~0.99;

④ P_m:变异概率,一般取为 0.000 1~0.1。

需要说明的是,这 4 个运行参数对遗传算法的求解结果和求解效率都有一定的影响,但目前尚无合理设置它们的理论依据。在遗传算法的实际应用中,往往需要经过多次运算后才能确定出这些参数合理的取值大小和取值范围。

3. 基本遗传算法的一般框架

我们习惯上把霍兰德在 1975 年提出的基本遗传算法称为经典遗传算法或传统遗传算法。图 8-4 是基本遗传算法一次执行的操作示意图。基本遗传算法执行过程如下:

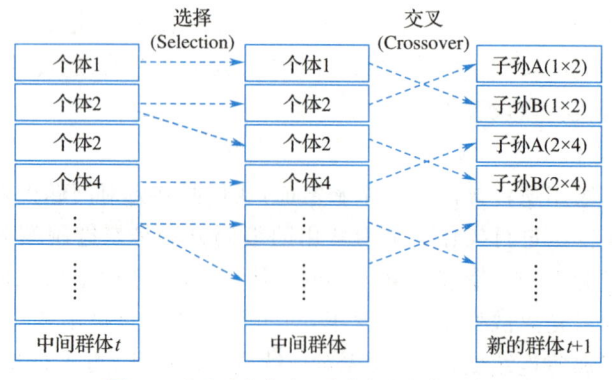

图 8-4 基本遗传算法一次执行的操作示意图

(1) 编码

GA 在进行搜索之前先将解空间的可行解数据表示成遗传空间的基因型串结构数据,这些串结构数据的不同组合构成了不同的可行解。

(2) 初始群体的生成

随机产生 N 个初始串结构数据,每个串结构数据称为一个个体,N 个个体构成了一个群体。GA 以这 N 个串结构数据作为初始点开始迭代。

(3) 适应度评估检测

适应度函数表明个体或解的优劣性。不同的问题,适应性函数的定义方式也不同。

(4) 选择

选择的目的是从当前群体中选择优良的个体,使它们有机会作为父代为下一代繁殖子孙。遗传算法通过选择过程体现这一思想,选择的原则是适应性强的个体为下一代贡献一个或多个后代的概率大。选择体现了达尔文的适者生存原则。

(5) 交叉

交叉操作是遗传算法中最主要的操作。通过交叉操作可以得到新一代个体,新个体组合(继承)了其父辈个体的特性。交叉体现了信息交换的思想。

(6) 变异

变异首先在群体中随机选择一个个体,对于选中的个体以一定的概率随机改变串结构数据中某个串位的值。同生物界一样,GA 中变异发生的概率很低,通常取值范围为 0.001～0.01。变异为新个体的产生提供了机会。图 8-5 为基本遗传算法流程图。

基本遗传算法可定义为一个八元组:

$$vSGA = (C, E, P_0, M, \Phi, \Gamma, \psi, T)$$

式中各元素的意义为

C:个体的编码方法;

E:个体适应度评价函数;

P_0:初始群体;

M:群体大小;

Φ:选择算子;

Γ:交叉算子;

Ψ:变异算子;

T:遗传运算终止条件。

一般情况下,可以将遗传算法的执行分为两个阶段。它从当前群体开始,然后通过选择生成中间群体,之后在中间群体上进行重组与变异从而形成下一代新的群体。这一过程可以用以下算法描述。

基本遗传算法的一般步骤:

① 随机生成初始群体;

② 是否满足停止条件? 如果满足则转到步骤⑧;

③ 否则,计算当前群体每个个体的适应度函数;

④ 根据当前群体的每个个体的适应度函数进行选择生成中间群体;

图 8-5 基本遗传算法流程图

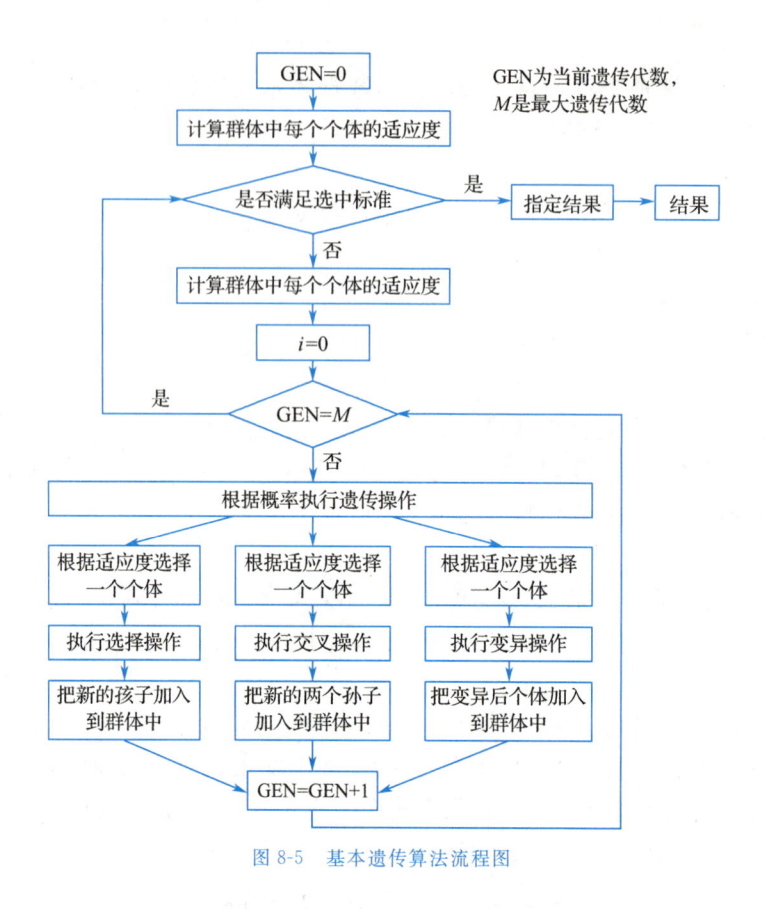

⑤以概率 P_c 选择两个个体进行交叉,产生新的个体替换老的个体,插入到群体中去;
⑥以概率 P_m 选择某一个染色体的某一位进行变异,产生新的个体替换老的个体;
⑦转到步骤②;
⑧终止。

8.2.4 模拟退火

1. 模拟退火算法概述

模拟退火算法来源于固体退火原理,将固体加温至充分高,再让其徐徐冷却,加温时,固体内部粒子随温度升高变为无序状,内能增大,而随着固体逐渐冷却粒子渐趋有序。在这个过程中,内部粒子在每个温度都达到平衡态,最后在常温时达到基态,内能减为最小。根据梅特罗波利斯准则,粒子在温度 T 时趋于平衡的概率为 $e^{-\Delta E/(kT)}$,其中 E 为温度 T 时的内能,ΔE 为其改变量,k 为玻尔兹曼常数。用固体退火模拟组合优化问题,将内能 E 模拟为目标函数值 f,温度 T 演化成控制参数 t,即得到解组合优化问题的模拟退火算法:由初始解 i 和控制参数初值 t 开始,对当前解重复"产生新解→计算目标函数差→接受或舍弃"的迭代步骤,并逐步衰减 t 值,算法终止时的当前解即所得近似最优解,这是基于蒙特卡罗迭代求解法的一种启发式随机搜索过程。退火过程由冷却进度表(Cooling Schedule)控制,包括控制参数的初始值 t 及其衰减因子 Δt、每个 t 值时的迭代次数 L 和停止条件 S。

2. 模拟退火算法模型

模拟退火算法可以分解为解空间、目标函数和初始解三部分。

(1) 模拟退火的基本思想

①初始化:初始温度 T(充分大),初始解状态 S(算法迭代的起点),每个 T 值的迭代次数 L;

②对 $k=1,\cdots,L$ 做第③步至第⑥步;

③产生新解 S';

④计算增量 $\Delta t'=C(S')-C(S)$,其中 $C(S)$ 为评价函数;

⑤判断 Metropolis 准则,若 $\Delta t'<0$ 则接受 S' 作为新的当前解,否则以概率 $e^{-\Delta t'/T}$ 接受 S' 作为新的当前解;

⑥如果满足终止条件则输出当前解作为最优解,结束程序,终止条件通常为连续若干个新解都没有被接受;

⑦T 逐渐减少,且 $T\to 0$,然后转第②步。

(2) 模拟退火算法新解的产生和接受

①由一个生成函数从当前解产生一个位于解空间的新解;为便于后续的计算和接受,减少算法耗时,通常选择由当前解经过简单地变换即可产生新解的方法,如对构成新解的全部或部分元素进行置换、互换等。注意到产生新解的变换方法决定了当前新解的邻域结构,因而对冷却进度表的选取有一定影响。

②计算与新解所对应的目标函数差。因为目标函数差仅由变换部分产生,所以目标函数差的计算最好按增量计算。事实表明,对大多数应用而言这是计算目标函数差的最快方法。

③判断新解是否被接受。判断的依据是一个接受准则,最常用的接受准则是 Metropolis 准则。

④当新解被确定接受时,用新解代替当前解,这只需将当前解中对应于产生新解时的变换部分予以实现,同时修正目标函数值即可。此时,当前解完成了一次迭代。可在此基础上开始下一轮试验。而当新解被判定为舍弃时,则在原当前解的基础上继续下一轮试验。

模拟退火算法与初始值无关,算法求得的解与初始解状态 S 无关;模拟退火算法具有渐近收敛性,已在理论上被证明是一种以概率 1 收敛于全局最优解的全局优化算法;模拟退火算法具有并行性。

3. 模拟退火算法参数控制问题

模拟退火算法的应用很广泛,虽可以求解 NP 但其参数难以控制,主要问题有以下三点:

(1) 温度 T 的初始值设置问题

温度 T 的初始值设置是影响模拟退火算法全局搜索性能的重要因素之一。初始温度高,则搜索到全局最优解的可能性大,但因此要花费大量的计算时间;反之,则可节约计算时间,但全局搜索性能可能受到影响。实际应用过程中,初始温度一般需要依据实验结果进行若干次调整。

(2) 退火速度问题

模拟退火算法的全局搜索性能也与退火速度密切相关。一般来说,同一温度下的"充分"搜索(退火)是相当必要的,但这需要计算时间。实际应用中,要针对具体问题的性质和特征设置合理的退火平衡条件。

(3)温度管理问题

温度管理问题也是模拟退火算法难以处理的问题之一。实际应用中,由于必须考虑计算复杂度的切实可行性等问题,常采用如下式所示的降温方式:

$$T(t+1)=k\times T(t)$$

式中,k 为正的略小于 1.00 的常数,t 为降温的次数。

8.2.5 群体智能方法

群居昆虫以集体的力量进行觅食、御敌、筑巢。这种群体所表现出来的"智能",就称为群体智能(Swarm Intelligence),如蜜蜂采蜜、筑巢、蚂蚁觅食、筑巢等。

从群居昆虫互相合作进行工作中,得到启迪,研究其中的原理,以此原理来设计新的求解问题的算法,下面主要介绍蚁群算法和粒子群优化算法。

1. 蚁群算法

蚁群算法是受自然界中蚂蚁搜索食物行为启发而提出的一种智能优化算法。单个蚂蚁是脆弱的,但整个蚁群的群居生活却能完成许多单个个体无法承担的工作,蚂蚁间借助于信息素这种化学物质进行信息的交流和传递,并表现出正反馈现象:某段路径上经过的蚂蚁越多,该路径被重复选择的概率就越高。正反馈机制和通信机制是蚁群算法的两个重要基础。正反馈作用能加快算法的搜索,也会导致算法出现停滞现象,而通信机制能使个体相互协作,有利于算法搜索到更优解。目前,该算法在组合优化包括 TSP、车辆路径问题等诸多物流领域得到应用。

蚁群算法是一种并行的算法,与其他智能算法不同之处在于其搜索时间比较长,新解的产生不是直接在已有解的基础上通过变换而得到的。与其他算法一样,该算法也容易陷于局部最优解,使搜索停滞。

2. 粒子群优化算法

1995 年,埃伯哈特和肯尼迪共同提出了一种新的群体智能计算技术——粒子群优化算法(Particle Swarm Optimization,PSO),其源于对鸟群和鱼群群体运动行为的研究。粒子群优化算法的基本思想是通过群体中个体之间的协作和信息共享来寻找最优解。

PSO 算法概念简单、容易实现、搜索速度快、搜索范围大,和其他优化算法相比,它的优点突出。粒子群优化算法本质上也是一种并行的全局性的随机搜索算法。

埃伯哈特和肯尼迪最初的目的是在二维空间建立一种模型以图形化鸟群的运动。而PSO 算法正是从这种模型中得到启示并用于解决优化问题。鸟被抽象为没有质量和体积的微粒(点),并将其延伸到 N 维空间,粒子 i 在 N 维空间里的位置表示为矢量 $X_i=(x_1,x_2,\cdots,x_N)$,飞行速度表示为矢量 $V_i=(v_1,v_2,\cdots,v_N)$。每个粒子都有一个由目标函数决定的适应值,并且知道自己到目前为止发现的最好位置(pbest)和现在的位置 X_i。这个可以看作粒子自己的飞行经验。除此之外,每个粒子还知道到目前为止整个群体中所有粒子发现的最好位置(gbest),即 gbest 是 pbest 中的最好值。这个可以看作粒子同伴的经验。粒子就是通过自己的经验和同伴中最好的经验来决定下一步的运动。

8.3 智能优化方法在智慧物流中的应用

8.3.1 物流配送车辆调度问题

1. 物流配送车辆调度优化问题概述

物流配送车辆调度优化问题自被提出起很快引起了运筹学、应用数学、组合数学、图论与网络分析、物流科学、计算机应用等学科的专家与运输计划制订者的极大重视，同时也逐渐成为运筹学与组合优化领域的热点研究问题。由于它应用的广泛性和经济上的重大价值，一直受到国内外学者的广泛关注。物流配送车辆优化调度问题也称为车辆路径问题(Vehicle Routing Problem，VRP)或车辆调度问题(Vehicle Scheduling Problem，VSP)。

VRP的一般性定义是：把一系列装货点和(或)卸货点有机地组织起来，形成一系列行车线路，使待调度车辆能够高效、节能且有序地通过这些点。当然，这种组织方式是应该在满足一定的约束条件(如用户对货物的需求量、一次性发货量、发货时间、单个车场的车辆容量限制、路程约束、时间限制等)的基础上最终达到缩短里程、减少开支费用、缩短运输时间、使用车辆数尽量少等优化目标。

VRP一般研究的是在配送中心及用户位置均已知、资源及运输能力充分、各用户需求量已知的前提下，如何合理、高效、低成本的解决分配与运送的问题，也就是说如何将货物从配送中心按照一定的要求发送到若干个用户点。配送方案应该包括两个相关环节：①有哪些用户要被分配到一条回路上，即有哪些用户的货物应该被安排在同一辆车上；②每条配送路线上用户的连接顺序。物流配送车辆调度的最优解实际上是一个效率最高的运输方案，它应明确地规定应派出的车辆型号、车辆数及每辆车的具体行车路线。实施这一配送方案，既可以满足用户的需求，又可以使总的运输行程最短。

车辆调度问题的最基本形态是旅行商问题(Traveling Salesman Problem，TSP)。在这个问题中，一个旅行商从一座城市出发经过所要去的城市至少一次后返回原出发地。TSP的目标是最小化旅行商总旅行距离(或总旅行时间)。

VRP问题是一种一般化的旅行商问题。VRP中包含有多条车辆路径，每条路径就是一个TSP(车辆从车场出发，访问一组顾客后返回车场)。每个顾客都必须被访问一次且仅一次，每条路径的顾客总需求不能超过车辆运载能力。在许多场合，人们也将VRP称为VSP，但是严格地讲，这两类问题是有区别的。一般认为，当不考虑时间要求，仅根据空间位置安排线路时称为车辆路径问题(VRP)；考虑时间要求安排线路时称为车辆调度问题(VSP)；同时考虑空间位置和时间要求时称为车辆路径和调度混合问题(Vehicle Routing and Scheduling Problem，VRP&VSP)。

2. 旅行商问题的定义和数学模型

旅行商问题是一个典型非确定性的NP-hard问题，对于大规模的TSP问题的求解相当困难。因此，每当人们提出一种新的优化方法时，总是力图用TSP来进行检验。TSP问题在实际中有着极其广泛的应用，如交通车辆的巡回路线问题、民航机组人员的轮班安排问题、教师任课班级负荷分配问题、装配线进度问题、流水线生产计划安排问题等,都可以用直接或间接引用的模型或算法加以解决。

旅行商问题经典提法为,有一货物推销员要去若干个城市推销货物,从城市 1 出发,经其余各城市至少一次,然后回到城市 1,问选择怎样的行走路线,才能使总行程最短(各城市间距离为已知)。

该问题在图论的意义下就是所谓的最小汉密尔顿回路问题,由于在许多领域中都有着广泛的应用,因而寻找其简捷而有效的算法就显得颇为重要。

尽管现在计算机的计算速度大大提高,而且已有一些指数级的算法可精确地求解旅行商问题,但随着它们在大规模问题上的失效(组合爆炸),人们退而求其次,转向寻找近似算法或启发式算法,经过几十年的努力,取得了一定的进展。目前,一般来说,一万个城市以下的旅行商问题基本可用近似算法在合理的时间内求得可接受的误差小于 1% 的近似解或最优解。

TSP 的经典数学模型为:设 $G=(V,E)$ 为赋权图,$V=\{1,2,\cdots,n\}$ 为顶点集,E 为边集,各顶点间距离 d_{ij}。已知 $d_{ij}>0_{ij}$,$\forall i,j \in V$,并设

$$x_{ij} = \begin{cases} 1, & \text{边}(i,j)\text{在最优路线上} \\ 0, & \text{其他} \end{cases}$$

则旅行商问题的数学模型可写成如下的线性规划形式:

$$\min z = \sum_{i=1}^{n}\sum_{j=1}^{n} d_{ij}x_{ij}$$

$$\text{s. t.} \begin{cases} \sum_{j=1}^{n} x_{ij} = 1, & \forall i \in V, i \neq j \\ \sum_{i=1}^{n} x_{ij} = 1, & \forall j \in V, i \neq j \\ \sum_{i,j \in S} x_{ij} \leqslant |S|-1, & \forall S \subset V \\ x_{ij} \in \{0,1\}, & \forall i,j \in V \end{cases}$$

这里,S 为 V 的所有非空子集,$|S|$ 为集合 S 中所含的顶点个数。前两个约束意味着对每个顶点而言,仅有一条边进和一条边出,后一约束则保证了没有任何子回路解的产生。于是,满足上述约束的解构成了一条汉密尔顿回路。

3. 车辆路径问题

典型的 VRP 定义是,运输车辆将货物从一个或多个设施运送到多个地理上分散的客户点,优化设计一套货物流动的运输路线,同时要满足一系列的约束条件,其前提条件是客户点位置和道路情况已知,由此确定一套车辆运输路线,以满足目标函数的要求。

物流配送车辆调度问题主要包括货物、车辆、配送中心、客户、运输网络、约束条件、目标函数等要素。

(1)货物。货物指的是物流配送的对象,每批货物都包括品名、包装、重量、体积、要求送到(或取走)的时间和地点,能否分批配送等属性。

(2)车辆。车辆是指运载货物的工具,车辆的主要属性包括类型、工作时间、配送前的停放位置、载重量及配送任务完成后的停放位置等。

(3)配送中心。在物流配送系统中,配送中心可以只有一个,也可以同时具有多个。

(4)客户。客户指的是物流配送的服务对象,可以是各种零售店,也可以是分仓库,还可以是别的仓库的外调。也就是说客户是有配送任务的对象的统称。客户的属性包括需求数量、需求时间、需求次数及目前需求的满足动态等。

(5)运输网络。运输网络可以抽象为离散数学中图的概念,配送中心、客户、停车场等构成网络的顶点,它们之间的交互运输构成了无向边,具体的运输任务被称为由有向弧组成的运输的网络。边、弧的属性包括方向、权值和交通流量限制等。在运输网络中,边或弧具有一定的权值,该值可以表示为距离、时间或费用。边或弧的权值变化具有以下几种情况:固定不变,不随着时间和车辆的不同而变化;随时间段或者车辆不同而变化;既随时间的不同而变化,又随车辆的不同而变化。对运输网络中的定点、边或弧的交通流量要求分为以下几种情况:无流量限制;边、弧限制,即每条边、弧上同时行驶的车辆数有限;顶点限制,即每个顶点上同时装、卸货的车辆数有限;边、弧、顶点都有限制。

(6)约束条件。物流配送车辆调度问题应满足以下约束条件:能够满足所有客户对货物品种、规格、数量的要求;能够在客户要求或者承受的时间内将货物送到;运输车辆每天的运行时间、运行历程都要有一定的限制,不能超过预定的时间或者里程;在物流配送过程中实际装载的货物不能超过车辆的最大载重要求,也就是不能超载;当然,客户的需求也必须在物流中心现有的运力范围内,也就是目前有这个能力去完成待完成的任务。

(7)目标函数。VRP问题可以只选用一个目标,也可以同时选用多个目标。VRP问题常用的目标函数主要有:

①配送的距离最短,也就是在配送过程中车辆所走的路程最短。在实际的物流配送中,配送里程直接关系到配送车辆的耗油量、磨损程度及司机疲劳程度等因素。因此,在众多的目标函数中选择配送里程最短的目标,在某种程度上可以直接减少运输成本。

②配送车辆的载重量与千米数最少,这种方式的目标是将配送距离与车辆的载重量进行了有机结合,综合来考虑载重量与配送距离之间的关系,以达到最优化配置,是比较常用的目标之一。

③综合费用最低,完成最多的任务,花最少的成本,这是物流配送中的一个根本原则。在物流配送中,与配送相关的费用包括车辆维护费用、车辆耗油费用、车队管理费用、装卸工所需费用、各部门人员工资费用等。

④准时完成任务,无论是分仓库还是分销点,各种用户都对需求的交货时间有着严格的要求。配送任务完成的准时性,很大程度上决定了配送公司在客户心中的地位,决定了公司的信誉度。各种成本虽然是必须考虑的因素,也是最实际的因素,但是为提高配送服务质量,按时完成用户的需求,有时需要将准时性最高作为配送路线的目标。

⑤使用的车辆数最少,该目标考虑的是使用尽量少的车辆去完成指定的配送任务。前面的目标叙述了各项指标的要求,然而即使车辆跑得距离最短也是按时到达的,但所使用的车辆都没有满载,这无疑也是对资源的一种浪费,也不能使整体配送效益达到最优,所以必须要求车辆的满载率最高,以充分利用车辆的装载能力。

⑥劳动消耗最低,充分考虑人的因素。也就是使用最少的司机数,这当然和前面使用最少的车辆数是一致的,只有车辆少了,司机才会少,只有车辆都装满了,才会使用最少的车辆。只有选择的距离最短,司机才能工作最短的时间,这些都是重要的目标值。

由于VRP问题研究复杂性和范围非常广,大致可以分为两类:一类为静态VRP(Static VRP,SVRP),一类为动态VRP(Dynamic VRP,DVRP)。

(1)静态VRP(Static VRP,SVRP)问题

SVRP问题是VRP中较简单的一类问题。静态车辆调度问题的准确定义包含两点:①假设所有与车辆调度相关的信息在调度员做路径规划前是已知的;②与车辆调度相关的信息在路线规划好后不再发生变化。

(2)动态VRP(Dynamic VRP,DVRP)问题

动态VRP是在静态VRP的研究基础之上发展起来的,是指把具有以下两条性质任意一条的VRP问题:①并非所有有关路线制定的信息都在制定过程开始之前就已经知道,这些相关信息包括顾客信息,如地理位置、现场服务时间、需求量等,也包括系统信息,如两地之间的旅行时间等;②一些有关路线制定的信息并不是确定的,有可能会随着时间的变化而改变。

相对于静态VRP问题(SVRP),DVRP更贴近实际,但问题也变得更加复杂。DVRP研究范围较广,需求不确定、动态网络、服务车辆不确定、提供数据有偏差等都属于DVRP的研究范畴。在现实世界中,人们制定决策时往往会碰到两类不确定现象:随机现象和模糊现象。与此相应,不确定VRP(Uncertain Vehicle Routing Problem,UVRP)也可分为两类问题,即随机车辆路径问题(Stoehastic Vehicle Routing Problem,SVRP)和模糊车辆路径问题(Fuzzy Vehicle Routing Problem,FVRP)。

4. 车辆路径问题的求解算法

启发式算法是相对于最优化算法提出的,在可接受的范围内给出待解决组合优化问题的一个可行解,该可行解与最优解的偏离程度一般不能被预估。相比传统的精确算法,在处理大规模VRP时,启发式算法具有更高的鲁棒性、可行性。目前用于VRP求解的启发式算法有很多,主要包括遗传算法、蚁群算法和其他算法(如智能水滴算法、粒子群算法和禁忌搜索算法等)。

以遗传算法为例,当使用遗传算法求解VRP及其变体问题时,将其可行解编码成用一串数字表示的个体(染色体),然后通过选择、交叉和变异操作对种群中的所有个体进行更新优化,经过多次迭代得出最优解。然而遗传算法也有一些缺点,如初始解影响种群质量、交叉和变异随机性大等容易导致限入局部最优及收敛速度慢等。可以在遗传算法的初始解生成、交叉、变异等操作中,与其他启发式算法如模拟退火、禁忌搜索、领域搜索等方法结合来解决上述问题。

8.3.2 物流中心选址问题

物流中心选址就是确定物流中心的具体位置。物流中心的产生原因决定了物流中心大都布局在市中心区或县中心区的边缘或市区边缘、交通条件较好、用地充足的地方,为吸引物流中心、配送中心等物流企业在此集聚,物流中心在空间布局时还需考虑物流市场需求、地价、交通设施、劳动力成本、环境等经济、社会、自然等多方面因素。

1. 物流中心选址的影响因素

物流中心选址的影响因素主要归结为三个大类、四个环节和八个主要方面。三个大类

分别是社会效益、经济效益、技术效能;四个环节依次是城市交通布局、城市产业商业的布局及供应链、专业化市场的需要、城市发展规划;八个主要方面依次是社会环境、生态环境、自然环境、经营环境、投资环境、功能设计、布局选址、建设规模,其中,社会环境、生态环境、自然环境归属于社会效益类,经营环境、投资环境归属于经济效益类,功能设计、布局选址、建设规模归属于技术效能类。

2. 物流中心选址的原则

物流中心应本着利用现有资源和优化物流网络的思想进行选址,具体主要表现在以下几方面:

(1)适应性原则

物流中心的选址须与国家以及省市的经济发展方针、政策相适应,与我国物流资源分布和需求分布相适应,与国民经济和社会发展相适应。而且物流中心的建设与城市的发展分不开,物流中心建设必须从城市整体发展的角度来统筹考虑,结合城市功能布局、总体规划、土地使用规划等确定其具体位置,满足城市地域分工与协作的要求。

(2)竞争性原则

物流活动是服务性活动,用户的选择必将引起物流服务的竞争。若不考虑这种竞争性机制,单从成本最低、线路最短、速度最快等角度出发,就会剥夺用户的选择权利,导致垄断从而阻碍物流服务质量的提高,所以要考虑市场竞争情况下物流企业的竞争。

(3)经济性原则

物流中心发展过程中,要以物流中心规划相关费用最低为原则。相关费用主要包括建设费用和物流费用(运营费用)两部分。物流中心的选址尤为重要,定在市区、近郊区或远郊区,其未来物流活动辅助设施的建设规模及建设费用及运费等物流费用是不同的,选址时应以总费用最低作为物流中心选址的经济性原则。

(4)交通便利性原则

物流中心应靠近港口、机场、铁路编组站、公路等各种运输方式的运输据点或多种运输方式的中转点,应在交通主干道附近,并且物流中心应由两种以上运输方式相连。由于多种运输方式衔接紧密,运输便利将成为物流中心主要的优势,因此在确定物流中心的地址时要重点考虑接近多种运输方式的交叉点。

(5)统筹性原则

物流中心的布局与生产力布局、消费布局密切相关。在规划物流中心时,应将国家的物流网络作为一个大系统来考虑,使物流中心的设施设备,在地域分布、物流作业生产力、技术水平等方面互相协调,微观宏观综合考虑。

(6)战略性原则

物流中心的选址应具有战略眼光。一是要考虑全局,二是要考虑长远,局部要服从全局,目前利益要服从长远利益,既要考虑目前的实际需要,又要考虑日后发展的可能,为相关工业企业的发展留有余地,实现物流可持续发展。

3. 物流中心选址的方法

(1)德尔菲法

德尔菲法是采用匿名函询的方法,通过一系列简明的调查征询表向专家们进行调查,并通过有控制的反馈,取得尽可能一致的意见,对未来做出预测。德尔菲法于20世纪40年代由美国兰德公司提出。

20世纪60年代以后,德尔菲法被世界各国广泛用于评价政策、协调计划、预测经济和技术、组织决策等活动中。这种方法比较简单、节省费用,能把有理论知识和实践经验的各方面专家对同一问题的意见集中起来。它适用于研究资料少、未知因素多、主要靠主观判断和粗略估计来确定的问题,是较多地用于长期预测和动态预测的一种重要的预测方法。

德尔菲法决策过程实际上是一个由被调查的专家们集体交流信息的过程。德尔菲法决策的主要特点是匿名性、反馈性和收敛性。

一般情况下,德尔菲法的实施有以下几个步骤。

①确定主持人,组织专门小组。

②拟定调查提纲。所提问题要明确具体,选择得当,数量不宜过多,并提供必要的背景材料。

③选择调查对象。所选的专家要有广泛的代表性,他们要熟悉业务,有特长、一定的声望、较强的判断和洞察能力。选定的专家人数不宜太少也不宜太多,一般以10~50人为宜。

④轮番征询意见。通常要经过三轮:第一轮是提出问题,要求专家们在规定的时间内把调查表格填完寄回;第二轮是修改问题,请专家根据整理的不同意见修改自己所提出的问题,即让调查对象了解其他见解后,再一次征求他本人的意见;第三轮是最后判定,把专家们最后重新考虑的意见收集上来加以整理,有时根据实际需要,还可以进行更多轮的征询活动。

⑤整理调查结果,提出调查报告。对征询所得的意见进行统计处理,其表达方式取决于决策问题的类型和对决策的要求。

(2)层次分析法

层次分析法(AHP)是美国运筹学家萨蒂教授于20世纪70年代提出的一种实用的多方案或多目标的决策方法。它合理地将定性与定量的决策结合起来,按照思维、心理的规律把决策过程层次化、数量化,特别适合那些难以完全定量进行分析的复杂问题。它首先将所要分析的问题层次化,即根据问题的性质和要达到的总目标,将问题分解成不同的组成因素,按照因素间的相互关系及隶属关系,将因素按不同层次聚集组合,形成一个多层分析结构模型,最终归结为最底层(方案、措施、指标等)相对最高层(总目标)的相对重要程度的权值或相对优劣次序的问题。

应用AHP方法来解决多目标决策问题一般有以下几个步骤,在物流网络布局中具体为:

①明确问题:选择最优的物流园区地点。

②建立层次结构:根据评价指标建立目标与元素之间的层次结构。

③建造判断矩阵:对每一层次各个准则的相对重要性进行两两比较,并给出判断。这些判断用数值表示出来,写成矩阵即判断矩阵。

④通过综合计算各层因素相对重要性的权值,得到最底层(方案层)相对最高层(总目标)的相对重要性次序的组合权值,以此作为评价和选择方案的依据。该方法中被选地点权重会直接影响计算所得到的结果,所以利用层次分析法确定权重时,要广泛征集有关人员和专家的意见,使得所计算出的权重较好地符合实际情况,从而最大限度地提高该模型的适用性。

(3) 重心法

重心法模型适于应用在多个备选方案中选择一个地点,且求解为静态的问题中。所谓静态选址是不考虑未来的收益与成本的变化。它假设需求量往往被聚集在一定数量的点上,每一个点代表分散在一定区域内的众多顾客,这一点与物流中心的选址并不矛盾,因为物流中心的上游是可确定的供货地,可以简化为一点,下游是可确定的客户(如批发商,配送中心等),也可以简化为一点。它还假设物流中心的地点可在平面上取任意点,整个平面是连续的,这与实际情况的差别较大,实际上选址问题受众多外部条件因素影响时,有很多地方是不能选择的,合格的地域是有限的。该模型还忽略了不同地点选址可能产生的固定资产构建、劳动力成本、库存成本、地价成本等成本差异,而只有运输费用,这也是不符合实际的。它还认为运输的路线是直线的,现实条件下,节点之间的直线距离与实际发生的行走路线之间存在着差异,修正这种差异的方法是将两点之间的直线距离乘以一个修正系数,如市内运输的修正系数可取 1.41,长途公路运输可取 1.21,长途铁路运输可取 1.24。此外它还假设运输费率是线性的,事实上,绝大多数情况的运输费用与运输距离并不是绝对的线性关系。

重心法模型用于一个已定地区内设置一个服务中心的定位问题,目标是服务中心到各客户之间的运输费用最小,设有几个客户,各客户的坐标为 $(x_j, y_j)(j=1,2,\cdots,n)$,服务中心的坐标为 (x_0, y_0),服务中心到客户 j 的运输费用为 C_j,总运输费用为 TC,则有

$$TC = \sum_{j=1}^{n} C_j$$

$$C_j = h_j W_j d_j$$

式中,h_j——从服务中心到用户的运输费率;

W_j——向用户 j 的货物运输;

d_j——从服务中心到用户 j 的直线距离。

$$TC = \sum_{j=1}^{n} h_j W_j \sqrt{(x_0-x_i)^2 + (y_0-y_i)^2}$$

为求出使总运输费用最小的服务中心位置,将上式分别对 x_0, y_0 求偏导数。

$$\frac{\partial TC}{\partial x_0} = \sum_{j=1}^{n} h_j W_j (x_0-x_j)/d_j = 0$$

$$\frac{\partial TC}{\partial y_0} = \sum_{j=1}^{n} h_j W_j (y_0-y_j)/d_j = 0$$

得到

$$x_0^* = \frac{\sum_{j=1}^{n} h_j W_j x_j/d_j}{\sum_{j=1}^{n} h_j W_j/d_j}, \quad y_0^* = \frac{\sum_{j=1}^{n} h_j W_j y_j/d_j}{\sum_{j=1}^{n} h_j W_j/d_j}$$

(4) 数学规划法

数学规划算法包括线性规划、非线性规划、整数规划、混合整数规划和动态规划、网络规划算法等。在近年来的研究中,规划论中常常引入了不确定性的概念,由此进一步产生了模糊规划、随机规划、模糊随机规划、随机模糊规划等。不确定性规划主要是在规划中的 C(价值向量)、A(资源消耗向量)、B(资源约束向量)和决策变量中引入不确定性,从而使得不确

定规划更加贴近于实际情况,得到广泛的实际应用。

假设物流中心候选地点有 S 个,分别用 $D1,D2,\cdots,D_S$,表示;原材料、燃料、零配件的供应地有 m 个,分别用 $A1,A2,\cdots,A_m$ 表示,其供应量分别用 $P1,P2,\cdots,P_m$ 表示;产品销售地有 n 个,分别用 $B1,B2,\cdots,B_n$ 表示,其销售量分别用 $Q1,Q2,\cdots,Qn$ 表示,如图 8-6 所示。

```
供应地        候选厂址        销售地
 A₁            D₁            B₁
 A₂            D₂            B₂
……           ……           ……
 Aₘ            Dₘ            Bₘ
```

图 8-6 物流中心选址数学规划法示意图

从 S 个候选地址中选取一个最佳地址建库,使物流费用达到最低。设 C_{ij} 表示从 A_i 到 D_j 的每单位运输量的运输成本;d_{ij} 表示从 D_j 到 B_k 的每单位运输量的运输成本。引入变量 $X=(X_1,X_2,\cdots,X_B)$ 其中

$$x_j = \begin{cases} 0 & 不在 D_j \text{ 建库} \\ 1 & 在 D_j \text{ 建库} \end{cases}$$

则选址问题表述为

$$\min f(x) = \sum_{j=1}^{s}\Big(\sum_{i=1}^{m}c_{ij}p_i + \sum_{k=1}^{n}d_{jk}Q_k\Big) \cdot x_j$$

$$\text{s.t.} \sum_{}^{s} x_j = 1$$

本章小结

系统是由相互作用和相互依赖的若干组成部分结合而成的、具有特定功能的有机整体,而且这个整体又是它从属的更大的系统的组成部分。系统具有整体性、相关性、目的性、环境适应性特点。物流系统是由物流各要素所组成的,要素之间存在有机联系并使物流总体功能合理化。物流系统的目的是实现物资的空间效益和时间效益,在保证社会再生产顺利进行的前提条件下,实现各种物流环节的合理衔接,并取得最佳的经济效益。物流系统是社会经济大系统的一个子系统或组成部分。物流系统具有一般系统所共有的特点外,同时还具有规模庞大、结构复杂、目标众多等大系统所具有的特点。物流系统要素包括一般要素、功能要素、支撑要素和物质基础要素。物流系统的总体目标是为社会经济的发展和国民经济的运行,创造顺畅的、有效的、低成本的物流条件,使之能以最低成本,在适当时间将适当的产品送到适当的地方,以保障国民经济不断增长的需求,保证其"可持续发展"目的的实现。物流系统总体目标可细化为服务目标,快速、及时目标,节约目标,规模优化目标,库存调节目标等。物流系统优化方法主要有运筹学方法、智能优化方法、系统仿真法三种。

物流系统智能优化方法主要有禁忌搜索、遗传算法、模拟退火、群体智能方法等。每种方法有各自的适用性,也可以将几种算法相合解决复杂物流优化问题。当前智能优化方法在智慧物流中较为广泛的应用领域主要在物流配送车辆调度问题和物流中心选址问题。

思考题

1. 什么是物流系统?
2. 物流系统智能优化方法有哪些?这些方法各有什么适用性?各个方法的基本流程是怎样的?
3. 什么是物流配送车辆调度问题?该问题有哪些目标和约束?有哪些扩展分类?
4. 什么是物流中心选址问题?该问题有哪些因素影响?该问题有哪些求解方法?

第 9 章

基于大数据技术的智慧物流管理

学习目标 >>>

- 理解大数据的概念、特征及大数据思维
- 掌握大数据相关技术及大数据的作用
- 重点掌握大数据处理相关技术
- 理解大数据技术对物流的影响
- 掌握大数据+物流的模式创新及数据挖掘在智慧物流中的应用

9.1 大数据概述

离开了物联网、云计算、大数据,就谈不上"智慧物流"。随着信息技术的飞速发展,特别是云计算、物联网技术的成熟,推动了以大数据应用为标志的智慧物流产业的兴起,智慧物流极大地促进了物流产业优化和管理的透明度,实现了物流产业各个环节信息共享和协同运作,以及社会资源的高效配置。而如何抓住大数据时代带给我们的机遇,成为物流企业在竞争中赢得主动和实现跨越式发展的关键。

拓展知识 关于数据量的小知识

在计算机世界里,表示数据量的基本单位是比特(bit)和字节(byte),存储容量、文件大小、网络传输速度等。

比特(bit):是计算机中最小的数据单位,表示一个二进制位,即 0 或 1。它是计量信息的最基本单元。字节(byte):是计算机中的基本数据存储单位,通常由 8 个比特组成。字节是一组连续的二进制位,用于表示一个字符(如一个字母、数字或符号)。在这两个基本单位的基础上,通常使用一系列更大的单位来表示更大的数据量。以下是一些常见的数据量单位:

千字节(Kilobyte,KB):1 KB=1 024 字节　　兆字节(Megabyte,MB):1 MB=1 024 KB
吉字节(Gigabyte,GB):1 GB=1 024 MB　　太字节(Terabyte,TB):1 TB=1 024 GB
拍字节(Petabyte,PB):1 PB=1 024 TB　　艾字节(Exabyte,EB):1 B=1 024 PB

泽字节(Zettabyte,PB)：1 ZB＝1 024 EB

例如，一个普通的文档通常是以 KB 或 MB 为单位计算；一张高分辨率的照片可能达到几兆到几十兆；一部高清电影的数据量通常为 2～10GB；现在常用的电脑硬盘的存储量通常以 TB 计算；一个大型数据中心可能包含数千台服务器，每台服务器上有多个 TB 的硬盘，整个数据中心的数据量很容易就达到 PB 级别；中商产业研究院发布的《2024—2029 年中国大数据中心建设情况及发展前景研究报告》显示，2022 年中国数据产量为 8.1 ZB，同比增长 22.7%，占全球数据总产量的 10.5%，排名世界第二。2023 年中国数据产量达到约 9.5 ZB，中商产业研究院分析师预测，2024 年数据产量将增至 10.6 ZB。

9.1.1 大数据的概念

1. 学者观点

大数据本身是一个比较抽象的概念，单从字面来看，它表示数据规模的庞大。但是仅仅数量上的庞大显然无法看出大数据这一概念和以往的"海量数据"(Massive Data)、"超大规模数据"(Very Large Data)等概念之间有何区别。对于大数据尚未有一个公认的定义，不同的定义基本是从大数据的特征出发，通过这些特征的阐述和归纳，试图给出其定义。在这些定义中，比较有代表性的是 3V 定义，即认为大数据需满足三个特点：第一，规模性(Volume)，从 TB 级别，跃升到 PB 级别；第二，多样性(Variety)，包括网络日志、视频、图片、地理位置信息等；第三，高速性(Velocity)，该特点也是和传统的数据挖掘技术有着本质的不同。除此之外，还有提出 4V 定义的，即尝试在 3V 的基础上增加一个新的特性。关于第四个 V 的说法并不统一，IDC 认为大数据还应当具有价值性(Value)，大数据的价值往往呈现出稀疏性的特点。

2. 企业的定义

麦肯锡报告的定义是："大数据是指大小超出了传统数据库软件工具的抓取、存储、管理和分析能力的数据群。"维基百科的表述是："大数据是难以用现有的数据库管理工具处理的兼具海量特征和复杂性特征的数据集成。"IBM 认为大数据必然具有真实性。

综合以上观点，本书认为眼下在大数据定义问题上很难达成一个完全的共识，这和云计算的概念刚提出时的情况是相似的。在面对实际问题时，不必过度地拘泥于具体的定义之中，在把握 3V 定义的基础上，适当地考虑 4V 特性即可。

9.1.2 大数据思维

1. 全样本思维

在传统的小数据时代，由于数据采集和处理的限制，我们往往只能获得有限的数据样本。而在大数据时代，我们可以通过各种手段获取海量的数据资源，实现对整个数据集的全面分析。这种全样本思维有助于我们更加准确地把握事物的整体特征和发展趋势，避免因样本偏差导致的误判。

2. 混杂性思维

大数据的一个显著特点是数据的混杂性。在数据海洋中，既有结构化的数据，也有非结构化的数据;既有有用的信息,也有无用的噪声。大数据思维强调接受这种混杂性,并通过有效的数据清洗和挖掘技术从中提取有价值的信息。这种混杂性思维打破了传统数据处理的局限性,为我们提供了更加全面和深入的数据洞察能力。

3. 相关性思维

在传统的统计分析中,我们往往关注因果关系,试图通过建立精确的数学模型来解释和预测现象。而大数据思维则更加强调相关性思维,即发现数据之间的关联关系,而不一定追求严格的因果关系。这种相关性思维有助于我们快速捕捉市场变化和用户需求,为决策提供更加及时和准确的依据。

4. 实时性思维

大数据技术的快速发展使得实时数据处理和分析成为可能。实时性思维要求我们能够迅速响应数据的变化,及时发现和解决问题。这种实时性思维对于金融风控、舆情监控等领域具有重要意义,有助于我们防范风险、把握机遇。

9.1.3 大数据的发展历程

大数据作为时下非常火热的 IT 行业的词汇,随之而来的数据仓库、数据安全、数据分析、数据挖掘等围绕大数据的商业价值的利用逐渐成为行业人士争相追捧的利润焦点。对于大数据(Big Data)研究机构 Gartner 给出了这样的定义:大数据是需要新处理模式才能具有更强的决策力、洞察发现力和流程优化能力的海量、高增民率和多群化的借息资产。

大数据这个术语最早期的引用可追溯到 Apache Org 的开源项目 Nutch。当时,大数据用来描述为更新网络搜索索引需要同时进行批量处理或分析的大量数据集。随着谷歌 MapReduce 和 Google File System(GFS)的发布,大数据不再仅用来描述大量的数据,还涵盖了处理数据的速度。

1944 年。卫斯理大学图书馆员弗莱蒙特·雷德出版了《学者与研究型图书馆的未来》一书,他估计美国高校图书馆的规模每 16 年就翻一番。按照这一增长速度,雷德推测 2040 年耶鲁大学图书馆将拥有"约 2 亿册藏书,将占据 6 000 余英里书架……(需要的)编目人员超过 6 000 人"。

1975 年。日本邮电部开始实施"信息流普查"计划,以调查日本的信息总量(这一思想首次是在 1969 年的一篇文章中提出的)。普查以"字数总量"作为所有媒体的统一衡量单位。1975 年的普查已经发现信息供给要比信息消费发展得快得多。之后的 1978 年普查报告进一步指出"人们对单向传播的大众传媒所提供信息的需求停滞不前,对以双向传播为特征的个人通信媒体所提供信息的需求大规模增长……我们的社会正在进入一个新阶段……在这一阶段中,处于优势地位的是那些能够满足个人需求的碎片性的、更为详细的信息,而不再是那些传统的被大量复制的、一致性的信息"。

1983 年。伊契尔·索勒·普尔在《科学》杂志上发表了《追踪信息流》一文,通过对 1960—1977 年 17 种主流通信媒体发展趋势的观察,他得出如下结论:"这些媒体为 10 岁以上的美国人创造的可用词汇以每年 8.9% 的速度增长……事实上这些媒体创造的、真正参与流通的单词仅以每年 2.9% 的速度增长……在上述期间,信息流的增长在很大程度上是由于广播的发展……但是在那段时期末(1977 年)情况发生了变化:点对点的媒体比广播发展得快。"普尔、伊诺兹、高崎、赫维茨在《通信流：一项美国与日本的信息普查》中做了后续研究，这本书对美国和日本所产生的信息量进行了比较。

1999年。史蒂夫·布赖森、大卫·肯怀特、迈克尔·考克斯、大卫·埃尔斯沃思及罗伯特·海门斯在《美国计算机协会通信》上发表了《千兆字节数据集的实时性可视化探索》一文。这是《美国计算机协会通信》上第一篇使用大数据这一术语的文章（这篇文章有一个部分的标题为"大数据的科学可视化"）。文章开篇指出："功能强大的计算机是许多查询领域的福音。它们也是祸害；高速运转的计算产生了规模庞大的数据。曾几何时我们认为兆字节(MB)的数据集很大，现在我们在单个模拟计算中就发现了300 GB范围的数据集，但研究高端计算产生的数据是一个很有意义的尝试。不止一位科学家曾经指出，审视所有的数字是极其困难的。正如数学家、计算机科学家先驱理查德·W·海明指出的，计算的目的是获得规律性的认识，而不是简单地获得数字。"10月份，在美国电气和电子工程师协会(IEEE)1999年关于可视化的年会上，布赖森、肯怀特、海门斯与大卫·班克斯、罗伯特·范·里拉和山姆·思尔顿在名为"自动化或者交互：什么更适合大数据？"的专题讨论小组中共同探讨大数据的问题。

2009年。罗杰·E·博恩和詹姆斯·E·少特发表了《信息知多少？2009年美国消费者报告》。研究发现，2008年"美国人消费了约1.3万亿小时信息，几乎平均每天消费12小时。总计3.6泽字节(ZB)，10 845万亿单词，相当于平均每人每天消费100 500单词及34 GB信息。博恩、少特和沙坦亚·巴鲁在2011年1月发表了《信息知多少？2010年企业服务器信息报告》，继续上述研究。在文中他们估计，2008年"世界上的服务器处理了9.57ZB信息，大约是10^{22}字节信息，或者是10万亿GB。也就是平均每天每个工作者产生12 GB信息，或者每年每个工作者产生3 TB信息。世界上所有的公司平均每年处理63TB信息。"同一时期2010年2月，肯尼斯·库克尔在《经济学人》上发表了一份关于管理信息的特别报告《数据，无所不在的数据》。库克尔在文中写道："世界上有着无法想象的巨量数字信息，并以极快的速度增长……从经济界到科学界，从政府部门到艺术领域，很多地方都已感受到了这种巨量信息的影响。科学家和计算机工程师已经为这个现象创造了一个新词汇：'大数据'。"

2012年以来。《国际通信学报》出版了"信息计量"专题，这是多种测量信息量的研究方法与研究结果的专题。在《追踪家庭信息流》一文中，诺伊曼、帕克和潘尼克（运用前文提到的日本邮电部和普尔的研究方法）估计，为美国家庭所提供的所有媒体信息从1960年的每天50 000分钟增长到2005年的900 000分钟。根据2005年的供需比例，他们估计美国人"1分钟所需消费的信息有1 000分钟的媒体内容可供选择。"在《信息的国际化生产与传播》一文中，邦妮和吉尔（运用上文中莱曼和瓦里安的研究方法）估计2008年世界产生了14.7EB新信息，接近2003年信息总量的3倍。

在政府层面，2012年3月29日，奥巴马政府宣布投资2亿美元启动《大数据研究和发展计划》，希望增强收集海量数据、分析萃取信息的能力。以美国科学与技术政策办公室(OSTP)为首，国土安全部、美国国家科学基金会、国防部、美国国家安全局、能源部等已经开始了与民间企业或大学开展多项大数据相关的各种研究开发。美国政府为之拨出超过2亿美元的研究开发预算。

智慧物流与电子商务

中国政府2012年也批复了"十二五国家政务信息化建设工程规划",总投资额估计为几百亿元,专门有人口、法人、空间、宏观经济和文化五大资源库的五大建设工程。我国的开放、共享和智能的大数据的时代已经来临!2012年8月份国务院制定了促进信息消费扩大内需的文件,推动商业企业加快信息基础设施演进升级,增强信息产品供给能力,形成行业联盟,制定行业标准,构建大数据产业链,促进创新链与产业链有效嫁接。同时,构建大数据研究平台,整合创新资源,实施"专项计划",突破关键技术。大力推进国家发改委和中科院基础研究数据服务平合应用示范项目,广东率先启动大数据战略推动政府转型,北京正积极探索政府公布大数据供社会开发,上海也启动大数据研发三年行动计划。

当前,在政府部门数据对外开放,由企业系统分析大数据进行投资经营方面,上海无疑是先行一步。2014年5月15日,上海市自今年起推动各级政府部门将数据对外开放,并鼓励社会对其进行加工和运用。根据上海市经信委印发的《2014年度上海市政府数据资源向社会开放工作计划》,确定190项数据内容作为2014年重点开放领域,涵盖28个市级部门,涉及公共安全、公共服务、交通服务、教育科技、产业发展、金融服务、能源环境、健康卫生、文化娱乐等11个领域,其中,市场监管类数据和交通数据资源的开放将成为重点,这些与市民息息相关的信息查询届时将完全开放。这意味着企业运用大数据在上海"掘金"的时代来临,企业投资和上海民生相关的产业如交通运输、餐饮等,可以不再"盲人摸象"。在立足国家战略和产业政策推动大数据收集和分析技术快速发展的同时,我们也应清醒地认识到避免数据垄断和保护数据安全的重要性,及早开展相关法律法规的探讨和研究。

9.2 大数据核心技术

大数据的技术内涵包含三个方面:处理海量数据的技术、处理多样化类型的技术、提升数据生成与处理速度的技术。

(1)处理海量数据的技术包含大数据的存储、大数据的计算等相关技术。大数据计算是指规模在PB级—EB级—ZB级的极大规模数据处理。它是传统文件系统、关系数据库、并行处理等技术无法有效处理的极大规模数据计算。因此,处理数据域大的技术一般采取分布式文件系统的方式进行存储,使用如MapReduce的分布式框架进行计算。

(2)处理多样化类型的技术包含大量数据的表达等相关技术。在互联网领域,除存入数据库的传统结构化数据,用户的使用还带来海量的服务器日志、计算机无法识别的人类语言、用户上传的图片视频等非结构化数据。处理这些非结构化数据,一般采取NoSQL类型的数据库进行存储,如Big Table等。

(3)提升数据生成与处理速度的技术包含大数据的计算、大内存技术等相关技术。在大数据时代,处理高速生成的数据和提升处理数据的速度需要软件和硬件相结合的办法。一方面,软件通过使用分布式计算框架实现提升数据生成与处理速度;另一方面,硬件通过使用大内存等技术实现处理速度的进一步提高。

9.2.1 大数据存储、表示与管理

1. 大数据的存储

随着全球数据量的爆发式增长,传统的文件存储系统已不能满足需求。大数据计算需要有特定的文件系统以满足海量文件的存储管理、海量大文件的分块存储等功能。大数据存储技术是大数据计算技术的基础。有了可靠高效的大数据存储平台,不断增加的数据才能被高效地组织,从而进行数据分析等操作。大数据因结构复杂多样使得数据仓库要采集的源数据种类比传统的数据种类更加多样化,因此新的存储架构也要改变目前以结构化为主体的单一存储方案的现状,针对每种数据的存储特点选择最合适的解决方案。对非结构化数据采用分布式文件系统进行存储,对结构松散无模式的半结构化数据采用面向文档的分布式 Key/Value 存储引擎,对海量的结构化数据采用分布式并行数据库系统存储。

分布式数据系统 CAP 原理三要素:一致性(Consistency)、可用性(Availability)和分区容忍性(Partition Tolerance)。

- 一致性(C):在分布式系统中的所有数据备份在同一时刻是否具有同样的值。
- 可用性(A):在集群中一部分节点发生故障后,集群整体是否还能响应客户端的读写请求。
- 分区容忍性(P):集群中的某些节点在无法联系后,集群整体是否还能继续进行服务。

CAP 理论就是说在分布式存储系统中,最多只能实现上述的两点。而由于当前的网络硬件肯定会出现延迟、丢包等问题,所以分区容忍性是我们必须要容忍的。因此我们只能在一致性和可用性之间进行权衡,对大多数 Web 应用,牺牲一致性来换取高可用性,是目前多数数据库产品的方向。

2. 大数据的表达

大数据的表达技术是指在大数据存储基础之上,对特定的不同类型结构化数据进行表示。它是大数据进行计算的基础,也是对大数据进行有效结构化表达的一种方式。当代典型的关联型数据库在一些数据敏感的应用中表现了糟糕的性能,例如,为巨量文档建立索引、高流量网站的网页服务,以及发送流式媒体等。关系型数据库的典型实现主要被调整用于执行规模小而读写频繁,或者大批量极少写访问的事务。而非关系型数据库以键值对存储,它的结构不固定,每一个元组(tuple,即一组数据集合)可以有不同的字段,每个元组可以根据需要增加一些自己的键值对,这样就不会局限于固定的结构,可以减少一些时间和空间的开销。

NoSQL 也称为 Not only SQL,是对不同于传统的关系型数据库的数据库系统的统称,它具有非关系型、分布式、不提供 ACID 的数据库设计模式等特性。其中 ACID 是指数据库管理系统在写入或更新资料的过程中,为保证事务(transaction)是正确可靠的,所必须具备的四个特性:原子性(atomicity,或称不可分割性)、一致性(consistency)、隔离性(isolation,又称独立性)、持久性(durability)。而 NoSQL 数据库和关系型数据库存在许多显著的不同,其中一个最重要的不同点就是,NoSQL 数据库不使用 SQL 作为自己的查询语言,而且数据的存储模式也不再是表格模型。近年来,NoSQL 类型数据库系统发展极其迅速,其原

因在于，NoSQL 数据库一般都具有高可扩展性和支持高并发的用户访问量。Google 的 Big Table 与 Amazon 的 Dynamo 是非常成功的商业 NoSQL 实现。

(1) NoSQL 技术分类

① Key-Value。一个 Key 对应一个 Value，能提供非常快的查询速度、较大的数据存放量和高并发操作，非常适合通过主键对数据进行查询和修改等操作，如 Redis Berkeley DB、Kyoto Cabinet/Tycoon。

② 列式存储。按列存储数据，最大的特点是方便存储结构化和半结构化数据，方便做数据压缩，对针对某一列或者某几列的查询有非常大的 I/O（输入/输出，Input/Output）优势，如 HBase、Cassandra。

③ 文档结构。结构和 Key-Value 非常相似，也是一个 Key 对应一个 Value，但这个 Value 主要以 JSON 或者 XML 等格式的文档来进行存储，是有语义的。可以针对某些字段建立索引，实现关系数据库的某些功能，如 MongoDB、CouchDB。

④ 图式存储。其数据存储结构和数据查询方式都是以图论为基础的。在图数据库中，数据与数据之间的关系通过节点和边构成一个图结构，并在此结构上实现数据库的所有特性，如 Neo4J。

(2) NoSQL 主要特征

① 不需要预定义模式：不需要事先定义数据模式，也不需要预定义表结构，数据中的每条记录都可能有不同属性和格式。当插入数据时，并不需要预先定义它们的模式。

② 无共享架构：相对于将所有数据存储区域网络中的全共享架构，NoSQL 往往将数据划分后存储在各个本地服务器上，从而提高系统性能。

③ 弹性可扩展：可以在系统运行的时候，动态添加或者删除节点。不需要停机维护，数据就可以自动迁移。

④ 分区：相对于将数据放到同一个节点，NoSQL 需要将数据进行分区，并记录分散在多个节点上面的数据，通常分区的时候还要复制。这样既提高了并行性能，又能保证没有单点失效的问题。

⑤ 异步复制：和 RAID 存储系统不同的是，NoSQL 中的复制往往是基于日志异步复制的。这样，数据就可以尽快地写入一个节点，而不会因为网络传输引起迟延。缺点是并不能保证一致性。

3. 大数据的管理

在进入大数据时代之后，我们对数据的管理也相应地进入了大数据管理的时代。大数据的"大"首先是指数据容量巨大，这对数据存储管理提出了非常新的需求。传统的关系数据库一般只能管理 GB 级别的数据，而大数据一般是 TB、PB 级别，甚至更大，这就需要新的存储管理架构来管理。

常见的 NoSQL 数据管理系统如下：

(1) Big Table

Big Table 是一个分布式的结构化数据存储系统，它被设计用来处理海量数据：通常是分布在数千台普通服务器上的 PB 级数据。谷歌的很多项目使用 Big Table 存储数据，包括 Web 索引、Google Earth、Google Finance 等。Big Table 是一个稀疏的、分布式的持久化存储的多维度排序 Map。Map 的索引是行关键字、列关键字及时间戳；Map 中每个 Value 都是一个未经解析的 Byte 数组。

特点:适合大规模海量数据,如 PB 级数据;分布式、并发数据处理,效率极高;易于扩展,支持动态伸缩;适用于廉价设备;适合于读操作,不适合写操作;不适用于传统关系数据库。

(2)HBase

HBase(Hadoop Database)是 Google Big Table 的开源实现,是一个高可靠性、高性能、面向列、可伸缩的分布式存储系统,利用 HBase 技术可在廉价的 PC Server 上搭建起大模结构化存储集群。类似 Google Big Table 利用 GFS 作为其文件存储系统,HBase 利用 Hadoop HDFS 作为其文件存储系统;谷歌运行 Map Retuce 来处理 Big Table 中的海量数据,HBase 同样利用 Hadoop Map Reduce 来处理 HBase 中的海量数据;Google Big Table 利用 Chubby 作为协同服务,HBase 利用 Zookeeper 作为对应。

特点:底层数据存储基于 HDFS;高可用,高性能;列存储,多版本;单表可以有数百亿行、数百万列。

(3)Redis

Redis 是使用 C 语言编写的开源的、支持网络、可基于内存也可持久化的 Key-Value 存储系统,仅有一万行代码。从 2010 年 3 月 15 日起,Redis 的开发工作由 VMWare 主持。

特点:速度快,C 语言编写,数据加载到内存;持久化,数据保存到内存的同时,还可以同步到磁盘上;数据结构(支持 5 种数据结构);支持多语言,诸如 C、PHP、Java、Perl、Ruby、Python 等;支持简单的主从复制,官方提供数据,Slave 可在 21 秒内完成对 Amazon 网站 10G Key Set 的复制。

(4)Cassandra

Cassandra 最初由脸书开发,用于储存收件箱等简单格式数据,集 Google Big Table 的数据模型与 Amazon Dynamo 的完全分布式的架构于一身。脸书于 2008 将 Cassandra 开源。此后,由于良好的可扩放性,Cassandra 被 Digg、Twitter 等知名网站采纳,成为一种流行的分布式结构化数据存储方案。

其特点如下。

①模式灵活:使用 Cassandra 能够像文档一样存储,不必提前解决记录中的字段。可以在系统运行时随意地添加或移除字段。这是一个惊人的效率提升,特别是在大型部署上。

②真正的可扩展性:Cassandra 是纯粹意义上的水平扩展。为给集群添加更多容量,可以指向另一台电脑。不必重启任何进程,或改变应用查询,或手动迁移任何数据。

③多数据中心识别:可以调整节点布局。当某一个数据中心发生火灾等灾难时,一个备用的数据中心将至少有每条记录的完全复制。

(5)MongoDB

MongoDB 介于关系数据库和非关系数据库之间,是非关系数据库当中功能最丰富、最像关系数据库的数据库。支持的数据结构非常松散,类似于 json 的 bjson 格式,可以存储比较复杂的数据类型。支持的查询语言非常强大,其语法类似于面向对象的查询语言,几乎可以实现类似关系数据库单表查询的绝大部分功能,还支持对数据建立索引。

其特点如下:

①文档型:存储在集合中的文档,被存储为键-值对的形式。键用于唯一标识一个文档,为字符串类型,而值则可以是各种复杂的文件类型。

②面向集合存储：易存储对象类型的数据，包括文档内嵌对象及数组。

③模式自由：无须知道存储数据的任何结构定义，支持动态查询、完全索引，可轻易查询文档中内嵌的对象和数组。

④高效的数据存储：支持二进制数据及大型对象。

⑤支持复制和故障恢复：提供 Master-Master、Master-Slave 模式的数据复制及服务器之间的数据复制。

⑥自动分片：支持云级别的伸缩性，支持水平的数据库集群，可动态添加额外的服务器。

(6) Neo4j

Neo4j 是一个高性能的 NoSQL 图形数据库，它将结构化数据存储在网络上而不是表中。Neo4j 提供了大规模可扩展性，在一台机器上可以处理数十亿节点/关系/属性的图，可以扩展到多台机器并行运行。相对于关系型数据库来说，图数据库善于处理大量复杂、互连接、低结构化的数据，这些数据变化迅速，需要频繁地查询——在关系数据库中，这些查询会导致大量的表连接，因此会产生性能上的问题。Neo4j 重点解决了拥有大量连接的传统关系型数据库管理系统在查询时出现的性能衰退问题。通过围绕图进行数据建模，Neo4j 会以相同的速度遍历节点与边，其遍历速度与构成图的数据量没有任何关系。Neo4j 还提供了非常快的图算法、推荐系统和 OLAP 风格的分析，这在目前的关系型数据库管理系统中都没有实现。

9.2.2 大数据处理

1. 大数据处理流程

大数据的处理基本可以划分为数据采集、数据处理与集成、数据分析及数据解释 4 个阶段。大数据处理基本流程如图 9-1 所示：通过经数据源获取的数据，因为其数据结构的不同（包括结构型、半结构型和非结构型数据），先用特殊方法进行数据处理和集成，将其变为统一标准的数据格式方便以后对其进行处理；然后用合适的数据分析方法将这些据进行处理分析，并将分析的结果利用可视化技术展现给用户，这就是整个大数据处的流程。

(1) 数据采集

大数据的"大"，原本就意味着数量多、种类复杂，因此，通过各种方法获取数据信息便显得格外重要。数据采集是大数据处理流程中最基础的一步，目前常用的数据采集手段有传感器收取、射频识别(RFID)、数据检索分类工具如百度和谷歌等搜索引擎及条形码技术等，本书前文物联网部分已经进行了相关介绍。

(2) 数据的处理与集成

数据的处理与集成主要是完成对于已经采集到的数据进行适当的处理，即数据清洗和去噪，及对于进一步的集成数据进行集成和存储，相关技术在前面大数据的存储表达等内容中已经进行了介绍。

(3) 数据分析

数据分析是整个大数据处理流程中最核心的部分，因为在数据分析的过程中，会发现数据的价值所在。

第9章 基于大数据技术的智慧物流管理

图 9-1 大数据处理基本流程

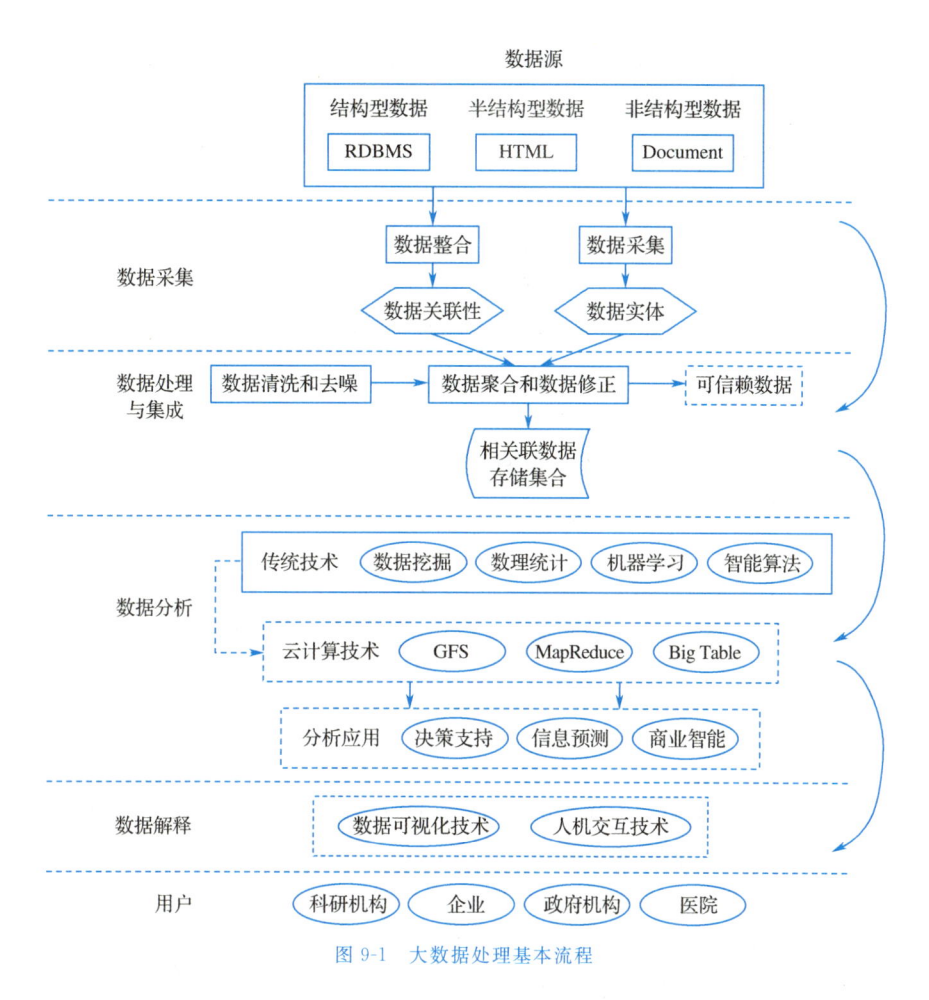

经过上一步骤数据的处理与集成后,所得的数据便成为数据分析的原始数据,根据所需数据的应用需求对数据进行进一步的处理和分析。传统的数据处理分析方法有数据挖掘、机器学习、智能算法、数理统计等,而这些方法已经不能满足大数据时代数据分析的需求。在数据分析技术方面,谷歌公司的做法无疑是比较先进的。谷歌作为互联网大数据应用较为广泛的公司,于 2006 年率先提出了"云计算"的概念,其内部各种数据的应用都依托公司内部研发的一系列云计算技术,例如分布式文件系统(GFS)、分布式数据库(Big Table)、批处理技术(MapReduce),及开源实现平台(Hadoop)等。这些技术平台的产生,提供了对大数据进行处理、分析很好的手段。

(4) 数据解释

对广大的数据信息用户来讲,最关心的并非数据的分析处理过程,而是对大数据分析结果的解释与展示。因此,在一个完善的数据分析流程中,数据结果的解释步骤至关重要。若数据分析的结果不能得到恰当的显示,则会对数据用户产生困扰,甚至会误导用户。传统的数据显示方式是用文本形式下载输出或用户个人电脑显示处理结果。但随着数据量的加大,数据分析结果往往更加复杂,用传统的数据显示方法已经不足以满足数据分析结果输出的需求了,因此,为了提升数据解释、展示能力,现在大部分企业都引入了"数据可视化技术"作为解释大数据较有力的方式。通过可视化结果分析,可以形象地向用户展示数据分析结果,更方便用户对结果的理解和接受。常见的可视化技术有基于集合的可视化技术、基于图标的技术、基于图像的技术、面向像素的技术和分布式技术等。

2. 大数据并行处理技术

在数据分析过程中,数据从文件转到关系型数据库,从关系型数据库转到 NoSQL 数据库。实质上,随着捕获的数据的增加,我们的需求也在增加,传统的模式已不能胜任。那些老的数据库能处理好的数据大小是以 MB 或 GB 为单位的,但现在捕获的数据是以 TB 或 PB 为单位的,即使采用 NoSQL 存储数据,"我们如何分析如此巨量的数据"这一问题依然存在。对于这一问题最流行的答案就是 MapReduce,而 MapReduce 的一个主要实现是 Hadoop。

Hadoop 是一个开源的分布式系统基础架构,由 Apache 基金会开发。Hadoop 框架最核心的设计是 HDFS 和 MapReduce。HDFS 为海量的数据提供了存储,MapReduce 则为海量的数据提供了计算。

最简单的 MapReduce 应用程序至少包含三个部分:一个 Map 函数,一个 Reduce 函数和一个 main 函数。main 函数将作业控制和文件输入/输出结合起来。在这一点上,Hadoop 提供了大量的接口和抽象类,从而为 Hadoop 应用程序开发人员提供了许多工具,可用于调试和性能度量等。具体实现:一个代表客户机在单个主系统上启动的 MapReduce 应用程序称为 Job Tracker,它是 Hadoop 集群中唯一负责控制 MapReduce 应用程序的系统,在应用程序提交之后,将提供包含在 HDFS 中的输入和输出目录。Job Tracker 使用文件块信息(物理量和位置)确定如何创建其他 Task Tracker 从属任务。MapReduce 应用程序被复制到每个出现输入文件块的节点,为特定节点上的每个文件块创建一个唯一的从属任务。每个 Task Tracker 将状态和完成信息报告给 Job Tracker。用户只要继承 MapReduce Base,提供分别实现 Map 和 Reduce 的两个类,并注册 Job 即可自动分布式运行。

MapReduce 用在非常广泛的应用程序中,包括分布 Grep、分布排序、Web 连接图反转、每台机器的词矢量、Web 访问日志分析、反向索引构建、文档聚类、机器学习、基于统计的机器翻译等。

3. 数据可视化技术

可视化技术作为解释大数据最有效的手段之一,最初被科学与计算领域运用,它对分析结果的形象化处理和显示,在很多领域得到了迅速而广泛的应用。数据可视化(Data Visualization)技术是指运用计算机图形学和图像处理技术,将数据转换为图形或图像在屏幕上显示出来,并进行交互处理的理论、方法和技术。由于图形化的方式比文字更容易被用户理解和接受,数据可视化就是借助人脑的视觉思维能力,将抽象的数据表现成为可见的图形或图像,帮助人们发现数据中隐藏的内在规律。

可视分析起源于 2005 年,它是一门通过交互可视界面来分析、推理和决策的科学,通过将可视化和数据处理分析方法相结合,提高可视化质量的同时也为用户提供更完整的大规模数据解决方案。如今,针对可视分析的研究和应用逐步发展,已经覆盖科学数据、社交网络数据、电力等多个行业。面对海量数据的涌现,如何将其恰当、清楚地展现给用户是大数据时代的一个重要挑战。学术科研界及工业界都在不停地致力于大数据可视化的研究,已经有了很多成功的应用案例。

(1)互联网宇宙(The Internet Map)

为了探究互联网这个庞大的宇宙,俄罗斯工程师 Ruslan Enikeev 根据 2011 年年底的数据,将 196 个国家的 35 万个网站数据整合起来,并根据这些网站相互之间的链接关系将这些"星球"联系起来,命名为"The Internet Map"。一个"星球"代表一个网站,每一个"星球"的大小根据其网站流量来决定,而"星球之间"的距离远近则根据链接出现的频率、强度和用户跳转时创建的链接等因素决定。

(2)标签云(Tag Cloud)

标签云的本质就是一种"标签",用不同的标签表示不同的对象。标签一般按照字典的顺序排列,并根据其热门程度确定字体的颜色和大小,出现频率越高的词语字体就越大,反之越小,这就方便了用户按照字典或该标签的热门程度来寻找信息。

(3)历史流图(History Flow)

历史流图为广大用户提供了一个可视化的开放型文档模型,用户可以在其中自由地编辑和查阅,随时根据自己的理解进行增加和删除操作。在历史流图中,用一个坐标轴表示对一篇文档做出任何修改的行为:横坐标表示时间,纵坐标表示修改的人员;随着时间的推移,横坐标越来越长,文档内容随着不断变化,修改的人员也随之增加,可以很容易地看出每个人对这篇文档的贡献。最显著的应用案例就是"维基百科"的注释文档(历史流图的效果很明显)。

关于大数据可视化的研究依然在继续,比如大众点评网上,可以轻松地根据地理信息找到附近的餐厅、商店等,用户可以根据自己的体验对这些店铺进行评价,这些反馈信息在网络上留下了痕迹,为后来的用户使用提供了参考。这种常见的社交网络或生活消费类应用与数字网络地图的叠加,就是多维叠加式数据可视化应用。另外,支付宝的电子对账单通过用户一段时间(一般是 1 个月)的支付宝使用信息,自动生成专门针对此用户这段时间的消费产品数据图表,可以帮助用户分析其自身的消费情况,这是一种即时的关联规则下可视化技术的应用,通过对那些彼此间存在关联性的数据进行分析处理,挖掘出数据间联系并预测出发展趋势,随后即时生成可视化方案反馈给用户,可以给客户下阶段的消费管理提供参考意见。

9.2.3 大数据的作用

1. 数据挖掘

从技术角度看,数据挖掘是指从存放在数据库、数据仓库或其他信息库中的大量数据中发现有趣知识的过程。数据挖掘融合了人工智能、统计学、机器学习、模式识别和数据库等多种学科的理论、方法和技术,非常清晰地界定了它所能解决的几类问题。研究者将这几类问题进行了高度的归纳。下面来看看它所解决的四类问题是如何界定的。

(1)分类问题

分类问题属于预测性的问题,它跟普通预测问题的区别在于其预测的结果是类别(如 A、B、C 三类),这些类别是离散的、无序的,而不是一个具体或连续的数值(如 55、65、

75……)。商业案例中,分类问题可谓是最多的,给出一个客户的相关信息,预测一下他未来一段时间是否会离网,信用度是好/一般/差,是否会使用你的某个产品,将来会成为你的高/中/低价值的客户,是否会响应你的某个促销活动,等。有一种特殊的分类问题,那就是"二分类"问题,显而易见,"二分类"问题意味着预测的结果只有两个类,如是/否、好/坏、高/低等。这类问题也称为0/1问题。解决这类问题时,我们只需关注预测属于其中一类的概率即可,因为两个类的概率可以互相推导。如预测 $X=1$ 的概率为 $P(X=1)$,那么 $X=0$ 的概率 $P(X=0)=1-P(X=1)$。

(2)聚类问题

聚类问题不属于预测性的问题,它主要解决把一群对象划分成若干个组的问题。划分的依据是聚类问题的核心。所谓"物以类聚,人以群分",故得名聚类。聚类问题容易与分类问题混淆,其实两者是有本质区别的,分类问题是预测一个未知类别的用户属于哪个类别(相当于做单选题),而聚类问题是根据选定的指标对一群用户进行划分(相当于做开放式的论述题)。聚类问题在商业案例中也是非常常见的,例如,需要选择若干个指标(如价值、成本、使用的产品等)对已有的用户群进行划分,将特征相似的用户聚为一类,特征不同的用户归于不同的类。

(3)关联问题

关联分析要解决的主要问题:一群用户购买了很多产品之后,哪些产品同时被购买的概率比较高,买了 A 产品的用户同时买哪个产品的概率比较高?可能由于最初关联分析主要在超市应用比较广泛,所以又称为"购物篮分析"。如果在研究的问题中,一个用户购买的所有产品假定是同时一次性购买的,那么分析的重点就是所有用户购买的产品之间的关联性;如果假定一个用户购买产品的时间是不同的,而且分析时需要突出时间先后上的关联,如先买了什么,后买了什么,那么这类问题称为序列问题,它是关联问题的一种特殊情况。从某种意义上来说,序列问题也可以按照关联问题来操作。

(4)预测问题

此处说的预测问题是指狭义的预测,并不包含前面阐述的分类问题,因为分类问题也属于预测。一般来说预测问题主要是指预测变量的取值为连续数值型的情况。预测问题的解决更多的是采用统计学的技术,例如回归分析和时间序列分析。回归分析是一种非常古典而且影响深远的统计方法,它的主要目的是研究目标变量与影响它的若干相关变量之间的关系,通过拟合类似 $Y=aX_1+bX_2+\cdots$ 的关系式来揭示变量之间的关系。通过这个关系式,在给定一组 $X_1,X_2\cdots$ 的取值之后就可以预测未知的 Y 值。

针对数据挖掘所界定的常见的四类问题,目前已经形成了比较完善的分析解决方法。由于数据挖掘可以看作数据库技术和机器学习技术的组合,因此一般运用数据库技术进行数据管理,使用机器学习技术进行数据分析。所以数据挖掘的很多数据分析算法都运用了机器学习技术,很多算法从机器学习借鉴、改良而来。针对数据挖掘中的分类问题,研究者提出了多种分析算法。对于分类问题,有决策树归纳分类、贝叶斯分类、支持向量机分类、K最邻近分类、基于规则的分类等。对于聚类问题,有 K 均值聚类、K 中心点聚类、基于期望最大化的聚类等。对于关联问题,有基于频繁项集挖掘的 Apriori 算法、基于约束的关联挖掘等。由于分类问题也属于预测问题的一种,所以分类算法都可以用于预测问题的求解,除此之外,也可以使用线性回归等回归技术进行预测问题的求解。

上述提到的数据挖掘方法和数据挖掘算法都是传统的数据挖掘形式。在大数据时代下,由于数据具有多样性、海量性等特征,因此数据挖掘任务和数据挖掘方法的多样性与复杂性给数据挖掘带来了很多新的挑战。而且,在传统方式下,上述提到的数据挖掘算法大多工作在集中式或者单机系统上,这种处理方法不能很好地适应分布式环境,无法高效实现大数据的快速化。在大数据时代,分布式平台逐渐成为主流,如何将上述经典的数据挖掘算法移植到分布式环境下运行,即实现数据挖掘算法的并行化,成为大数据环境下必须解决的问题,Apache Mahout 正好满足了这一需求。

Apache Mahout 是 Hadoop 生态系统中的开源项目之一,其目标是建立一个可伸缩的机器学习算法库,能够处理超大规模数据集,采用 MapReduce 编程模型实现了很多机器学习算法。由于机器学习是数据挖掘的一种重要支撑技术,所以这些算法理所当然可以使用在数据挖掘领域。目前 Apache Mahout 主要实现了如下四类机器学习算法。

(1) 聚类算法

该算法将文本、文档等类型数据分成局部相关的组。

(2) 分类算法

该算法利用已经存在的训练分类器,对未分类的文档进行分类。

(3) 推荐引擎(协同过滤)算法

该算法获取用户的行为数据并挖掘,从中发现用户可能喜欢什么事物。

(4) 频繁项集挖掘算法

该算法利用项集(如用户的购买记录)进行相关分析,识别出经常在一起出现的项目。

2. 推荐系统

现在大数据对于各个行业的日常工作显得愈发重要,由于每一秒产生的数据量都在成倍增加,人们迫切需要找到可以更快分析和理解这些数据的方法。大数据分析试图采取一种创新的软件解决方案找出管理过量数据并将其转变成有意义的信息的方法,例如,在医生挽救病人生命的时候,或者首席执行官和公司管理层希望尽可能压缩成本并雇用足够多的员工的时候,随时为他们提供需要的信息。为了成功地管理大数据必须考虑它的四个要素:容量(数据的大小)、速度(瞬时性、实时性)、多样性(结构化和非结构化数据,如视频、音频、文档等)和真实性(大数据的可信赖程度)。

大多数企业的大数据分析重点和工具便是推荐系统(Recommender System),利用电子商务网站向用户提供商品信息和建议,帮助用户决定应该购买什么产品,模拟销售人员帮助用户完成购买过程。推荐系统基于各种智能算法,通过挖掘大量数据,提取指标和模式,生成个性化的推荐结果。对于企业及个人用户,实时处理信息以便做出决策的需求日益增长。以大型网络零售商为例,他们需要能够在短短几秒钟的浏览时间内挖掘大量数据,然后给出有针对性的个性化推荐,尝试对网上顾客交叉销售。越来越多的用户通过手机获取日常出行安排的资讯,如寻找美食、购物、旅游等。

推荐系统能随着数据的生成提供实时建议,分析数据的方法主要有两种:(1)协同过滤法。协同过滤法基于历史数据来生成推荐(例如,基于用户以前购买的产品推荐)。(2)内容分析法。内容分析法通过产品的具体描述和属性,在用户和产品之间形成匹配。协同过滤法和内容分析法可以同时运用,称为综合分析法。

9.3 大数据技术在智慧物流中的应用

9.3.1 大数据时代的物流变革

随着大数据产业的迅猛发展,大数据在物流领域发挥着越来越重要的作用,能够帮助物流企业快速全面收集内外部数据信息,并通过大数据分析深挖数据价值,使企业可以及时准确地了解物流运营中的动态信息,明确物流业发展态势和痛点,从而为制定合理的发展目标、实现高效和有效的物流决策提供有力的信息支持。

大数据的价值体现在物流运转的诸多环节中,这项新兴技术的应用,能够有效促进物流行业的发展。物流企业可以在内部管理、资源分配、客户关系维护等多个方面发挥大数据技术的作用,借助先进的技术工具提高决策制定的准确性,加速整体运转。

迅速崛起的电商行业,特别是高速增长的网络购物为快递业注入了源源不断的发展动力。如今,快递业在电商领域的发展过程中扮演着非常重要的角色。不仅如此,电子商务物流业还带动了整个物流行业的发展,使行业的智能化、现代化水平上升到了新的高度。

物流行业在运转过程的各个环节中都会产生很多数据,具体如货品存储环节、包装环节、运输环节等。利用大数据技术能够帮助企业实现成本节约,加速系统运转,提升配送效率,并逐步优化物流服务体系。

大数据技术的应用能够将商品供应方、物流企业、终端客户打通,建立高效的信息服务平台,根据客户的需求输出优质的物流服务。除了在企业的物流活动管理中发挥作用之外,大数据信息平台还能对企业所在的供应链体系及其行业运转的总体情况进行分析,帮助企业客户优化其流程体系,提升物流运转效率。在物流行业对大数据需求的驱动作用下,大批拥有物流数据信息平台的企业发展成为数据服务提供商。

在交易方面,物流大数据服务提供商能够获得企业客户提供的信息管理权,通过进行信息整合向客户输出服务,完成双方之间的交易。即服务提供商对物流企业、商家、消费者的相关数据信息进行分析,对商家、企业的货品供应及物流运转情况进行预测,将预测结果提供给企业客户,帮助客户实现资源的整合利用与优化配置。

大数据时代,物流企业间的竞争逐渐转变为数据获取和大数据分析能力的比拼。应用大数据,物流企业能够及时准确地感知市场变化,实现客户精准画像,从而据此调整优化业务运作,提供充分满足客户需求的个性化、定制化的优质物流服务。当前来看,大数据在物流企业中的具体应用主要集中在以下几个方面。

1. 物流企业运营决策

物流数据涵盖了商品运输、存储、加工、配送等运作过程中产生的信息。物流企业能够利用大数据技术加快商品处理,减少库存量,优化自身的运营管理,缩短配送时间,按照客户要求将商品送到指定地点。

在路径规划方面,企业可以利用大数据分析技术,通过选择最优路径减少自身的成本消耗。对物流配送运输的过程进行分析能够发现,物流企业不但要对客户的不同需求进行处理,还要解决城市交通路线复杂、货物接收地点分散、货物类型差异大等诸多问题,并且要考虑客户的接收时间。实际运营过程中,物流企业需要提前规划物流路径,在综合考虑多种因素的影响下选择最佳方案。

企业要重点考虑车辆路径的安排与优化。通过选择最优车辆路径,物流企业既能够减少冗余的配送程序,提高车辆资源的利用效率,降低配送次数,实现成本节约,又能在较短的时间内满足客户的需求,输出优质的服务,为客户提供高质量的物流体验,从而获得长久的发展。

2. 客户关系挖掘

物流企业可以借助先进的数据分析工具,对商品与客户数据进行深度处理,寻找不同数据之间的关联性,总结数据中隐藏的价值规律,为企业的决策制定提供精准的参考,推动企业的智能化升级。

物流企业要提高客户信息的利用率,既要提高现有客户的黏度,又要采取有效措施开发新客户。当前的客户关系管理系统已经无法满足企业在新时代背景下的发展需求,物流企业应该通过系统改革进一步提高客户的积极性。为此,物流企业可以使用先进的数据分析技术,配合其物流信息系统的运营,实现对数据价值的深挖。

3. 商品关联分析

储位管理是否得当,能够直接影响物流企业的储存搬运分拣率,以及仓库的整体利用效果。身处大数据时代中的物流中心,需要在同等时间内处理更多的商品信息,要通过合理安排商品储位来提高工作效率。数据分析技术的应用能够为企业提供有效的解决方案,帮助企业迅速找到货品之间的关联性,加快完成货品分拣及货架安排。

随着时间的推移,推向市场的产品在销量上会发生变化。通常情况下,产品销量会从最初的导入期,到后来进入增长阶段,然后逐渐成熟,最后进入衰退期。企业在不同时期要根据市场需求的变化采取相应的分拨策略。在大数据时代中,物流企业可以借助先进的技术工具来预测并及时感知市场需求的变化情况,降低企业的运营风险,提高决策制定的科学性。

4. 智慧物流供应链管理

大数据时代下,物流企业运用先进技术手段,通过获取采购、生产销售、售后服务等各个环节的数据信息,在进行数据提取与分析的基础上实施统一的供应链运营管理。智慧物流使企业在运营过程中,能够实现与供应链其他环节企业之间的信息交流,促进物流信息在整个供应链内部的顺畅流通,促进各个环节之间的协同运作。

供应链的信息化发展到一定程度后,才能实现智慧型一体化供应链。相比之下,后者能够提高整个供应链运行过程中的信息透明度,增强供应链运营的灵活性,提升整体运营效率。智慧型供应链不仅能够让物流企业掌握采购、生产、销售等各个环节的信息,还能获取客户相关数据,通过数据分析,为供应链上游企业的采购计划制定、产品生产安排等提供参考。同时,为下游企业的市场运营、顾客管理、服务完善等提供有效的指导,在这个过程中,还可以根据供应链发展需求推出信息咨询、金融服务。

在建设智慧型供应链的过程中,最重要的是利用大数据及相关智能技术,实现信息对称,加速整个供应链的运转。相较于传统供应链,智慧型供应链能够实现先进技术在各个环节的深度应用,促进信息资源的流通及整合应用,加强供应链各个环节之间的合作关系,提高供应链对不断变化的市场环境的应对能力。

案例　京东物流青龙系统

京东自1998年成立发展至如今的规模,经历了以业务的带动到以技术为驱动的变革。京东高效优质的物流服务背后是智能化的仓储系统WMS5.0和智能物流配送系统青龙系统。青龙系统作为物流网络最核心的技术,从2011年9月研发项目启动,到2012年11月就已经实现全国所有区域切换完成青龙1.0。青龙系统的切换运行是京东物流具有里程碑意义的技术升级,为物流业务的精细化管理运行提供了有力的技术支撑。

京东物流网络以各地仓库、分拣中心、配送站和配送人员为基础,通过智能化物流管理系统完成整个过程中商流、物流信息流和资金流的高效流转。精确的智能系统可以全面降低流通成本,并能较大程度上提高整个京东物流供应链的效率。

青龙系统在应用架构的设计上重视基础资料的设置,涵盖配送人员、站点、分拣中心、商家、车辆信息等多方的资料,保证各个子系统分工明确且数据共享,可以高效精准地应对不同的业务处理场景。下面以青龙2.0为例介绍其主要应用架构。青龙2.0包括了预分拣系统、PDA系统、运单系统、质控系统、GIS系统、自提柜系统、车辆调度与管理等模块。

预分拣系统是青龙的核心,它的作用环节是接收订单到分拣中心。预分拣系统根据订单的地址信息将其分配到对应站点,再由分拣中心进行智能分拣。在此过程中,青龙的预分拣系统利用大数据技术对关键字、地址等进行匹配,保证了订单自动分拣的准确高效。PDA系统是青龙系统的核心生成系统,主要作用于分拣配送的环节,大大提高了分拣以及配送人员的工作效率。运单系统主要实现了订单状态的全程跟踪,可以承接PDA系统的实时数据,并可供外部系统调用。质控系统主要对物流配送的异常状态进行监控,以最大限度保证货物与配送服务的质量。GIS系统通过配送区域划分、GIS统计分析、配送区域优化等应用深度优化了青龙的配送网络。自提柜系统为解决"最后一公里"难题提供了一个可行性的方案,使物流末端的服务效率和顾客满意度均有较大程度提高。车辆调度与管理涵盖了车辆作业标准化、车辆信息管理与安全、配件管理等系统应用。

京东物流配送的整个流程经由核心的青龙系统驱动,相较于原有的配送系统大大提高了整体的效率和准确度,与智能仓储系统WMS配合,达到了订单处理能力的全面提升。青龙系统经过开发团队近十年的不断研发更新,从最初的1.0版本逐渐演进到当前的6.0版本,其核心技术就是大数据处理技术。青龙系统每天处理的数据规模达到亿级,日处理单量达到百万级别,不仅保证了京东物流的高效率,也获得了非常高的用户评价,极大地满足了用户体验度。

9.3.2 "大数据+物流"的模式创新

在激烈变革的移动互联网时代,把握大数据在物流行业的发展及应用所带来的重大发展机遇,通过大数据分析充分发掘海量离散数据背后的联系与规律,推进服务模式创新,将成为物流企业自身转型升级,实现长期稳定增长的必然选择。总体而言,"大数据+物流"的模式创新主要体现在以下几个方面。

1. 大数据＋物流配送方案优化

大数据涉及相当多的高科技,比如大数据存储、检索、分析、管理等诸多技术。这些技术的应用将会给物流行业的诸多环节带来重大变革。长期来看,在信息采集方面的识别、感知、定位等技术,在信息传输方面的物联网、车联网等技术,在数据开发及应用方面的智能算法等技术方面,将会催生出丰富多元的数据中心。

通过在物流各个环节中应用大数据技术,可以让企业更为科学地进行组织管理,制订出完善的物流配送方案,合理配置运力资源,优化配送路线,并对物流全流程进行实时监测,及时发现物流运输中的问题,充分满足用户的个性化需求。

视频资料:
大数据服务平台打通物流运输线路

2. 大数据＋互联网供应链

互联网时代的物流业内涵更为丰富,已经升级为一个跨区域、跨部门、跨行业、跨领域的复合型产业。应用大数据技术,可以对物流供应链业务及管理流程进行改造升级,完善客户体验。大数据时代的物流业涌现出了很多新兴业态,但这些新兴业态始终基于物流网络与流程两个关键点。通过进行数据分析与发掘,可以帮助企业打造更为完善的物流配送网络,对物流流程进行持续优化,有效地强化企业的供应链管理能力。

3. 大数据＋物流个性化服务

近两年,大数据在提高企业服务能力,充分满足用户个性化需求方面的价值也得到了充分体现。通过大数据分析,物流企业可以针对多元化、个性化的目标受众,定制和开发产品及服务,从而满足动态变化的消费需求。大数据时代,数据将成为企业需要重点争夺的战略资源。

《2023 中国数字物流发展报告》

未来物流企业需要建立物流数据平台,搜集海量多源物流数据,并对其进行深入分析,找到有较高价值的客户信息。同时,将这些信息提供给供应商、渠道商、零售商等合作伙伴,提高整个供应链的灵活性、协同性,针对市场环境及用户需求变化快速制定行之有效的应对策略,为消费者创造更多价值的同时,使供应链各节点企业能够源源不断地获取较高的利润回报,实现多方合作共赢。

4. 大数据＋物流信息化

物流信息化在降低人力成本、提高物流作业效率、减少人为失误造成的问题方面,具有明显优势。实施物流信息化,将极大地提高企业的资源整合能力,实现物流作业的自动化、数字化、智能化及智慧化,提高客户响应速度,降低人力成本。

现阶段,我国物流业发展水平相对滞后,传统物流企业的转型之路走得举步维艰,虽然电商产业的迅猛发展给物流业带来广阔的市场机遇,但物流企业更加关注的是规模和速度,忽略了效率与质量。未来,需要加快"互联网＋物流"模式的落地进程,推进大数据技术与分析方法在物流业的发展及应用,支持鼓励物流企业对技术、商业模式、管理理念等进行创新。相关职能部门及行业协会应该设立物流数据管理机构,引导物流企业开展良性竞争,保障用户数据安全,确保我国物流业的长期稳定健康发展。

9.3.3　数据挖掘方法在智慧物流中的应用

新技术、管理模式及方法在物流管理领域的应用,有效地提高了企业的物流管理水平,使企业能够更为灵活地应对不断变化的市场环境及用户需求,实现提质增效,提高内部凝聚力与外部竞争力,从激烈的市场竞争中成功突围。

现代物流管理更加强调自动化、智能化、智慧化管理,管理效率明显提升,将物流从一项高昂的成本支出,转变成为新的利润增长点,有效提升了客户体验的同时,更使社会资源的配置及利用得到进一步优化。

1. 企业物流管理的现状和问题

经济全球化,让企业能够在世界舞台上大展拳脚的同时,也使企业面临的市场竞争更为激烈,不但要面对国内竞争对手,还要和国际巨头同台竞技。为了提高自身的核心竞争力,企业纷纷实施集中化战略,争取构建出强大的核心竞争力。

提高运营效率,降低运营成本是企业管理追求的重点目标,而物流管理是实现这一目标的有效方式之一。在现代企业竞争中,物流环节是影响用户体验的重要组成部分,物流管理水平在企业参与市场竞争中扮演的角色愈发关键。但长期以来,我国企业普遍重视商流和资金流,忽略物流和信息流,导致物流管理水平严重滞后,不能满足企业参与市场竞争需要。具体来看,国内企业物流管理出现的问题主要表现在以下几个方面:

(1) 对物流管理缺乏足够认识

技术、制造设备、生产工艺的不断进步,使生产环节为企业构建竞争力的难度加大,产品同质化尤为严重,竞争开始向服务质量、用户体验转移,而物流对服务质量与用户体验有直接影响,如物流管理水平较低将带来物流时效性差、货物损坏、丢失等各种问题。

但很多企业未能认识到物流管理是企业构建核心竞争力的重要组成部分,没有针对其制订长期性的战略规划,造成成本增加的同时,更严重地影响了用户体验。

(2) 会计核算方式不合理,没有真正反映出物流成本

很多企业在核算物流成本时,通常仅是将直接支付给第三方物流公司的仓储、运输及配送费用作为物流成本,而忽略了统计库存管理、包装装卸、物流基础设施建设及维护等成本,导致呈现在企业管理者面前的物流成本较低,无法引起管理层对物流管理的重视。

(3) 物流职能分散、环节割裂,导致效率低下

很多企业的采购、仓储、包装、运输、配送等物流环节由不同部门管理及控制,各环节管理缺乏协同性、整体性。

(4) 以人工管理为主,物流管理方式落后

很多企业仍在沿用传统的物流管理方式,投入大量人力进行物流管理,造成成本高企的同时,管理效率却不高。而现代物流管理应用了通信技术、条码技术、人工智能、物联网等高科技,能够让企业物流管理实现自动化、智能化、智慧化,显著提高管理水平与质量。

2. 数据挖掘赋能物流智能化管理与决策

数据发掘技术通过大数据、数据仓库等数据处理技术及各种分析方法和工具,对海量离散、无序、多源数据进行深入分析,从而找到数据背后的联系与规律,为企业的战略决策提供

强有力的支持。

目前,国内企业在数据搜集和提取方面的问题尤为严重,很多企业数据管理混乱,数据被存放在多个部门、多种系统之中,难以在短时间内进行高效整合及利用。对数据进行搜集、整合是开展数据挖掘的基础和前提,然而很多企业的数据处理系统根本无法完成这种工作。

数据仓库作为一项数据存储及组织技术,能够帮助企业营造新的数据分析处理环境,其应用逻辑是从企业的脱机历史业务数据、联机事务处理(On-Line Transaction Processing, OLTP)系统及外部数据源中搜集数据并进行处理,从而为企业的数据分析及管理决策提供支持。对海量数据进行探索式分析,首先要进行的是联机分析处理(On-Line Analytic Processing, OLAP),通过多维数据模型进行数据切片、钻取和汇总操作,实现快速分析和查询多维数据,提供实时的业务洞察和决策支持。然后使用数据挖掘技术对未来的发展趋势进行预测,更为高效精准地定位问题。

大数据挖掘技术在物流企业中的具体应用主要集中在以下方面。

(1)市场预测

任何商品都有自身的市场生命周期,不可能始终保持热销状态,特别是在消费者行为和需求快速变化的情况下更是如此。从企业角度来看,以往企业主要是通过市场调研和主观经验寻找目标客户、明确客户需求,然而在瞬息万变的互联网商业市场中,通过调研问卷获取的信息和分析结果常常是延迟、不准确的,从而导致企业管理者错判市场需求和发展态势。大数据则为企业实现精准的市场预测提供了解决方案。应用大数据,企业可以及时全面地获取市场需求与变化的信息,通过大数据分析精准定位客户行为与需求,据此准确预测产品进入市场后各个阶段的情况,从而为制定库存、运输等物流业务运作方案提供有力依据。

(2)物流中心的选址

物流中心选址对物流企业发展有着重要影响,需要物流企业综合考虑自身经营特点、产品特质和交通状况,选择业务运作成本最小的位置。大数据中的分类树法能够帮助物流企业有效解决物流中心的选址问题。

(3)优化配送线路

配送线路直接影响着物流企业的配送效率和配送成本。大数据则能帮助物流企业实时获取并分析配送过程中的信息,实现物流配送过程的智能化、可视化动态管理,从而及时调整优化配送线路,大幅提升企业的配送效率,降低配送成本。

物流企业可以利用大数据分析商品特性和规格、客户的个性化需求等内容,综合考虑影响配送计划的各种因素,据此制定最佳的配送线路。同时,大数据应用还能使物流企业实时获取配送过程产生的大量数据,并通过数据分析了解配送线路上的交通状况,从而及时调整优化配送线路,提前预警和规避交通拥堵和事故多发路段。

(4)仓库储位优化

合理的商品储存位置有助于提高仓库利用率和搬运分拣效率,特别是对于商品数量众多、出货频率较快的物流中心来说,仓库储位优化意味着工作效率和效益的提升。对此,物流企业可以利用大数据的关联模式法分析商品数据间的相互关系,明确哪些货物放在一起

智慧物流与电子商务

可以提高分拣效率,哪些货物放在仓库中的时间较短等,从而合理安排商品在仓库中的储存位置。

迄今为止,数据挖掘在市场营销、生物工程、金融服务等行业中的应用已经取得了显著成就。数据挖掘技术的应用能够对企业发展起到推动作用,随着其价值的显露,越来越多的投资者会聚焦到这个领域。未来,企业将打造完整的物流管理信息系统,并采用先进的电子数据交换技术、人工智能技术、网络技术、扫描技术等,实现物流信息获取、数据存储、数据分析与处理等各个环节的信息化与智能化,充分利用数据挖掘技术推动企业的发展。

在网络信息时代下,企业要想提高物流信息管理的效率,就要采用先进的数据挖掘技术,从海量数据信息中寻找事物的发展规律和趋势,将数据转化为知识,并为企业的经营与发展提供指导与参考,激发消费者的购物需求,减少企业承担的市场交易风险。在数据挖掘技术应用的基础上,企业能够了解并把握市场变化情况,从而制定科学、合理的决策。

随着物流管理技术的高速发展,其应用范围也将延伸到多个领域,加速社会物资供给的运转,并逐步在世界各个国家蔓延开来,届时,"全球物流"将逐步代替"商务物流",得到广泛的认可。

案例 沃尔玛的数据挖掘技术应用

数据是企业的战略性资产。企业要想经营成功,就要实现数据价值的充分挖掘,减少资源浪费。在现代物流管理方面,沃尔玛十分擅长运用数据挖掘技术提升整体的运营效率。沃尔玛建立了完善的物流配送体系,将信息系统、运输系统、配送系统、供应商伙伴关系系统都包含在内。

利用该系统,沃尔玛能够在 48 小时内完成所有连锁店的货品配送任务,在一周之内进行两次补货,而大多数零售企业都只能做到两周补一次货,无法与沃尔玛抗衡。另外,运用计算机追踪系统与信息传递系统,沃尔玛能够在全国各个地区进行货物配送,保持各地分店的正常运营,而不会因库存量不足出现货品短缺的现象。

如此一来,沃尔玛的分店就能减少在存货环节的资金消耗。依托先进的数据挖掘技术,沃尔玛能够加速企业物流系统的运转。调查结果显示,集团内部有 1 200 人负责物流信息系统的运营工作,不仅如此,沃尔玛还为其提供了足够的资金支持。

沃尔玛运用先进的数据挖掘技术结合数据仓库确定商品的市场分组,目的是将那些能够促使顾客进行连带购买的商品放在一起。集团的数据仓库存储着每个商场过往一年时间里的交易数据。

沃尔玛借助先进的数据挖掘技术,对数据仓库中存储的交易数据进行了深度处理。通过应用数据仓库,沃尔玛能够有效提高其数据分析能力,并实施高效的客户关系管理,对其经营范围内利润空间最大的商品品类进行准确定位。

通过进行数据挖掘,沃尔玛能够提取海量数据中蕴藏的商业价值,运用先进的数据采集技术,对企业传统的订货模式进行改革,打破传统思维的束缚,根据精准的数据分析结果,找出适合商场的商品搭配与订货数量,并据此选择最佳的商品陈列方式,合理设定商品价格。

本章小结

大数据主要具有 4V 特性,即规模性(Volume)、多样性(Variety)、高速性(Velocity)和价值性(Value)。大数据思维包括全样本思维、混杂性思维、相关性思维、实时性思维。大数据的技术内涵包含三个方面:处理海量数据的技术、处理多样化数据的技术、提升数据生成与处理速度的技术。

分布式数据系统 CAP 原理三要素:一致性(Consistency)、可用性(Availability)和分区容忍性(Partition Tolerance)。大数据表达通常采用 NoSQL 技术。NoSQL 也称为 Not only SQL,是对不同于传统的关系型数据库的数据库系统的统称,它具有非关系型、分布式、不提供 ACID 的数据库设计模式等特性。目前主流的 NoSQL 数据管理系统有 Big Table、HBase、Redis、Cassandra、MongoDB、Neo4j 等。

大数据处理基本可以划分为数据采集、数据处理与集成、数据分析及数据解释 4 个阶段。Hadoop 是一个开源的分布式系统基础架构,用于进行大数据并行处理,其最核心的设计是 HDFS 和 MapReduce。HDFS 为海量的数据提供了存储;MapReduce 则为海量的数据提供了计算。数据可视化(Data Visualization)技术是指运用计算机图形学和图像处理技术,将数据转换为图形或图像在屏幕上显示出来,并进行交互处理的理论、方法和技术。当前大数据主要用于数据挖掘和推荐系统。数据挖掘主要解决分类、聚类、关联和预测问题。推荐系统能基于协同过滤法和内容分析法生成个性化的推荐结果。

当前大数据在物流企业中的具体应用主要集中物流企业运营决策、客户关系挖掘、商品关联分析、智慧物流供应链管理等方面。

思考题

1. 什么是大数据？大数据时代需要具备什么的大数据思维？大数据技术在物流中有哪些体现和应用？
2. 大数据技术包括哪些？大数据处理的基本流程是什么？
3. 通过互联网,查找大数据在电子商务和智慧物流系统中的具体应用,阐述大数据在其中发挥了什么样的作用以及具体的实施过程是怎样的。

第 10 章

跨境电子商务与智慧物流

学习目标 >>>

- 掌握跨境电子商务的定义、分类、特点、优势
- 理解发展电子商务的意义
- 重点掌握电子商务模式的分类及各类模式的内涵、特点、优劣势和运作流程
- 重点掌握跨境电子商务物流的模式
- 了解跨境电商物流承运商

10.1 跨境电子商务概述

10.1.1 跨境电子商务定义与特点

1. 跨境电子商务定义

跨境电子商务（Cross-border E-commerce），简称为跨境电商，是指分属不同关境的交易主体，通过电子商务平台达成交易，进行在线支付结算，并通过跨境物流送达商品，完成整个贸易过程的一种国际商业活动。

跨境电子商务的本质是电子商务在进出口贸易领域的运用，是国际贸易流程的电子化、数字化、网络化，在单一窗口跨境电子商务服务平台上，依靠互联网和国际物流，直接对接终端，满足客户需求。跨境电子商务将电子商务与跨境贸易相融合，冲破了国家间的障碍，使国际贸易走向无国界化，正在引起全球经济的巨大变革。同时，由于门槛低、环节少、成本低等方面的优势，跨境电子商务已在全球范围内蓬勃发展。跨境电子商务系统要素联动关系模型如图 10-1 所示，该图有助于我们总览跨境电子商务的总体框架。

按照外贸进出口方向不同，可以将跨境电子商务分为跨境进口电子商务和跨境出口电子商务。

2. 跨境电子商务的特点

跨境电子商务作为一种新型的、日趋成熟的贸易方式，与传统的国际贸易和境内电子商务相比有一些独特性，具体表现为全球性、多边性、碎片化、高效性、快速演进的特点。

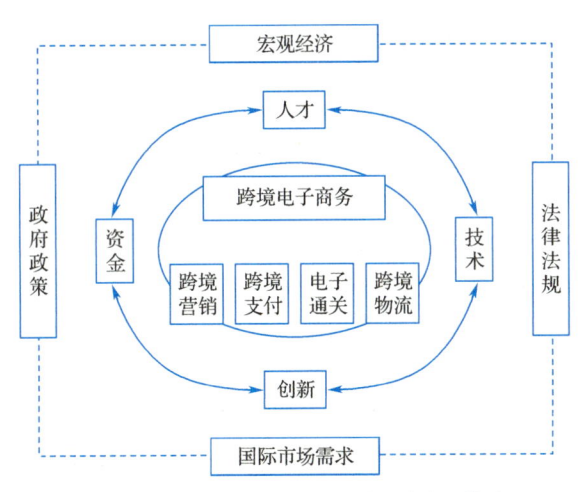

图 10-1　跨境电子商务系统要素联动关系模型

(1) 全球性

从交易的范围角度来看,与境内电子商务不同,跨境电子商务的交易针对不同关境的交易主体,更加体现了互联网对于全球资源的整合能力,同时跨境电子商务贸易过程中相关的信息流、资金流、物流已由传统的双边逐步向多边的方向演进,更体现出跨境电子商务全球性特点。

(2) 多边性

从交易过程涉及的主体范围角度来看,与传统的电子商务不同,跨境电子商务的贸易过程不仅包括交易双方,还涉及海关、检验检疫、税务、外汇管理部门等主体,因此体现出多边协调、通力协作的特点。

(3) 碎片化

从交易过程中产品批量特征的角度来看,与传统贸易不同,小批量的订单才是跨境电子商务的特点。究其原因,实际上是因为跨境电子商务能够使单个企业和单个企业甚至单个消费者之间直接进行交易,同时互联网的便捷性也为网上的小额批发以及零售提供了方便。因此,小批量、多批次的碎片化模式正在取代传统集装箱式的大额外贸交易模式,成为跨境电子商务的一个显著特点。

(4) 高效性

从整个交易流程的速度来看,传统的国际贸易主要由一国的进出口商通过另一国的进出口商集中进出口大批量货物,再通过境内流通企业经过多级分销,最后到达企业或是消费者,表现出环节多、时间长、成本高的特点,而跨境电子商务可以通过电子商务交易与服务平台,实现多国企业之间、企业与最终消费者之间的直接交易,环节少、成本低,提高了国际贸易的效率,表现出高效性的特点。

(5) 快速演进

从跨境电子商务的整体发展现状角度来看,基于互联网的电子商务活动正处于瞬息万变的演进过程中,与其相配套的网络设施和法律协议等在未来的发展中呈现出不确定性。比如,近年来税法制度随着跨境电子商务的完善而逐步修订完善,同时新的税制改革也给现有的跨境电子商务发展带来了影响,因此跨境电子商务的发展表现出快速演进的特点。

10.1.2 跨境电子商务的意义

1. 跨境电子商务对传统外贸企业的意义

(1)跨境电子商务有利于传统外贸企业转型升级和保持外贸稳定增长

大力发展跨境电子商务,有助于在成本和效率层面增强国家的进出口竞争优势,提高外贸企业的利润率。电子商务渠道的深入渗透,可以使企业和最终消费者建立更畅通的信息交流平台,有利于企业及时掌握市场需求,调整产品结构,提升产品品质,树立产品品牌,建立电子商务信用体系,从而增强国家外贸的整体竞争力,对传统外贸企业转型升级和稳定外贸增长起到重要作用。

(2)跨境电子商务为企业的国际化提供了新平台

跨境电子商务能够有效打破渠道垄断,减少中间环节,节约交易成本,缩短交易时间,为境内企业创建品牌、提升品牌的知名度提供了有效的途径。通过开展跨境电子商务,许多不被境外消费者所知晓,但性能好、质量高的产品和服务通过跨境电子商务平台,实现了面向国际的拓展。因此,跨境电子商务创造了新的、更公平的、更广阔的发展空间,从而催生出更多具有国际竞争力的企业。

2. 跨境电子商务对消费者的意义

(1)跨境电子商务为消费者节省了购买成本

从货币成本角度来看,除了国内消费者对国际品牌产品的购买需求越来越旺盛,国内外相同产品的价格差也使消费者逐渐将视线转移到国外。由于国际品牌商品进口时面临高额的关税、增值税,同时还需经过层层渠道商,商品价格成本增加,国外品牌产品国内售价显著高于境外,或者由于国内相关产品的数量较少而导致价格垄断,无法满足消费者需求,这些都给以较低价格提供丰富的国际品牌产品的跨境电子商务模式带来了一定的市场空间。从时间成本角度来看,全球及国内电子商务的迅速发展为跨境电子商务提供了一个十分有利的生存土壤和发展平台。对于消费者来说,使用跨境电子商务平台进行支付和交易的便捷性大大提升,消费者不必走出国门或货比三家寻找代购就能享受国外的产品,国际物流环境也比以前更加开放,信息化程度明显提高,安全性和速度都有保障,使得跨境电子商务成为消费者的不二选择。

(2)跨境电子商务为消费者权益提供了保障

在传统的海外代购、朋友圈代购等跨境交易模式下,代购商品一般产自境外,其计量、质量等标准无法进行统一。当发生纠纷时,消费者调查取证存在困难。跨境交易不存在统一的规范以致侵权责任难以明确,管辖权、准据法的认定困难等问题进一步加大了消费者维权的成本,无形中延长了诉讼周期,同时还存在个体交易金额较小、受众较多,导致立案存在困难等问题。而由于跨境电子商务对于跨境贸易的逐渐规范化,消费者在权益受到侵害时,可以向相关行政部门申诉,或向相关国际组织投诉,得到调解,还可以进行商事仲裁及诉讼等。由此可见,随着跨境电子商务的进一步发展,消费者权益会得到更好的保护。

3. 跨境电子商务对产业的意义

(1)跨境电子商务促进第三产业的服务升级

随着一批知名电子商务平台企业、物流快递企业、第三方支付本土企业加快崛起,跨境电子商务将会引发相关服务业生产方式、产业组织方式的变革。在物流方面,企业必须对现有的物流配送能力和配送网络进行全面的梳理和布局;在构建电子支付体系过程中,企业应做到能够适应汇率变动、解决资金安全问题;在电子认证方面,交易平台应达到确保交易本身合法有序的目的;在综合服务方面,面对多样化、多层次、个性化的境外消费者需求,企业必须以消费者为中心,构建完善的服务体系;在产品开发方面,研发产业应该针对更广泛的客户群体,对产品进行新的生产设计等。

(2)跨境电子商务是促进整个产业结构升级的新动力

跨境电子商务的发展,直接推动了物流配送、电子支付、电子认证、信息内容服务等现代服务业和相关电子信息制造产业的发展,使得三大产业之间的结构布局趋于优化。面对多样化、多层次、个性化的境外消费者需求,企业必须转变从前的战略方针,转而生产适销对路的产品,并在此基础上加强合作创新,构建完善的服务体系。在提升产品制造工艺、质量的同时,加强研发设计、品牌销售,重构价值链和产业链。跨境电子商务的发展促进了产业进一步升级改造,实现了资源的有效配置。

4. 跨境电子商务对国家的意义

(1)跨境电子商务的发展为中国的产品对接世界提供了更广泛的机会

通过跨境电子商务平台,我们将"中国制造"的高质量产品更高速地推广到世界各地的消费者面前,同时境内企业也可以更便捷地了解到世界各地企业、消费者对产品的需求和偏好,从而生产出更加让消费者满意的产品,使中国的产品真正对接世界。

(2)跨境电子商务的蓬勃发展有助于我国提升国际话语权

通过互联网获取准确、实时的国际贸易信息资源,不仅可以使我国掌握国际贸易市场动态,而且可以预测国际市场发展态势;大力发展国际支付结算服务,加强在线支付结算平台的能力,完善在线支付业务规范和技术标准,有助于提高我国第三方支付机构在跨境电子商务市场中的地位,掌握跨国支付结算的优先权;随着我国跨境电子商务在国际上的地位越来越突出,我国也可以引领建立跨境电子认证在线交易、跨境支付、跨境物流、通关、商检等标准规范,从而掌控国际贸易的主导权。

(3)跨境电子商务的快速发展将反向促进政策的全面推开

至 2022 年 11 月 14 日,我国跨境电子商务综合试验区数量达到 165 个,覆盖 31 个省份。随着地区跨境电子商务的快速进展,国家和各地方政府也纷纷出台相关政策,对跨境电子商务的发展进行适时的鼓励、引导、监督与管理。自 2012 年以来,政府在跨境电子商务支付、海关监管、检疫检验、税收管理等方面均进行了规范,以适应当前跨境子商务发展的要求。伴随跨境电子商务的蓬勃发展,相关配套政策将更精准地服务于企业,并创造更好的政策环境,进一步促进与"一带一路"共建国家的经贸合作。

国家战略:"一带一路"倡议推动跨境电商发展

"一带一路"(The Belt and Road,B&R)是"丝绸之路经济带"和"21世纪海上丝绸之路"的简称,2013 年 9 月和 10 月由中国国家主席习近平分别提出建设"新丝绸之路经济带"和"21 世纪海上丝绸之路"的合作倡议。依靠中国与有关国家既有的双多边机制,借助既有的、行之有效的区域合作平台,"一带一路"旨在借用古代丝绸之路的历史符号,高举和平发展的旗帜,积极发展与合作伙伴的经济合作关系,共同打造政治互信、经济融合、文化包容的利益共同体、命运共同体和责任共同体。

2013年至2022年,中国与共建国家进出口总额累计达到19.1万亿美元,年均增长6.4%;与共建国家双向投资累计超过3 800亿美元,其中中国对外直接投资超过2 400亿美元。

截至2023年6月底,中国与150多个国家、30多个国际组织签署了230多份共建"一带一路"合作文件。2023年10月17日至18日,第三届"一带一路"国际合作高峰论坛在北京举行,成为纪念"一带一路"倡议十周年最隆重的活动,此次活动主题为"高质量共建'一带一路',携手实现共同发展繁荣"。2023年11月24日,中国发布共建"一带一路"未来十年发展展望。

中国的跨境电子商务发展归功于"一带一路"倡议。在"一带一路"倡议下,跨境电子商务商家可以扩大市场份额,减少贸易成本,提高物流效率,提升数字化发展,促进文化交流,实现多方共赢。主要体现在以下几个方面:

(1)扩大市场机会

"一带一路"倡议包含庞大而多元化的国家和地区,为中国跨境电子商务卖家提供了广阔的市场机会。在积极与共建国家协作的过程中,中国跨境电子商务商家更容易进入这些市场,满足本地消费者对各种商品和服务的规定。这不仅增加了企业市场占比,而且有助于提高销售和经营能力。

(2)贸易便利化

"一带一路"倡议旨在降低国际贸易壁垒,提升各国之间的贸易协作。这意味着跨境电子商务商家可以更顺利地开展跨境贸易,降低进出口难题和成本。"一带一路"倡议还鼓励建立更高效的海关步骤和商贸规范,为跨境电子商务营造更便利的贸易环境。

(3)基础设施

"一带一路"倡议的重要组成部分是基础建设,包含海港、铁路、路面、机场等。这类基础设施的改进和复建将有利于提升物流效率,降低物流成本,加速货品的流通速率。针对跨境电子商务卖家来说,更高效的物流网络代表着更及时、更可靠的货物交付,提升了客户的体验感。

(4)数字化发展

我国数字技术的普及程度逐步提高,为跨境电子商务商家增添了智能市场的机遇。通过合作与投资,中国跨境电子商务商家能够帮助"一带一路"共建国家发展电子商务和数据支付解决方案,从而推动数字化发展,提升买卖的便利性和安全度。

(5)跨文化交流

"一带一路"倡议鼓励不同国家及文化间的交流合作。跨境电子商务商家要解决各国市场跨文化交流的挑战,包含语言、习惯和文化冲突。通过参与"一带一路"项目,企业能够积淀跨文化交流经验,更好地了解并适应不同的市场需求。

(6)资本流动

"一带一路"倡议激励金融合作,推动跨境资本流动。这代表了跨境电子商务商家可以更方便地进行资产分配和跨境支付。根据战略伙伴关系,公司能够很好地管理国际业务,应对金融考验。

(7) 可持续发展

"一带一路"倡议重视可持续发展,包含环境保护和社会责任。跨境电子商务卖家在参加"一带一路"项目时,应该考虑可持续难题,制定相应的环境保护和社会责任战略,以适应国际社会的期待。

(8) 合作共赢

"一带一路"倡议倡导互利共赢的理念,激励各国一同推动项目成功。跨境电子商务企业可以和"一带一路"共建国家建立长期的合作关系,共同繁荣发展,共同分享项目带来的收益。

10.1.3　跨境电商发展历程与现状

1. 我国跨境电子商务的发展历程

(1) 初步探索阶段——金关工程(20 世纪 90 年代)

金关工程于 1993 年由国务院提出,并在 2001 年正式启动。金关工程的目标是推动海关报关业务的电子化,取代传统的报关方式以节省单据传送的时间和成本。1998 年,海关总署发起建立中国电子口岸,实现企业上网办理报关、出口退税、核销、转关等进出口手续;1999 年,阿里巴巴在杭州成立,阿里巴巴国际交易市场成为全球领先的小企业电子商务平台,为众多小企业开拓了海外市场。在这一时期,跨境电子商务的发展处于初步探索阶段。

(2) 网络黄页模式阶段(2000—2005 年)

网络黄页推广是指加入面向全球市场的国家级和世界级黄页目录,以及在目标市场的网络黄页上做广告。21 世纪初,中国电子商务迈入发展阶段,越来越多的企业意识到网络的优势和利益,由此网络黄页成为继网站建设和搜索引擎后,当时企业应用网络的第三大热点。网络黄页帮助企业实现建站和上网,同时提供了网络营销和业务推广功能,极大地降低了中小企业业务运营成本,为中小企业提供了与大企业平等竞争的机会,由此得到快速发展。全球资源、中国制造网、慧聪网、ECVV 等,基本上都采用网络黄页推广的模式。

(3) 网上交易模式阶段(2006—2011 年)

随着全球电子商务的较快发展,2006 年中国电子商务交易额突破万亿元大关。在信息流和资金流的电子化之后,物流电子化逐步成为现实。在这一阶段,企业做跨境电子商务有两种模式:一是平台电子商务模式,即企业可以在第三方平台上建立网店门户,目前中国知名的跨境平台有阿里巴巴全球速卖通、敦煌网等;二是独立电子商务模式,即企业构建自己的品牌,搭建自己的网站并推广,做独立电子商务,如兰亭集势、大龙网等。

(4) 外贸综合服务平台模式阶段(2012 年至 2017 年)

在此阶段,外贸综合服务平台为客户提供包括融资、运输、保险、仓储、外贸单证制作、报关、报检、口岸通关、核销、退税等一体化的外贸操作服务。2012 年,海关总署启动了金关工程第二期立项申请工作,有效促进加工贸易转型升级,优化海关监管与服务。2013 年 8 月,国务院和商务部推出《关于实施支持跨境电子商务零售出口有关政策的意见》,简称"外贸国六条",支持外贸综合服务企业的发展,为中小企业出口提供融资、通关、退税、物流、保险等外贸服务,这是商务部第一次正式对跨境电子商务进行明确的政策支持,随后一系列跨境电商支持政策密集出台。外贸综合服务平台的兴起,是我国外贸业务模式的创新。平台通过提供进出口环节相关服务,降低了中小外贸企业的经营成本,对促进外贸转型具有积极意义。2015年3月7日,国务院批复同意设立中国(杭州)跨境电子商务综合试验区,全国第一个跨境电商综试区成立,随后跨境电商综试区经验在全国各地快速推广。综试区及相关政策为跨境电商平台业务提供了有力支持,创造了良好环境,拓宽了发展空间,并促进了其健康快速发展。

(5)多种创新模式融合发展阶段(2018年至今)

此阶段世界经济受逆全球化、新冠疫情以及局部局势紧张的影响,跨境电商发展面临资金周转困难、税费成本增加、物流和发货受阻等方面的挑战,中国跨境电商企业开始着重于品牌、渠道、供应链和营销等方面的综合优势构建,实现全方位和立体化的高质量发展。新兴技术的不断成熟,为跨境电商提供了更多的解决方案,跨境电商 Sass 软件、跨境电商直播、跨境电商独立站平台快速兴起,中国电商平台纷纷出海,跨境电商平台"全托管""半托管"模式发展势不可挡,跨境电商行业逐渐呈现出本土化、数字化与智能化、绿色化、服务能力全球化、内外贸一体化的特点。

2. 中国跨境电商现状

"十二五"规划使我国的跨境电子商务开始了真正的务实发展。自2012年起,我国从中央到地方纷纷出台相关政策,鼓励和推动中国跨境电子商务的发展。截至2022年11月,我国跨境电子商务综合试验区数量达到165个,覆盖31个省份。跨境电子商务综合试验区工作的展开,是我国跨境电子商务快速发展的促进力量。

(1)跨境电子商务行业蓬勃发展

目前,我国的跨境电子商务已开始向转型阶段迈进,且领先于全球其他国家和地区。网经社电子商务研究中心发布的《2022年度中国电子商务市场数据报告》显示,2022年中国跨境电商市场规模达15.7万亿元,较2021年的14.2万亿元同比增长10.6%。此外,2018—2021年,跨境电商市场规模(增速)分别为9万亿元(11.7%)、10.5万亿元(16.77%)、12.5万亿元(19.0%)、14.2万亿元(13.6%)。其中,2022年中国出口跨境电商市场规模达12.3万亿元,较2021年的11万亿元同比增长11.81%;进口跨境电商市场规模达3.4万亿元,较2021年的3.2万亿元同比增长6.25%。在模式结构方面,2022年中国跨境电商的交易模式中跨境电商B2B交易占比达75.6%,跨境电商B2C交易占比为24.4%。用户规模方面,2022年中国进口跨境电商用户规模1.68亿人,较2021年的1.55亿人同比增长8.38%。2015—2022年,我国进出口贸易及跨境电子商务交易规模如图10-2所示。

图 10-2 2015—2022 年我国进出口贸易及跨境电子商务交易规模

从图10-2中可以看出我国跨境电子商务呈现出了快速增长的态势,且跨境电子商务在进出口贸易中的渗透率逐步提升,已经成为我国外贸发展的新的增长点。究其原因,一是国外消费需求的提升、国家政策的支持使得跨境出口电子商务走上了快车道;二是由于跨境进口电商的繁荣发展,国内消费者消费需求的升级,使得获取优质供应商、构建更有效的企业联盟成为必要条件,更多国外优质商品借此流入国内市场。

"一带一路"倡议下,出口跨境B2B电商迎来难得的发展机遇。目前跨境电商在广东、浙江、福建等网络、物流比较成熟的沿海区域已经率先形成规模。且近年来,欧美线上代替线下趋势逐步显著,发展中小语种国家互联网迅速普及,电商潜力同样巨大。这些都为跨境出口电子商务企业带来了新的机遇。

在消费升级的市场环境下,在国家政策对跨境进口电商的不断支持下,跨境进口电商会变得越来越普及化。

(2)国家跨境电商扶持

①国家相关政策

跨境电子商务受国家政策影响较大。为了进一步鼓励和促进跨境电子商务的发展,我国政府从2012年起陆续出台了一系列相关政策文件,促进跨境电子商务基础工作的逐渐起步,如图10-3所示。

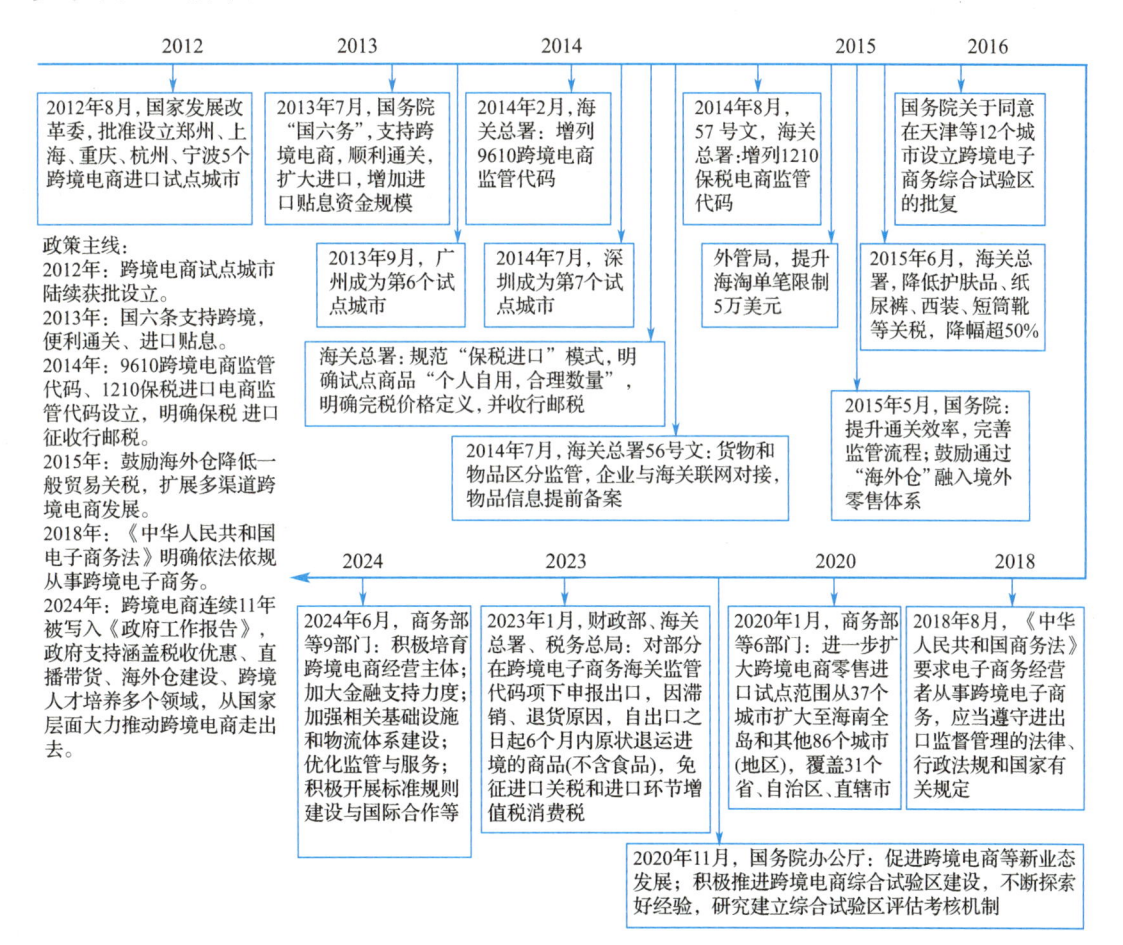

图10-3 我国跨境电商相关政策文件

②跨境电商综合试验区

2012年12月19日,在国家发改委、海关总署的带领下,国家跨境电子商务服务试点工作在郑州正式启动,郑州、上海、重庆、杭州、宁波5个城市成为我国首批跨境电子商务服务试点城市。2013年9月,我国增设广州为跨境电子商务服务试点城市。2013年年底,深圳成为跨境进口电子商务服务试点城市。试点工作的展开为地方跨境电子商务的发展以及先进模式的推广打下了良好的基础。2013年,我国将杭州列为首批跨境电子商务贸易的试验区。由于浙江省跨境电子商务在2014年取得了一系列突破性进展,杭州又于2015年3月12日被国务院批复成为我国首个跨境电子商务综合试验区(综试区)。2015年10月,天津获批成为全国第八个跨境电子商务试点城市。随后在2016年1月,原有的跨境电子商务示范城市纷纷获批跨境电子商务综合试验区,在此基础上,国家又新设了5个跨境电子商务综试区,使我国跨境电子商务综试区的数量增至13个,包括杭州、上海、宁波、重庆、郑州、广州、深圳、天津、合肥、成都、大连、青岛、苏州13个市,涵盖了我国进出口贸易规模较大,且具备发展跨境电子商务的区位优势的大部分地区,具体见表10-1。随后2018—2022年,国家陆续设立了第三批至第七批跨境电子商务综合试验区,至此,中国跨境电子商务综合试验区数量达到165个,覆盖31个省份。彭艳在《跨境电商综合试验区设立、信息化水平与进出口贸易》中通过分析得出综试区设立可积极促进进出口贸易,表现为设立综试区的政策效应每提升1个百分点,其出口总额、进口总额和进出口总额分别提升12.9、68.8和16.3个百分点。

表10-1　　13个跨境电子商务综合试验区概况

城市	区位优势	跨境电子商务进展情况
杭州	电商中心、中心城市	"六大体系,两个平台"模式,以跨境一步达平台为代表
上海	中心城市、经济优势	规模化、标准化、集群化、规范化发展,以跨境通平台为代表
重庆	交通枢纽、产业集群	重点地区重点发展,以西港全球购平台为代表
郑州	地理中心、优势产业	注重B2B,并由重点地区推广,以e贸易平台为代表
宁波	经济中心、开放城市	打造"一盘棋"的发展格局,以跨境购平台为代表
广州	外贸优势、港口城市	亚太地区跨境电子商务中心城市,以环球市场为代表
深圳	经济优势、国际化程度高	以前海为龙头,以深圳市跨境贸易电子商务服务平台为代表
天津	经济中心、港口城市	公共服务、海关监管和检验检疫监管三大平台共同支撑,以中心商务区跨境电商综合服务平台为代表
大连	经贸优势、港口城市	"四位一体"运营模式,以天天出口通平台为代表
合肥	核心城市、经济优势	打造"国字号"跨境综合试验区
青岛	经济中心、港口城市	打造三大机制,构建样板,以e通平台为代表
苏州	经济重镇、外贸发达	因地制宜、创新发展,以昆山市跨境电商综合服务平台为代表
成都	西南中心城市	"一都一府三中心"的发展格局,以成都跨境贸易电子商务综合服务平台为代表

10.2 跨境电子商务的模式与运作流程

10.2.1 按照传统电子商务模式划分

跨境电子商务市场按照传统电子商务模式划分，可分为 B2B 跨境电子商务、B2C 跨境电子商务以及 C2C 跨境电子商务三种类型。

1. B2B 跨境电子商务

B2B 跨境电子商务是指分属不同关境的企业对企业，通过电商平台达成交易、支付结算、通过跨境物流送达商品、完成交易的一系列国际商业活动。B2B 跨境电子商务模式主要以信息与广告发布为主，凭借收取会员费和营销推广费的方式盈利。B2B 跨境电子商务单笔交易金额较大，大多数订单需要进行多次磋商才能达成协议，同时长期稳定的订单较多，一般只在线上进行贸易信息的发布与搜索，最终交易在线下完成。常见的 B2B 跨境电子商务平台有 Importers（美国）、Ecplaza（韩国）、Indianmart（印度），以及中国的敦煌网、环球资源网、阿里巴巴国际站、中国制造网、易唐网等。

(1) B2B 跨境电子商务的优势

① 树立品牌形象。B2B 跨境电子商务模式有利于国内不满足做代工的工贸性企业和本土中国品牌利用跨境电子商务试水"走出去"战略，熟悉和适应海外市场，将中国制造、中国设计的产品推向全球，开辟新的战线。

② 监管容易。B2B 跨境电子商务模式进出海关的货物量大，且都需履行正规的海关通关手续，逃避检查的难度较大，相应配套的规章制度较为完善和成熟。因此，该模式可以降低监管的成本，提高通关效率，便于监管。

(2) B2B 跨境电子商务的劣势

① 利润空间小。大量国内同行企业充斥其中，竞争激烈，使得主要以 B2B 跨境电子商务为主营业务的企业利润较低。

② 资金需求量大。国内跨境电子商务企业缺乏充足的资金，要想获得好的排名需要付出巨额成本来开拓市场，建立品牌。同时在运作过程中，整合上游供应链、提高物流清关时效、在保税区自建仓储以及增强用户黏性等都需要大量资金。

敦煌网成立于 2004 年，是一个聚集中国众多中小供应商产品、为国外众多中小采购商有效提供采购服务的全天候国际网上批发交易平台。平台集成了网店经营、在线支付、在线融资、在线物流、客户关系管理、纠纷处理、风险控制和信用评价等功能，提供网上跨境交易全流程服务，不仅通过线上撮合生意，而且在线上完成交易，为国际贸易的操作提供专业有效的信息流、安全可靠的资金流和快捷便利的物流等服务，大大提升了中国出口型中小企业的国际竞争力，带动了重点行业和区域经济发展。敦煌网突破了传统的"信息平台"模式瓶颈，引领中国 B2B 跨境电子商务从"信息时代"转向"交易时代"，截至 2024 年 10 月，敦煌网已经实现 260 多万国内供应商、3 300 万种商品在线，覆盖全球 225 个国家和地区的 7 700 多万买家，拥有 14 个海外仓和 188 条物流线路，支持 69 个币种结算，平均 1.39 秒即产生一张订单。

2. B2C 跨境电子商务

B2C 跨境电子商务是指分属不同关境的企业直接面向消费者个人开展在线销售产品和服务,通过电商平台达成交易,进行支付结算,并通过跨境物流送达商品、完成交易的一种国际商业活动。根据网经社《2023 年度中国跨境电商市场数据报告》,2023 年中国跨境电商的交易模式中跨境电商 B2B 交易占比达 70.2%,跨境电商 B2C 交易占比 29.8%,其中 B2C 的占比连年增加,可见虽然 B2C 跨境电子商务目前在跨境电商的市场中所占份额有限,但是在未来随着市场的不断扩大将迎来增长。常见的 B2C 跨境电子商务平台有 Amazon、eBay、Wish、阿里巴巴速卖通、京东全球购、蜜芽网等。

(1) B2C 跨境电子商务的优势

① 市场广阔。与传统产品和市场单一的大额贸易相比,小额的 B2C 跨境电子商务更为灵活,产品销售不受地域限制,可面向全球 200 多个国家和地区,可以有效地降低单一市场的竞争压力,市场空间巨大。

② "中国制造"的优势。一方面,低廉的价格是驱动海外消费者购买使用中国产品的主要因素,虽然劳动力的价格有所上涨,但是目前我国产品的价格优势依然存在;另一方面,多样化的产品也是"中国制造"的明显优势。以义乌国际商贸城为例,它拥有超过 170 万种的小商品,是目前世界较大的小商品集散中心,为 B2C 跨境电子商务的发展提供了一个巨大的网货仓库。

(2) B2C 跨境电子商务的劣势

① 品类受限。目前 B2C 跨境电子商务还是以爆品、标品为主,有些地区商检海关是独立的,对于进入的商品根据各地政策不同都有限制,比如广州就不允许保健品和化妆品入境。

② 产权意识薄弱。受一些因素的影响,有些企业的知识产权意识比较薄弱,一旦踩到海外知识产权红线,就将面临一系列的官司、纠纷、赔偿,不仅会产生较大的时间成本,还会影响企业形象,最终影响企业的发展。

③ 易造成价格战。B2C 跨境电子商务模式极易被复制,只要找到国内市场和国外市场的价格差,企业便可以做 B2C 跨境电子商务业务。因此,这些企业的市场定位以及营销手段趋同,使得价格成为卖家争夺客户和市场的关键砝码,很多卖家纷纷开展低价促销活动,从而引发价格战。

亚马逊公司(Amazon)是美国较大的网络电子商务公司,是全球商品品种最多的网上零售商和全球第二大互联网企业。亚马逊于 2012 年年底推出"全球开店"业务,帮助中国卖家将"中国制造"销往全球,并创立"中国品牌"。截至 2016 年 1 月,亚马逊全球已向中国卖家开放了美国、德国、英国、法国、意大利、西班牙、加拿大、印度、日本与墨西哥等二十多个站点,几乎覆盖了当今全球所有的热门、成熟的电子商务市场,中国卖家可直接获益于亚马逊多年运营积累的用户信赖与良好的支持服务,为海外消费者提供"中国制造"的商品。亚马逊发布的《全方位创新,高质量出海——2024 中国出口跨境电商发展趋势白皮书》中显示,过去两年,在亚马逊全球站点销售额超过 100 万美金的中国卖家数量增长了近 55%,并提出了贯穿产品、技术、运营、供应链、品牌和商业模式的六大具体创新路径。

3. C2C 跨境电子商务

C2C 电子商务(Customer-to-Customer)是个人与个人之间的电子商务,它主要通过第三方交易平台实现个人对个人的电子交易活动。

C2C跨境电子商务是指分属不同关境的个人卖方对个人买方开展在线销售产品和服务,由个人卖方通过第三方电商平台发布产品和服务信息、价格等内容,个人买方进行筛选,最终通过电商平台达成交易,进行支付结算,并通过跨境物流送达商品完成交易的一种国际商业活动。C2C跨境电子商务依靠传统的广告和返点模式盈利。常见的C2C跨境电子商务平台有美国购物网、洋码头"扫货神器"、美丽说、淘宝全球购、淘世界、海蜜等。

(1)C2C跨境电子商务的优势

①满足个性化需求。C2C跨境电子商务模式包含消费场景化、社交属性强的特征。对于丰富的海淘非标商品,C2C跨境电子商务模式的平台效应可以满足碎片化的用户向细致化、多样化、个性化发展的需求。

②用户黏性大。在C2C跨境电子商务模式中,C2C达人经济模式可以在精神社交层面促进用户沉淀,优秀买手可以通过自己的强时尚感和影响力打造一些品牌,获得价值观层面的认同和分享,同时也建立个人信任机制。

(2)C2C跨境电子商务的劣势

①不确定性强。C2C跨境电子商务实质为海外买手模式,买手的数量和质量是关键,若未来行邮税提高及部分商品关税降低,会缩减个人代购与一般进口贸易之间的成本优势,以个人代购和买手制为主要形式的C2C跨境电子商务模式就会遭到巨大冲击。

②消费者维权困难。C端卖家进入平台的门槛相对较低,不具备真假检验的能力,因此,C2C跨境电子商务模式中商品的质量难以保证,并且同质化竞争过于激烈,从而导致售后消费者的投诉量较大,但由于数量少、金额少,消费者维权比较困难。

③个人代购存在法律风险。随着海关政策的收紧,监管部门对朋友圈个人代购或者海外代购的运作管理较为严格。目前,个人代购属于灰色贸易,服务体验的掌控度差,交易信用、售后服务等环节始终都是消费者最为顾虑的地方。在个人代购的市场格局完成整合后,这种原始模式恐怕将难以为继。

洋码头移动App"扫货神器",主要由个人海外买手实时直播海外打折商品,呈献给国内买家的是不断更新的SKU(库存量单位)。洋码头对个人买手有一套比较严格的审核流程,个人买手一定是常驻海外,并且没有中国本地代理商。对个人买手的审核主要是对其ID信息的认证,譬如美国是驾照,日本是居留证等。同时会确认买手本人居住在海外,需要提供在海外6个月以上地址信息、水电账单、银行账单等,再通过邮寄一张纸质的认证函完成居住地址的验证。根据洋码头披露的数据,目前"扫货神器"每天有300~500个直播,成交转化率很高,新用户平均当月购买3.5次,重复购买率为40%。洋码头"扫货神器"的下单流程通常是海外个人买手现场拍照—上传洋码头"扫货神器"—国内买家支付定金—个人买手现场买货—国内买家支付尾款—个人买手将货物发往洋码头当地货站—洋码头完成商品从海外到国内的邮递。

随着物流、金融及互联网技术的发展,利好政策的陆续发布以及我国对外贸易市场规模的不断扩大,阻碍B2C跨境电子商务发展的一些因素正在消减,B2C跨境电子商务在整体市场中的份额占比将会进一步提升,C2C跨境电子商务也会逐步阳光化、规范化,但B2B跨境电子商务作为全球贸易的主流,未来仍然会是中国企业开拓海外市场最重要的模式之一,B2B跨境电子商务、B2C跨境电子商务及C2C跨境电子商务三者今后将会协同发展。

10.2.2　按照外贸进出口方向划分

跨境电子商务按照外贸进出口方向分为跨境进口电子商务和跨境出口电子商务。跨境电子商务渐渐成为外贸增长新引擎。2022年，中国出口跨境电商市场规模达12.3万亿元，较2021年同比增长11.81%；进口跨境电商市场规模达3.4万亿元，较2021年的3.2万亿元同比增长6.25%。这意味着目前跨境出口电商发展较快，而跨境进口电商还处于起步阶段。这种进出口结构集中反映了我国目前仍然是以出口为主、进口为辅的经济结构。

1. 跨境进口电子商务模式

跨境进口电子商务是海外卖家将商品直销给国内的买家，一般是国内消费者访问境外商家的购物网站选择商品，然后下单，由境外卖家发国际快递给国内消费者。近年来，伴随跨境进口电子商务的不断发展，一个新兴的蓝海市场发展起来，除了较为传统的海淘模式，我们根据跨境进口电子商务试点的业务形态将跨境进口电子商务现有的主要运营模式分为两类：直邮进口模式和保税进口模式。

（1）直邮进口模式

①直邮进口模式的内涵。

直邮进口模式是指符合条件的跨境电商平台与海关联网，境内消费者在购物网站上确定交易后，商家将商品以邮件、快件方式运输入境，将电子订单、支付凭证、电子运单等实时传输给海关，并按个人邮递物品征税的进口模式。也就是说，商品在国外就已经被分装打包，然后以个人物品的形式通关，被送到国内各个消费者的手中。直邮进口模式从平台角度看，适合品种丰富的平台类电商和海外电商，可以直接从海外发货，满足消费者个性化需求；从商品角度来看，适用于个性化、价值较高的商品，如箱包手袋、服装等。常见的直邮进口模式平台有亚马逊、天猫国际等。

以浙江首个直邮进口模式电子商务平台天猫国际为例，通过阿里旗下的菜鸟网络与杭州海关的合作，天猫国际"海外直邮"商品的购物流程可以缩短在10天以内，购物流程与国内淘宝基本无异。进驻天猫国际平台的商家必须为消费者支付行邮税，且在内地建立退换货的网点。对于热衷海淘的消费者来说，可以借此告别以往海淘周期长、风险大的问题。与个人海外代购和海淘相比，直邮进口模式符合国家海关监管政策，清关操作更阳光，信息更透明。

②直邮进口模式的优势。

产品种类丰富。在直邮进口模式下，平台购物网站不只针对本国的顾客，全球消费者可在其网站上选择购物直邮。例如，中国消费者在美国亚马逊平台上的选品已经拓展到6个国家，包含8 000多万种商品，类别涵盖备受中国消费者喜爱的鞋靴、服饰、母婴、营养健康及个人护理等各个热卖领域。

消费者与海外商家直接沟通。直邮进口模式对于消费者而言有一个最大的吸引力，就是商品直接从国外供应商手中发出，不再经过中间商到达消费者手中。因此，该模式能够最大限度地避免过程中的不确定环节，更加受到消费者的认同。

③直邮进口模式的劣势。

直邮进口模式的最大劣势是物流时间长。在直邮进口模式下，消费者下单之后，商品会从海外直接通过快递发往国内。目前很多网站都是通过DHL、UPS等国际快递的平邮包裹发送，到达国内后由邮政平邮寄送，因此在中国境内的运送会比较慢。一般情况下，消费者在下单以后需要 9~15 天才能收到货物。

(2) 保税进口模式

① 保税进口模式的内涵。

保税进口模式是指跨境进口电商企业根据大数据分析提前从境外批量采购热卖商品，并将商品运至国内自贸区、保税区、保税仓库等海关特殊监管区域内免税备货，再根据国内消费者网络订单情况，将相应商品从国内这些特殊监管区域交由物流企业直接配送至国内收货人的进口模式。保税进口模式适合自营类电商，在价格和时效上都具有明显优势，并且适用于标准化的商品，如母婴用品、食品等。常见的国内保税进口模式有上海市的"跨境通"、宁波市的"跨境购"、郑州市的"E贸易"、重庆市的"爱购保税"等。

该模式是在各个特殊监管区域实行保税制度的基础上，借助保税区的政策优势，针对特定的热销日常消费品开展"整批商品入区、消费者下单后分批以个人物品清关，征缴行邮税（包含了进口环节的增值税和消费税）"的进口业务。进口商品进入这些特殊监管区域可以暂缓缴纳进口税，免领进口许可证或其他进口批件，并在规定期限内复运出口，办理正式进口手续或提取用于保税加工。因此，保税进口模式的实质是对海关特殊监管区域"保税仓储"政策及其"物流分拨"功能的运用。

② 保税进口模式的优势。

物流时间短。以保税模式进口的商品已提前从海外备货至国内保税仓。消费者在网上下单后，货物直接从保税仓通过国内物流快递给消费者。同时，提前备货也节省了国外运输段的时间，国内保税仓发货缩短了国内消费者的收货时间，在正常情况下国内消费者 3~7 天就可以收到从保税仓发出的商品。

品质有保障。在商品质量监管方面，保税进口产品整个物流转运流程是在海关监管下进行操作的，比直邮进口等模式更安全规范。利用保税区建立可信赖的跨境电子商务公共服务平台，免费为广大电商、支付、物流、仓储企业提供全天候的贸易、通关和物流数据交换服务，推动海关、检验检疫、外汇管理、税务等部门实施集中监管，确保每件商品都可追溯，保证商品质量。

方便退换货。消费者以海外直邮、海外代购等方式购买商品时，往往面临着退货难、维权难、售后服务不到位等问题。而跨境保税进口商品早早备货至国内保税区内，未过海关分拣线之前，可以全额退货退款，同时在收到商品 7 日内与国内网购一样也可以申请退换货。

③ 保税进口模式的劣势。

保税进口模式的最大劣势是商品种类有限。在保税进口模式下，提前备货的商品主要是一些规模化生产的标品或者爆品，如奶粉、化妆品、电子产品等，如果订单数量超出预期，则需要临时加运。而其他商品，如时尚化、个性化的商品，销售周期长，资金回收慢，则不适于批量提前备货。

跨境进口电子商务模式的比较见表 10-2。

2. 跨境出口电子商务模式

跨境出口电子商务是国内卖家将商品直销给境外的买家，境外买家通过访问跨境电子商务交易平台与境内生产商或供应商磋商，在线下单购买，并完成支付，由国内商家发国际物流至国外买家。按照交易流通环节中我国跨境电子商务企业的地位、作用及商业模式的区别，跨境出口电子商务模式可以划分为以下三类：

表 10-2　　　　　　　　　　　跨境进口电子商务模式的比较

模式	直邮进口	保税进口
运作方式	先下单后发货,国际物流运输	先备货后接单,国内物流运输
优点	产品种类多,可与海外商家直接沟通	物流时间短,海关监管,方便退换货
缺点	收货时间较长	商品可供选择的范围有限
发货地点及方式	国外、空运居多	保税港区,海运居多
适用企业	代购、品类宽泛的电商平台、海外电商	品类相对集中,备货量大的电商企业
商品价格构成	商品标价＋物流费用＋行邮税	商品标价＋行邮税
海关监管特色	电子订单、运单及支付单实时传输,阳光清关	商品存放海关监管场所,实现快速通关
限额政策	个人跨境进口的单次交易限额为 2 000 元,个人年度交易上限为 20 000 元。在限值以内的跨境电子商务零售进口商品,缴纳关税(暂定为 0)、增值税和消费税(按法定应纳税额 70% 征收)	

(1) 跨境大宗交易平台(大宗 B2B)模式

跨境大宗交易平台模式主要是依托自主网络营销平台,传递供应商或采购商等合作伙伴的商品或服务信息,最终达成交易的一种模式。这种模式的主要特点是订单较集中,批量也比较大,交易洽谈及货物的运输都在线下完成,与传统贸易联系较大,由海关负责贸易统计,会员费和营销推广费是平台的主要收入来源。典型的平台主要有阿里巴巴、中国制造网、环球资源网等。跨境大宗交易平台(大宗 B2B)模式如图 10-4 所示。

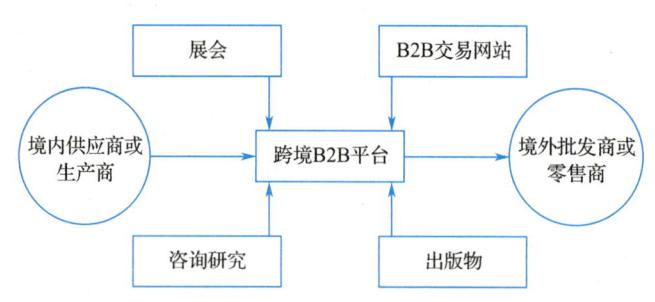

图 10-4　跨境大综交易平台(大宗 B2B)模式

(2) 综合类跨境小额交易平台(小宗 B2B 或 C2C)模式

在此模式下,网站平台仅是一个独立的第三方销售平台,买卖双方通过平台提供的商品信息下单成交。这种模式的主要特点是批量比较小,但是贸易的频率比较高,多属于直接面向消费者的情况,订单比较分散,由快递公司或邮局间接负责货物的报关程序,而网站并不参与货物物流及货款的支付环节,其盈利方式主要是在成交价格基础上提取一定比例的佣金,此外还包括会员费、广告费等增值服务费。典型的网站有阿里速卖通、敦煌网等。综合类跨境小额交易平台(小宗 B2B 或 C2C)模式如图 10-5 所示。

(3) 垂直类跨境小额交易平台(独立 B2C)模式

在此模式下,独立的跨境 B2C 平台可以通过自建的交易平台,利用自身的资源优势联系境内外企业,寻求供货商,独家代理或买断货源,将商品放在平台上销售。这种模式的主要特点是平台拥有自己的支付、物流、客户服务等体系,通过平台将采购到的商品纷纷销往国外,从商品的销售收入中赚取差价。这一模式的主要代表有兰亭集势、米兰网等。垂直类跨境小额交易平台(独立 B2C)模式如图 10-6 所示。

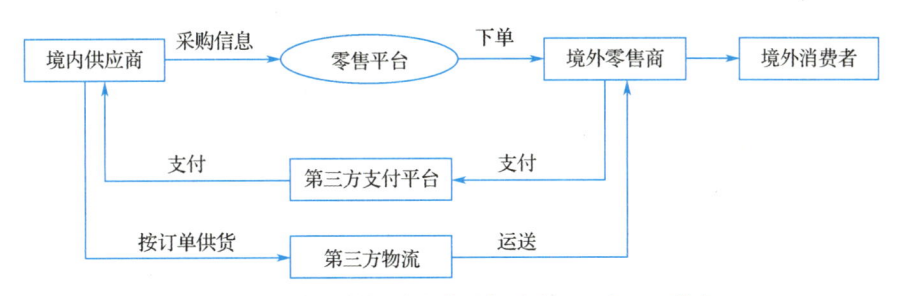

图 10-5　综合类跨境小额交易平台(小宗 B2B 或 C2C)模式

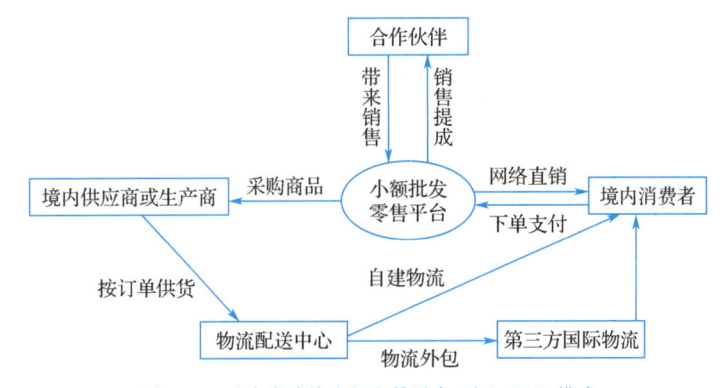

图 10-6　垂直类跨境小额交易平台(独立 B2C)模式

10.2.3　跨境电子商务的运作流程

进入 21 世纪以来,全球经济各领域已经进入了互联网时代,利用互联网技术及平台进行进出口贸易已经成为传统国际贸易交易形式发展的方向,而日渐兴起的跨境电子商务正在成为推动国际贸易发展的新引擎。本节对跨境电子商务进出口的运作流程进行具体说明。

1. 跨境出口电子商务的运作流程

跨境出口电子商务业务流程如图 10-7 所示。

(1) 备案

企业及商品的备案申请向所属地海关申报后提交到海关管理平台,管理平台对企业各方面资质进行审核,通过审核后的跨境电子商务企业才能开展相应业务。在企业对商品进行备案时,需要先对商品进行预归类,商品备案申请包括商品的名称、HS 编码、品牌、规格型号、主要成分等。

(2) 入驻

出口国跨境电商企业经过资格审查入驻跨境电子商务交易平台。

(3) 发起购买订单

进口国消费者或零售商在跨境电子商务平台上发起购买订单。出口国跨境电商企业将当日订单发送至跨境电子商务平台。该平台对订单的有效性进行检验,在订单检验无误后,将订单信息发送至海关管理平台。

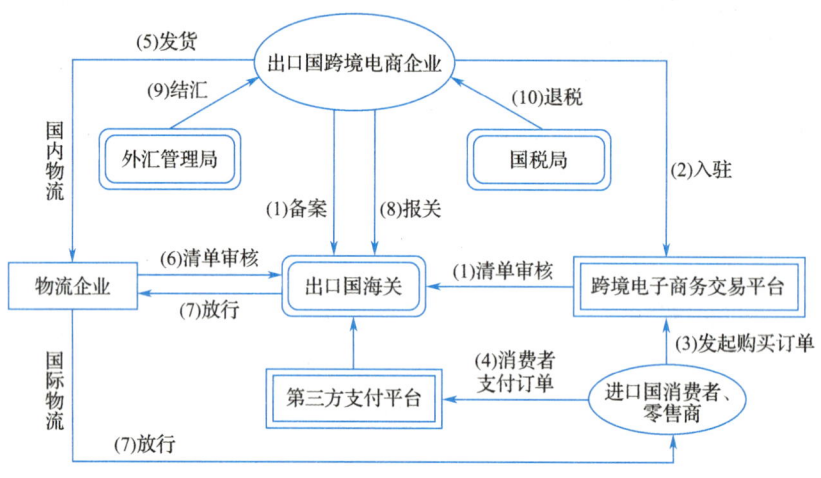

图 10-7 跨境出口电子商务业务流程

(4) 消费者支付订单

进口国消费者通过接入跨境贸易电子商务平台的第三方支付平台向出口国的企业付汇。订单成交的同时,第三方支付企业将支付信息发送至海关管理平台。

(5) 发货

支付完成后,出口国跨境电商企业根据订单配置相应商品、封装邮包、打印邮件详情单并送交境内物流企业邮寄。物流企业将货物运送至邮政快件监管中心、邮政国际邮件处理中心、机场快件监管中心等海关监管仓库集中监管。检验检疫部门在货物进入出口国海关监管仓库前实施检验检疫监管。同时,物流企业将物流信息发送至海关管理平台。

(6) 清单审核

"三单合一"是跨境电子商务货物核放的依据。海关管理平台将已收到的订单信息(订单)、支付信息(支付单)及物流信息(运单)与备案信息进行比对审核,将比对不一致的清单予以退回。

(7) 放行

审核之后,在海关监管下,将货物运输至国际邮件互换局或快件中心,完成查验后,海关在出口装货单上盖上"海关放行章",出口货物的发货人凭此章装船起运出境。通过国际物流将商品从出口国海关转运至进口国海关,再经过进口国物流企业的国内物流将商品送达进口国消费者或零售商手中。

(8) 报关

在规定的时间内货品经过邮运或快件渠道出境后,出口国跨境电商企业或其委托第三方服务代理商将货品出境信息按"清单核放、汇总申报"的归并方式汇总成报关单数据向海关部门进行报关。

(9) 结汇

出口国跨境电商企业依据跨境贸易电子商务平台的支付信息向外汇管理局申请结汇。外汇管理局根据电子口岸报关单信息为企业办理结汇手续。随着日益增多的跨境支付需求,为了更好地规范和发展跨境支付业务,2013 年 3 月,外汇局下发了《支付机构跨境电子商务外汇支付业务试点指导意见》,决定在上海、北京、重庆、浙江、深圳等地开展试点,允许参加试点的支付机构集中为电子商务客户办理跨境收付汇和结售汇业务。2021年,《关于进一步优化跨境人民币政策 支持稳外贸稳外资的通知》明确支持跨境电商等新型贸易业态的跨境人民币结算需求。2022年6月发布的《中国人民银行关于支持外贸新业态跨境人民币结算的通知》则更加细化银行、支付机构需满足的条件以及真实性审核要点。根据这一框架,符合结汇条件的跨境电商交易可以通过银行或者有资质的第三方支付机构进行结算。

(10)退税

依据报关退税单向国税局申请退税。国税局根据电子口岸报关单信息为企业办理退税手续,由此完成整个交易流程。

其中,退税的形式主要分为三种:一是免税并退税,即货物在出口销售环节不征增值税,对货物在出口前实际承担的税收负担,按规定的退税率计算后予以退税。二是出口免税不退税,即货物在出口销售环节不征增值税,而且因为这类货物在前一道生产、销售环节或进口环节是免税的,因此出口时该货物的价格中是不含税的,也无须退税。三是出口不免税也不退税。出口不免税是指国家限制出口的某些货物在出口环节视同内销,照常征税;出口不退税是指对这些货物不退还出口前实际负担的税款,适用这个政策的主要是税法列举限制出口的货物。

2. 跨境进口电子商务的运作流程

跨境进口电子商务业务流程如图10-8所示。

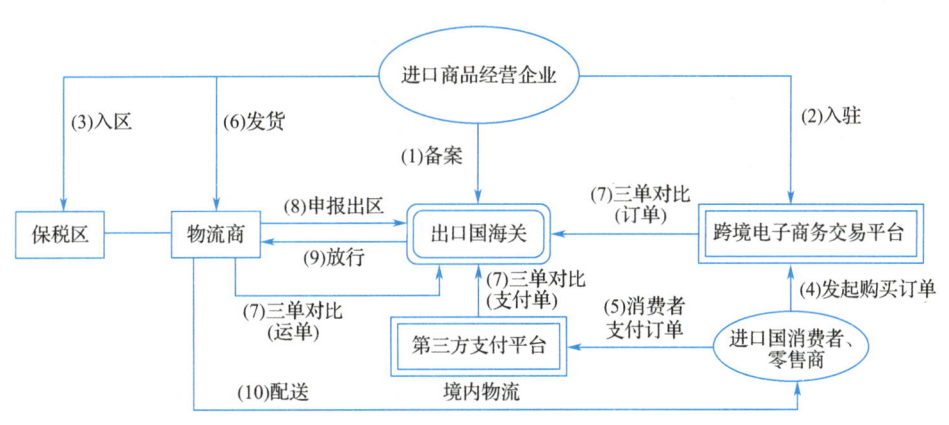

图10-8 跨境进口电子商务业务流程

(1)备案

企业及商品的备案申请向所属地海关申报后提交到海关管理平台,由海关管理平台对企业各方面资质进行审核,通过审核后的跨境电子商务企业才能开展相应业务。在企业对商品进行备案时,需要先对商品进行预归类,商品备案申请包括商品的名称、HS编码、品牌、规格型号、主要成分等。

(2)入驻

进口商品经营企业经过资格审查入驻跨境电子商务交易平台。

(3)入区

销售进口商品的经营企业将商品以货运形式报关进境,经检验检疫部门查验合格后进入园区内的保税仓库存放。

(4) 发起购买订单

进口国的消费者或零售商通过接入跨境电子商务平台的第三方电子商务交易平台发起购买订单。跨境电子商务平台根据预先设定的数量、限额等交易规则对订单进行控制,并提示相应的税款。与此同时,跨境电子商务交易平台将订单信息发送至海关管理平台。

(5) 消费者支付订单

进口国消费者或者零售商通过接入跨境电子商务平台的第三方支付平台向进境商品企业支付货款。订单成交后,第三方支付企业将支付信息发送至海关管理平台。

(6) 发货

进境商品经营企业根据当日订单,将发运货物信息通过跨境电子商务平台传输给物流企业。同时,物流企业将物流信息发送至海关管理平台。

(7) 三单对比

海关管理平台将已收到的订单信息(订单)、支付信息(支付单)及物流信息(运单)与备案信息进行比对审核,比对不一致的清单予以退回。

(8) 申报出区

园区内的物流企业集中各企业的发运指令,理货后,向园区海关申报出区。

(9) 放行

园区内海关核注税费并查验合格之后放行货物。

(10) 配送

园区内海关放行货物之后,由境内物流企业将货物配送到进口国消费者手中,完成整个交易流程。

跨境电子商务相比于传统的国际贸易模式,有着难以比拟的优势,例如,突破了传统地理范围的限制,受贸易保护影响较小,涉及中间商较少等。通过表 10-3 对两者进行对比,可以看出其中的差异。

表 10-3　　　　　　　　传统的国际贸易与跨境电子商务的比较

项目	传统的国际贸易	跨境电子商务
业务模式	基于商务合同的业务模式	借助互联网电子商务平台
交易环节	复杂,涉及中间商众多	简单,涉及中间商较少
价格和利润率	价格高,利润率相对较低	价格低,利润率相对较高
订单类型	大批量、少批次、订单集中、周期长	小批量、多批次、订单分散、周期短
产品类目	产品类目少,更新速度慢	产品类目多,更新速度快
贸易规模	仅面向与本国缔结贸易协定的国家和地区	面向全球市场
支付手段	正常贸易支付,信用证使用较多	通常需借助第三方支付
物流模式	多通过空运、集装箱海运完成	多通过空运、汽运完成
通关方式	享受正常通关、结汇退税政策	网上进行三单比对,快速通关

跨境电子商务给对外贸易带来新的增长点,并有望进一步发挥"中国制造"的产品优势,促进"中国制造"向"中国营销"和"中国创造"加速转变,推动对外贸易转型升级。而跨境电

子商务企业作为市场经营模式的新型主体,需要在市场经济体制下逐步完成对商业活动的了解,进而调整自身对商检、税务、外汇以及海关需求的适应程度,选择更为合适的物流模式和支付模式,提高自身的市场价值。

10.3 跨境电子商务物流

近年来,贸易自由化、全球资本市场的成长和整合、信息和通信的进步创造出一个正在成长的全球市场。企业在全球范围内分配和利用资源、开展经营活动的需求不断增加,国际物流应运而生。跨境电子商务物流是国际物流的一部分,是在电子商务兴起的条件下产生的新的国际物流形式,与传统国际物流既有不同之处,又有相融合之处。

10.3.1 跨境电子商务物流的定义和特点

跨境电子商务物流是指企业或其他主体在跨越不同国境或地区进行电子商务交易后,依托信息化技术,借助国际物流体系将产品从产地高效率、低成本地运送到消费地而进行的规划、实施和控制过程,其最终目的是能够最大限度地满足消费者的需求。跨境电子商务物流有以下四个特点:

(1)跨境电子商务物流面临的环境复杂

与国内的电子商务物流相比,跨境电子商务物流要解决物流环境、政策制度等存在的差异问题;同时与传统的国际物流相比,更需要对接国际标准,寻求全球化的信息解决方案,因此,它具有复杂性的特点。

(2)跨境电子商务物流需要智能化手段支撑

跨境电子商务物流是随着跨境电子商务的兴起而逐渐形成的,它将物联网、大数据、云计算、自动化等智能手段运用于信息管理和运送过程中,以实现精准化的控制,提升物流运送效率。

(3)跨境电子商务物流运作协同化

跨境电子商务物流不仅是将货物简单运送的过程,还需要运用快速响应机制保证协同,具体表现在商品库存、仓储、海关、运输及配送等物流功能上的协同,国内物流、国际物流和目的国物流衔接上的协同。

(4)跨境电子商务物流追求客户体验最优

在跨境电子商务物流中,客户体验最优主要体现在以下几个方面:

第一,时效性。跨境电子商务物流要求将货物以最快的速度从商家运送到消费者手中,这就需要在整个物流过程中保证货物出库、跨国运输、仓储、配送的快速响应机制。跨境物流利用自身强大的网络覆盖力、运输和仓储能力真正实现物流的及时有效。

第二,安全性。跨境电子商务物流是将货物从一个国家运送到另一个国家或地区的,与国内物流相比,周期长、空间距离远、运输过程复杂,因此,必须保证货物完整、安全地送达消费者的手中。跨境物流通过采用物联网技术、GPS 定位技术等将货物信息实时反馈给消费者,有效降低丢包率、破损率,保证物流的安全。

第三,信息化。跨境电子商务物流采用先进的信息技术和网络技术,包括物联网、云计算、商务智能等,保证物流的整个运输过程中物流信息在商家和消费者之间的快速传递和共享。

跨境电子商务物流与传统电子商务物流、传统国际物流的关系:

跨境电子商务物流是电子商务物流在跨境运输中的应用,二者最主要的区别在于跨境电子商务物流的运输至少跨越了两个国家,运输过程更为复杂,其中不同国家文化、政策、税收的差异以及外汇牌价的波动都会影响到跨境电商物流的进行。跨境电子商务物流需要将原有传统电子商务物流系统进行改善与提升,不断在实践中找到最适合的物流传送体系,从而保障在货物传送的整个过程中,信息流、资金流、物流能够及时有效地满足各个环节的需要。

跨境电子商务物流与传统国际物流的区别在于:首先,跨境电子商务物流依托于跨境电子商务交易,是为了完成跨境电子商务交易而进行的跨越国界的货物运输;其次,跨境电子商务物流能够得到国家政策的大力扶持,依托于政府降低运输成本;最后,跨境电子商务物流运输方式更加多样化,运作流程也可以与电子商务平台相结合,做到实时信息化。二者的联系在于,跨境电子商务物流实体运输还是要依靠传统国际物流,如线路、运输工具的选择,它是传统国际物流的一部分。跨境电子商务物流与传统国际物流、传统电子商务物流的区别和联系见表10-4。

表10-4　　跨境电子商务物流与传统国际物流、传统电子商务物流的区别和联系

	传统国际物流	传统电子商务物流	跨境电子商务物流
订单来源	部分国家	国内	全球
应用范围	较大	小	大
复杂性	低	中	高
标准化	高	低	低
信息化程度	低	高	高
运营成本	高	低	低
效率	低	高	高

10.3.2　跨境电子商务物流的模式

跨境电子商务物流总结了国际物流与电子商务物流的优点,不断演化出自己的物流形式。跨境电子商务促进了全球范围内商品交易、资金的流通,随之发展起来的跨境电子商务物流促进了全世界物品的流通。因此,跨境电子商务物流也能够继承一些传统的物流形式,同时,又因为其有自身的发展特点,所以跨境电子商务物流又会演化出新的商品流通形式。所有形式的最终目的是降低运输成本和风险,提高效率,满足客户需求。

1. 跨境电子商务中的传统物流形式

(1)企业间国际物流模式

传统的大宗商品国际物流模式,以实现国际贸易为目标,一般从国际贸易合同签订开始履行,直到国内物流企业承接货品送达最终客户或配送中心,其一般运作流程如图10-9所示。

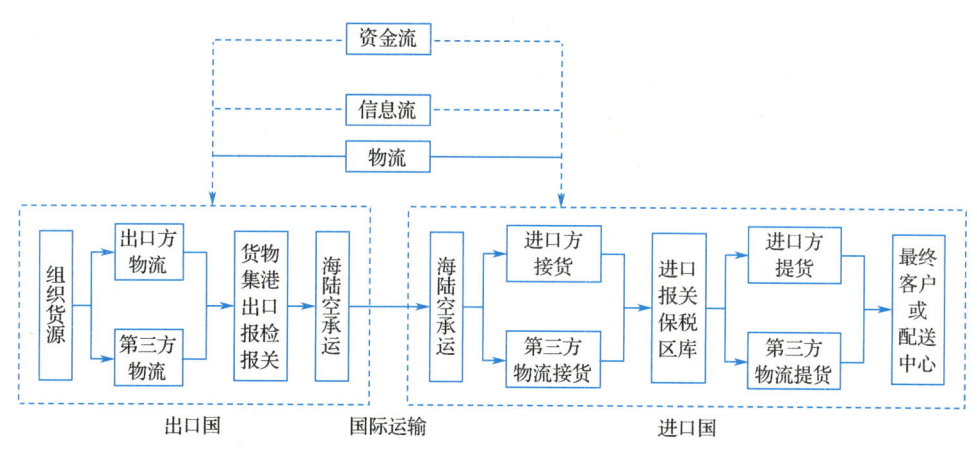

图 10-9　企业间国际物流运作流程图

(2) 面向消费者的传统物流形式

面向消费者的传统物流形式包括邮政小包和国际快递。这两种方式早在跨境电子商务兴起之前就存在,主要用于跨国邮递。客户借助互联网,在跨境电子商务交易平台上下单之后,生产方可以选择这种传统跨国邮递方式将货物运送至消费地。这两种方式普遍应用于中小企业的 B2C 类跨境电子商务,如图 10-10 所示。

图 10-10　中小企业的 B2C 类跨境电子商务物流模式

① 国际邮政小包:

国际邮政小包是指通过万国邮政体系采用个人邮包的方式实现商品的运输。这种方式的优势在于邮政系统覆盖范围较广、渠道多样,同时还享有国家补助,因此相比较而言价格便宜;劣势在于国际邮政小包通常是以私人包裹方式出入境,不便于海关检查统计,退税比较麻烦,而且速度慢,丢包率高。

② 国际快递:

国际快递主要依靠 UPS、Fedex、DHL、TNT、EMS 这五大国际快递公司,有时也会通过多家快递公司联运。它与国际邮政小包相比,优势在于速度快、丢包率低、服务好;劣势在于价格昂贵,一般只有消费者强烈要求时效性的时候,出售方才会选择国际快递进行邮递,且运费一般由消费者自己承担。

2. 跨境电子商务物流的新模式

(1) 集货物流

集货物流是指消费者在购买海外产品时,通过跨境电子商务交易平台下单,海外商家收到订单后会将商品分拣、包装,送至统一的货物转运地,等到运往同一消费国的商品累计至一定数量的时候,货物被统一通过国际运输送至消费国的模式。转运地点一般是由若干交

281

智慧物流与电子商务

易类的电子商务企业战略联盟后成立的跨境物流运营中心。集货物流的优势在于这种模式能够降低运送成本;劣势在于运送时间较长,投入成本较大。

例如,米兰网在广州与成都自建了仓储中心,将商品聚集在仓储中心后,通过与国际快递合作将其发到国外买家;大龙网在深圳设立仓储中心,采用集中发货方式,既提高了整体效率,又降低了物流成本。集货物流的流程如图 10-11 所示。

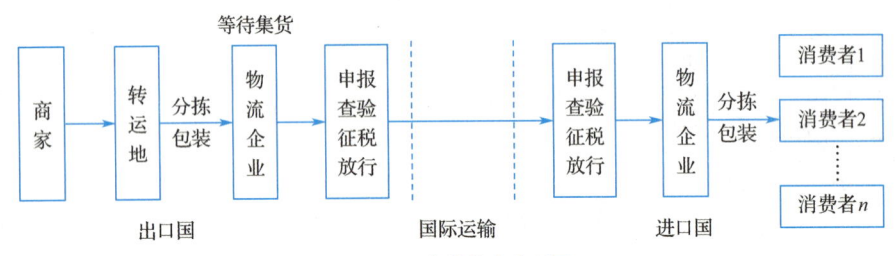

图 10-11 集货物流流程图

(2)海外仓储模式

①海外仓:

海外仓也叫海外仓储,是近几年才兴起的跨境电子商务物流模式。它的主要流程是海外企业首先在商品消费国建立或租用仓库,将主要出售的物品借助国际运输运送到消费国并储藏在仓库中,同时借助互联网在跨境电子商务交易平台上出售商品,最后当交易建立之后从仓库中取出商品,进行分拣、包装,最后借助消费国的国内物流将商品送达消费者手中。与集货物流模式相比,海外仓一般是由平台或电商企业自主运营的,只针对特定区域或企业提供服务。海外仓模式的流程如图 10-12 所示。

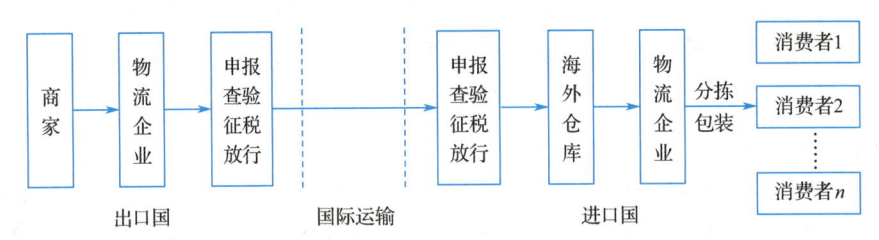

图 10-12 海外仓模式的流程图

海外仓与传统物流模式相比,优势在于:由于商品提前借助国际运输运送到消费国并储藏在仓库中,因此能够快速响应订单,并且降低了物流和时间成本。同时,海外仓也存在一些劣势:由于海外仓无法做到电子商务的零库存状态,因此容易产生库存积压;海外仓的建设成本和运营成本很大,所以只适合具有一定规模的企业。

例如,eBay 与跨境物流企业万邑通(Winit)合作,针对平台卖家推出了 Winit 美国海外仓,鼓励卖家拓展北美市场。通过使用海外仓,卖家有效地降低了物流成本;由于发货速度加快,卖家可以提高产品的售价,增加毛利;卖家的产品品类可以持续扩张,形成规模效应。

案例 浙江省"海外智慧物流平台(海外仓服务在线)"

海外智慧物流平台(海外仓服务在线)(网址:https://logistic.zjmade.cn/)是由浙江省商务厅牵头建设,通过整合第三方公共海外仓运营企业数字仓储数据,"一站式"解决企业出口海外仓业务遇到的多种问题,构建的服务多元、信息交互的平台。其流程如图 10-13 所示。截至 2024 年 10 月,平台已入驻公共海外仓 416 个,覆盖全球 220 个城市,入驻海外仓总面积超过 605.11 万平方米,覆盖企业数量 9.12 万,海外仓订单量 2.02 千万。在海外仓服务的基础上,平台还上线了融资、信保、国别行业预警、海外企业资信红绿灯等服务功能。

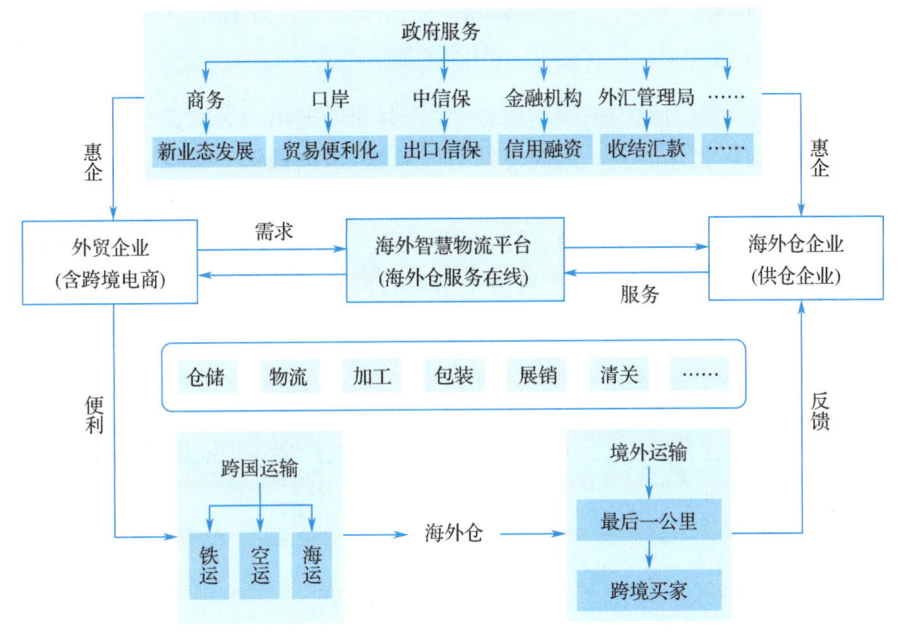

图 10-13 海外智慧物流平台(海外仓服务在线)流程图

②边境仓:

边境仓是依托边境口岸和跨境物流通道,针对跨境电商建立的具有多种服务功能的仓储配送系统,是海外仓的升级版。它与海外仓最大的区别在于边境仓的仓库建立在消费国的邻国边境内,对于政治环境、政策不稳定的消费国而言,边境仓是一种较好的选择。

边境仓的优势是解决海外仓商品积压又无法退回的困难,建设及运维成本较海外仓低;劣势是易出现由于时效差而影响配送服务体验。

例如,黑龙江俄速通国际物流有限公司是专业对俄跨境电商企业,由于俄罗斯市场环境不稳定,又是重税国家,大宗货物涉及大额的关税和烦琐的清关流程,因此,企业将边境仓建立在哈尔滨市,接到订单后,货物从边境出关,用邮政清关,保证了清关效率,有效降低了成本,同时也保障了货物的安全性。

(3)国际物流专线

国际物流专线是指进行跨境电子商务交易时对特定国家或地区采用的跨境专用物流线路,物流的起点、终点、线路、运输工具、时间、周期基本固定。目前国际上普遍采用的物流专线有美国专线、欧洲专线、澳洲专线、俄罗斯专线等,其流程如图 10-14 所示。

国际物流专线的优势在于耗时上要少于国际邮政小包,成本要低于国际快递;其劣势在于国际物流专线的区域限制较大,只能在特定的地区使用。除此之外,其对运输方式也有限制,目前采取的运输方式有航空专线、铁路专线、大陆桥专线、海运专线或多式联运专线等。

例如,韩国专线是国际快递航线,依托中国上海和韩国的快递网络优势,从事中国上海

智慧物流与电子商务

图 10-14　国际物流专线流程图

到韩国或韩国到中国上海门到门的快递服务,为厂商和各进出口公司提供海运、陆运、空运、仓储、报关、保险等国际物流服务。韩国专线有时效快、清关顺畅等优点。

(4)自贸区或保税区物流

自贸区或保税区物流是指生产商首先将商品通过国际运输运送到消费国的自贸区或保税区的仓库进行储存,再通过跨境电子商务平台进行商品交易,对商品进行分拣、包装,通过消费国国内物流体系进行集中配送。其流程如图 10-15 所示。

图 10-15　自贸区或保税区物流流程图

自贸区或保税区物流的优势在于易于形成规模效益,从而能够降低物流成本;由于商品储存于消费国,从而能够缩短物流时间;能够享受自贸区或保税区的综合优势与优惠政策,并简化流程。

例如,亚马逊于 2014 年正式在上海自贸试验区设立国际贸易总部,发展跨境电子商务、跨境贸易,将入境的商品暂时储存在自贸区内,当消费者购买后以个人物品出区。通过国内物流将包裹送达境内消费者,成本低、时效快,极大地提升了亚马逊在中国市场的竞争力。

对于跨境电商的卖家来说,首先,应该根据所售产品的特点(尺寸、安全性、通关便利性等)来选择合适的物流模式,比如大件产品(如家具)就不适合走邮政包裹渠道,而更适合海外仓模式;其次,在不同情形下要灵活使用不同的物流模式,如产品价格高、正处于热销中且顾客要求时效,则适合选择海外仓,个性化定制的商品则更适合国际邮政小包;最后,售前要向买家列明不同物流方式的特点,为买家提供多样化的物流选择,让买家根据实际需求来选择适合自己的物流方式。

案例　菜鸟海外仓智慧供应链系统"货运参谋"上线

受突发公共卫生事件影响,全球空运成本飙升,海运港口靠泊作业不确定性大。在全球供应链面临挑战的情况下,越来越多的跨境商家选择海外仓备货模式,有效规避了突发因素引发的运输中断。

海外仓已成为国货出海"新利器"。

2022 年 6 月 14 日,菜鸟海外仓智慧供应链系统——"货运参谋"上线,为"618"期间发货的跨境商家提供了高时效与高确定性的一站式跨境物流解决方案。该系统由菜鸟自主研发,集海外仓配价格测算、备货指导、库存管理、优品建议等功能于一身。简单来说,菜鸟"货运参谋"如同跨境商家的线上"智囊团",可以随时对海外仓配进行全方面指导。

目前,该系统已向入驻菜鸟美国海外仓的商家进行推广。通过"货运参谋"系统,商家不仅可以一键获悉跨境物流的履约详情,还可以实现海外仓配一键报价测算。"入门级"卖家只需输入3~5个简单的物流参数,就可以轻松获取海外仓及全链路的预估报价。

此外,通过该系统,商家可以对海外仓进行实时管理与动态监控。一旦库存出现异常,系统将提醒商家及时补货或清理库存。值得一提的是,"货运参谋"还基于市场和行业的公开数据,为跨境商家提供优品建议。商家据此可以对海外库存和商品进行调整,避免远程供应链备货中常见的"牛鞭"效应。

佛山一大型家具厂商负责人告诉记者,此前,在菜鸟美国海外仓备货的一款沙发动销低于预期,令人着急。好在菜鸟"货运参谋"运用领先算法与公开数据,拟合类比了头部电商平台上相同品类的销售数据和消费者反馈。在货运"参谋"的建议下,我们通过加厚沙发坐垫改良产品,其销售量马上有了显著提升。

2022年一季度,我国跨境电商进出口额是4 345亿元人民币,同比增长0.5%。1~4月,市场采购贸易的出口超过2 600亿元人民币,同比增长5.7%。海外仓作为跨境电商重要的境外节点,数量和规模也在持续增长,目前海外仓的面积已经超过1 600万平方米,业务范围辐射全球。其中90%分布在北美、欧洲和亚洲市场。

"我们积极响应国务院常务会议上对于支持海外仓企业建设智慧物流平台建设的指导意见,希望用中国的智慧供应链系统为国货出海持续保驾护航"。菜鸟国际海外仓负责人告诉记者,随着跨境电商成为稳外贸的主力军,菜鸟也不断加码海外仓网的建设与布局。目前,菜鸟服务于进出口外贸的跨境仓库已突破100个,包含保税仓、海外仓、GFC仓等,覆盖亚欧美洲的30多个国家和地区。

据悉,近日菜鸟为"618"跨境商家推出"进口保税仓专送"服务,订单次日达占比可提升至40%。在跨境直邮方面,菜鸟与南方航空共同开通欧洲—中国直邮的保障航班。在菜鸟欧洲GFC仓完成打包后的香水和威士忌,将搭乘该航线进入中国,入关后通过货物消杀和口岸海关提供的绿色通道,以最快速度送达国内消费者。

在出口方面,菜鸟在欧洲设有14个官方海外仓,可实现跟本地电商类似的物流体验,仓所在国三日达,部分城市次日达,泛欧七日达。在美洲,菜鸟拥有覆盖美国东西海岸核心地带的海外仓,提供越库转运、备货转运、一件代发等服务,为国货出海打造数智化、全库存、全渠道的物流供应链解决方案。

资料来源:菜鸟海外仓智慧供应链系统"货运参谋"上线,全球跨境仓库100+覆盖30国.新浪科技,2022年6月14日

10.3.3 跨境电子商务的物流承运商

在跨境电子商务物流过程中,物流承运商扮演着重要的角色,是商品能够完整安全地从原产地运送到消费地的重要中介。物流承运商通常运用自有资源(如运输工具、物流人才等)设计合理的运输路径,实现客户的运送要求。下面介绍一些在国际和国内快递中经常用到的物流承运商。

智慧物流与电子商务

1. 国际承运商

国际承运商是指在全球范围内提供物流服务的物流企业,主要包括美国联邦快递(FedEx)、美国联合包裹运送服务公司(UPS)、德国敦豪航空货运公司(DHL)以及荷兰天地公司(TNT)。

(1)FedEx

FedEx 创立于 1971 年,为全球 220 多个国家和地区的客户提供迅速、可靠的快递服务,并运用覆盖全球的航空和陆运网络,为客户提供涵盖运输、电子商务和商业运作等一系列的全面服务与整套商务应用解决方案。FedEx 于 1984 年率先进入中国市场,开展国际快递业务。

FedEx 的主要业务有速递、包装与地面送货服务、高速运输投递服务以及综合性的物流、技术和运输服务等。目前,其服务范围已经覆盖中国大部分城市和地区,并战略性地在主要大中城市设立超过 100 个地面操作站,为客户提供"门到门"取派件服务。FedEx 不断关注各行业的特殊需求,例如,FedEx 将运输与业内领先的技术紧密结合,推出多个冷链运输解决方案,以更安全、更可靠和更高效的途径将医疗物品运送至世界各地。

FedEx 的优点是到中南美洲和欧洲的价格较有竞争力,其他地区运费较贵,网站信息更新快,网络覆盖面全,查询响应快;缺点是折扣较低,对货物的重量有体积重和实际重两种计量方式,即按体积计费和按重量计费,当体积重超过实际重时,则货物按体积重计算,同时对所运物品限制较多。

(2)UPS

UPS 的服务范围已经涵盖了 220 多个国家及地区,其中覆盖北美和欧洲的所有地址。UPS 拥有大量的客户服务中心、特许经营店、交货信箱等,同时,还配备有全球顶级的营业设施,包括运输车队、PS 喷气机队、租用飞机、升降机场地等。

UPS 的业务基础是枢纽加辐射的网络结构。UPS 的运营中心收集来自用户的包裹并将其送到某枢纽,在集中了许多运营中心送来的包裹后通过该枢纽对它们进行分类,然后分配到其他运营中心或枢纽,最终到达目的地。

UPS 的优点是速度快、服务好,查询网站信息更新快,遇到问题解决及时,可以在线发货;缺点是运费较贵,要计算产品包装后的体积重,对托运物品的限制比较严格。

(3)DHL

DHL 是一家全球性的国际快递公司,提供专业的运输、物流服务,为全球最大的递送网络之一,在五大洲拥有 34 个销售办事处及 44 个邮件处理中心。

DHL 业务包括:空运、海运、公路及铁路运输、联合运送和多式联运行业项目运输、贸易展览及活动运输、承运商和专属运输管理、可再生能源援助和救济服务等。DHL 能够面向超过 220 个国家进行国际 B2C 发货,对最高 2 千克物品提供范围明确的中转时间,简化邮政通关,具备里程碑追踪及关键目的地递送确认和保险选择功能。

DHL 速度快,去欧洲一般 3 个工作日,到东南亚一般 2 个工作日,可送达国家网点比较多,查询网站货物状态更新也比较及时,遇到问题时解决速度快,21 千克以上物品更有单独的大货价格,安全可靠,在美国、西欧有特别强的清关能力;缺点是小件货物价格较高,同时也需要考虑产品体积重,对托运物品限制也比较严格,拒收许多特殊商品。

(4)TNT

TNT 总部位于荷兰,是全球领先的快递服务供应商,分布在 200 多个国家和地区,为企业和个人客户提供全方位的快递和邮政服务。

TNT在欧洲和亚洲拥有高效的递送网络,提供世界范围内的包裹、文件及货运项目的安全准时运送服务,每天递送百万件包裹、文件和托盘货物。TNT快递在欧洲、中东、非洲、亚太和美洲地区运营航空和公路运输网络,并且正通过在全球范围内扩大运营分布来最大幅度地优化网络效能。

TNT主要体现在快速和灵活方便两方面,其在全球200多个国家设立运营中心、转运枢纽及分拣中心,并拥有欧洲最大的空陆联运快递网络,实现门到门的递送服务,所以其优点就是速度较快,到西欧3个工作日左右,可送达国家比较多,查询网站信息更新快,遇到问题时响应及时;缺点是也需要考虑产品体积重,对所运货物限制也比较多。

FedEx、UPS、DHL和TNT这些国际快递承运商通过自建的全球网络,利用强大的IT系统和遍布世界各地的本地化服务,为跨境电子商务的商家和消费者提供优质的物流服务。例如,通过UPS寄送到美国的包裹,最快可在48小时内到达。当然,优质的服务也伴随着昂贵的价格。跨境电子商务物流国际承运商的比较见表10-5。

表10-5　　　　　　　　　跨境电子商务物流国际承运商的比较

	FedEx	UPS	DHL	TNT
总部	美国	美国	德国	荷兰
时效	快	特快	快	快
价格	高	高	中	中
通关	强	中	中	强
优势地区	东南亚	美洲、英国	日本、澳洲	西欧
客户响应	及时	快	快	及时

2. 国内承运商

我国国内现有的物流企业大致可以分为三类,分别是中央直属或下设机构的大型物流企业、地方或商业企业性物流公司及专业跨境物流公司。

(1)中央直属或下设机构的大型物流企业

中央直属的专业性物流企业,即专营生产资料的物资储运总公司和外运总公司。仓储主要针对系统内部,因此商流与物流分离,受行政控制,如中铁物流、中远物流和中国海运等。

①中铁物流:

中铁物流创建于1993年,是国内知名的现代综合物流运营商,凭借自身强大的运输、仓储、配送及网络覆盖范围为全球客户提供方便、快捷、安全的物流综合服务。现拥有飞豹快运、飞豹快线、飞豹国际、飞豹仓储、物流金融、铁路行包、项目物流、专业市场八大事业部,其中,飞豹国际事业部提供国际海运、国际空运、跨境陆运、国际快递服务。

②中远物流:

中国远洋物流公司简称中远物流,是中国远洋运输集团(简称中远集团)下属的、规模和实力位于国内行业前列的现代物流企业,是我国最大的中外合资第三方物流企业。中远物流总部在北京,在韩国、日本、新加坡、希腊和中国香港设有代表处,并与国外40多家货运代理企业签订了长期合作协议。中远物流凭借国际化的网络优势,在细分市场的基础上,重点开拓了汽车物流、家电物流、项目物流、展品物流,为客户提供高附加值服务。中远集团在为全球客户提供航运、物流等全球优质承运服务的同时,还为客户提供船舶和货物代理、船舶工业、码头、贸易、金融、房地产和IT等多个行业的服务。

③中国海运:

中国海运集团总公司简称中国海运,成立于1997年,总部设在上海。中国海运是中央直接领导和管理的重要的国有骨干企业之一,是以航运为主业的跨国经营、跨行业、跨地区、跨所有制的特大型综合性企业集团。中国海运主营业务设有集装箱、油运、货运、客运、特种运输五大船队;相关业务有码头经营、综合物流、船舶代理、环球空运、船舶修造、船员管理、集箱制造、供应贸易、金融投资、信息技术等产业体系。中国海运服务于全球85个国家和地区,分别在北美、欧洲、中国香港、东南亚、韩国、西亚设有六个控股公司,以及日本株式会社、澳大利亚代理有限公司;境外产业下属90多家公司、代理、代表处、营销网点总计超过300个,在国家能源和进出口贸易中发挥了重要的运输支持和保障作用。

④中国邮政速递:

中国邮政速递(EMS)是由万国邮联管理下的国际邮件快递服务,在中国境内是由中国邮政提供的一种快递服务。EMS主营国内速递、国际速递、合同物流等业务,在海关、航空等部门均享有优先处理权,它以高质量为用户传递国际、国内紧急信函、文件资料、金融票据、商品货样等各类文件资料和物品。据不完全统计,中国跨境电商出口业务中70%的包裹都通过邮政系统投递,其中EMS占据50%左右的份额。EMS的优势在于邮政网络基本覆盖全球,比其他任何物流渠道都要广,而且由于邮政一般为国有,有国家税收补贴,因此价格便宜。

⑤航空物流公司:

中国国际货运航空(国货航)、中国南方货运航空、中国东方货运航空是我国三大骨干航空运输集团。它们的经营业务包括全球范围内的航空快递、特种货物及普通货物的物流服务,并承揽了活体运输及各种特种货物,如红酒、赛车、重型机械、精密仪器、超大超限货物(最长的货物为16米)的运输。这三大航空公司与全球重要的航空枢纽货站紧密合作,建立起了全球货站保障体系,为客户提供高品质的服务。

中央直属或下设机构的大型物流企业的比较见表10-6。

表10-6　　　　　中央直属或下设机构的大型物流企业的比较

物流公司	比较项目				
	服务对象	费用	时效	货运产品	运输范围
中铁物流	政府或大型企业	中	中	中、小型货物	美国、英国、俄罗斯、中国香港、尼泊尔
中远物流	政府或大型企业	中	中	中型货物	欧洲、亚洲
中国海运	政府或大型企业	低	慢	大、中型货物	亚洲、美洲、欧洲、非洲、大洋洲
EMS	个人	高	快	小型物品	西班牙、日本、韩国、美国、英国、法国、澳大利亚
航空物流公司	个人或中小型企业	高	快	小型物品	亚洲、美洲、欧洲、非洲、大洋洲

(2)地方或商业企业性物流公司

地方或商业企业性物流公司就是地方的或由地方发展为全国性的综合物流服务公司，与各个大中型电商平台或企业合作实现物流配送服务。它们是集物流与商流为一体的物流企业，比重大，且数量不断增多。

①顺丰速运：

顺丰速运集团有限公司（简称顺丰速运）于1993年在广东顺德成立，是一家主要经营国际、国内快递业务的港资快递企业。顺丰速运的主要业务有国际快递业务、仓储配送业务、冷链业务、重货运输业务等。顺丰速运网络全部采用自建、自营的方式，为广大客户提供快速、准确、安全、经济、优质的专业快递服务，自有服务网络具有服务标准统一、服务质量稳定、安全性能高等显著优点，能最大限度地保障客户利益。自2010年开始积极拓展国际服务，目前已开通美国、日本、韩国、新加坡、马来西亚等200多个国家和地区的跨境B2C和电商专递业务。

②中通快递：

中通快递股份有限公司（简称中通快递）创建于2002年，是一家集快递、物流、电商、印务于一体的国内物流快递企业。公司的服务项目有国内快递、国际快递、物流配送与仓储等，提供"门到门"服务和限时（当天件、次晨达、次日达等）服务。2015年3月1日，由中通快递控股投资的"中通国际"正式上线，专门从事国际物流、国际包裹业务、跨境电商出口或进口业务，涉足中俄跨境物流并且开通欧洲专线派送业务。

③圆通速递：

上海圆通速递有限公司（简称圆通速递）成立于2000年，是国内大型民营快递品牌企业。公司主营包裹快递业务，形成了包括同城当天件、区域当天件、跨省时效件和航空次晨达、航空次日下午达和到付、代收货款、签单返还等多种增值服务产品。公司的服务涵盖仓储、配送及特种运输等一系列的专业速递服务，并为客户量身定制速递方案，提供个性化、一站式的服务。公司服务范围覆盖国内1200余个城市，并且开通了中国港澳台、中东和东南亚专线服务。

④申通快递：

申通快递创立于1993年，总部位于上海，是一家以经营快递为主的国内合资民营企业。其中申通国际致力于打造高品质的全球"门到门"服务，为国际件的卖家或买家提供揽收、转运仓储、出口报关、国际运输、目的地国进口清关、订单管理、送货上门的跨境物流一体化服务。用户可通过申通国际官网或App进行运费查询、在线下单和订单信息追踪等，享受简捷高效的自助式跨境快递全链路服务；申通国际还能为跨境电商提供国际产品的设计和解决方案，满足不同买家与卖家的个性化国际物流需求。申通国际现有服务范围已经覆盖中国香港、中国台湾、日本、韩国、美洲、欧洲、大洋洲等全球60多个国家及地区，并且还在持续拓展新的国际业务和服务产品。

⑤韵达快递：

韵达快递创立于1999年，总部位于上海，现已成为集快递、物流、电子商务配送和仓储服务为一体的全国网络型品牌快递企业。韵达快递投放的24小时自助取件机，能够方便客户自助取件，提高业务员的工作效率，为客户提供更多便利。自2013年，韵达快递开启了国际业务，相继与日本、韩国、美国、德国、澳大利亚等国家和地区开展国际快件业务合作，逐步走出国门,为海外消费者提供快递服务。

(3)专业跨境物流公司

①递四方:

递四方(The Fourth Party Express,4PX)创建于 2004 年 6 月,是以国际物流和全球仓储服务为核心的物流供应链服务商,是专业的国际速递公共平台运营商,为客户和合作伙伴提供国际速递渠道及系统平台服务。公司打造出 3 大类、20 余种物流服务,包括:商业快递(DHL/FedEx/UPS/TNT/ARAMEX)、邮政服务(新加坡邮政、中国邮政、中国香港邮政的空邮小包平邮、挂号、EMS 等)、自有品牌服务(海外仓库订单宝服务、联邮通服务、专线服务等)。4PX 通过业务合作和资本收购的方式,不断整合世界各地地区性的优秀速递相关资源,铸就递四方多渠道辐射全球的国际速递网络平台。递四方也是 eBay、PayPal、谷歌、Amazon、阿里巴巴、速卖通、敦煌网的官方合作伙伴及推荐物流商。

②出口易:

出口易是一家专业的国际仓储与配送物流服务运营商,也是中国首家专注于海外仓储及配送服务的物流服务提供商。2003 年公司成立,通过 eBay 开展跨国 B2C 业务,出口易已在英国、美国、德国、澳大利亚、俄罗斯、加拿大 6 大主流外贸市场设置海外自营仓储物流中心;在中国香港、广州、深圳、上海等国内 8 个城市设有处理中心;自主开通中英、中美、中德、中俄等多条国际专线服务。出口易同时提供一对一的客服专员服务,从包装材料、运送方式、配送、库存管理、eBay 销售助理等各个方面为客户提供周到细致的服务。出口易的服务覆盖全球,是 eBay、PayPal、Amazon、Wish、BellaBuy 与速卖通重点推荐的物流服务供应商。

③万邑通:

万邑通(Winit)公司成立于 2012 年,目前服务网络遍布中国、澳大利亚、美国、德国、欧洲等市场。万邑通在中国国内建立了物流集散中心,同时为澳大利亚、美国、德国、欧洲提供海外仓储和分拨服务,并提供覆盖全球多个国家的专线快递线路。万邑通可帮助中国卖家将海外操作本地化,缩短商品到达最终买家的时效,提高客户满意度和卖家海外竞争力,并且与跨境电商平台 eBay 合作,为 eBay 卖家提供贸易代理、国际物流管理、国内外仓储管理、金融、IT 等多项服务。

专业跨境物流公司的比较见表 10-7。

表 10-7　专业跨境物流公司的比较

物流公司	比较项目		
	服务对象	服务范围	主要合作商
递四方	大中型企业	亚洲、欧洲、非洲、巴西	eBay、PayPal、Amazon、阿里巴巴、谷歌、速卖通、敦煌网等
出口易	大中型企业	亚洲、欧洲、美国	eBay、PayPal、Amuzon、Wish、BellaBuy、速卖通等
万邑通	中小型企业及个人	亚洲、美国、欧洲、澳大利亚	eBay 等

总体来看,中央直属或下设机构的物流公司规模大、资金充足、有强大的仓储和运输能力、服务质量高、时效快,但同时费用高,是政府、大型企业的较佳选择;地方或商业企业性物流公司相对来说起步晚,但发展迅速,国内业务相对成熟,在国际业务上,顺丰最先开展也是

规模最大的,适合于中小型企业及电商平台;专业跨境物流公司目前较有前景,随着经济全球化和我国跨境电子商务的快速发展,跨境物流对于专业型物流公司的需求将增加,大中型跨境电商企业的发展必须依赖于专业型跨境物流公司,才能保证最快的时效、最优的服务、最高的客户满意度。

本章小结

跨境电子商务简称跨境电商,是指分属不同关境的交易主体,通过电子商务平台达成交易、进行在线支付结算,并通过跨境物流送达商品,完成整个贸易过程的一种国际商业活动。跨境电子商务具有全球性、多边性、碎片化、高效性、快速演进的特点。

我国跨境电商经历了初步探索阶段—网络黄页模式阶段—网上交易模式阶段—外贸综合服务平台模式阶段。自2012年起,我国从中央到地方纷纷出台相关政策,鼓励和推动中国跨境电子商务的发展。截至2017年12月,我国已有13个跨境电子商务综合试验区。2018—2022年,国家陆续设立了第三批至第七批跨境电子商务综合试验区,至此,中国跨境电子商务综合试验区数量达到165个,覆盖31个省份。

跨境电子商务按照传统电子商务模式划分,可分为B2B跨境电子商务、B2C跨境电子商务、C2C跨境电子商务三种类型;按照传统外贸进出口模式划分,可分为跨境进口电子商务和跨境出口电子商务。其中,现有的跨境进口电子商务的主要运营模式可分为直邮进口模式及保税进口模式两类;跨境出口电子商务的主要运营模式可分为传统跨境大宗交易平台(大宗B2B)模式、综合类跨境小额交易平台(小宗B2B或C2C)模式、垂直类跨境小额交易平台(独立B2C)模式等三种类型。

跨境出口电子商务的运作流程可分为以下几个步骤:企业及商品备案→企业入驻跨境电商交易平台→进口国消费者发起购买订单→进口国消费者支付订单→出口国企业发货→海关平台进行清单核实→海关放行货物→报关→结汇→退税,从而完成整个跨境出口电子商务交易;跨境进口电子商务的运作流程主要可分为以下几个步骤:企业及商品备案→企业入驻跨境电商交易平台→货物入区→进口国消费者发起购买订单→进口国消费者支付订单→发货→海关管理平台进行三单比对→申报出区→放行货物→货物配送至消费者,完成整个跨境进口电子商务交易流程。

跨境电子商务物流是指企业或其他主体在跨越不同国境或地区进行电子商务交易后,依托信息化技术,借助国际物流体系将产品从产地高效率、低成本地运送到消费地而进行的规划、实施和控制过程,最终目的是能够最大限度地满足消费者的需求。跨境电子商务具有复杂性、需要智能化手段支撑、运作协同化、追求客户体验最优的特点。跨境电商物流的传统模式包括企业间国际物流模式和面向消费者的国际物流模式。新模式包括集货物流模式、海外仓储模式、国际物流专线模式、自贸区或保税区物流模式。

> 　　跨境电子商务物流中的承运商,包括国际承运商和国内承运商。国际承运商有美国联邦快递(FedEx)、美国联合包裹运送服务公司(UPS)、德国敦豪航空货运公司(DHL)及荷兰天地公司(TNT)。我国国内物流承运商大致分为三类,分别是中央直属或下设机构的大型物流企业、地方或商业企业性物流公司及专业跨境物流公司。其中专业跨境物流公司包括:递四方(4PX)、出口易和万邑通(Winit)。

思考题

1. 跨境电子商务的特点有哪些?未来发展趋势是什么?
2. 跨境电子商务有哪些模式?各类模式的内涵和优缺点是什么?
3. 跨境电子商务进出口运作流程是怎么样的?
4. 跨境电子商务物流的特点有哪些?有哪些新的模式?
5. 对比跨境电子商务物流与传统电子商务物流、传统国际物流的区别有哪些?

第 11 章

新零售模式与智慧物流

> **学习目标** >>>
> - 掌握新零售产生的背景、定义、特点、动因及商业模式
> - 重点掌握新零售模式下智慧物流的优势、特点、存在问题、影响机理及发展策略
> - 了解新零售模式下智慧物流的案例,理解新零售智慧物流的运作方式

11.1 新零售概述

11.1.1 新零售产生的背景

随着我国工业化、城镇化、信息化的不断发展,国民消费需求快速发展并迅速步入新阶段,十分注重消费效率与消费体验的"80后"与"90后"成为消费市场的主力军,互联网、人工智能和移动支付等技术发展日益成熟,物联网智能终端等被广泛应用于社会生活中,使得商业模式不断发展改变,买卖方式也产生诸多变化。除此以外,在消费升级的压力下,传统零售业面临着经营成本高、消费场景搭建费时费力、运营效率低和经营时空受限等诸多痛点,无法满足消费市场的需求。习近平总书记在 2015 年 11 月 10 日中央财经领导小组第十一次会议上首次提出了"供给侧结构"的改革建议,随后《国务院关于积极发挥新消费引领作用加快培育形成新供给新动力的指导意见》出台,部署消费升级来引领产业升级,并通过制度创新、技术创新、产品创新来增加新供给,满足创造新消费,形成新动力。"供给侧改革"为提振"新消费"打造新动力,这是"新零售"成为实体零售转型发展的主要方向。国务院办公厅在 2016 年 11 月印发的《关于推动实体零售创新转型的意见》中明确提出:"推动线下零售和线上零售融合发展,制定符合融合发展要求的标准规范和竞争规则,指导实体零售企业提高信息化水平,整合线下物流、服务和体验等优势,促进线上线下电商、资金流和信息流融合发展,拓展智能化、网络化渠道布局。"这为传统零售行业的转变提供了新的思路,促进了新零售的诞生。

与此同时,随着互联网+、大数据、人工智能等新兴技术的出现和发展,我国的消费结构和消费理念发生了潜移默化的改变,如今我国的传统零售业正在经历前所未有的挑战,零售

企业利润水平直线下降,营业收入增长减缓。传统零售企业为了解决这一难题,融合现代信息技术、线上线下双渠道和现代物流体系形成了一种新的零售模式。阿里巴巴在2016年10月杭州云栖大会上率先提出"新零售"概念,并宣称"'电子商务'这个词可能很快就被淘汰,纯电商时代很快会结束,未来十年、二十年,没有电子商务这一说,只有新零售"。在2017年3月由阿里研究院发表的《C时代新零售——阿里研究院新零售研究报告》中指出:"新零售"是一种以用户体验为中心、以数据为导向的全新零售模式,其核心是构建新的商业模式,使流通效率最大化,实质上是外国的全渠道零售的深化。新零售的出现使市场上的许多企业规避了实体门店大规模关闭的风险,并将中国的零售业置于一个新的生态圈中,零售行业在市场环境的不断变化中逐步形成了一种新趋势,它并非传统零售行业中唯一的实体经营模式,而是以大数据为基础,集线上线下和物流为一体的新兴模式,为中国零售业态的转变指明了道路,推动了中国零售行业的进一步发展。

11.1.2 新零售的定义与特点

1. 新零售定义

新零售是一种基于数字化技术的全新零售模式,它以消费者需求为导向,通过数据驱动和场景化服务,打破了传统线上线下、产供销等边界,实现全渠道和全场景的商品、服务和体验的融合,让消费者可以在线上选购商品,在线下获得体验和服务,最终实现快速交付和提高满意度,为此国内外学者对其都进行了积极研究与探讨。

通过对国外数据库进行搜索发现,虽然"新零售"(New Retailing)一词起源于中国,但国外学者早在之前已经提出了类似的概念,如"统一性商业"(Unified Commerce)、"增强式零售"(Augmented Retail)、全渠道零售(Omni-channel Retailing)等。这些概念与新零售有相似之处,都意味着将线上和线下渠道整合,通过技术手段来提高效率和体验,以满足消费者的需求。其中全渠道零售的概念是由Darrell Rigby于2011年首次提出,他认为全渠道零售是指一种综合多种渠道的营销手段。在全渠道零售模式下,零售商可以利用多种渠道为消费者提供全方位、无缝隙的购物体验,以此提高企业的销售额和客户满意度。2013年,Levy等(2013)指出,全渠道零售是指零售商通过整合线上和线下等多种渠道,用最佳的方式为消费者提供产品和服务,旨在创造更全面、互动性更强、更具个性化的购物体验的一种零售战略。Piotrowicz(2014)对影响全渠道零售发展的关键问题进行了讨论,包括渠道整合的必要性、大数据驱动的影响、社交媒体对消费者需求的影响作用、如何快速响应不同客户的需求、在个性化需求的满足及全渠道供应链的设计等。Furaha(2020)等研究发现,社交媒体赋予消费者更多权利,迫使零售商需要更加快速地回应客户的咨询和投诉,以维护良好的客户关系并获得持续的竞争优势。接着Seitz(2022)等人提出了一种大数据驱动的分析与规划方法,这种方法被零售公司用来监控客户的消费行为,从而获得更多潜在收益,并对服务水平进行实时改进。

国内新零售的概念最早于2016的云栖大会上提出:新零售以消费者为中心,通过线上线下渠道的整合及应用大数据、人工智能等技术手段,为顾客提供更加便捷的购物体验并提高销售效率和服务质量的一种新型零售模式;新零售的发展需要新制造、新金融、新技术和新资源等多个领域的共同支持。在新零售的概念首次被提出之后,众多国内学者都给出了自己的解读。王宝义(2017)认为大数据的开发和应用是新零售区别于传统零售的关键所在。赵树梅(2017)将新零售定义为一种基于互联网技术和创新思维的全新零售方式,其核心是提升用户体验。徐印洲(2017)认为新零售是以先进的信息技术为基础,着重于满足消费者的需求,并提高零售业的运转效率的新型业态;新零售的发展需要整合全渠道资源,为消费者提供个性化的服务,并注重消费者体验。杜睿云(2017)认为新零售是一种利用互联网技术对商品的生产、流通和销售进行升级和改造的新型零售模式,它通过线上服务、线下体验和物流的深度融合,在业务结构和生态系统上进行重构,实现了零售业的升级和变革。林英泽(2017)认为新零售的核心理念是把消费者放在中心地位,利用线上和线下的优势与物流系统的高效整合,打通会员、支付、库存、服务等数据信息,实现零售过程数字化,并为消费者提供更加便捷、愉悦的购物体验。鄢章华(2017)认为新零售是一种将线上和线下渠道进行无缝融合,以提高零售业效率的模式,借助该模式,零售业可以获取全渠道的数据,并以消费者的体验为核心优化其各个方面,这也意味着新零售必须重视数字化技术的应用,以提供更好的消费者体验和获取更高效的零售运营绩效。

除了学术界的研究,商界也对新零售有着不同的理解,以下是国内较有代表性的业界人士对新零售的看法(表11-1)。

表 11-1　　　　　　　　　　　商界典型人物对"新零售"的看法

商界典型代表人物	关于新零售的看法
阿里巴巴董事局主席	新零售是利用网络思想和技术对零售业进行改造和升级,以适应消费者不断更新和变化的需求,通过网络技术使商品生产、物流和服务的效率得以提高
小米 CEO	新零售的实质是实现线上和线下融合,通过网络技术来提高消费者的使用体验和销售效率
海尔集团电商总监	新零售是将企业和消费者结合起来,打造出最好的用户体验
亿欧公司创始人	新零售是一种利用现代科技,将线上线下结合起来,收集顾客的需求,按照该需求来生产,最后实现零库存的销售

目前,学术界对"新零售"这一概念仍然没有权威的定义。鉴于此,本书认为新零售是一种崭新的零售模式,它是基于网络和新技术,将线上、线下、服务三者有效结合起来,构建人货场的组合,是对传统零售业和纯电商商业结构的升级,其核心是以消费者为中心,满足消费者全方位的需求,并利用互联网,采用大数据等数字技术综合分析、整合各种信息,对商品零售的各个环节进行升级,将线上销售、线下购物及现代物流紧密联合在一起,为消费者提供高效率、高体验值的全渠道新模式。新零售人货场三要素变化,如图 11-1 所示。

2. 新零售的本质

零售的本质在于为消费者提供高效满意的服务,无论是网络零售还是实体零售,都只是零售的一种方式。在信息技术、消费升级、竞争态势等多因素驱动下,中国零售业正迎来新的转变,即"线上＋线下＋物流＋大数据"深度融合的"新零售"。

其一,"新零售"是零售本质的回归,是在数据驱动和消费升级时代,以全渠道和泛零售形态更好地满足消费者购物、娱乐、社交多维一体需求的综合零售业态。"新零售"既是电商

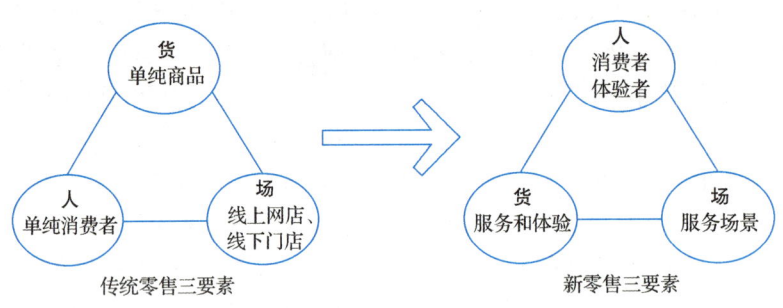

```
         货                              人
      单纯商品                         消费者
                                      体验者

   人         场              货                场
单纯消费者  线上网店、      服务和体验         服务场景
            线下门店

   传统零售三要素              新零售三要素
```

图11-1　新零售人货场三要素变化图

逐渐遭遇"天花板"拓展线下空间、开辟新的利润源的倒逼行为,又是电商在消费升级时代弥补网络零售短板、依托信息技术争取竞争优势的战略之举。

其二,"新零售"时代的线下零售实体不同于传统零售实体。大数据的开发应用是"新零售"的关键,这也决定了当前网络零售企业主导"新零售"的基本格局,以阿里和京东为首的诸多企业已展开"新零售"的实践探索。从商业主体之间的合作趋势来看,新零售的本质是通过互联网、大数据等技术,实现产品的供应方、零售方、消费者等在产品及价值上的联动,从而促进供应链多个环节、多个主体之间的合作。

其三,数据驱动是"新零售"的本质特征之一。在工业经济的商业体系中,生产制造和流通销售是两个市场,网络零售以消费者为核心全链路打通生产制造和流通销售市场,实现C2B逆向路径的变革。以消费者为核心的数据挖掘应用如果缺失了线下数据,其开发应用就不算完整,因此,"线上+线下+物流"深度融合是大数据深度挖掘应用的基本要求。"新零售"是以消费者为中心的零售本质的回归,其依托大数据开发应用,促进"线上+线下+物流"深度融合,更好地满足消费者购物、娱乐、社交等方面的综合需求。

3. 新零售的特点

新零售的本质和特点之间存在密切的关系。新零售的本质是通过数字化、智能化等手段,实现线上线下融合,推动商品、信息和服务的数字化,以提升消费者的购物体验和满足其需求。这种融合意味着新零售将更多地依赖数据和技术,而不是传统的商店。新零售的本质决定了其特点,而这一特点又进一步反映了新零售的本质。总体来说,新零售的特点都是为了提升消费者的购物体验,满足其需求,从而实现商业价值和社会价值的最大化。

新零售的基本特点是"线上+线下+物流+大数据"的深度融合,核心是大数据开发应用的串联作用,全渠道购物和泛零售业态是基本态势,这也决定了新零售的实践必须秉持合作共享的基本理念,主要包括以下两个方面的要求:

其一,线上线下的跨越需要合作共享。新零售理念下的线下实体零售不同于传统实体零售,它并非网络零售与实体零售的叠加,同时网络零售与实体零售的逻辑也存在很大不同,两者各有优劣势,即使由网络零售企业主导"新零售"模式的构建也脱离不了传统实体零售的支撑,两者采取合作共享模式更易取得成功。

其二,新零售是数据驱动的零售形态,大数据的开发应用需要供应链各环节的合作共享。新零售的实质是打通线上线下,利用大数据深度融合"线上+线下+物流",最终实现以消费者为核心,以零售商为主导,以服务商为支撑,以制造商为定制供给的合作共享格局。

综上,新零售就是要以线上零售带动传统的线下零售,并将互联网的发展思维融入实体零售的发展中,实现线上和线下的融合,从而使整个零售行业获得新的增长点。随着时代背景的更迭与技术的革新,新零售也具备了新的行业特点。

(1)"体验式"将成为"新零售"时代塑造零售场景的基础。随着我国居民可支配收入的不断增加和物质产品不断丰富,零售业中消费者的主导权也在不断提升,人们的消费观念也从价格消费向价值消费转变。因此,消费者在购物过程中不再仅仅关注产品本身,还将关注整个购物过程的体验,甚至购物体验将成为影响消费者购买决策的关键因素。在实际的零售场景中,线下渠道是消费者能够获取产品信息的重要渠道,而新零售"体验式"的特点就是将消费者线上购物的便利性与线下购物的体验性有机地融合,通过丰富线上线下渠道的购物场景,提升消费者在购前、购中及购后的体验。

(2)"智能化"是技术革新背景下,零售业态发展的必然趋势。新零售商业模式产生的原因和存在的基础,是源于人们对购物要求的提升,消费者希望能够在消费的过程中获得便利化、个性化、互动化和即时化的体验。而满足消费者这一系列需求便需要依赖于零售行业"智能化"的变革:人工智能技术的引入,使得消费者的购物场景能够兼具便利性、娱乐性甚至社交性。目前,自主结算、虚拟助理、无人物流、VR 试装等技术已经可以达到商用阶段,可以预见,在未来零售业智能化改造将进一步深化,为消费者提供更加丰富的消费场景。

(3)"无界化"运营进一步打通线上线下渠道壁垒。在新零售模式的背景下,零售企业需要进一步推动线上线下渠道的融合,实现"全渠道"经营。消费者的购买决策包括信息搜索、选择、购买、购后评价等一系列过程,而在这一过程的每一个环节中消费者都可能在多个渠道间实现渠道的迁移和转换。因此,零售商需要通过多渠道融合,使得消费者在购物的全过程都能获得流畅、便利的体验,从而使得消费者能够保留在零售商的渠道当中,增强了消费者与零售企业的联系,同时,也增强了消费者的忠诚度。同时,依托于零售商的"全渠道"运营模式,消费者便可以在任何时间、任何地点以最便利的方式进行购物,也将带来购物方式的变革。

(4)全渠道。全渠道是指线上线下渠道的打通,而渠道的打通重点并不是简单意义上的线下开店,线上开发 App,而是对企业的数字化程度、云端的统筹能力、数据的挖掘能力及线下店铺和物流体系的协同反应能力的大考验。全渠道的特点就是全程、全面和全线。企业可以从消费者刚接触该产品后的各个环节对消费者进行全程、全面的观察分析,从而整合线上线下渠道进行全线跟进。这种为消费者提供无缝的购物体验从而使得线上和线下流量无缝转化的方式就是全渠道的核心所在。

(5)灵活的供应链。新零售的供应链系统是以数字化为基础的,将信息转化为数据,从而实现对于实体元素合理、高效的统筹安排、管理和分配。在移动互联网飞速发展的赋能下,我国零售业的信息流和资金流的数字化程度都比较高,物流则成为新零售进行数字化的重点。在未来,新零售的供应链系统利用数据从后端到前端、末端以及消费者的全过程,使每一个环节紧密相连,可以实现信息流、资金流、物流的高效统一。

11.1.3 新零售的发展动因

新零售的发展动因主要包括外部动因和内部动因两方面。就外部动因来看,在经历了多年的高速发展之后,我国由于互联网和移动端用户高速增长带来的传统电商发展的红利已经逐渐萎缩,电子商务发展面临了明显的增长瓶颈。因此,外部动因主要从信息技术发展、竞争态势、降低企业生产经营成本三个方面对新零售发展动因进行阐述。就内部动因方面,虽然我国目前电子商务已经发展较为成熟,但实际上由于传统线上渠道本身在消费者体验方面具有弱势,线上渠道所能实现的行业贡献始终有限。相对于线下渠道能够为消费者提供可触性、可视性、可感性等直观的感官属性,线上电子商务却没有办法为消费者提供良好的购物体验,但同时线下渠道的便利性、即时性方面的短板也是实体店铺所无法克服的。因此,内部动因主要从消费到体验的转变和消费群体的改变两个方面对新零售发展动因进行阐述。

1. 外部动因

(1) 信息技术发展

近年来随着"互联网+"战略的实施,智能手机和Wi-Fi等得以普及应用,信息技术对生产和生活的影响日益增强。依托信息技术,大数据的开发应用取得明显效果。新零售区别于以往任何一次零售业变革,通过数据与商业逻辑的深度结合,实现消费方式逆向牵引生产变革,为传统零售赋予数据翅膀。云(云计算、大数据技术)、网(物联网及互联网技术)和端(智能终端、传感器等技术)所形成的智能化设施也为新零售的发展创造了必要条件。随着大数据、互联网技术的不断优化,商品在全渠道的流通不再是一个封闭的过程,依靠信息不对称获取利润的模式将被打通。通过这些技术,商品从生产过程到流通过程最后到零售交易过程都能够实现智能化。一方面,能够实现生产交易信息的智能化,即通过透明化的信息传递,从而向消费者提供更加智能化、全面化的产品信息;另一方面,其借助大数据技术,使得商品在流通过程中实现智能化,消费流程更加快捷便利,提升了消费者的购物体验,为生产企业带来了快速发展的机会,加深了消费两端主体的联系,使企业能为消费者提供全面的服务,提升了消费者的参与度。因此,正是因为物联网、大数据、云计算和人工智能等新技术的日益完善,才使得零售业带动制造业共享行业信息、协同驱动,精准满足消费者需求。

(2) 竞争态势

新零售既是电商逐渐遭遇"天花板"拓展线下空间、开辟新的利润源的倒逼行为,又是电商在消费升级时代弥补网络零售短板、依托信息技术争取竞争优势的战略之举。随着纯电商时代的到来与发展,传统零售的供应链体系越发无法满足市场需求,零售行业增速放缓,呈现出"千店一面"的不利态势,加之消费升级,实体零售行业经营愈发困难。传统零售行业在成本控制、运营效率及消费场景构建等方面的诸多痛点,使得传统实体零售急需转型,才能维持其继续发展。此外,随着我国居民人均可支配收入的提高,消费者对品质消费不断升级,对购物的关注已不再仅是价格,还有对消费过程的体验和感受,以及各种娱乐化和社交化的诉求。至此,全国网络零售额增速放缓、电商类型趋同、获客成本提升等一系列因素驱使零售行业必须探寻新的出路,而变革的方向也必然回归行业发展的本质,即满足消费者个性化的需求。

(3) 降低企业生产经营成本

在新零售的背景下,零售主体不仅包含零售商,零售交易活动的组织者与服务者也成为其重要组成部分。在传统零售的框架下,零售商起到专业化产品交易媒介的作用,零售商一方面从上游供应商获取商品,另一方面向下游消费市场进行销售,并在这一交易过程中赚取利润。虽然也有部分零售商与互联网平台相互结合,但是其作为传统零售媒介的本质特征并没有发生改变。新零售的出现,使得传统零售主体在参与市场商品交易的过程中所扮演角色发生改变。对于终端消费市场的消费群体而言,新零售平台能够对消费者的购物偏好、个性需求和生活方式进行分析,同时结合这些需求为消费者提供相应的产品或服务,即新零售成为终端消费市场零售交易活动的组织者。此外,对于上游的产品供应方,新零售平台则通过自身分析得出的市场大数据资源,为上游的生产方和供应方提供消费者的需求信息,为供应商的产品研发和市场营销活动提供信息支持和技术服务。由此可见,新零售能够对市场进行深度挖掘,并基于消费者的个性化需求建立起交易关系,同时能够借助对客户群体的数据分析为供应方提供一体化服务,从而满足了消费者需求,降低了企业生产经营成本。在激烈的竞争面前,在零售业态转变和升级的大好时机下,深化"新零售"战略,抢占制高点是零售企业确保在竞争中胜利的关键。

2. 内部动因

(1) 从消费到体验的转变

现阶段,出生于20世纪80年代、20世纪90年代及21世纪初的"新世代"逐渐成为消费主体,大多受过高等教育的他们在消费观念、消费方式及消费结构上都有着重大转变。他们更加注重自我感受,消费行为呈现出全天候、多渠道、个性化的特点。以全渠道为特点的"新零售"业态能够为消费者提供随时随地消费、娱乐和社交的体验。消费者不再只是简单地购买商品,而是在购物的同时享受各种形式的体验,如互动式体验、沉浸式体验等。这种转变使得消费者更加注重购物过程中的情感满足和个性化需求。消费者更加注重产品的价值,而不是单纯的价格,他们更倾向于购买那些能够带来实际利益和附加值的产品,而不仅仅是简单的功能产品,更加注重购物场景的营造。除此以外,消费者更加注重社群力量。他们希望通过加入某个社群来获得更多的认同感和归属感,更加注重品牌的文化、价值观和情感连接,希望与品牌建立长期的情感联系,并获得更多的个性化服务。

总的来说,新零售消费者消费观念的转变主要体现在从单纯的购物行为到全方位体验的转变、从产品到价值的转变、从渠道到场景的转变、从个体到社群的转变,以及从商品到品牌的转变。这些转变反映了消费者对购物体验、价值认同、社交互动和品牌情感联系的更高追求。消费者偏好与习惯的改变对零售业提出了更高标准和要求,以电商为主的消费习惯促使零售业变革。

(2) 消费群体的改变

随着消费时代的到来,消费者对商品及服务的适配度提出了更高的需求,这直接影响了零售产品供应链的变革。新零售的提出是零售产业链对消费市场的回应,其通过对自身组织能力和服务能力的变革,针对消费者偏好设计产品并以此提升消费者在购物过程中的体验效果。新生代消费者注重产品的质量和品牌,更倾向于通过个性化的产品展现自我特征,而这些个性化的消费需求对零售业供应链提出了新的要求。以往的零售产品供应链是由生产方进行统一开发、生产,并经过零售商进行销售、流通的,而在新零售环境下,供需双方的主次地位发生了变化,消费市场逐渐占据主导。中国正步入消费需求急剧变化的新时代,消费主体、消费方式、消费结构、消费观念等纷纷发生"颠覆式"变化,给零售业带来强大的冲击和变革的诉求。从消费方式来看,互联网的"迁移者""70后""80后"及"90后""00后"对网络零售的依赖不言而喻,对实体零售的场景化、休闲化需求同时并存;从消费结构来看,吃穿住行用消费样样升级,同时美丽消费、娱乐休闲消费、教育医疗消费等享受型、发展型消费趋势更为突出,单一的消费方式已难以满足日益提升的消费诉求,线上线下协同是必然趋势;

从消费观念来看,"新新消费者"消费的从众心理逐渐淡化,而时尚、绿色的品质化消费及定制化、DIY的个性化消费趋势日益明显。中国消费升级趋势将日益放大网络零售和实体零售的劣势,两者唯有深度融合才能更好地迎接消费升级趋势的挑战。通过建立全渠道的深度交流,新零售模式下的零售商成为获取消费者需求信息、为消费者提供新生活方式的服务者,零售商与消费者形成了强效的互动关系。基于这一关系的变化,交易关系的动力逐步向消费市场转移,使推式供应模式转变为拉式需求模式。

11.1.4 新零售行业的发展历程与现状

在工业革命、互联网兴起等时代背景下,零售业态不断变化,中国的零售行业大致经历了四个发展阶段,如图11-2所示。

集贸式零售 1990年以前 → 连锁店式零售 1991到2002年 → 电子商务式零售 2003到2015年 → 新零售 2016年以后

图11-2 零售行业发展历程

1. 集贸式零售

改革开放后,居民人均可支配收入提高,居民的功能性消费需求开始出现;物流方式和运营模式的低效导致商品的供应能力不足,再加上信息传递的封闭性导致商品供需不平衡;零售业态单一,主要是百货店、杂货铺,经营特点是分散、面积小、以柜台售卖,经营效率低,消费人群有限;代表企业有北京王府井百货等。

2. 连锁店式零售

人们收入水平进一步提高,消费者需求提高,追求商品的多样化;商品的物流体系和分销体系形成的供应体系逐渐完善,商品的种类不断增加,再加上销售渠道的减少,许多生产商和销售商将注意力转移到消费者自身;零售业态多种并存,包括百货、超市、便利店、专卖店、生鲜超市、社区超市等;代表企业有家乐福、沃尔玛等。

3. 电子商务式零售

互联网的出现,促进了信息传递的对称性、快捷性;消费者需求进一步转变,更加注重商品的性价比及商品的品牌;物流方式和支付方式也得到大大改善,减少了商品的流通周期;零售业态主要是电商模式,包括C2C、B2C、B2B;经营特点是虚拟性,经营效率高,消费人群广泛;代表企业有淘宝网、京东商城、唯品会等。

4. 新零售

互联网不断深入人们的生活,消费者需求进一步升级,追求高品质的生活;消费者更偏向于消费体验,追求个性化、多样化;数字化的普及使得商品的供应链方式发生改变,对商品的产、供、销进行精细管理;随着物流体系的完善,商品可以最短时间到达消费者手中;出现了数字文化、在线医疗等新业态,零售终端围绕消费者互动和体验,开始进行消费场景革命;代表企业有每日优鲜、盒马生鲜等。

在新零售模式下,线上和线下市场没有明确界限,动动手指即可网上快速下单,吸引线下市场的消费者转向线上;线下市场的体验感同样吸引线上用户亲身体验,两个市场相互渗透,相互融合,始终围绕消费者运行。两个市场除了承担基本的零售功能,还具备其他作用:线下市场结合完善的物流体系和供货补货体系,实现去库存管理,提高企业运营效率;线上市场获得的更多的是大量数据,因此,线上平台需对这些海量数据进行收集和处理,对消费者的下单频率、购买偏好等进行刻画,对他们的需求进行预测,从而实现智能营销。此外,借助云计算等新技术,通过分析消费取向,进行定制化生产,从而形成柔性供应链。新零售的基本形态如图 11-3 所示。

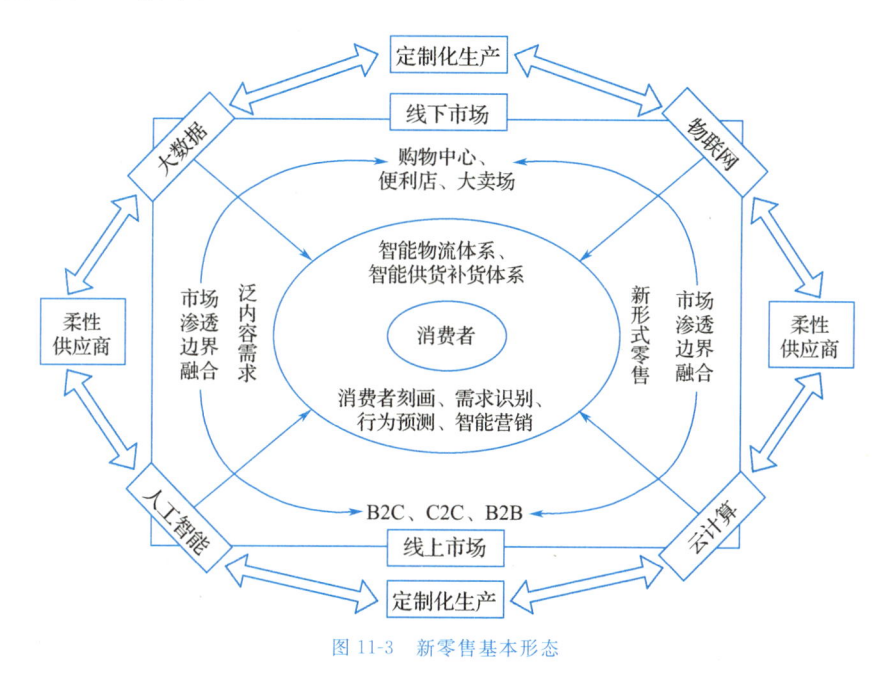

图 11-3 新零售基本形态

新零售运营模式的形成主要得益于数字技术的推动,如图 11-4 所示。新零售模式下,企业经营活动在数字中开展,提高了经营效率,打通了消费者和生产商之间的关系,进一步拓展了零售行业的影响力。

通过上述分析,我们发现在新零售模式下,利用新技术,对消费者需求进行预测和分析,有利于进行定制化生产和营销水平的提高,进而影响企业运营能力。同时,线上线下两个市场相互融合,可以吸引用户,增加流量,拓宽销售渠道,进而影响业务规模。此外,新零售模式下健全的物流体系和服务质量,影响着用户的体验感。对于零售行业,体验感尤为重要,决定其商品的交易量。最后,对于尚不成熟的新零售模式,其内部管理体系的有效性也十分重要。

视频资料:
除夕即时零售销售额同比增长约 20%

11.1.5 新零售的商业模式

1. 全渠道零售

全渠道零售是新零售的一种重要模式,通过整合线上线下的各种销售渠道,为消费者提供无缝的购物体验。在全渠道零售模式下,消费者可以在任何时间、任何地点,通过任何方式进行购物,无论是实体店、电商平台,还是移动应用。此外,全渠道零售平台还强调个性化

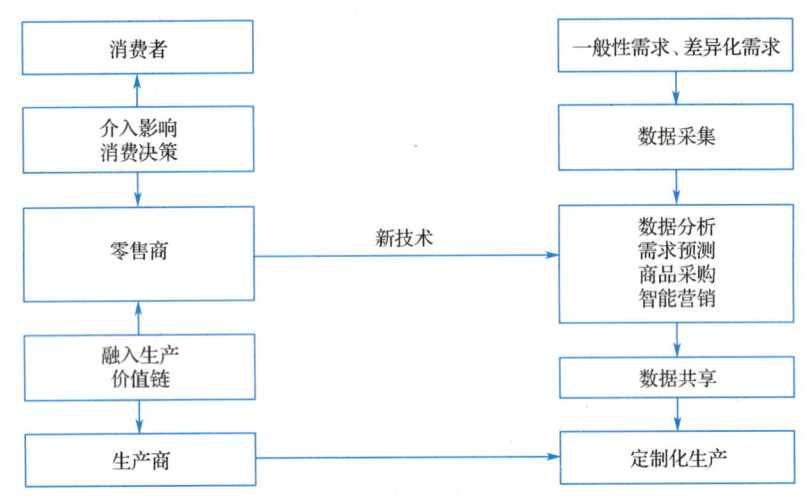

```
消费者 ←→ 介入影响消费决策 ←→ 零售商 —新技术→ 数据分析/需求预测/商品采购/智能营销
                                         一般性需求、差异化需求 → 数据采集
零售商 ←→ 融入生产价值链 ←→ 生产商 ← 数据共享 / 定制化生产
```

图 11-4　新零售运营模式

服务,通过收集和分析消费者的购物数据,为他们提供定制化的商品和服务。

全渠道零售模式对零售业的影响主要体现在两个方面:一是提高了消费者的购物便利性,增强了他们的购物体验;二是通过数据分析,零售商可以更准确地了解消费者的需求,从而提高销售效率和利润。

2. 社交电商

社交电商是新零售的另一种模式,通过社交媒体平台,利用社交网络的影响力,推动商品的销售。在社交电商模式下,消费者不仅可以购买商品,还可以分享购物体验,推荐商品给朋友,从而获得奖励。此外,社交电商还强调社区建设,通过建立消费者社区,增强消费者的归属感和忠诚度。

社交电商模式对零售业的影响主要体现在两个方面:一是利用社交网络的影响力,扩大了商品的销售范围;二是通过社区建设,增强了消费者的黏性,提高了复购率。

3. 无人零售

无人零售是新零售的第三种模式,通过自动化技术,如人工智能、物联网等,实现商品的自动售卖。在无人零售模式下,消费者可以通过移动应用或自助终端机进行购物,无须与店员交互。此外,无人零售还强调24小时营业,满足消费者随时随地购物的需求。

无人零售模式对零售业的影响主要体现在两个方面:一是降低了人力成本,提高了运营效率;二是通过24小时营业,满足了消费者随时随地购物的需求。

新零售的三种模式——全渠道零售、社交电商和无人零售,都在以各自的方式改变着零售业。它们不仅提高了消费者的购物体验,也提高了零售商的销售效率和利润。零售商在追求创新的同时,也要关注挑战,以确保新零售的健康发展。

4. 即时零售

商务部国际贸易经济合作研究院2023年9月发布了《即时零售行业发展报告》,阐述了即时零售的本质和概念、商业模式、发展空间与趋势等内容。即时零售是通过线上即时下单,线下即时履约,依托本地零售供给,满足本地即时需求的零售业态。即时零售是"零售+科技"的产物,可以实现交易流程线上化、履约配送便利化,提升本地供给能力,拓展消费需求。即时零售平台是匹配本地消费者需求和本地零售供给的线上平台。即时零售平台扮演了本地流量分发、数字化转型、零售运营等三个"角色",是即时零售生态中商流、物流、资金流、信息流的交互枢纽。即时零售包括三种商业模式:即时零售平台卖场模式、品牌商或零售商自营模式、平台自营模式。在即时零售生态中,即时配送是履约的重要支撑。

11.2　新零售下的智慧物流

11.2.1　新零售背景下智慧物流发展的优势和特点

1. 新零售背景下智慧物流发展的必要性和可行性

(1)新零售背景下智慧物流发展的必要性

随着信息技术的进步,新零售逐渐兴起,物流服务不再是单一的配送、仓储流程,而是在此基础上以消费者个性化需求为导向,由技术服务、实体配送服务、客服服务等一系列服务组成的全方位服务。其中,技术服务以满足消费者使用线上平台的个性化需求为主导,其细分服务包含运单处理、进度追踪、电子支付等;实体配送服务是物流服务的关键一环,是商品的最终交付环节,强调安全、高效;客服服务则包含问题解答、差错处理、售后沟通等服务。伴随新零售产生的新物流,其以消费者为中心,利用信息技术挖掘分析消费者需求,实现营销与需求的精确匹配,开拓配送、仓储新模式,实现配送能力与个性化需求的高度一致,构成了可提高新零售核心竞争力的新物流服务。新零售物流服务为消费者提供了高效率、高质量的物流保证,以提升消费者的物流体验,增强客户黏性。

智慧物流是现代化信息技术与物流行业的有机融合。伴随着新零售时代的到来,消费者的消费模式、消费期望发生了很大变化,对物流服务高效性、安全性的要求也更高,对传统物流行业带来了冲击,因此全面发展智慧物流已成为必然趋势,能够为传统物流行业寻求新的发展契机。新零售模式下的智慧物流通过人工智能、大数据等技术重构"人货场",将线下门店作为前置仓,建立三公里范围配送圈,从而使商品在30~60分钟完成交付,高效快捷,形成分钟级配送服务。

(2)新零售背景下智慧物流发展的可行性

新零售时代,我国物流行业发展十分迅速。大数据、云计算、人工智能等信息技术的应用使智慧物流的发展具有更多的可能性。

首先,新零售背景下,市场需求空间广阔。在新零售背景下,将线上线下有机融合,产品和服务质量及体验不断提升,市场需求进一步扩大,使得智慧物流能够在新零售时代的推动下不断取得新的发展,为其提供了广阔的发展空间和动力。

其次,大数据等信息技术有效支撑智慧物流的发展。大数据、云计算和人工智能等信息技术的应用为物流行业的发展提供了科技支撑,也加快了传统物流行业转型升级的步伐。通过信息技术与传统物流行业的融合,智慧物流将会带动传统物流行业实现快速发展,以更好地满足新零售模式的需求。

2. 新零售背景下智慧物流的发展优势

新零售背景下的智慧物流系统是一种线上、线下的融合,利用大数据、人工智能等先进手段,整合资本流、物流、信息流,进行商品配送。与传统零售相比,其优势在于:

(1)新零售将传统的零售资源转变成数字化共享,通过数据挖掘为选择、陈列、定价、销售预测、库存管理提供智慧决策,搭建线上线下融合操作平台。

(2)通过智能技术和信息共享服务,在大数据技术驱动下,为顾客服务提供查询、计算,实现精准化营销。

(3)运用图像识别和人工智能等新技术,加强线上和线下的合作,实现渠道重构,导入小程序,升级体验服务,从传统的货架购物转向互动购物。目前,应对互联网时代的新零售,重构人、货、场,一旦登场,不能独立存在,需要各种工具和技术支持,其中关键支撑是物流系统能否满足新零售的要求。

3. 新零售背景下智慧物流的特征

在新零售背景下,物流运输系统是不可忽视的重要环节。物流运输系统通过升级改造,可以实现更快、更准确的商品配送,提升消费者的购物体验,同时能降低企业的运营成本。新零售的智慧物流系统应具备以下功能:

第一,敏捷高效:新零售要求商品能够以更快的速度送达消费者手中,因此物流运输系统需要具备敏捷高效的特点。这意味着物流企业需要建立快速反应的配送网络,通过多样化的配送方式和灵活的配送时间,满足消费者的个性化需求。

第二,数据驱动:新零售强调通过大数据和人工智能等先进技术手段进行运营决策,智慧物流系统也不例外。物流企业需要收集和分析各种数据,包括消费者的购物习惯、定位信息等,从而更好地优化配送路线和提升配送效率。

第三,多渠道配送:新零售的特点是线上线下的深度融合,这就要求智慧物流系统能够同时支持线上和线下的商品配送。物流企业需要与线上电商平台和线下门店紧密合作,实现商品的快速调拨和送达,实现线上线下的无缝衔接。

智慧物流是将大数据、人工智能、物联网及云计算等高新技术与现代物流业充分融合后形成的新物流体系。在运行特征、服务特点、运行模式、管理模式及业务流程上,智慧物流与传统物流存在着一定的区别,见表11-2。

表 11-2　　　　　　　　　传统物流与智慧物流的区别

	传统物流	智慧物流
运行特征	独立运行	一体化运行
服务特点	被动服务	主动服务
运行模式	单向模式	共享模式
管理模式	单一管理	系统化管理
业务流程	人工控制	网络信息管理

综合以上五方面的区别,新零售背景下智慧物流是对传统物流的一次创新,其特征体现在以下几个方面:

(1) 数据化特征

消费市场的进一步扩大使得现有物流模式难以满足市场需求。在现代化信息技术的推动下，数据化覆盖成为智慧物流发展的重要趋势。消费者需求是物流发展的根本动力，全面提升物流效率能够为消费者提供更加便捷的物流体验，进而可以根据顾客需求来调整物流服务。这是新零售背景下智慧物流全面实现数据化的重要目标。

(2) 智能化特征

大数据和云计算的运用，使物流运营过程中的各个环节都变得越来越智能化。现阶段智慧物流市场是以智能自取快递柜、无人机、数据分析为主，而在人工智能和无人分拣设备上仍然处于起步阶段。在新零售的推动下，物流行业正朝着全面智能化的方向快速发展，智能化也将会在不远的将来全面地应用到整个物流体系中，实现物流供应链全过程的无人化和智能化。

(3) 协同一体化特征

2018年，我国政府提出持续开展"互联网＋物流"计划，强化物流企业之间实现数据共享并构建协同制度，进而提升电子商务与物流的一体化协同发展。通过协同一体化可以打通传统物流的边界，实现物流、金融、智能产业等资源的协同分配，以此提升物流运营各环节的效率，最大限度上降低物流运营过程中的成本。因此，在新零售背景下智慧物流与传统物流相比，协同一体化特征更具优势。

11.2.2 智慧物流企业物流效率影响机理

物流企业的物流活动是由多个环节组成的复杂有机体，具有复杂性、动态性和交互性的特点，在其组织和运作过程中存在着各种不确定性。物流企业应寻找方法尽量减少甚至消除各环节间的矛盾与内耗，从而实现降本提速增效的目标。系统的发展动力直接影响着其发展水平。如图11-5所示，智慧物流企业物流系统作为一个复杂的整体，其发展动力主要来自三个方面：一是技术的支撑力，这是智慧物流系统建立、运作和发展的前提；二是市场的驱动力，这是系统良性发展的根本；三是组织的推动力，这是智慧物流企业发展的保障。

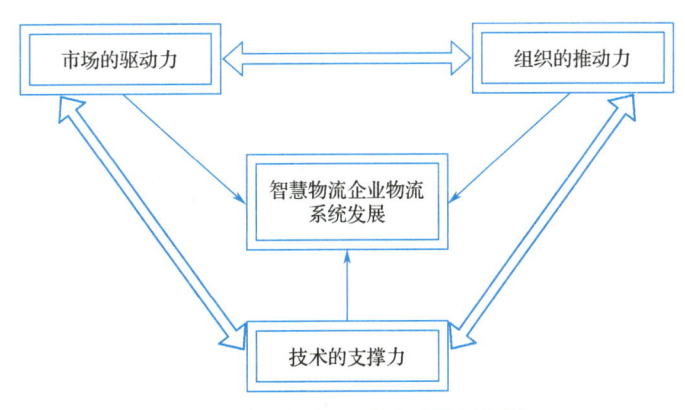

图 11-5 智慧物流企业物流系统发展动力

1. 技术的支撑力

技术的支撑力始于物流企业智慧技术的各项投入，并以配送效率为目标和终点，如图

11-6 所示。智慧物流企业物流系统的技术水平主要分为软件技术和硬件设备两方面:软件技术包括通用技术和专项系统;硬件设备则包括物流各环节使用的智能化机械设备。通用技术主要分为信息获取技术、网络传输技术、数据处理技术三个类型,不仅服务于智慧物流业,对其他行业也同样适用;专项系统主要包括订单处理系统、仓储管理系统、运输管理系统、线路优化系统,是承担着智慧物流企业物流服务体系各环节运作与管理职能的智能系统。硬件设备则主要体现为物流各环节的智能设施与装备,如智能存储设备、智能包装设备、智能搬运设备、智能分拣设备、智能配送设备等。

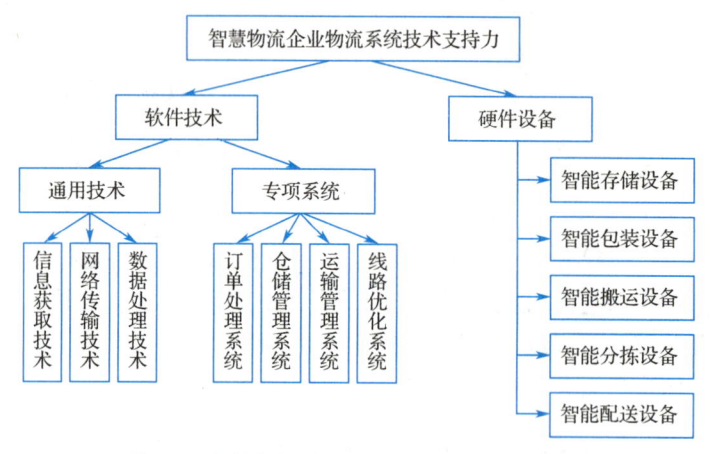

图 11-6 智慧物流企业物流系统技术支撑力示意图

随着技术投入的增加,智慧物流企业的信息化、自动化程度逐年提升。只有加大对信息网络建设的投入,才能使得物流企业真正实现智慧化。信息网络是智慧物流企业配送体系的灵魂,离开了先进信息网络的支撑,智慧配送难称"智慧"。信息网络的搭建离不开信息化技术,通过 RFID、GPS、红外遥感技术等获取各种数据信息,利用物联网、区块链、5G 通信等先进技术实现信息快速加密传输,从而构成了庞大的物流数据网络,为大数据运算与分析、模拟仿真等数据处理手段提供基础,从而协助配送决策与实施。尽管信息网络需要较高投入,但该投入为智慧物流企业带来的经济效益和社会效益是巨大的。信息网络正在改变社会,同时也在改变市场的划分。通过网络,将原来分散的资源整合了起来,也激活了部分闲置的资源,对于提升物流配送水平、扩大物流服务范围大有裨益。

2. 市场的驱动力

市场是资源配置的决定力量,智慧物流企业物流体系的发展也充分体现出市场的驱动力量,如图 11-7 所示。物流服务要在订单处理、配送时效、配送安全、隐私信息保护等方面不断升级,由此看来,顾客的服务诉求也是促进配送质量、效率升级的优质动力。随着"互联网+"和"中国制造 2025"的推进,人们的效率意识不断强化,用户需求的增长带来了智慧配送市场的扩张,从而驱使智慧物流企业增加软硬件投入,以期提高配送服务质量,提供更丰富的增值服务,保证智慧物流企业物流体系的先进性。用户多样化、个性化的需求促使智慧物流企业提供更丰富的物流服务,包括个性化送达服务和人性化信息服务。个性化送达服务体现在取货方式的多样化和取货时间的定制化;人性化信息服务则包括物流动态更新、个性信息推送及个人隐私保护。

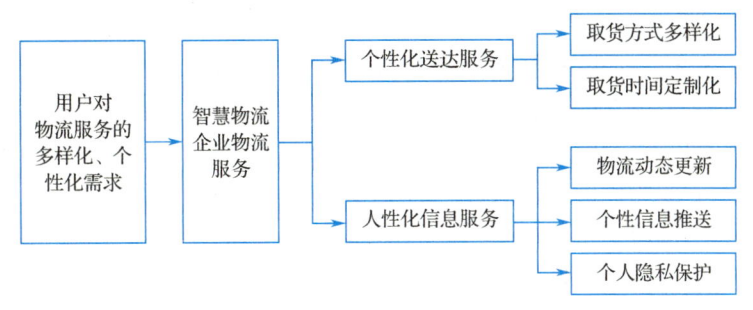

图 11-7　智慧物流企业物流系统市场驱动力示意图

用户对于配送时效性需求的提高,推动着智慧物流企业探索更加合理高效的方式组织配送活动;用户对于取货时间和方式的多样化要求,促使企业探索更加灵活便捷的配送工具及智能终端。在电商平台和新零售快速发展的背景下,用户对于配送服务的需求不再是简单的送达,更期望在配送过程中获得及时的信息。物流企业应在用户需求的驱动下扩大配送服务的范围,提供货物信息的实时更新,向用户推送更贴合需求和个性的产品信息,对于用户关注的个人信息安全保护问题采取各种改进手段。市场用户不断丰富的要求,是智慧物流市场拓展和稳固的基础。在以用户需求为主的市场驱动力作用下,智慧物流企业物流服务明确向着提供优质体验,提升客户满意度的方向发展。

3. 组织的推动力

城市的现代化、智慧化氛围影响着智慧物流市场发展的速度和规模,同样影响着智慧物流企业内部环境。众多物流企业领悟到了智慧物流市场演进的趋势,从而驱使物流企业内部智慧化运营和管理的建设。物流企业通过增加员工智慧技能培训的投入、构建企业智慧文化氛围、引进工作云平台实现团队智慧协作、利用新媒体工具进行品牌智慧营销、智慧挖掘数据进行预测辅助决策等努力,营造企业内部智慧化的运营环境,从而推动物流企业智慧物流发展,如图 11-8 所示。

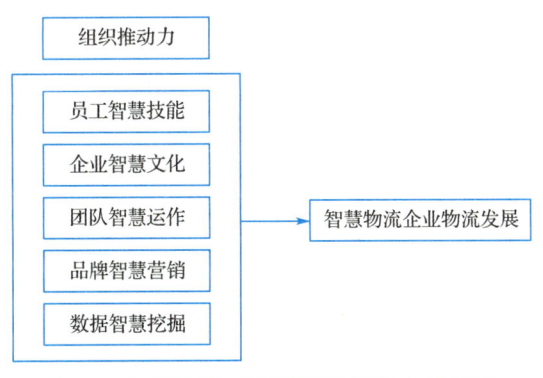

图 11-8　智慧物流企业物流系统组织推动力示意图

社会文化影响着物流发展的规模与速度,而企业作为社会的一个缩影,其文化同样也是推动物流服务发展的不竭动力。企业文化作为企业的灵魂,既体现在日常生产经营和管理的方方面面,又影响着企业员工、工作流程等组织的各个部分。智慧文化在企业中经历构建、推广,最终获得认同,影响着企业内部的员工、行为准则、规范制度等,为智慧物流的发展培育了土壤。智慧文化氛围和观念,也有利于智慧技术的推广和智慧企业的改造。先进的设备需要人来操作才能创造价值,企业文化的作用也体现在对人的思想、行为的影响中,一切都离不开企业中的"人"。无论是物流企业中的管理者还是作业者,他们的素质都将决定智慧配送的发展和提升。智慧物流的落地,前期需要一定的资金投入,需要经营管理者具有前瞻性与决断力;智慧物流的具体实施,依赖一线作业员工的技术与素质,而他们的素质培养,需要专门的培训和熏陶,这也需要管理者的支持。因此,企业经营管理者的素质是物流企业发展智慧物流的关键,而作业者的素质则是智慧物流实施的根本。

11.2.3 新零售背景下智慧物流企业存在的问题

尽管我国物流企业智慧物流建设积极性高,投入较大,智慧化建设对企业配送效率的改善显著,但仍然存在一些问题。

1. 配送各环节智能化仍待重视和改进

分拣环节操作简单,容易实现机械自动化,对技术与资本的要求较低,且分拣机器人等智能设备对分拣环节效率的提升作用明显,因此物流企业倾向于对分拣环节进行智慧化投资和改进。对于集货、配货、包装、运输、送达等环节,进行智慧化改进的资本和技术门槛较高,且改进效果不明显,中小物流企业的建设投资意愿较弱,导致除分拣外的其他环节智能化程度不高。物流企业及用户期望配送时间进一步缩短,需加强对其他环节的重视与投入,提高其他环节智能化。

2. 物流企业信息化建设滞后

智慧物流对信息化的要求较高,但由于信息建设投资回收期长,我国物流企业大多重设备、设施投资,轻信息化建设,高效的货物仓储管理系统、货物跟踪系统等信息化平台建设严重不足,能够辐射全国或区域的物流企业的信息化平台尚未建成,致使物流企业之间的信息共享效率较低。同时,物流信息标准化推进的迟滞也阻碍了企业间的信息流通与共享,这也影响着物流企业投资信息化建设的积极性与信心。物流配送中的个人信息安全保护是用户使用物流服务最为关注的环节之一,但目前我国快递服务的隐私信息保护满意度不高。企业信息化建设有利于隐私保护的改进,值得物流企业重视。

3. 物流售后服务总体满意度较低

国家邮政局关于 2023 年快递服务满意度调查结果显示,2023 年快递服务公众满意度为 84.3 分,较 2022 年上升 0.9 分,在受理、揽收、投递、售后和信息五个快递服务环节中,售后环节的满意度最低,得分仅 76.3 分。尽管各项数据在近年来不断提升,但是服务质量提升是一项长期性、系统性的工程,还需要不断加强物流服务体系建设,特别是物流售后服务体系建设。物流售后服务包括投诉服务、发票服务、问题件处理及损失赔偿。优质的售后服务是留住顾客、提高口碑的重要保证,但我国物流企业对售后服务的重视程度不够,导致行业售后服务智能化水平及满意度较低,从而影响用户的满意度。

11.2.4 新零售背景下智慧物流的发展策略

1. 完善智慧物流基础设施建设

我国物流行业起步较晚,在加入 WTO 之后得到了快速发展,目前已经形成了基本完善的物流服务体系。党的十八大以来，中国经济与社会发展进入新时期，物流行业也进入了转型升级的阶段。在新零售背景下智慧物流的发展仍需要政府部门的持续支持。因此，政府部门要对物流市场门槛进行调整，逐渐消除区域市场的界限，使智慧物流的发展拥有良好的外部环境；借鉴国外的成功经验，通过财政专项资金扶持、税收减免等政策为智慧物流的发展提供支撑；全面强化互联网基础设施建设，畅通网络渠道，使得互联网能够全面提速；重点关注智慧物流基础设施建设，尤其是要在落后地区建立共享式服务站点，在配送中心建设、物流枢纽布局等方面实现数字化和智能化管理，充分协调各方面的资源，实现物流企业的相互合作，全面服务于新零售的发展；加强智慧物流人才的培养，通过政府、企业、高校的多方合作，为智慧物流行业培育和引入大量的高素质人才，进而强化专业人才的支撑力度。

扩展阅读：
2018 全球智慧物流峰会

2. 建立健全信息交流平台

大数据的应用使得物流行业的发展越来越依赖于现代化信息技术，建立健全信息交流平台成为新零售背景下智慧物流发展的关键。新零售背景下，消费者的需求呈现出多样化和个性化的特点，传统的信息平台已经难以满足市场需求，因此物流企业要全面加强对互联网和大数据等信息技术的应用，逐步构建完善的智慧物流信息交流平台，对物流行业各类数据信息进行收集，实现信息的透明化、公开化，以此实现物流与零售的有效对接。在进行智慧物流信息平台构建的过程中，必须要以新零售市场的发展为依据，对信息平台的建设目标、整体业务架构及具体应用标准等进行明确。在完成信息交流平台的建设之后，要实现智慧物流供应链的数字化和智能化，提升整体效率。另外，要根据新零售市场的发展变化对智慧物流信息交流平台进行不断更新和维护，以充分满足新零售市场和智慧物流的发展需求。

3. 构建完善的监督保障体系

智慧物流是传统物流的升级。由于市场需求的扩大，物流行业涉及的行业和部门更多，对经济社会发展的影响更大，因此需要构建完善的监督保障体系。智慧物流的发展需要大数据和金融等各要素的参与和支撑，也需要全社会的共同建设。随着供给侧结构性改革的不断推进，智慧物流的建设成为重要战略内容之一，因此政府和企业都要积极参与到智慧物流建设中。政府要从宏观角度出发对智慧物流进行科学布局，借助金融、财政和税收等手段，为新零售背景下智慧物流的发展提供有效的资金支持，并针对新零售市场及智慧物流的发展现状及未来趋势制定相应的监管政策和具体措施，构建完善的系统，为智慧物流提供公平的竞争环境，为新零售背景下智慧物流的发展提供必要的监管保障。

4. 实施专业化人才团队建设

新零售时代的到来使专业化人才成为智慧物流发展的重要资源，因此，物流企业必须要充分重视专业化人才的培养和引进，通过实施专业化的人才战略促进智慧物流的全面发展。首先，物流企业要从新零售及智慧物流的角度出发，加强对现有从业人员的专业化培训，通过制定完善的培训内容及方案，定期组织培训，提升从业人员对新零售的认识，以便于顺利推进智慧物流的发展。其次，物流企业要树立人才战略理念，通过完善内部的人力资源管理机制，从外部引进一批专业化的智慧物流人才，实现对现有人才队伍的有效补充，为智慧物流的发展提供专业化人才保障。

11.3 新零售背景下智慧物流案例

11.3.1 盒马鲜生新零售

1. 盒马鲜生概述

盒马鲜生是中国一家利用大数据精准营销算法和生物技术的深度结合打造起来的移动互联网新时代生鲜零售的创业新平台,是在阿里巴巴集团对中国传统的线下实体连锁餐饮超市体系进行全面重构改造之后应运而生的另一种移动互联网新零售业态。盒马鲜生是一家连锁超市,也是一家连锁实体餐饮店,同样还可以看成一家菜市场。

盒马鲜生对自己的定义是"以数据和技术驱动的新零售平台,为消费者打造社区化的一站式新零售体验"。其本质是对传统零售业和线上线下生鲜电商渠道整合的升级和改造,推动平台与顾客互动,实现价值创新与渠道整合。与市场其他传统形式的生鲜超市物流配送服务形式相比,盒马鲜生有许多明显的优势不同。顾客可以在自己的手机移动客户端盒马生鲜 App 界面中完成下单或消费,也可以进入实体店内直接购买。顾客不仅可以享受在半径三公里以内最快半小时左右完成送达的全程物流快速配送,还可以享受盒马提供的现场加工和体验等服务,让终端客户能亲自慢慢体验、慢慢品味,从而真正地实现将 App 有机结合于超市、餐饮、便利店、物流一体化的新零售模式。

2016 年 1 月,盒马鲜生在上海金桥广场开出首店,截至 2024 年 6 月 27 日,盒马覆盖全国 30 余个城市,拥有 400 家门店。在盒马鲜生全业态下,产品 SKU 达到 20 000 余个,其中自有品牌约占 30%;注册用户数超 5 000 万,其服务模式涵盖了包括传统饮食、外卖、生鲜、超市便利店等多种业态的不同模式。

2. 盒马鲜生的业态形式

(1)线上线下融合——整合业态

过去传统商超的收入主要来源就是线下,而在新零售趋势下,盒马鲜生重构了零售模式,实现了线上+线下的融合创新。为解决线上线下有效整合的难题,盒马鲜生合理利用了阿里巴巴的生态数据,在数据与科技的双重加持下,最终形成了自己的生态圈。盒马鲜生建立了一个以门店为核心的社区会员网络,通过算法实现了和消费者的个性化和场景化互动。该算法为盒马鲜生的库存提供实时管理,线上线下共用一个库存,对供应链实时运算,无缝进行调货补货。

(2)生鲜超市+餐饮——业态创新

盒马鲜生和一般生鲜超市最大的不同就在于它开设了堂食区。虽然像 Costco、山姆也有针对会员提供的试吃台,但相比之下,盒马鲜生本身就有的店内餐饮服务和更符合中国消费者口味的中国特色食品,无疑更得中国消费者的心。凭借着"海鲜+板凳(餐饮区)"招牌组合的新的业态模式,盒马鲜生妥妥地成为人们心目中的"网红店",不仅提高了顾客满意度,还极大地提升了门店的知名度。

(3) 全面数字化经营——技术创新

技术是提高效率、降低成本的可靠支撑。科技赋能的运营配送模式更有助于提高顾客使用的购物体验。在盒马鲜生的后端,每个商品上都印有独特的电子标签图案,当线上下单完毕之后,拣货员即可根据顾客订单指示前往仓储区仓库拣货,用智能 PDA 手机扫完码单之后直接放入专用的拣货袋里,并可挂载上专用输送带,从而直接进行商品配送。盒马鲜生对于大数据、互联网、智能化设备和技术的完美结合及利用,及对新技术的商业化运营,有助于物流"人、货、场"三者之间最优化匹配,而这也成了盒马鲜生与传统线下门店最大的区别所在。此外,盒马鲜生率先推出的无人自助收银服务模式,也已直接并带动了当前全国各大商业超市人工收银经营模式上的变革。

(4) 仓储店＋社区店——零售全生态

2020 年年底,盒马管理团队宣布未来将推出 3 个业态,分别是盒马 X 会员店、盒马鲜生和盒马邻里。

对于盒马 X 会员店,盒马的官方定义是全球首个线上线下一体化运营的仓储式会员店,可为门店周边 20 公里内的消费者提供"半日达"到家服务。商品品类上,依托全球 84 个国家的供应链资源,产品覆盖 1500 个 SKU(库存量单位),另外,店内为会员定制了性价比较高的自有品牌"盒马 MAX"商品,且自有商品占比超过 40%。

盒马邻里是 2021 年盒马新上线的社区项目,旨在扩大盒马鲜生服务半径,为用户提供更便捷的利民服务。其门店设置与之前盒马 mini 相似,面积在 80 至 120 平方米,拥有 4 个温层空间用于货品的储备。产品覆盖 20 000 个 SKU。具体到服务上,盒马邻里提供的是"预定＋自提"服务,即用户通过 App 在前一日的 22:00 前下单,次日 8:00～20:00 可到门店取货。未来,盒马邻里还计划将保洁、裁缝等利民到家服务纳入未来的业务范围中。

3. 盒马鲜生的营销模式

(1) 精准的目标群体定位

经过多年的尝试与沉淀,盒马鲜生明确自身定位是为消费者提供"品质消费"的商品与服务,将用户人群聚焦在中国的 4 亿中产群体,他们主要是需求类型特殊的"80 后""90 后",是一个数量庞大且具有一定消费能力的群体。在营销模式上,盒马鲜生突破了以往传统的商业批发零售类企业以销售单一的商品、价格为主体因素形成的单一营销方式的营销思维,以产品打动潜在目标消费者心智,以合理的价格来激发顾客心理的感应力,与众多潜在的目标消费者之间建立一种有效的情感链接,以更加丰富的品牌内涵来真正打动广大潜在的目标消费者。

(2) 高端的产品定位

对于目标顾客群体来说,商品已经不是一件特别的敏感的考虑因素,商品内在的品牌质量信誉和产品服务消费体验等才是消费者心中最需要解决的核心问题。因此,盒马鲜生品牌最终将自己品牌定位命名为"精品超市"。盒马鲜生的所有海鲜产品在大多数的时候是直接从国外原产地采购的,比如直接从德国和俄罗斯的公司进口的帝王蟹、日本和澳洲的龙虾,以及韩国和澳洲的牛排等,面对这种高品质无污染、纯天然的新鲜优质美食及现场加工的氛围,很少有人能完全地抵挡得住这种巨大的诱惑。此外,店里经常卖出的休闲食品、酒饮类食品等,大多数也是直接从著名厂商直接进货售卖的,使得品牌和定位上又都提高了一个档次。盒马鲜生通过品牌定位与其他一些以往的连锁类及零售类品牌区隔开来,树立创新零售、创新生活、品质化新生活的新零售时代企业形象,为其目标消费者群体带来了一个新时代的全新零售品牌的体验及感知。

(3)多元化销售渠道

盒马鲜生所代表的"新零售"的重要特点就是线上电商和线下零售的融合,实体渠道和电子渠道的组合。按照多渠道组合的分布特征可以分为线上电子渠道和线下实体渠道。

非中间化和去中间化的电子渠道。当商品为非盒马自营商品时,线上电子渠道可以简化为三方渠道成员构成的网络结构:商品生产商——批发商——盒马电商平台(零售商)——消费者。比如说,盒马宣布与全国 500 家农产品基地和一些品牌供应商一起围绕买手制打造"新零供"关系,此时,500 家农产品基地为商品生产商,品牌供应商为批发商,盒马和消费者的身份不变。这里可以看出盒马电子渠道非中间化的特点。盒马的电子渠道,严格来说,并没有实际上去中间化,相反,盒马取代原先可能存在的多级中间商,成为最大的零售商,而且盒马需要批发商为它和生产商构建渠道的链接,间接上也导致一批新的、存在于盒马与生产商之间的批发商诞生,促使电子渠道中提到的再中心化的发生。当商品为盒马自营产品时,此时渠道进一步简化成:盒马(生产商)——消费者。线下的供应链为线上电子渠道提供物质支撑。此时,自营商品的电子渠道呈现一个二层渠道的结构,盒马和消费者之间不存在中间商,电子渠道去中间化的特点得到完整体现。

发挥渠道营销作用的线下实体渠道。传统的零售企业的主要盈利点仍然在于商品的中间差价。而新零售企业的盒马鲜生的线下实体渠道结构为四层渠道结构:生产商——分销商——零售商(盒马)——消费者(商品为非盒马自营商品)或两层渠道结构生产商(盒马)——消费者(商品为盒马自营商品),一定程度上减少了中间商的参与,降低了渠道运营成本。盒马鲜生线下渠道在线下零售的基础上,结合了电商销售、餐饮体验、食品加工、自营商品营销等功能。同时,盒马将主要盈利点放在线上电商销售上,线下商品价格、品控和线上销售的商品保持一致,线下实体渠道更多担任对于线上商品信息的实体展示这一功能,为线上电子渠道提供渠道信息流,线上的消费者在对线下商品有一定良好印象时,对于通过线上电子渠道购物就会表现出更多的信心。此外,线下实体渠道很重要的一个作用就是,运用"前店后仓"的模式,为线上电子渠道提供仓储和物流供应功能。

4. 盒马鲜生的供应链与物流

(1)盒马鲜生的供应链模式

盒马鲜生拥有从源头到消费者家庭的活鲜全程冷链配送体系。城市中心、门店都有配套的多温层、多功能设施设备,成立专门的众包物流公司负责覆盖门店周边半径三公里范围内的配送,能够保证食材的新鲜。汉森商学院陈鹤天将盒马鲜生的供应链模式划分为四个部分,即供应端、加工检查中心(DC)、门店和物流,如图 11-9 所示。

在供应端,盒马鲜生坚持直采模式,以买手制为抓手重塑商品供应体系。海外方面,主要采购全球优质水产、肉制品、果蔬、乳制品等商品。国内分为原产地直采和本地直采:如赣南橙、阿克苏苹果等国内有成熟基地的商品,盒马鲜生会直接到基地做品控、采购,整批加工检查。如蔬菜、肉类等商品与本地企业合作,早上采摘下午送到门店售卖。

商品的加工或储存在 DC(加工检查中心)完成。除常温、低温仓库外,盒马鲜生的 DC

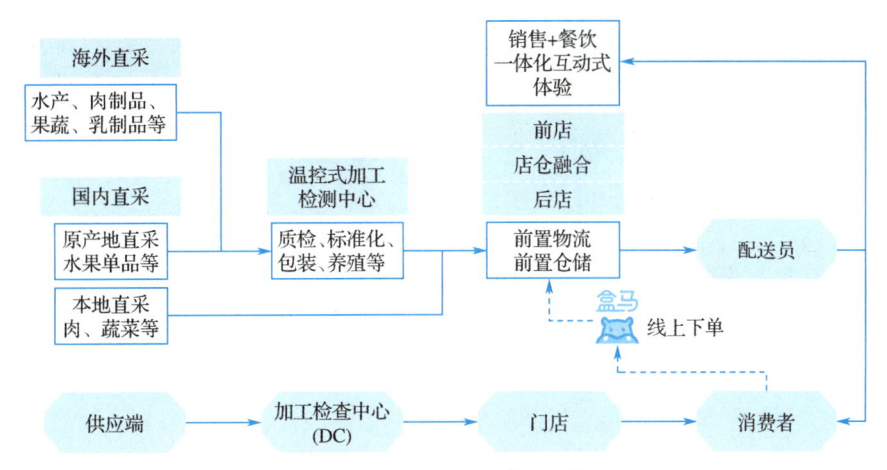

图 11-9　盒马的新零售供应链体系

具备商品质量检验、包装、标准化功能。此外,从国外购置的海鲜活物也会在 DC 中转或暂养。

盒马鲜生门店采取"店仓一体化模式",兼具销售和仓储功能,既是销售加餐饮的一体化互动式体验门店,同时也是线上销售的仓储和物流中心,人员和场地都可以重复使用,是盒马高坪效的秘诀之一。

盒马鲜生拥有外卖型物流系统,可以 30 分钟近场景配送。根据消费者下单的 SKU 和包裹数量及顾客选择的收货地址,结合智能集单系统、智能调度作业系统、智能订货库存分配系统,最终得到各系统汇总出的最优路线。不仅如此,盒马鲜生还加强与第三方的物流配送平台合作,把部分订单交由第三方物流配送平台。

盒马鲜生的农产品供应链,利用大数据和电子信息技术,可以做到从产地直采到物流运输再到顾客下订单的每一个环节都能智能化。从而使供应链的每一个环节更加细致、更加紧密,从而打造智能化的生产端与消费端之间科学、可控的链接。

(2)盒马鲜生的高效物流

盒马的高效物流源自其拥有的先进的管理系统、自动化设备和先进的算法及调度系统的有机整合,如图 11-10 所示。

从门店管理看,首先,盒马的智能店仓作业系统可以根据门店的销售情况均衡店员数量,根据线上线下订单状况智能安排店员的工作内容。其次,盒马的智能订单库存分配系统根据盒马和阿里系统零售终端的数据预测门店的商品品类,预判消费者线上购买的趋势。最后,盒马在门店内拥有悬挂链、传送带等自动化运送和分拣设备,不仅大大节约了人力成本,还充分利用了门店空间,提高了人效和坪效。

从配送效率看,盒马的智能履约集单系统可以将大量的线上订单统一集合,根据商品的生鲜程度、冷热情况和订单地址的远近合理安排配送路径和时间,实现订单综合成本最低。此外,盒马还将根据订单、批次和包裹大小合理调度配送员和配送次数,实现配送效率的最大化。

智慧物流与电子商务

智能店仓作业系统
分析线上线下销售曲线
均衡各时段人员，实现最优人效

智能订单库存分配系统
依托盒马和阿里大数据
预测不同区域的商品分配

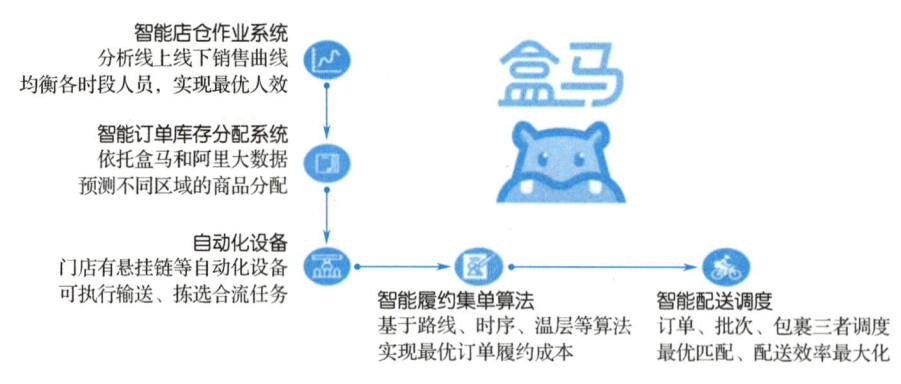

自动化设备
门店有悬挂链等自动化设备
可执行输送、拣选合流任务

智能履约集单算法
基于路线、时序、温层等算法
实现最优订单履约成本

智能配送调度
订单、批次、包裹三者调度
最优匹配、配送效率最大化

图 11-10　盒马鲜生高效物流系统

11.3.2　京东的无界零售

1. "无界零售"产生背景

百货大楼、连锁经营、超级市场代表着人类商业史的三次零售革命，并且它们的共同点都是将流量集中化，把商品和人流集中引进，将商品集中陈列在固定的场所，进而发生交易和支付。在新时代，科学信息技术的发展使得零售行业面临着前所未有的机遇和挑战，在此背景下，京东提出了"去中心化"的"无界零售"。

从2016年起，京东将业务分为三大板块进行运营：第一个板块是电商板块，即大家购物的平台"京东商城"；第二个板块是包括"京东金融""京东保险"等的金融板块，其中有大家熟知的供应链金融、消费金融、众筹等；第三个板块是在电商平台的发展基础上独立出来的"京东技术"业务。京东商城是大型电子商务零售网站，是中国电子商务领域最受消费者欢迎、最具发展潜力的电子零售商城之一。不但在线销售数万种品牌及百万种优质商品，而且建立了六大城市配送物流中心，庞大的后勤服务更加有效地促进了京东的发展。京东集团创始人说："第四次零售革命的实质是无界零售。它将打破行业壁垒，让零售渗透到互联网的各个角落。"2018年1月，京东召开的"无界营销行业峰会"，宣布推广以用户为中心的无界营销模式。该方案主要是将洞察消费习惯、流量运营、网络联盟、经营决策等与产品化、模块化、平台化、生态化相结合，由此"无界营销"产生。

2. "无界零售"本质

就零售而言，无界是未来发展的必然趋势，这会让购物方式变得更加多元和分散。"无界零售"的模式主要侧重于以消费者为中心，着力加快新型的、数字化的零售基础设施建设，通过可塑化、智能化及协同化的零售设施，对单个消费者的需求进行把握，致力于为更多元化的消费场景提供高效服务，通过技术创新连接外部资源，灵活地满足个性化的消费需求，最终实现体验的升级。

3. "无界零售"模式

在大数据和互联网背景下，"无界零售"是一种利用人工智能和大数据相结合的技术向消费者传递品牌信息以方便其进行购买的新模式。京东集团副总裁指出："京东之所以进行第四次零售革命并提出'无界零售'的新模式，与京东的基因有直接的关联。最初，京东以一体化整合的模式,打造了一条包含物流和仓储在内的链条,要突破传统商业的界限,打破之前提到的场景、客户、商品之间的界限,很重要的一点,就是要进行场景细分。"传统的商业模式存在一定的界限,包括场景之界、货物之界、顾客之界。"无界零售"模式不仅对品牌营销方式有很高的要求,还要求无论线上还是线下的商家都要以用户为中心,一切从用户的需求出发。"无界零售"是大数据和人工智能相结合的产物,这使得"无时无刻,无处不在"成为未来零售场景的发展方向,全新的零售方式将打造出精准、个性的零售场景。同时也要求京东突破传统的供应链枷锁,以消费者的需求为基础,打造个性化、高质量、智能化的产品服务体验,最终不仅让消费者获得参与感,还能获得满足感。

(1)场景无限

场景无限即京东将做好零售基础设施的搭建,逐渐打破时间和空间的限制,为消费者、品牌商和制作商提供实时的服务需求。其本质是强调"人流量"。线下零售商是散客的集聚中心,线上电商是流量的中心平台,但无论是线上还是线下消费的场景都是单一的,消费者一旦通过固定渠道采购商品,在时间和空间上就会产生错配。空间上的错配主要是渠道和商品的有限性使得顾客的需求得不到满足;时间上的错配则是顾客在产品的及时性和便利性上没能得到满足。因为存在消费时间、场景空间的限制问题,所以京东以"打破零售、生活场景的界限,实现对无限场景的探索"为基础。例如京东的百万便利店,可以随时随地满足消费者的购物需求。传统的零售状态"逛街"是指消费者在特定的时间和场景满足自己的消费体验,而"无界零售"会使购物变得无时不有,购物不再只是需求、地点和时间的驱动,而是场景的驱动,任何时间、场景都能满足消费者的任何购物需求。场景无限最终会使新零售行为融入消费者的生活中。

(2)货物无边

货物无边指未来的商品不再只是简单的钱货交易,而是将产品的数据、服务与交易融为一体。首先,过去的零售只拘泥于满足商品的销售,卖出去商品获得利润就是成功,不再参与产品后期的环节。然而"无界零售"将改变这一现状,商品就是内容,内容就是数据,数据就是服务,未来的商品会成为从"单一"走向"商品+数据+服务"的联合体。商品的卖出会沉淀出用户数据,卖出商品就等于增加消费者对新商品的需求,这是"无界零售"的价值所在。其次,物流是京东在高效供应链服务中最大的优势,包括无人机、无人车、无人仓、配送机器人等。主要的物流服务则包括三大块,即京东农村电商、自营物流和第三方物流。管理出色的物流团队使得任何地区的京东商品都能够安全、快速、高效地送到消费者手中,更加满足了消费者及时收货的体验。

(3)人企无间

人企无间使生产者与消费者之间不再具有明确的创造价值和使用价值的界限,而是建立了彼此信任的关系。首先,消除角色的隔阂,转变消费者与生产商的关系,达到供需合一,使消费者在未来的消费中可以全方位地参与到产品的设计、生产、销售、推广、传播甚至是售后的整个活动环节。例如,将个人的消费偏好、消费数据传递到企业,企业再反馈给生产商,生产者按照消费者的需求进行产品的生产。在商品研发过程中,消费者还可以参与评论和给出建议,整个过程相当于参与产品的设计和研发。京东通过对网上购物平台的消费者数据进行整合分析,并以此为标准,对产品进行优化设计,提供供应链活动。除此之外,京东事业部通过大数据和人工智能技术建立了诸如"慧供应""慧品牌"此类的模块,以此来满足消费者对产品的需求。其次,打破内心的阻隔,通过服务精准化和信息透明化,传递企业的温暖和信任。在"无界零售"时代,通过采用一系列技术来解决信息不对称的问题,并大幅增强消费者对于产品和平台的信任,在个人和企业之间建立起信任的桥梁,增加消费者对品牌的信任度。

11.3.3 永辉超市新零售

1. 永辉超市概况

永辉超市是一家以生鲜特色经营为主,以农产品、食品加工为辅的大型综合超市。2001年,永辉超市创建了第一家门店,多年来一直走在创新发展的路上,通过不懈努力,于2010年永辉超市成功上市。同时,永辉超市是中国第一批把新鲜农产品引入超市售卖的零售企业之一,因此它是践行中国农改超的典型代表企业,通过农产品和超市的进一步对接和融合,永辉超市以生鲜为经营特色及质优惠民的商品收获了大量消费群体的青睐,在市场中也有了一席之地,被冠以"民生超市,百姓永辉"。至今,永辉超市已经发展了二十余年,开设了上千家分店,在一到六线城市都可以看到永辉超市的足迹。永辉超市在2015年,"新零售"一词还未被提出之前,就已经开始了零售业转型的探索。新零售业态提出后,永辉超市紧跟时代发展的步伐,率先积极开展转型,而后永辉超市也从未停止过创新转型的脚步。

2. 永辉超市发展历程

永辉超市以生鲜农产品为经营特色,目前已跻身全国十大连锁企业之列,其发展历程可归纳为创立初期、高速发展阶段和升级转型阶段。

创立初期(2001年—2005年):2001年,永辉超市在福州市开设了第一个以海鲜和农产品为主打的"农改超"店铺,自此之后,生鲜成为永辉超市的一大特色;2004年,永辉在重庆开设了第一个分店,从此进入了中国零售业排名前100位。

高速发展阶段(2005年—2014年):2010年,永辉超市成功上市;2011年,永辉超市获得2010年度福建最具影响力品牌;2013年永辉超市在重庆市的销售额首次超过了100亿元。

升级转型阶段(2014年至今):永辉超市的转型升级过程可以大致分为两个阶段:转型探索阶段和新零售转型阶段。

在转型探索阶段:牛奶国际收购永辉超市,使永辉超市获得了国外采购资源,与此同时,永辉超市自建的线上渠道永辉微店App正式运营;2015年京东注资43亿元以加快永辉超市转型升级,并在物流、技术等方面给予全面支持。

2017年,永辉超市创建了"超级物种",开启了"线上销售+线下实体销售+新零售创新"的新零售业务体系,形成了四朵云业务板块(图11-11)。2019年,在福建等多地开设了微型店的创新试点,开发永辉生活App,并与其他企业平台联合,推动永辉超市多渠道融合的一体化发展。2020年,永辉超市在拉萨的新店正式投入运营,在"世界屋脊"建立了全中国海拔最高的商超门店。同年,永辉超市的第1 000家分店在四川开业运营,这也标志着永辉正式步入"千店时代"。2021年,永辉超市继续探索线上线下全渠道的业务的融合,积极推动数字化建设进程,以标准化、数字化管理、技术赋能为战略核心。但随着门店规模快速扩张也带来了运营成本和供应链压力的增大,同时消费者消费习惯受疫情影响发生改变,导致近年来门店业务收缩,截至2024年10月永辉官网数据显示,全国已开业门店810家,筹备中门店90家,覆盖29个省。

图11-11　永辉超市业务板块简介

3. 永辉超市转型新零售商业模式的策略

(1) 供应链整合

永辉超市是一家以生鲜产品为经营特色的大型综超,其对于生鲜产品供应链的要求是极高的。良好的供应链可以解决生鲜产品保质期短和运输困难的问题,所以供应链的建设对永辉超市十分关键,也是永辉超市实施新零售战略的中心环节。2015年,牛奶国际购买了永辉超市57亿股份,持有其19.99%的股份,和永辉超市创建了良好的合作关系。牛奶国际旗下有诸多知名品牌,如711和宜家等,在亚洲区域内有超过5800家零售店,为永辉超市在采购和加工生鲜食品方面的合作铺平了道路。随后,永辉超市入股了多家优质上游供应商,加强和优质供应商的联系,保证了上游供应链。同时,永辉超市专门建立了一支队伍,主要负责到生鲜产品的生产地进行调研并直接采购,大幅度增加了直采生鲜的比例,有效地缩短了生鲜产品的供应链,保障广大消费者能够从永辉超市购买到新鲜、价格低、质量优的生鲜产品。此外,为进一步完善生鲜产品供应链,永辉超市建立了专门的冷藏库和单独的物流配送中心。总而言之,永辉超市制定诸多提升供应链管理的举措,加强供应链的抗风险能力,构建了强大的保护机制和卓越的竞争优势,是永辉超市新零售转型的重要推动力。

(2) 全渠道发展

新零售经营模式的推行是永辉超市由单一向多元化、全渠道发展的重要转变。永辉超市的业务分为永辉云创、永辉云超、永辉云金、永辉云商四大板块。永辉云创主要负责企业各项研发工作,并通过自身平台和其他合作平台联合开展永辉的网络系统布局,争取实现全渠道销售的目标。云创还将用户与超级物种等线下商店建立了深层次的连接,形成了一个针对消费者的短距离物流配送系统,增强线上消费者的购物体验。云超板块主要负责永辉超市所有线下门店的布局规划,包括新店选址、门店经营模式等。永辉云金、永辉云商主要负责新零售业务板块,为新的零售商提供专属服务,开拓新的金融市场。永辉云金着重打造零售行业银行,致力于为上下游中小企业提供小额借贷服务,保证上下游企业的平稳运营,从而为企业的可持续发展作出贡献。与此同时,永辉超市在全渠道运营发展过程中,采取了积极对外合作模式,不断完善自身经营管理的同时,通过合作寻求双方的共赢,打造永辉口碑。其中永辉超市获得了腾讯42亿美金的战略投资,借助腾讯的影响力和平台丰富的资源,进一步提升永辉的线上业务实力和销售能力。2017年,永辉收购了红旗连锁超市12%的股份,实现线下门店资源的信息共享,发展线上业务的同时保持线下门店的发展势头。

(3)扩充改造线下实体店

永辉超市转型以来,主张实行快速扩张策略,继续扩充线下门店数量,在一线到六线城市都可以看到永辉超市的足迹,百姓永辉的口号也逐渐深入人心。永辉超市还加大了对线下实体店的技术投入,利用大数据等先进技术提升了门店的科技含量,建立了以数据为导向的门店,吸引了更多的年轻消费群体。利用大数据库顾客消费数据,对新开店销售情况进行了回顾,并依据真实记录的销售数据,具体分析了过往销售过程中存在的问题,制订了门店经营的优化方案,从而达到了更好地利用空间的目的。通过对店铺数据进行分析,可以对未来年度的运营状况进行预测,从而有效控制实体店运行成本,提高店铺的盈利水平。与此同时,公司在扩大和完善线下实体商店的基础上,还根据各个店铺的环境特点,开设了包括精品店、美食城等多个附属购物场所。除此之外,永辉超市利用大数据库记录的消费者消费偏好和消费习惯,对顾客进行分类,并针对不同年龄层、不同收入水平的顾客偏好,进行专属定制型服务,从而有效增强了顾客的消费体验感。

(4)优化管理制度

永辉超市若想实现成功转型,必不可少的因素便是有充足的专业复合型人才,所以企业内部人员的综合素质非常重要。永辉超市一直致力于创新企业组织架构和人才梯队的优化,建立的培训系统和培训计划,基本涵盖了所有的工作人员,确保了每位员工都能得到相应的工作和技能方面的培训,从而提高了员工的整体专业素养和技术水平。永辉超市实行新零售商业模式,为了培养能力出众的管理人员及销售人员,开设了大量的关于新零售的专业培训项目,并且还从外部还引入了一批专业人才,以提高企业每个岗位的专业化程度。同时,在确保自身的人才培养基础上,将管理思想、科学技术共享给有需要的合作企业,力争实现双方的合作共赢。永辉超市在进行转型之后,认为要持续地进行内部组织架构的优化,以提高员工对公司的认可度。同时,要建立一个公开、公正的员工绩效考核体系。运用新技术,对企业人力资源管理模式进行创新升级,建立信息化管理系统,加快推进数字化建设进程,进一步推进永辉新零售转型的进程。

(5)科技赋能零售

在百货零售企业数字化转型上,永辉超市是一个成功典范。永辉超市从门店端、线上线下用户端、供应链端都需要数据和技术的支持,所以和腾讯云共创了一个永辉云计算,帮助企业在数据技术的基础上创造智慧零售,提升效率降低成本。

永辉超市利用腾讯云成熟的网络和强大的基础设施建立了一个多地、多中心统一管控的永辉云平台,提供丰富的销售大数据、人工智能等各个层面的云计算服务,服务稳定性、可靠性高,让永辉云短时间内快速落地,节约了很多成本。

科技赋能门店。永辉门店结合腾讯云的算力、人工智能的算法,已在门店智慧选址、智慧选品、商圈洞察、门店用户画像、人脸支付等不同的领域合作项目上取得突破和有效的成果。

当下,永辉超级物种提供全球直采的精选品质商品,消费者购买后可在门店现场烹饪并食用,或者线上通过App及小程序平台,享受30分钟配送上门的服务。这种"线上线下一体化生鲜餐饮＋零售的混合式体验"新业态,为实体零售和线上融合开创新的可行性模式。

目前,腾讯云智慧零售与永辉生活、超级物种等永辉旗下一系列品牌门店进行进一步合作,在落地门店提供人脸识别技术,可全面了解门店,丰富用户画像及实时交易转化率,实现全景式消费洞察,并结合永辉超市自主研发的门店自助收银系统通过人脸识别支付,不掏手机就可轻松完成购物全流程,极大提升了门店购物的体验。

11.3.4 小米新零售

1. 小米公司简介

小米集团创建于2010年,全名为北京小米科技有限公司,为了追求极致的效率,选择电商模式为自己的发展模式,重视线上渠道的布局,通过超高的性价比配合饥饿营销的策略,在成立初期便迎来了企业规模的快速增长,在国内手机市场的份额不断增长。2011年,小米1正式售卖,凭借为发烧而生的魔性口号迅速在国内市场占领一席之地。2015年,手机行业整体遭受寒冬,内部竞争愈发激烈,小米集团线上优势消耗殆尽,业绩遭遇重大打击,手机年销量不达预期,集团迎来至暗时刻。次年,小米集团国内手机出货量环比下降36%,全球市场份额也跌出前五。遭遇发展危机的小米集团为了提升企业绩效,开始了新零售模式的转型,从高度依赖线上销售转为重视线下门店布局,以小米之家为主要方式,开始向线下城市渗透。小米公司不单单是制造企业,其将互联网思维带到产品制造中,实行了客户用互联网平台操作手机系统、参与开发改进的模式。

2. 小米生态链新零售模式

小米集团诞生于互联网时代,在初创期便充分发挥了互联网的低流量成本优势,并以提升商品在流通过程中的效率为目标,顺应了新零售的发展趋势。2016年以后,互联网上出现了大量的电商平台,企业竞争也越发激烈。小米集团的生态链不断向外扩展,品牌定位也在逐步由"高性价比"向"全民科技型生活方式"转变;另外,伴随着智能化产品的出现,人们对线下实际体验的需求越来越多,传统销售渠道所具有的整体性能优势又一次凸显。2016年2月,集团创始人宣布:小米之家将正式转向零售业。另外,2015年9月,首家线下门店"小米之家"在北京开业,成为小米集团进军线下零售领域的一个重要标志。

如今,小米集团采用"硬件＋新零售＋互联网"的创新商业模式,以用户为导向塑造多款硬件产品,造就小米智能生态链系统,如小米智能穿戴系列产品、小米智能家居等。小米之家通过开展线下实体店提升用户体验感,借此将更多功能价值直观传递给消费者,并为用户提供最优惠的价格。在用户体验质量好的高新兴产品的同时,通过智能手机搭建IoT的连线设备平台更好地了解客户偏好,从而为其提供更优质的服务。目前,小米公司通过人工智能助手小爱同学充实IoT,将"AI＋IoT"绑定发挥出更大的生态链价值,已建成的全球较大消费级IoT平台在后续可为用户提供更加良好的互联网体验。

小米集团在新零售理念被提出来后,利用自身的互联网技术,首次对"互联网＋实物"的业务进行了大胆的探索。小米集团新零售将改变过去依赖于信息不对称的传统零售方式,以更加扁平化和数字化的方式,通过互联网的思想,转变传统的低效的零售方式,突破不对称,将线上线下相融合,为消费者提供一个立体的、功能化购物平台。

3. 小米新零售策略

小米的新零售策略中,最重要的就是在线下进行营销。目前小米之家的店面数量已超过了 1 万个,主要集中在东海岸及人口稠密的区域。小米之家为了吸引更多的访问量,通常会把店铺选址在商业区。此外,小米之家在进入核心商圈之前,也会做好客流变动的准备,所以门店的位置,以一线和二线城市的购物中心为主,并且与万达、华润这样的大型购物中心构建合作关系。小米之家以丰富的产品类型为基础,形成了一个高频次的产品组合,并以每个月一次的新产品为基础,确保了客户的新鲜感,提高了客户的复购率。为了保证客户在线下门店的聚拢与客流量的转换,小米之家并没有在线下店铺上大刀阔斧地进行扩张,反而是坚持自己的经营原则,不去寻找各个层级的代理商,也不去做联盟,更不去做挂靠,对每一家店铺上都很注重坪效。坪效对于小米的新零售背景下商业模式来说至关重要。对于电商来说,零售公式:零售=流量×转换率×客单价×复购率。但是,线上零售和线下零售有很大的不同。每个分店的店面大小都不一样,房租也不一样,所以,想要计算出这家分店的真实销量,就必须计算出这家分店的每平方米营业额,这个数字就是"坪效"。在 2017 年时,小米之家则以每平方米 27 万的年坪效,仅居苹果之下。

小米新零售策略见表 11-3。

表 11-3　　　　　　　　　　　　　　小米新零售策略

要素	策略
流量	1. 精准定位目标消费者 　　为了提升获客效率,小米集团初期选址以核心商圈为主,同时出于用户与快时尚品牌优衣库、无印良品等重合度高,在考虑转化率和购买频次后选择跟目标店铺开店的策略。但不是简单的模仿与复制,小米之家入驻前,会计算单位时间内的流量同时考察其年收入,保证小米之家能够更好地发展。通过这种独特的选址逻辑,小米集团可以准确地把握基础目标流量 2. 提高消费频次 　　快时尚店凭借高消费频次商品,实现盈利难度小,但小米之家承担相同的租金,如果只是销售手机这种低频消费品很难在坪效上有亮眼表现。因此,小米集团大力投资生态链企业,发展 IOT 及生活消费品,包括充电宝、智能电视、笔记本电脑、运动手环、平衡车等,种类涵盖生活、学习、办公的方方面面。小米之家所有品类平均每年更换一次。对消费者而言,平均每半个月就可以在小米之家找到新的爆款商品,小米之家物联网及生活消费品的布局,大大提升了顾客的复购率,提升线下零售的业绩
转化率	1. 爆品战略 　　随着商品经济的发展,市场上同类商品数目超乎想象,顾客想要在相对优惠的价格下买到高质量商品要花费巨大的时间成本。小米集团的爆品战略目标在于,每一种品类只有几款产品,但是每款产品都倾注更多的心血,做到款款商品高颜值、高性价比,提升单件产品的设计感和品质。爆品战略的好处在于,免去客户的搜索成本,因为对于同类型同质量的产品,小米之家的价格更低,设计感更强,可以满足消费者对优质产品的需求,同时单款产品销量的提高又能降低供应链的成本,进而降低产品价格,提升产品竞争力 2. 大数据选品 　　基于早期电商模式,小米集团积累了大量的消费者数据,拥有较为完善的商品反馈系统,通过互联网数据来选品,将网上口碑较好的商品放到线下,进一步提升销售量。同时根据大数据统一调度小米之家门店的产品,保证商品及时供应,满足不同区域的独特性需求;利用大数据筛选商品可以保证每一件要进入线下实体店的商品都拥有较好的口碑,能够满足大部分线下客户的需求,提升小米集团在消费者心目中的品牌形象

第11章 新零售模式与智慧物流

(续表)

要素	策略
客单价	1. 提高连带率 　　基于物联网的优势、风格设计的独特性,小米集团生活消费品之间的关联性大大提高:首先,白色的圆角风格,高颜值的设计,整体性强,不同产品放在一起不会有违和感。其次是万物互联,小爱音响能够控制家中所有小米智能家居,小米手机、小米电视、小米摄像头能实现无障碍链接,提升居家品质和效率。技术上关联性,设计上的一致性,大大提高了连带率 2. 增强体验感 　　除了产品的颜值高以外,小米之家的设计也充满了动线感,同时为了提升用户的体验性,小米店员未经允许不得打扰顾客,小朋友也可以在小米之家里体验手机游戏。小米之家基于产品的自信心给予顾客充分的时间细细观察体验小米产品外观、手感、性能的差异,让顾客充分感受产品,感叹价格。 　　同时,利用线下"体验性"的优势增加用户体验感,例如平衡车、笔记本电脑这类高单价的产品,线上只能看见产品参数,无法真实体验,消费者对不了解的产品购买欲望低,然而在线下门店消费者可以实际触摸感受,更深入地了解产品,提升购买欲望。 　　小米集团充分发挥线下实体店铺能够真实体验产品的优势,提升零售效率
复购率	1. 强化品牌认知 　　小米集团发现,线下消费者对小米集团品牌认知不足。换言之,有许多人还不了解小米集团,不了解小米的产品,这就意味着还有许多的潜在消费者。因此,小米之家的目的在于,让线下的消费者了解小米,同时强化小米集团在消费者中的品牌印象,争取做到消费者能想到的前三名品牌之一 2. 打通全渠道 　　小米集团全渠道一共有三层,包括线上的米家有品和小米商城,线下则是小米之家、小米小店、连锁店等。 　　米家有品产品数量多,涵盖家居、日用、饮食、箱包、洗护、影音等生活消费品,是小米集团筛选爆款产品的平台,米家 App 可以负责操控 IOT 的产品,同时还负责销售第三方产品。而小米商城则以销售自有智能硬件为主。此外,还有三方渠道,例如天猫、京东、苏宁等。 　　线下小米之家的商品是通过爆款筛选后的商品,同时小米之家还有承担从线下往线上引流的责任,吸引潜在客户,扩散小米品牌影响力的作用。若有顾客到小米之家进行消费时,店员会引导顾客在手机客户端上进行小米商城应用的安装,从而从线下向线上引流。 　　在物流方面,小米集团也力求高效,基本能做到当时生产手机,次日到达上海物流中心。通过打通线上线下渠道,让顾客能立刻在小米之家买到网上爆款商品,满足消费者即得性的诉求;同时也可以通过二维码进行线上消费,向线上引流提升复购率

本章小结

　　新零售是一种崭新的零售模式,是基于网络和新技术,将线上、线下、服务三者有效结合起来,构建人货场的组合,是对传统零售业和纯电商商业结构的升级,其核心是以消费者为中心,满足消费者全方位的需求,并利用互联网,采用大数据等数字技术综合分析、整合各种信息,对商品零售的各个环节进行升级,将线上销售、线下购物及现代物流紧密联合在一起,为消费者提供高效率、高体验值的全渠道新模式。"新零售"是零售本质的回归,是在数据驱动和消费升级的时代下,以全渠道和泛零售形态更好地满足消费者购物、娱乐、社交多维一体需求的综合零售业态;大数据的开发

智慧物流与电子商务

应用是"新零售"的关键;数据驱动是"新零售"的本质特征之一。新零售的特点包括体验式、智能化、无界化、全渠道、灵活的供应链。新零售的发展动因主要包括外部动因和内部动因两方面。外部动因主要为信息技术发展、竞争态势、降低企业生产经营成本;内部动因主要为消费到体验的转变和消费群体的改变。新零售的商业模式主要有全渠道零售、社交电商、无人零售。

新零售背景下智慧物流发展具有必要性和可行性。新零售背景下,智慧物流拥有敏捷高效、数据驱动、多渠道配送能力,具有数据化特征、智能化特征、协同一体化特征。智慧物流企业物流系统作为一个复杂的整体,其发展动力主要来自三个方面:一是技术的支撑力,这是智慧物流系统建立、运作和发展的前提;二是市场的驱动力,这是系统良性发展的根本;三是组织的推动力,这是智慧物流企业物流发展的保障。新零售下智慧物流的发展策略包括完善智慧物流基础设施建设、建立健全信息交流平台、构建完善的监督保障体系、实施专业化人才团队建设。

本章最后介绍了盒马鲜生、京东无界零售、永辉超市及小米公司的新零售,通过这些新零售案例,进一步理解新零售产生与发展的过程及新零售模式和策略。

思考题

1. 新零售是如何产生与发展的?与传统零售相比,新零售有何新的特点?
2. 结合具体案例阐述新零售有哪些商业模式。
3. 新零售对智慧物流产生了哪些影响?
4. 结合具体案例阐述新零售下智慧物流的运作方式。

参考文献

[1] 鲁渤. 物流管理[M]. 北京：科学出版社，2023.

[2] 杨兴凯. 电子商务概论[M]. 大连：东北财经大学出版社，2021.

[3] 刘伟华，李波，彭岩. 智慧物流与供应链管理[M]. 北京：中国人民大学出版社，2022.

[4] 魏学将，王猛，张庆英，等. 智慧物流概论[M]. 北京：机械工业出版社，2021.

[5] 周扬，吴金云，李强. 5G＋智慧物流：赋能物流企业数字化转型[M]. 北京：人民邮电出版社，2023.

[6] 龚光富，李家映. 智慧物流：数字经济驱动物流行业转型升级[M]. 北京：中国友谊出版社，2022.

[7] 霍艳芳，齐二石. 智慧物流与智慧供应链[M]. 北京：清华大学出版社，2020.

[8] 之江实验室. 探路智慧物流[M]. 北京：中国科学技术出版社，2022.

[9] 周亦鹏. 智慧物流：仓储与配送中的智能算法[M]. 北京：北京邮电大学出版社，2023.

[10] 金淳，高鹏. 集装箱港口作业系统仿真建模与优化[M]. 北京：科学出版社，2021.

[11] 杨兴凯. 跨境电子商务[M]. 大连：东北财经大学出版社，2018.

[12] 刘润. 新零售：低价高效的数据赋能之路[M]. 北京：中信出版社，2021.